权威·前沿·原创

皮书系列为

"十二五""十三五""十四五"时期国家重点出版物出版专项规划项目

BLUE BOOK

智 库 成 果 出 版 与 传 播 平 台

助残志愿服务蓝皮书
BLUE BOOK OF VOLUNTARY SERVICES
FOR PERSONS WITH DISABILITIES

中国助残志愿服务发展报告（2022）

REPORT ON THE DEVELOPMENT OF VOLUNTARY SERVICES FOR PERSONS WITH
DISABILITIES IN CHINA(2022)

顾　问／吕世明
主　编／凌　亢
副主编／康　丽　陈蓓琴　赵　彤

社会科学文献出版社
SOCIAL SCIENCES ACADEMIC PRESS（CHINA）

图书在版编目（CIP）数据

中国助残志愿服务发展报告. 2022 / 凌亢主编. --
北京：社会科学文献出版社，2023.1
（助残志愿服务蓝皮书）
ISBN 978-7-5228-1360-8

Ⅰ.①中… Ⅱ.①凌… Ⅲ.①残疾人-志愿-社会服
务-研究报告-中国-2022 Ⅳ.①D699.69

中国版本图书馆 CIP 数据核字（2022）第 256477 号

助残志愿服务蓝皮书

中国助残志愿服务发展报告（2022）

顾　　问 / 吕世明
主　　编 / 凌　亢
副 主 编 / 康　丽　陈蓓琴　赵　彤

出 版 人 / 王利民
责任编辑 / 路　红　张炜丽
责任印制 / 王京美

出　　版 / 社会科学文献出版社（010）59367194
　　　　　　地址：北京市北三环中路甲 29 号院华龙大厦　邮编：100029
　　　　　　网址：www.ssap.com.cn
发　　行 / 社会科学文献出版社（010）59367028
印　　装 / 三河市东方印刷有限公司

规　　格 / 开　本：787mm×1092mm　1/16
　　　　　　印　张：27　字　数：402 千字
版　　次 / 2023 年 1 月第 1 版　2023 年 1 月第 1 次印刷
书　　号 / ISBN 978-7-5228-1360-8
定　　价 / 168.00 元

读者服务电话：4008918866

主编简介

凌 兀（凌迎兵） 南京特殊教育师范学院教授、博士生导师。江苏省政府参事，江苏省督学，国家哲学社会科学领军人才、文化名家暨"四个一批"人才，享受国务院政府特殊津贴。现任中国统计学会副会长兼残障统计分会会长、中国统计教育学会副会长兼特殊教育分会会长、国家出版基金管理委员会委员，东南大学、南京航空航天大学、天津财经大学等12所大学兼职教授，《统计学报》《中国统计》等10家学术期刊顾问或编委。主要研究方向为应用统计。主持完成国家社会科学基金课题项目7项，国家自然科学基金课题项目2项，省部级课题项目30余项（其中重大、重点课题9项）。出版专著、教材、工具书26部，发表论文100余篇，独立或作为第一完成人获省部级教学、科研奖励19项（其中一等奖4项）。

中国助残志愿者协会简介

中国助残志愿者协会（China Association of Volunteers for Persons with Disabilities，CAVPD），是由助残志愿者、助残志愿服务组织以及关心支持助残服务事业的单位和个人自愿组成，按照章程开展助残志愿服务活动的全国性、联合性、非营利性的社会组织。

中国助残志愿者协会成立于2015年5月20日，业务主管单位为中国残疾人联合会，且以培育和践行社会主义核心价值观为统领。宗旨是普及志愿助残理念，弘扬人道主义精神，发展助残志愿服务事业，促进残疾人共享经济社会发展成果，培育残健共融、和谐友爱的社会文明风尚。党的十八大以来，以习近平同志为核心的党中央对残疾人事业格外关心、格外关注，我国残疾人事业取得历史性成就，助残志愿服务得到全面发展，中国助残志愿者协会充分发挥作用，积极凝聚社会力量，参与助残志愿服务，培育特色服务品牌，为助残志愿服务奠定了坚实的发展基础。

在中央大力推进志愿服务事业发展，全国所有县级行政区拓展新时代文明实践中心建设的背景下，为推动助残志愿服务事业发展，中国助残志愿者协会于2021年底启动"助残志愿服务蓝皮书"的编撰工作。在开展相关研究和编撰工作的过程中，中国助残志愿者协会得到了各部门和各行业专家以及助残志愿服务实务工作者的关心、指导和帮助，借本书出版之际，特别向他们致以诚挚的感谢！

序
倾情奉献勇毅行　谱写助残志愿服务新篇章

习近平总书记在党的二十大报告中指出："提高全社会文明程度。完善志愿服务制度和工作体系。"为我们指明了方向，提供了遵循，令我们备受鼓舞、倍感振奋。在全面建成社会主义现代化强国、实现第二个百年奋斗目标新征程的辉煌时刻，我们欣喜地看到我国首部《中国助残志愿服务发展报告（2022）》如期面世，这在中国助残志愿服务史上是一件首开先河、独具创新、填补空白的大事、好事和喜事，影响深远、意义重大。在此，中国助残志愿者协会谨向"助残志愿服务蓝皮书"的出版发行表示诚挚的祝贺！向"助残志愿服务蓝皮书"编撰团队表示衷心的感谢！向倾情奉献的助残志愿服务者们表达崇高的敬意！

喜阅《中国助残志愿服务发展报告（2022）》，犹如打开我记忆的闸门，眼前浮现出助残志愿服务事业发展的一幕幕，仿佛看到无数残疾兄弟姐妹那一双双渴求的眼睛，和得到帮扶化解忧愁后那一张张幸福的笑脸……助残志愿服务就像一团团火一样，温暖了无数受助者的心灵；助残志愿服务又像满天星星一样，点亮了寂静中黑暗的夜空。助残志愿服务始终与国家、与社会、与文明紧密相连、密切相关。因此，一部《中国助残志愿服务发展报告（2022）》，展现的是我们国家和社会文明进程的靓丽风采，展现的是在中国特色社会主义旗帜下人权保障的真实行动，展现的是人文和谐社会、美丽幸福家园中最生动的温暖图景，展现的是"人人平等、融合共享"推进中的中国方案、中国智慧和中国行动。

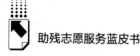

　　我们深知，一个文明的社会离不开自觉奉献的精神，也离不开志愿服务的行动，而在对弱者的关爱帮扶中，更离不开助残志愿服务的大爱陪伴。助残志愿服务是社会文明进步的重要标志，是培育和践行社会主义核心价值观、加强社会主义精神文明建设的重要载体，是实现"老有所养、弱有所扶、残有所助"的重要内容，是促进社会和谐发展、实现人的全面发展的重要力量，也是促进我国残疾人事业全面发展的重要机制。

　　党的十八大以来，以习近平同志为核心的党中央高度重视志愿服务和残疾人事业，做出一系列重要部署，出台一系列政策措施，推动助残志愿服务工作的全面发展。助残志愿服务像桥梁似纽带，关注民生、连接民心、化解民忧，是一种自觉自愿的无私奉献。残疾人作为一个特殊困难的群体，需要格外关心、格外关注。开展助残志愿服务，弘扬人道主义精神和志愿服务理念，有助于促进残疾人共享改革发展成果，有助于帮助残疾人充分参与社会生活，有助于携手残疾人实现全面发展和共同富裕，有助于推动社会主义核心价值观在助残领域落实落细。在助残志愿服务中，"奉献、友爱、互助、进步"的中国志愿服务精神得到进一步弘扬；"自愿、无偿、公益"等典型特征，也令志愿者的精神显得可敬可贵、可钦可佩。志愿者与爱同行，和残疾人共同实现了双向成长。"助人自助"让助残志愿服务形成良性互动，越来越多的助残志愿者通过助残服务实践，认识了解了现代文明社会残疾人观，从朴素的同情怜悯、简单的关心和辅助，上升到以现代文明"助残赋能"，踏上了残健融合、共同携手开辟幸福生活的光明之路。

　　日前，中国助残志愿者协会《"十四五"志愿助残服务实施方案》正式发布，这是我国助残志愿服务的一项重要的引领性文件，是"十四五"时期我国助残志愿服务的行动纲领。

　　我们期待，"十四五"时期关爱帮扶志愿助残意识不断增强，不断升华，平等、包容、融合、共享的社会氛围更加浓厚，扶残、助残、实践在基层更加蓬勃开展，形成爱党爱国、崇德向善，关心他人、助残为乐，见贤思齐、德行天下，守望相助、共建共享的社会主义精神文明建设新风尚。

　　我们期待，"十四五"时期助残志愿服务工作不断提质扩容，健全助残志愿服务制度，完善助残志愿服务体系，提高助残志愿服务质量，提升助残志愿服务专业化水平；汇聚各级各类助残志愿服务组织，进一步丰富助残志愿服务形式和内容。

我们期待，"十四五"时期创建更多阳光助残志愿服务基地和阳光助残志愿服务驿站，推进助残志愿服务的制度化、规范化、社会化、常态化建设，推广助残志愿服务新方法，探索助残志愿服务新路径，开启助残志愿服务新征程，展现助残志愿服务新画卷，取得助残志愿服务新成就。

在党的二十大精神指引和鼓舞下，在助力高质量发展、迈向共同富裕、建设中国式现代化的新时代征程上，让我们用智慧倾情奉献，用温暖与爱同行，书写飞扬的梦想，创造生活的美好！

致敬助残志愿服务精神！

致敬平凡而伟大的助残志愿者！

吕世明

中国助残志愿者协会会长

2022 年 11 月

摘　要

　　助残志愿服务是新时代中国特色志愿服务的重要组成部分，是推进残疾人事业发展的重要手段。开展助残志愿服务，有助于推动社会主义核心价值观在助残领域落实落细，有助于促进残疾人全面发展、推动共同富裕取得实质性进展。随着脱贫攻坚战取得全面胜利、全面建成小康社会的奋斗目标如期实现，助残志愿服务进入全面发展阶段。立足新发展阶段，充分整合社会力量，发挥助残志愿服务在服务国家重大战略、提升公共服务水平、保障和改善民生、促进共同富裕和传播国家形象等方面的重要作用；积极探索助残志愿服务新模式、新方法、新路径；推动助残志愿服务高质量发展以应对一系列新挑战。为全面掌握我国助残志愿服务发展现状，系统总结工作经验，理性剖析面临的问题，全力推动助残志愿服务纵深发展，中国助残志愿者协会主持编撰了《中国助残志愿服务发展报告（2022）》。

　　本书分为"总报告""分报告""专题篇""案例篇""借鉴篇"五个部分。"总报告"系统梳理了中国助残志愿服务发展历程，全面总结了助残志愿服务发展主要成效，指出了当前面临的主要问题，并提出了促进我国助残志愿服务发展的对策建议。"分报告"从助残志愿服务核心要素出发，对助残志愿服务政策、助残志愿服务组织、助残志愿者队伍发展、助残志愿服务项目发展进行了全面深入分析。"专题篇"聚焦中国检察公益诉讼助残志愿服务、社区助残志愿服务、医疗康复助残志愿服务、图书馆助残志愿服务，探究中国各领域的助残志愿服务发展状况。"案例篇"选取大型残疾人体育赛事助残志愿者培训项目、南京特殊教育师范学院青年助残志愿服务、甘雨

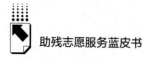

公益服务站助残志愿服务、广州市"志愿在康园"助残志愿服务计划、南京市企业助残志愿服务、大连市助残志愿服务等典型案例，总结助残志愿服务实践经验，分析其中存在的问题并提出发展对策。"借鉴篇"介绍了美国和英国助残志愿服务的发展情况。

本书客观描述了中国助残志愿服务发展现状，研究表明我国助残志愿服务不断融入国家发展战略、全国志愿服务大局及新时代文明实践中心建设，在政策法规、组织体系、品牌项目建设、志愿者队伍建设等方面均取得了显著成效，服务领域不断拓展，服务方式不断创新，但仍存在体制机制不完善、制度不健全，发展不平衡，服务力量不足，规范化、专业化、信息化程度不高，优秀项目推广力度不够等一系列问题。立足新发展阶段，面向第二个百年奋斗目标，应努力贯彻落实习近平总书记关于推进志愿服务事业发展和残疾人事业的重要指示精神以及党中央、国务院决策部署，进一步弘扬社会主义核心价值观，应深入总结助残志愿实践经验，积极回应残疾人需求，充分借鉴国际有益经验，加快推进助残志愿服务事业发展，促进社会文明进步。

关键词： 助残志愿服务 助残志愿服务组织 助残志愿者 残疾人事业

目 录 ⤵

I 总报告

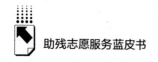
Ⅲ 专题篇

Ⅳ 案例篇

皮书数据库阅读**使用指南**

总 报 告

General Report

B.1

中国助残志愿服务发展报告（2022）

凌亢 康丽[*]

摘　要： 助残志愿服务作为志愿服务的重要组成部分，是推进残疾人事业
发展的重要手段。改革开放以来，我国助残志愿服务经历了起步
探索、快速发展、全面发展三个重要发展阶段。经过四十多年的
发展，我国的助残志愿服务取得了显著成效，助残志愿服务政策
法规与标准规范逐步完善，组织体系基本形成，品牌主题活动影
响日益扩大，服务范围和领域不断拓展，志愿者队伍不断壮大。
但同时，我国助残志愿服务仍面临制度尚不健全、体制机制仍不
完善，发展不平衡、服务供给不足，规范化程度不高、优秀项目
示范效应不明显，服务力量不足、专业化水平不高，信息平台建
设滞后、数据共享互通不畅等一系列问题。立足百年变局和时代
新局的关键时期，针对当前发展存在的问题，本报告提出加强顶
层设计、促进助残志愿服务体系化建设，健全制度体系、提升助

---

[*] 凌亢，南京特殊教育师范学院教授、博士生导师，研究方向为应用统计；康丽，博士，南京
特殊教育师范学院副教授，研究方向为残疾人事业管理。

残志愿服务规范化水平，加强组织建设、构建助残志愿服务网络化发展格局，强化队伍建设、提升助残志愿服务供给能力及专业化水平，加强品牌化建设、提升优秀项目传播辐射效果，大力推进业务协同、全面提升助残志愿服务创新能力，加快推进数字化发展、提升决策科学化水平，树立现代文明社会残疾人观、增强助残志愿服务理念，加大社会宣传力度、促进社会广泛参与等促进助残志愿服务发展的对策建议。

关键词： 助残志愿服务　助残志愿者　残疾人事业

志愿服务是现代社会文明进步的重要标志，是培育和践行社会主义核心价值观的重要载体，是促进社会和谐发展、实现人全面发展的重要推动力量。党中央高度重视志愿服务事业的发展，大力发展志愿服务事业。充分发挥志愿服务在第三次分配中的作用及价值，在全社会弘扬奉献、友爱、互助、进步的志愿服务精神，对于涵育主流价值、培育文明新风、实现人的全面发展、推进共同富裕具有重要意义。

残疾人作为一个有特殊困难的群体，需要格外关心、格外关注。开展助残志愿服务，弘扬人道主义思想和志愿服务理念，有助于残疾人充分参与社会生活，共享改革发展成果，实现全面发展，有助于推动社会主义核心价值观在助残领域落实落细。作为志愿服务的重要组成部分，助残志愿服务是推进残疾人事业发展的重要手段。党的十八大以来，以习近平同志为核心的党中央高度重视志愿服务和残疾人工作，做出一系列重要部署，出台一系列政策措施，推动志愿服务和残疾人工作蓬勃开展，助残志愿服务迎来了新的发展机遇，获得全面发展。

2017 年 6 月，国务院第 175 次常务会议通过《志愿服务条例》，其中第二条对志愿服务进行了明确界定："本条例所称志愿服务，是指志愿者、志愿服务组织和其他组织自愿、无偿向社会或者他人提供的公益服务。"① 陆士桢对目前国内各种关于志愿服务的界定进行整合，将中国特色志愿服务界定为"志愿者、志愿者组织利用自己的时间、技能、资源等，自愿为促进社会发展进步提供非营利、无偿、非职业化援助的行为。"② 从服务对象或领域的角度，志愿服务可以划分为助残志愿服务、助老志愿服务、儿童关爱志愿服务、环境保护志愿服务、科技志愿服务、应急救援志愿服务等。

助残志愿服务作为志愿服务的具体细分领域，本报告将其定义为：志愿者、志愿服务组织和其他组织自愿无私奉献自己的时间、技能或资源为残疾人提供公益服务的行为。与一般意义上的志愿服务相比，助残志愿服务的服务对象、服务内容有其自身特点，但从服务的核心要素上，符合志愿服务的基本特征。总结各类志愿服务的定义，助残志愿服务同样具有一般志愿服务的自愿性、无偿性、公益性三大典型特征。第一，志愿者参与助残志愿服务是出自本人意愿，而非受外界或他人驱使，是自愿采取的行为。自愿性决定了志愿者的主体地位，是区分志愿服务与其他公益服务的典型特征。第二，志愿者参与助残志愿服务是不以获取报酬为目的的非职业化行为。他们利用自己的时间、能力，为残疾人提供公益服务。但需要注意的是，无偿性并不排斥为保障志愿服务开展而安排的交通补贴、餐饮补贴等必要的支出。第三，志愿者参与的助残志愿服务活动及其带来的效果是符合社会公共利益要求的，都是为了促进社会公益。助残志愿服务活动在服务残疾人，满足残疾人需求，帮助残疾人克服各种障碍，促进残疾人平等、充分参与社会生活方面，发挥了重要的作用；同时助残志愿服务过程，也是助人自助的良性互动过程，志愿者在助残志愿服务的过程中得到了成长。越来越多的志愿者通过助残志愿服务，认识到要以现代文明社会残疾人观为指导，坚持平等的观念、充分尊重残疾人权益，以恰当的方式促进残疾人平等、参与、共享目标的实现。越来越多的志愿者从残疾人自强不息的精神中，汲取面对挫折的勇

---

① 《志愿服务条例》，中国政府网，2020 年 12 月 27 日，http：//www.gov.cn/zhengce/2020-12/27/content_ 5574451.htm。

② 陆士桢：《中国特色志愿服务概论》，新华出版社，2017，第 15 页。

气和力量，其情感得到升华，灵魂得到净化，收获了自我成长。加大现代文明社会残疾人观等助残知识的宣传普及，促进更多的人了解残疾人、关注残障问题，逐渐改变人们对残疾人、残疾现象的认知和态度，消除其对残疾、残疾人的偏见，促进社会环境的改善，使得社会更加文明进步，这是助残志愿服务的意义和价值所在。

一　中国助残志愿服务发展历程

中国自古就有助残扶弱的文化传统，有"仁爱""兼爱""兼济""互助""慈幼、养老、赈穷、恤贫、宽疾、安富"的主张，有"鳏、寡、孤、独、废疾者皆有所养"的大同思想，中国传统文化中蕴含的这些价值主张、价值理念为我国助残志愿服务的萌芽与发展提供了思想基础，也是中国特色助残志愿服务思想理论的重要组成部分，是中国特色助残志愿服务文化之根本。新中国成立后，党和政府十分重视残疾人工作，20世纪50年代，盲人福利会、聋哑人福利会等残疾人组织相继成立，残疾人生存状况与新中国成立前相比发生了质的变化。1963年，中国大地掀起了轰轰烈烈的学习雷锋精神的群众性志愿服务活动，虽然当时社会发展水平限制，多数人还不能对残疾现象有深刻的理解和认识，也没有现代文明社会残疾人观作理论指导，社会物质条件和无障碍条件也十分匮乏，但独具特色的学习雷锋服务社会的行动模式却是助残志愿服务发展进程中的宝贵财富。

改革开放带来了残疾人事业发展的春天，助残志愿服务工作也逐步被纳入残疾人工作体系，融入志愿服务的大局，推动残疾人事业纵深发展。总体而言，我国助残志愿服务经历了三个重要发展阶段。第一阶段为助残志愿服务的起步探索阶段（1978~1989年），第二阶段为助残志愿服务的快速发展阶段（1990~2011年），第三阶段为助残志愿服务全面发展阶段（2012年至今）。

（一）起步探索阶段（1978~1989年）

伴随改革开放和国际残疾人运动风起云涌，我国残疾人事业迎来了前所未有的发展机遇。"残废人"改称"残疾人"标志着人们对残疾人根深蒂固的观念开始发生转变，我国残疾人事业进入新的发展阶段。这一阶段的助残志愿服务活动，随着中国残疾人福利基金会、中国残疾人联合会等残疾人事业标志性组织的相继成立及开创性、突破性的工作，逐渐形成了残联呼吁、政府推进、社会各界广泛响应和支持的局面。

1. 国际残疾人事务发展良好形势激发起社会助残志愿服务发展的行动

1981年，在"联合国国际残疾人年"活动的影响下，北京的部分残疾人首先组织起来，互相帮助、相互支持，积极服务社会。他们在公园义卖；他们邀请文化团体义演，资助残疾人朋友就业；他们在街头学雷锋，帮助路人修理自行车、收音机；他们四处奔走呼吁政府和社会关注残疾人困难，解决残疾人问题，引起全国各地的强烈反响，10多个省（区、市）的残疾人，陆续自发组织起来，形成了各具特色的助残志愿服务组织。1982年12月，联合国大会通过《关于残疾人的世界行动纲领》。1983年，联合国大会又宣布实施"联合国残疾人十年"。这一阶段，我国残疾人参加国际伤残人体育运动会并取得佳绩。1983年10月，红十字会志愿者为来自全国13个省（区、市）的200名残疾运动员参加全国伤残人体育邀请赛提供了志愿服务，为全国综合性残疾人运动会助残志愿服务的开展奠定了良好基础。

2. 国家政策法规对残疾人权利的重视为助残志愿服务的开展提供了制度保障

1982年12月，中华人民共和国第五届全国人民代表大会第五次会议通过《中华人民共和国宪法》（1982），其中第四十五条规定"中华人民共和国公民在年老、疾病或者丧失劳动能力的情况下，有从国家和社会获得物质帮助的权利。……国家和社会保障残废军人的生活，抚恤烈士家属，优待军人家属。国家和社会帮助安排盲、聋、哑和其他有残疾的公民的劳动、生活和教育。"首次在法律的层面对残疾人权利保障做出明确规定。1988年9月，国务院批准《中国残疾人事业五年工作纲要（1988~1992）》，这是中国特色残疾人事业发展的第一个纲领性文件。

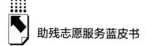

在原则部分，文件指出："全社会要发扬社会主义人道主义，理解、尊重、关心、帮助残疾人，维护他们的合法权益；街道、乡镇、企事业单位要因地制宜地开展工作，逐步形成体现中华民族互助互济美德的良好社区环境和基层社会保障网络。"[①] 在任务部分，文件强调"宣传工作的重要任务是增进社会和残疾人之间的相互理解，宣传社会主义人道主义和扶残助残的先进事迹，重点在青少年中开展社会主义人道主义教育。"[②]

3. 新型残疾人组织的设立为助残志愿服务的开展奠定了良好的组织基础

残疾人事业的发展形势迫切要求设立新型残疾人组织。1984 年 3 月，中国残疾人福利基金会（以下简称基金会）应运而生。基金会确立其宗旨为弘扬人道，奉献爱心，全心全意为残疾人服务。基金会一直致力于为加快残疾人事业发展做出贡献，先后培育了"扶贫类项目""集善嘉年华""康复类项目""教育类项目""就业类项目""文体类项目""无障碍建设类项目"等一批有社会影响力的公益项目。

1988 年 3 月，中国残疾人联合会（以下简称中国残联）成立。中国残联作为全国志愿服务活动协调小组成员单位，积极地推动将助残志愿服务工作纳入国家志愿服务和学雷锋活动大局，协调各相关单位，积极整合志愿服务资源，助残志愿服务活动的合力开始显现。我国开始构建自上而下的残疾人事业发展组织体系，逐步建立完善省、市、县三级残疾人组织。

4. 社区助残志愿服务、青少年助残志愿服务活动率先在实践中探索发展

1983 年 2 月，北京市大栅栏街道成立了学雷锋"综合包户"服务队，开启了现代意义上的中国志愿服务。"综合包户"志愿服务是我国各级团组织发挥所在行业优势，义务为社区内的孤、寡、病、残等社会特殊人群提供综合性服务并将扶助时间和内容以签订责任书的形式固定下来的一种志愿服

---

① 《国务院批转国家计委等部门关于中国残疾人事业五年工作纲要的通知》，北大法宝，https：//www.pkulaw.com/chl/0a85e5e8508df03abdfb.html? isFromV5 = 1。

② 《国务院批转国家计委等部门关于中国残疾人事业五年工作纲要的通知》，北大法宝，https：//www.pkulaw.com/chl/0a85e5e8508df03abdfb.html? isFromV5 = 1。

务形式。"综合包户"志愿服务活动促进助残志愿服务资源直接对接社区需求，成为完善社区助残志愿服务功能，实现助残志愿服务常态化的重要举措，有效促进了助残志愿服务活动的开展。

1986 年，在邓朴方的倡导推动下，国家教委、共青团中央、全国妇联以及中国残疾人福利基金会联合发起"红领巾手拉手助残"大型公益活动，这是大规模、体系化的助残志愿服务的开端。全国数以亿计的少先队员成为助残志愿服务的实践者，他们与残疾人交朋友，开展多层次的助残志愿服务。"红领巾手拉手助残"公益活动培养了广大少年儿童理解、尊重、关心、帮助残疾人的良好品德，一批又一批"红领巾"成长为助残志愿者。

（二）快速发展阶段（1990~2011年）

《中华人民共和国残疾人保障法》（1990）这一残疾人专门法律的颁布实施，为残疾人事业发展提供了更为切实的制度保障，助残志愿服务进入快速发展阶段。中国残联先后与中央文明办、民政部、共青团中央等多部门联合出台多个文件，将助残志愿服务融入全国文明城市、全国文明单位、全国文明村镇等的评选，将助残志愿服务纳入社区建设，推动助残志愿服务在全国各地快速发展，形成了"全国助残日""志愿助残阳光行动"等相对稳定的、持续的、具有影响力的助残志愿服务主题活动。针对上海世界特奥会、北京残奥会、广州亚残运会等开展的大型助残志愿服务活动，以及全国残疾人自强模范和扶残助残先进事迹的宣传表彰，营造了浓厚的扶残助残社会氛围。

1. 系列残疾人事业发展政策法规的出台为助残志愿服务的快速发展提供了良好的制度保障

1990 年 12 月，《中华人民共和国残疾人保障法》正式颁布，这是我国第一部残疾人专门法律，为残疾人平等、充分地参与社会生活提供了法律保障。其中第 14 条规定："每年五月第三个星期日为全国助残日。"自 1991年起，全国助残日活动广泛开展，动员各地工会、共青团、妇联、少先队组织以及驻军和武警部门，法律服务、教育、医务工作者等各类组织、工作人员，开展青年志愿者助残、巾帼建功、手拉手红领巾助残等多种助残志愿服务，为众多残疾人提供了切实的帮助，形成了助残志愿服务的强劲声势和浩大规模。

《中国残疾人事业"八五"计划纲要》（1991）、《中国残疾人事业"九五"计划纲要》（1996）、《中国残疾人事业"十五"计划纲要（2001年—2005年）》（2001）、《中国残疾人事业"十一五"发展纲要（2006年—2010年）》（2006）、《中国残疾人事业"十二五"发展纲要》（2011）残疾人事业系列发展纲要的发布实施，有力地促进了"全国助残日""国际残疾人日""红领巾助残""文化助残""法律助残"等系列活动的深入开展，扶残助残良好社会氛围日益浓厚，扶残助残活动形式更加多样，助残志愿者队伍不断扩大，助残先进集体、先进个人和"自强模范"示范引领作用日益显著，助残志愿服务为残疾人解决了大量实际困难，残疾人状况得到明显改善。

1998年3月，国务院残疾人工作委员会印发的《关于加强基层残联建设的决定》要求乡（镇、街道）建立助残志愿者联络站，推动了志愿者助残志愿服务的广泛开展。1999年7月，广东省残疾人联合会印发《广东省街道、乡镇助残志愿者联络站工作规范》，促进了街道、乡镇助残志愿者联络站的规范化运营。

2010年7月，中央文明办、中国残联等8部门联合出台的《关于加强志愿助残工作的意见》提出开展"志愿助残阳光行动"。2011年5月，中央文明办和中国残联联合下发了《全国"关爱残疾人志愿服务活动"实施方案》，明确要求认真组织开展每年7月6日的"关爱残疾人志愿服务——志愿助残阳光行动"主题日活动。2011年，《中国残疾人事业"十二五"发展纲要》明确提出助残志愿服务发展的任务目标为"注册助残志愿者达到1000万人，受助残疾人达到1.5亿人次；提出将助残志愿工作纳入国家志愿服务总体规划，开展'志愿助残阳光行动'；建立健全助残志愿者管理机制，促进助残志愿服务专业化、常态化和长效化。"这些政策法规的出台促进了助残志愿服务的快速发展。

2. 中国青年志愿者协会的成立为青年助残志愿服务的建设奠定了良好基础

1994 年 12 月，中国青年志愿者协会成立，这是国内成立的第一个全国性志愿服务组织，它的成立有力地促进了志愿服务发展成为全民关注的事业，为社会志愿服务体系的建设奠定了良好基础，成为中国志愿服务发展史上的标志性事件，也极大地推动了助残志愿服务的发展。2002 年 4 月，为进一步深化青年志愿者助残志愿服务工作，共青团中央、中国残联在全国范围内启动实施了"百万青年志愿者助残行动"，动员引导广大青年积极参与助残志愿服务工作。广大青年志愿者在日常生活、就业创业、康复服务、法律援助等方面为残疾人提供了扎实有效的服务，不仅使广大贫困残疾人得到实实在在的帮扶，而且促进了扶残助残良好社会风尚的形成，助残行动取得显著成效。

3. 大型应急救援志愿服务及残疾人体育赛事志愿服务的开展推动了助残志愿服务的发展

2008 年，是助残志愿服务事业发展的重要一年。8 月、9 月，北京举办奥运会、残奥会，全国人民争先恐后报名参加志愿服务，数十名残疾人直接参与赛会服务，数以十万计的残疾人参与了迎奥运活动。他们的参与不仅展现了残疾人参与社会活动的渴望，更展现了残疾人参与社会、服务赛会的能力，也激励着更多的人投身助残志愿服务，为社会文明进步做出应有贡献。

（三）全面发展阶段（2012年至今）

党的十八大以来，以习近平同志为核心的党中央高度重视志愿服务和残疾人工作，做出一系列重要部署，出台一系列政策措施，推动助残志愿服务工作的全面发展。

1. 助残志愿服务系列政策的出台推动助残志愿服务工作全面开展

2013 年 6 月，中国残联印发了《中国助残志愿者注册管理办法》，对助残志愿者的招募注册、权利义务、服务对接、组织管理、评价表彰等进行规范，标志着助残志愿工作步入规范化和制度化轨道。

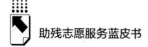

2015 年 5 月，中国残联、中央文明办、民政部、共青团中央联合发布《关于进一步做好志愿助残工作的通知》（以下简称《通知》）。①《通知》要求切实将助残志愿纳入志愿服务工作大局总体规划，统筹实施，全面推进；要求有关部门认真研究部署助残志愿工作，制定具体实施方案，把为残疾人提供服务作为全面推广助残志愿服务的有效途径和工作重点。《通知》对助残志愿服务需求和对接机制的建立、助残志愿服务项目设计、助残志愿服务资源利用和整合、助残志愿者培训和考核以及助残志愿服务理念宣传及知识普及等方面提出要求，营造全社会理解、支持助残志愿服务的良好氛围。

2016 年 8 月，国务院发布《国务院关于加快推进残疾人小康进程的意见》，要求切实有效开展"志愿助残阳光行动""邻里守望"等群众性助残志愿服务活动，为残疾人提供生活、教育、导医、文体等服务。完善助残志愿者招募、注册、服务记录、评价激励、权益维护、服务对接等机制，促进助残志愿服务常态化、制度化、专业化发展。同年，湖南省残疾人联合会根据《中国助残志愿者注册管理办法（试行）》和《湖南省志愿服务条例》，制定印发《湖南省助残志愿者管理办法（暂行）》，对湖南省助残志愿服务组织机构的职责管理、志愿者招募、助残志愿者权利与义务、助残志愿服务范围与对接、助残志愿者激励表彰以及退出机制进行规定，为切实提升湖南助残志愿服务专业化水平，促进助残志愿服务工作的规范化、制度化提供了保障。

2017 年 6 月，中国残联、共青团中央共同发布《青年志愿者阳光助残扶贫行动实施方案》，共同开展青年志愿者阳光助残扶贫行动。"十三五"期间，社会各界积极组织动员专业技术人员为农村贫困残疾人提供专业志愿服务，全国农村 69.68 万名 6~35 岁建档立卡持证贫困残疾人普遍得到志愿服务。2017 年 8 月，国务院颁布《志愿服务条例》（以下简称《条例》），

---

① 《中国残联、中央文明办、民政部、共青团中央联合印发〈关于进一步做好志愿助残工作的通知〉》，中国政府网，2015 年 5 月 18 日，http://www.gov.cn/fuwu/cjr/content_2871243.htm。

作为首部具有全国性约束力的志愿服务行政法规，《条例》首次以法规形式对志愿服务的基本原则、管理体制、志愿者权益保障、服务促进措施等进行了全面规定，标志着我国志愿服务正式进入法治化阶段，推动着志愿服务制度化、常态化发展。

2021 年，国务院印发《"十四五"残疾人保障和发展规划》，明确提出深入开展青年志愿者助残"阳光行动""关心我的残疾人邻居"等助残志愿服务主题活动，同时对助残志愿服务工作机制、队伍建设、助残行动等相关内容做出明确部署。

2022 年 1 月，中国残联、中央文明办、教育部、共青团中央等 12 部门联合印发《关于进一步推进扶残助残文明实践活动的实施意见》（以下简称《实施意见》），要求坚持以社会主义核心价值观为统领、坚持弱有所扶的原则立场、坚持"平等、参与、共享"的现代文明理念、坚持发挥残疾人的主体作用，重点加强习近平总书记关于残疾人事业重要论述的学习宣传，广泛深入开展"全国助残日"活动，组织开展"康复助残""教育助残""文化助残"等各种形式的扶残助残活动，将扶残助残纳入公民道德建设、文明创建工程和新时代文明实践中心建设，通过持续努力，"十四五"时期，关爱帮扶残疾人意识不断增强，平等包容的社会氛围更加浓厚，扶残助残的文明实践蓬勃开展。为指导各级残联组织贯彻落实《实施意见》，进一步推动助残志愿服务蓬勃发展，中国残疾人联合会组联部、中国助残志愿者协会联合印发了《关于进一步推动志愿助残服务发展的通知》，对各级助残志愿服务组织工作提出了具体要求，尤其明确要求各级助残志愿服务组织加强与残联的工作联动，要求条件成熟的省、市、县推动成立各级助残志愿者协会，加强助残志愿服务的社会宣传，有计划地实施助残志愿者"种子计划"，采取多种方式举办助残志愿服务培训，积极参与志愿服务展示和评选活动，不断扩大助残志愿服务活动影响。

2. 中国青年志愿服务项目大赛暨志愿服务交流会、全国学雷锋志愿服务"四个100"先进典型宣传推选活动助力助残志愿服务项目化发展

2014 年 12 月，首届中国青年志愿服务项目大赛暨志愿服务交流会在广州举行，目前已举办五届。中国青年志愿服务项目大赛暨志愿服务交流会是中国志愿服务领域规格最高、影响最大、参与最广的综合性平台。平台坚持项目优先发展的定位，注重面向基层，对阳光助残、环境保护等13类党政关心、社会关注的重点项目予以支持，对其优秀经验进行复制推广。截至2021年9月，已评选出770多个优秀助残志愿服务项目，为基层提供培育、支持的专项助残资金达850余万元。[①] 平台指引着志愿服务事业的发展方向，是青年志愿者的交流盛会，也是培育志愿服务项目和组织的孵化器。

2015年10月，中央宣传部牵头，联合中央组织部、中央文明办等部门下发通知，开展全国学雷锋志愿服务"四个100"先进典型宣传推选活动。活动举办7年来，累计推选近60个助残志愿服务典型项目，[②] 全国各地各部门把推选活动作为践行社会主义核心价值观的有效抓手，精心组织实施，有力地促进了助残志愿服务的常态化发展。

3. 青年志愿者助残"阳光行动"等系列助残志愿服务主题活动的开展，不断丰富和拓展着助残志愿服务领域

2012年4月，中央文明办、教育部、文化部、共青团中央、中国残联等联合开展"关爱他人——爱幼助残志愿服务行动"，积极开展社区助残志愿服务、康复医疗助残志愿服务、支教就学助残志愿服务、就业培训助残志愿服务。同时，组织残疾人力所能及地参加志愿服务活动。

2013年，中央文明办、交通运输部、铁道部、中国民用航空局、中国残联在春节期间联合开展助残志愿主题活动。活动以扶残助残为主题，以出行无障碍、送温暖献爱心、安全防范等为主要内容，广泛开展出行无障碍助残志愿服务、亲情关爱助残志愿服务，通过"春节＋志愿者＋残疾人"等多种助残志愿形式，将党和政府有关残疾人社会保障和公共服务的政策落实，为广大残疾人营造安全温馨的新春佳节良好氛围。

---

① 《全国志愿助残阳光行动主题日，一起行动起来吧!》，中国青年志愿者网，2021年9月28日，http://mzyz.cyol.com/content/2021-09/28/content_19017420.htm。
② 作者根据历年官方发布数据整理所得。

2014 年 2 月，中国残联和共青团中央共同启动实施中国青年志愿者助残"阳光行动"。活动以残疾青少年为主要服务对象，重点围绕日常照料、就业支持、支教助学、文体活动等 4 个方面的 20 多项具体内容，广泛、深入、持续开展助残志愿服务工作。截至 2014 年 11 月，共招募助残志愿者 175.1 万人，实际结对残疾青少年 212.2 万人，覆盖比例达 45.5%。① 同年，中国残联与中国志愿服务联合会共同开展"邻里守望"助残志愿服务活动，与文化部共同开展"百家图书馆文化助残公益行动"，让文化改革发展成果惠及包括残疾人在内的广大人民群众，为残疾人创造良好的学习和获取信息的环境，满足残疾人的精神文化需求。

2022 年 3 月，北京冬奥会共录用赛会志愿者 18000 余人，其中包括 19 名残疾人志愿者；冬残奥会期间有 9000 名志愿者投入服务，其中包括 12 名残疾人志愿者。② 残疾人志愿者均有各自的专业技能，有的持有手语技能证书，有的志愿者具备丰富的疫情防控经验，他们全身心投入志愿服务，用专业、细心和贴心，为参赛运动员提供了最周到的服务，给予了参赛者最大的尊重，他们发扬志愿精神，用温暖的笑脸和真挚的服务，向世界展示了中国志愿者的风采。残疾人志愿者用实际行动表明，他们一样有"力量"，可以与健全人共同建立包容的美好社会。

4. 中国助残志愿者协会的成立为助残志愿服务的发展提供了更坚实的组织保障

2015 年 10 月，中国助残志愿者协会（以下简称协会）正式在民政部登记成立，协会主要由助残志愿者、助残志愿服务组织以及社会各界支持助残志愿服务事业的单位和个人组成，是开展助残志愿服务工作的全国性、公益性社会组织。协会以践行社会主义核心价值观，宣传普及助残志愿服务理

---

① 《共青团史话 | 改革时期 奉献、友爱、互助、进步——中国青年志愿者行动》，中国青年网，2017 年 2 月 17 日，http://qnzz.youth.cn/zhuanti/kszt/xzhd/09/xdemo_127402/08/201702/t20170217_9133823.htm。

② 《9000 名志愿者服务冬残奥会其中包含 12 名残疾人志愿者》，中国青年网百家号，2022 年 3 月 5 日，https://baijiahao.baidu.com/s?id=1726440112155781606&wfr=spider&for=pcl。

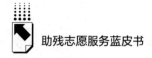

念，弘扬人道主义精神，发展助残志愿服务事业，促进残疾人平等、参与、共享为使命，凝聚社会各界力量，开展助残志愿服务。协会的成立，使得助残志愿服务事业有了更加坚实的组织保障。

助残志愿服务作为志愿服务的重要组成部分，不仅是推进残疾人事业发展的重要手段，也成为弘扬中华民族传统美德、彰显社会主义制度优势、培育时代新人的重要举措。我国的助残志愿服务事业经过四十多年的发展，在改善残疾人生活状况、促进其社会参与方面发挥了巨大的作用。残疾人在获得志愿服务的同时，也用自强自立的精神影响着志愿者，更可喜的是越来越多的残疾人开始以志愿者的身份积极参与到志愿服务中，努力为社会、为他人做出贡献，成为残健融合构建和谐社会、构建共同富裕美好社会的重要组成部分。

二 中国助残志愿服务发展取得的主要成效

我国助残志愿服务经过四十多年的实践与发展，在政策法规、组织体系、品牌项目培育、志愿者队伍建设等方面均取得了显著成效。

（一）政策法规与标准规范逐步完善，制度化建设稳步推进

建立健全助残志愿服务政策法规、标准体系，是助残志愿服务体系化建设的重要内容。对助残志愿服务组织管理、助残志愿者激励保障、助残志愿服务项目管理、助残志愿服务规范、效果评估等一系列环节进行标准化规定，是助残志愿服务走向制度化、规范化轨道的一个重要过程。目前，我国已形成以《中华人民共和国宪法》为最高遵循，以《中华人民共和国残疾人保障法》《中华人民共和国慈善法》为主干，以《志愿服务条例》等为重要支撑的助残志愿服务法律法规体系，初步形成法律、行政法规、部门规章、规范性文件、党内法规制度以及团体规定相衔接，法规要求和技术标准相补充，中央和地方相结合的政策法规及标准体系。

《中华人民共和国宪法》第四十五条规定"国家和社会保障残废军人的

生活；国家和社会帮助安排盲、聋、哑和其他有残疾的公民的劳动、生活和教育。"《中华人民共和国慈善法》（2016）第七章慈善服务部分对慈善组织及相关组织的志愿者招募、培训、服务开展、服务记录证明出具、志愿者权益保障等相关内容进行了规定。① 《中华人民共和国公共文化服务保障法》（2017）第四十三条、五十二条对建立文化志愿服务机制，鼓励公民、法人和其他组织参与文化志愿服务做出了相关规定。② 这些法律中的相关条文，虽然并不具体针对助残志愿服务，但对于助残志愿服务工作同样具有普遍的法律约束效力。

《志愿服务条例》（2017）作为我国首部志愿服务行政法规，首次以法规形式明确了志愿服务发展的方向和原则、志愿服务组织的法律地位、志愿服务的管理体制，保障了志愿服务有关主体的合法权益，对于促进志愿服务制度化、常态化发展具有重要意义。

自国家首次在"十一五"规划中提出志愿服务制度化建设的目标任务以来，历次国家规划均有志愿服务发展目标及任务要求，在《中华人民共和国国民经济和社会发展第十四个五年规划和 2035 年远景目标纲要》（2021）中更是确定了"支持和发展志愿服务组织，壮大志愿者队伍，搭建更多志愿服务平台，健全志愿服务体系"的目标。残疾人事业发展规划方面，自"八五"计划纲要开始，助残志愿服务发展均被纳入残疾人事业发展统筹规划。

截至 2022 年 7 月，累计发布了《援外青年志愿者选派和管理暂行办法》（2004）、《志愿服务组织和志愿者参与疫情防控指引》（2020）等助残志愿服务相关部门规章 2 项；《中共中央、国务院关于促进残疾人事业发展的意见》（2008）、《中央文明办、教育部、文化部等关于组织开展"关爱他人——爱幼助残志愿服务行动"的通知》（2012）、《中国残联、中央文明

---

① 《中华人民共和国慈善法（主席令第四十三号）》，中国政府网，2016 年 3 月 19 日，http：//www.gov.cn/zhengce/2016-03/19/content_ 5055467. htm。

② 《中华人民共和国公共文化服务保障法》，中国政府网，2016 年 12 月 26 日，http：//www.gov.cn/xinwen/2016-12/26/con tent_ 5152772. htm。

办、民政部、共青团中央关于进一步做好志愿助残工作的通知》（2015）等30余项相关政策文件；《志愿服务记录办法》（2012）、《文化志愿服务管理办法》（2016）、《志愿服务组织和志愿者参与疫情防控指引》（2020）、《志愿服务记录与证明出具办法（试行）》（2020）、《法律援助志愿者管理办法》（2021）等50余项相关规范性文件。

此外，中国残联、共青团中央、中国志愿者联合会、中国助残志愿者协会等相关社会团体发布了《中国残疾人联合会关于印发〈中国助残志愿者注册管理办法（试行）〉的通知》（2013）、《中国残联、共青团中央、中国志愿服务联合会关于确定"全国志愿助残阳光基地"和"全国志愿助残阳光使者"的通知》（2017）、《中国残疾人联合会、共青团中央关于印发〈青年志愿者阳光助残扶贫行动实施方案〉的通知》（2017）、《中国残疾人联合会、共青团中央、中国志愿服务联合会关于组织开展2017年全国志愿助残阳光行动主题日活动的通知》（2017）、《中国残疾人联合会关于印发〈关于开展志愿者助残的意见〉的通知》（2020）、《中国残疾人联合会组联部、中国助残志愿者协会关于进一步推动志愿助残服务发展的通知》（2022）等百余项相关政策文件。

同时，中国标准化研究院、湖北省标准化与质量研究院、北京志愿服务发展研究会及民政部等相关单位研制发布助残志愿服务相关国家标准3项、地方标准40余项、行业标准2项、团体标准1项。其中针对助残志愿服务的专门标准仅有1项，规范残疾人集中就业情境下的助残志愿服务。中国助残志愿者服务协会积极推动行业服务标准和规范建设。协会联合北京市志愿服务指导中心，制定《志愿助残服务规范》并推进国家标准立项工作；修订《志愿助残工作手册》，强化对基层助残工作的指导，助力助残志愿工作高质量发展；起草《阳光助残志愿服务基地创建标准》，促进助残志愿服务基地的规范化发展；协助修订《第十四届全国运动会第十一届残运会暨第八届特奥会志愿者通用读本》，参与撰写《北京2022年冬奥会和冬残奥会残疾人服务知识手册》，这些标准、手册的编制推动着行业服务规范化发展。

此外，各地积极推进助残志愿服务地方性法规的立法和修订工作，出台地方性法规 70 余项，其中均有鼓励和支持志愿者、志愿服务组织优先在残疾人服务机构等场所开展志愿服务活动，鼓励和支持志愿者、志愿服务组织优先为残疾人等其他有特殊困难的社会群体以及个人提供志愿服务的相关规定。从中央到地方，从国家法律到中央和地方的行政法规、部门规章、规范性工作文件，助残志愿服务政策法规、标准体系框架基本形成，这些政策法规、标准为我国助残志愿服务事业发展提供了基本遵循和重要保证。2013～2021 年我国出台了众多助残志愿服务相关文件（见表1）。

表1　2013～2021 年中国助残志愿服务相关文件（部分）

序号	标准号	标准名称	标准类型
1	GB/T 40143-2021	《志愿服务组织基本规范》	国家标准
2	MZ/T 148-2020	《志愿服务基本术语》	行业标准
3	MZ/T 061-2015	《志愿服务信息系统基本规范》	行业标准
4	T/ZZX 001-2018	《志愿服务站(点)建设与服务规范》	团体标准
5	DB 3705/T 5-2021	《新时代文明实践志愿服务项目管理规范》	地方标准
6	DB34/T 4022-2021	《大型赛会志愿服务管理规范》	地方标准
7	DB42/T 1703-2021	《儿童福利机构志愿服务规范》	地方标准
8	DB33/T 2308-2021	《文化志愿者管理与服务规范》	地方标准
9	DB33/T 2262-2020	《旅游志愿者服务规范》	地方标准
10	DB3205/T 1001-2020	《志愿者 志愿服务分类和积分管理指南》	地方标准
11	DB15/T 1788—2020	《社区志愿服务规范》	地方标准
12	DB37/T 3891.5—2020	《残疾人集中就业服务规范 第5部分:志愿服务》	地方标准
13	DB34/T 3505-2019	《养老机构 志愿服务管理规范》	地方标准
14	DB34/T 3509-2019	《慈善组织 志愿者招募规范》	地方标准
15	DB33/T 2188-2019	《大型赛会志愿服务岗位规范》（第1～11部分）	地方标准
16	DB3301/T 0269-2018	《文化志愿服务管理规范》	地方标准
17	DB51/T 2541-2018	《应急志愿服务管理规范》	地方标准
18	DB62/T 2806-2017	《志愿者服务评估通用要求》	地方标准
19	DB43/T 841-2014	《社区志愿服务管理规范》	地方标准
20	DB32/T 2356-2013	《赛事志愿服务 招募》	地方标准
21	DB32/T 2357-2013	《赛事志愿服务 志愿者形象礼仪》	地方标准

资料来源：全国标准信息公共服务平台，https：//std.samr.gov.cn。

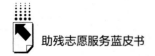

（二）组织体系基本形成，运行机制逐步健全

《志愿服务条例》首次以法规形式对志愿服务组织做出界定："志愿服务组织是指依法成立，以开展志愿服务为宗旨的非营利性组织。"① 综合《志愿服务基本术语》《志愿服务组织基本规范》可知，我国的助残志愿服务组织可以是依法登记注册的非营利组织，也可以是尚未登记的志愿服务团队以及开展助残志愿服务的社区、单位内部等相对固定的志愿服务站。目前，我国助残志愿者组织已形成了枢纽型志愿服务组织，服务型助残志愿服务组织，企事业单位、高校下属助残志愿服务组织，民办助残社会服务机构以及一些虽没有正式注册但具有一定活跃度和影响力的民间组织等多种类型组织并存的助残志愿服务组织体系，基本形成了覆盖城乡，"横向到边、纵向到底"的助残志愿服务工作网络。截至"十三五"末，接受助残志愿服务的残疾人达2943万人次。

枢纽型志愿服务组织是助残志愿服务组织的重要组成部分，如中国最大的枢纽型志愿服务组织为中国志愿服务联合会，是全国性、非营利社会团体组织；中国青年志愿者协会也是最早成立的中国志愿服务枢纽型组织。此外，各地方成立的志愿服务联合会也属于枢纽型志愿服务组织。这些枢纽型志愿服务组织，除了主持一般大型活动外，也肩负着传播志愿服务理念、落实党的执政方针、建设和谐社会、实现国家治理现代化的任务。同时，在管理体制上，这些枢纽型志愿服务组织大都与各级党政部门有密切的关联，如中国志愿服务联合会受中央文明办指导，中国青年志愿者协会由共青团中央主管，北京市志愿服务联合会由北京市团委发起。

服务型助残志愿服务组织以承担助残志愿服务为基本宗旨，正式登记注册成立的服务型助残志愿服务组织是助残志愿服务组织的主体，如中国残联

---

① 《志愿服务条例》，中国政府网，2020年12月27日，http：//www.gov.cn/zhengce/2020-12/27/content_5574451.htm。

所属社团组织中国助残志愿者协会及其各地分会。这些组织主要承担贯彻落实国家有关残疾人事业，志愿服务的法律、法规和方针政策，宣传助残志愿服务理念，动员社会各界开展助残志愿服务，指导和推动地方开展助残志愿活动，开展助残志愿者队伍管理，组织开展助残志愿服务理论和实践研究及境内外助残志愿服务合作交流等工作。结合残联系统组织优势，基层残联组织中已有相当一部分设置了助残志愿服务联络站（点）。

企业事业单位、高校下属的助残志愿服务组织大都没有正式注册，但活跃度高、影响力大，比如北京大学的"爱心社"（1993年成立），是我国第一家由高校学生自发组织成立的志愿服务社团，该组织现有助残组、儿童组、服老组等实践部组，设有资助部、外联部等功能部组，同时设有手语分社。作为北京大学连续多年的"十佳社团"及品牌社团，爱心社不仅彰显了新时期的北大精神，更启迪当代大学生自觉培养文明意识，发扬奉献精神，承担社会责任，积极参与志愿服务，在校内外享有极高的知名度，具有很大的影响力。北京冬奥会和冬残奥会期间，北京大学共有630名志愿者参与了服务保障工作，中国轮椅冰壶队在北京冬残奥会上获得冠军，北大志愿者也功不可没。①

近年来，民办助残志愿服务机构随着社会公共服务力度的加大，持续活跃在公共服务领域，他们大多组建了助残志愿服务队伍，通过政府购买项目开展社会服务。如北京星星雨教育研究所（1993年成立），是中国第一家专门为孤独症儿童及其家庭提供教育服务的民办非营利机构，经过近30年的发展已成为治疗孤独症方面的专业化组织。此外，还有一些民间的助残志愿服务组织，因为种种原因没有正式注册，但组织具有一定的活跃度和影响力。

我国的志愿服务工作在中央文明委领导下，成立了由中央文明办牵头，民政部、共青团中央、中国残联等通力合作的全国志愿服务活动协调小组，

---

① 《北京大学举行冬奥志愿者总结表彰大会》，北青网，2022年4月16日，https：//t. ynet. cn/baijia/32618318. html。

负责全国志愿服务活动总规划、总协调、总指导，督促、检查各地各部门志愿服务活动开展情况。中央文明办主要与各有关方面联系沟通，做好协调工作。各有关部门充分发挥各自优势，各负其责，组织开展内容、形式丰富的志愿服务活动。民政部门积极推动社区志愿服务活动，共青团组织不断深化青年志愿者行动，残联组织继续深化扶残助残志愿服务活动。经过十余年的实践，逐渐形成党委领导、政府负责、社会参与、残疾人组织充分发挥作用的工作推进机制。助残志愿服务工作注重发挥志愿服务活动协调小组的作用，将其纳入志愿服务工作整体规划。各级文明办和残联深入调查、全面掌握、科学制定助残志愿发展规划，不断提高统筹规划、业务指导水平。总之，在相关部门尽职履责、社会各界大力支持下，助残志愿服务活动运行机制不断健全、志愿者管理机制日益完善，助残志愿服务规范化、专业化、社会化水平得到不断提高。

（三）多元力量协同推进，品牌主题活动影响日益扩大

在党和政府的高度重视下，在残联各级组织的大力推动及社会各界的广泛参与与支持下，我国的助残志愿服务事业发展迅速，系列助残志愿服务主题活动社会影响日益扩大。

"红领巾助残"活动是20世纪80年代在残联主席团主席邓朴方的大力倡导推动下，由国家教委、共青团中央、全国妇联和中国残疾人福利基金会联合发起的大型公益活动。活动的持续开展，弘扬了中华民族传统美德，增强了青少年助残志愿服务意识，此项活动是中国助残志愿服务领域的品牌项目。

"全国助残日"活动自1991年启动至2022年，已持续开展32年（见表2），历次活动由国务院残工委联合中央宣传部、民政部、教育部、共青团中央、中国残联等多家单位开展，聚焦残疾人基本生活、就业增收、托养照护、医疗康复、学习教育等多个方面，配套出台一系列助残惠残政策，落实有针对性的保障措施。活动受到社会各界的广泛关注，动员了从中央到地方的各级部门、各级领导、数以亿计的群众参加，声势浩大，规模宏大，影

响深远，有力地推动了助残志愿服务事业的发展，成为助残志愿服务领域规模最大、影响深远的特色品牌项目。

表 2 1991~2022 年全国助残日活动的主题

	年份	主题
1	1991	宣传残疾人保障法
2	1992	走进每个残疾人家庭。
3	1993	扶助共进
4	1994	我们同行——为远南残疾人运动会献爱心
5	1995	一助一,送温暖
6	1996	预防残疾,增进健康
7	1997	助残与自强
8	1998	扶贫解困
9	1999	无障碍与视觉第一
10	2000	志愿者助残
11	2001	宣传贯彻保障法,携手迈入新世纪
12	2002	关注基层残疾人工作,保障残疾人基本生活
13	2003	发展残疾人事业,共同奔赴小康
14	2004	情系我的兄弟姐妹,帮扶贫困残疾人
15	2005	平等共享,促进残疾人就业
16	2006	真实的了解,真挚的关爱
17	2007	保障残疾人的权益,共建和谐社会
18	2008	牵手残疾人 走进残奥会
19	2009	关爱残疾孩子发展特殊教育
20	2010	关爱帮扶农村贫困残疾人
21	2011	改善残疾人民生,保障残疾人权益
22	2012	加强残疾人文化服务,保障残疾人文化权益
23	2013	帮扶贫困残疾人
24	2014	关心帮助残疾人,实现美好中国梦
25	2015	关注孤独症儿童,走向美好未来
26	2016	关爱孤残儿童,让爱洒满人间
27	2017	推进残疾预防健康成就小康
28	2018	全面建成小康社会,残疾人一个也不能少
29	2019	自强脱贫,助残共享
30	2020	助残脱贫 决胜小康
31	2021	巩固残疾人脱贫成果,提高残疾人生活质量
32	2022	促进残疾人就业,保障残疾人权益

资料来源：作者根据中国残疾人联合会官方微信公众号整理所得。

中国青年志愿者助残"阳光行动"主要由中国残联、共青团中央共同实施，以残疾青少年为主要服务对象，通过各级团组织、残联、青年志愿者组织，广泛动员青年志愿者围绕日常照料、支教助学、就业支持、文体活动等开展助残志愿服务。"阳光行动"是各级共青团、残联和青年志愿者组织广泛、持续、深入开展的全国性重点工作项目，经过多年的发展和积累，已经形成了一整套比较成熟的项目运行机制。

社区助残志愿服务是社区治理和新时代文明实践的重要抓手，"邻里守望"助残志愿活动是中国残联与中国志愿服务联合会联合开展的社区助残志愿服务，积极号召社区、邻里为残疾人提供日常生活照护服务，重塑和延续了中华民族睦邻友好的和谐风尚，使广大残疾人感受到来自身边的温暖和帮助。

中国青年志愿服务项目大赛暨志愿服务交流会由共青团中央、中央文明办、民政部、中国志愿服务联合会、文化和旅游部、中国残联等相关单位联合打造。自2014年以来已举办五届，成了集项目展示、组织交流、资源配置和文化引领于一体的全国性志愿服务综合平台。平台目前设立13类项目，"阳光助残"是其中类目之一。截至2021年，活动牵动了全国2800余个项目参赛参评，评选出670多个全国优秀助残志愿服务项目，已有484个"阳光助残"项目在中国青年志愿服务项目大赛中荣获金奖、银奖，[1] 参赛志愿者达70余万人次，向基层提供培育、支持的专项助残资金达820余万元。[2]

图书馆文化助残公益行动是精神助残行动。2014年，中国残联与文化部共同开展"百家图书馆文化助残公益行动"，充分发挥各级图书馆公共文化服务体系作用，更好地保障群众基本文化权益，让文化改革发展成果惠及

---

① 《奋进新征程 建功新时代 | 中国助残志愿者协会：努力开创新时代志愿助残工作新局面》，中国残疾人联合会百家号，2022年3月10日，https://baijiahao.baidu.com/s? id = 17269261706 95329291& wfr = spider&for = pc。

② 《各级共青团、青年志愿者组织持续开展助残阳光行动》，中国青年志愿者网，2021年9月28日，http://zgzyz.cyol.com/content/2021-09/28/content_ 19017421.htm。

包括残疾人在内的广大人民群众。结合文化部开展的"文化志愿服务推进年"活动，倡导图书馆管理人员学习手语，倡导在图书馆成立"爱心小组""助残小队""志愿者小队"等扶残助残志愿服务小组，开展爱心结对和文化帮扶。倡导有条件的图书馆将服务延伸到社区，结合"全国助残日""送文化到基层"等活动，定期到残疾人集中的社区、乡镇文化站和残疾人温馨家园，为有需要的残疾读者提供送书上门服务。

2015 年 10 月，中央宣传部、中央文明办等部门在全国联合开展全国学雷锋志愿服务"四个100"先进典型宣传推选活动。各地各部门把此次活动作为培育和践行社会主义核心价值观的有效抓手，精心组织实施，使宣传推选的过程成为弘扬中华民族助人为乐传统美德、传播志愿服务文化、提升志愿服务水平的过程。活动举办 7 年来，已推选最佳助残志愿服务项目近 60 项（见表3）。

表3　2015～2021 年全国学雷锋志愿服务"四个100"最佳助残志愿服务项目

年份	数量	领域	服务对象
2015	8	文化(3)；教育(2)；文化、康复综合(2)；文化、康复、就业综合(1)	视障人士(2)；残障儿童(4)；残障人士(1)；残疾人家庭(1)
2016	13	文化(4)；就业(2)；康复(5)；综合(2)	残障儿童(4)；视障人士(2)；残障人士(5)；残疾人家庭(2)
2017	9	文化(3)；文化、康复(2)；文化、无障碍(1)；生活照护(1)；就业(1)；康复(1)	视障人士(3)；残障人士(3)；智障人士(1)；残障青年(1)；残障儿童(1)
2018	2	生活照护、助学(2)	残疾人家庭(1)；残障儿童(1)
2019	13	康复(5)；文化(3)；就业(2)；康复、文化(1)；无障碍、文化(1)；生活照护(1)	视障人士(4)；听障人士(3)；肢体残障人士(2)；孤独症(2)；残障人士(2)
2020	6	无障碍、文化(3)；无障碍(1)；康复(1)；综合(1)	视障人士(2)；残障人士(2)；精神障碍人士(1)；贫困残疾人(1)
2021	6	文化、就业(1)；康复(2)；无障碍(1)；生活照护(1)；心理服务(1)	视障人士(2)；残障人士(2)；乡村残障人士(1)；精神障碍人士及子女(1)
小计	57	文化(13)；康复(13)；就业(5)	残疾人士(15)；视障人士(15)；残障儿童(8)

注：领域和服务对象的括号内的数字代表最佳助残志愿服务项目数量。

资料来源：根据中国文明网全国学雷锋志愿服务"四个100"先进典型名单整理。

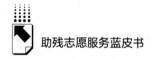

助残志愿服务事业是一项综合的社会性事业，事业的发展需要充分整合社会各界力量，多方协同推进，坚持新发展理念，构建多元主体共治的助残志愿服务事业发展格局是推进助残志愿服务事业治理现代化的必然之路。

（四）服务范围和领域不断拓展，服务形式不断创新

助残志愿服务是我国志愿服务工作的重要组成部分，自《中国残疾人事业"十二五"发展纲要》颁布以来，国家将助残志愿工作纳入国家志愿服务总体规划，统筹实施，全面推进，充分整合资源，形成强大合力，切实改善残疾人状况，为促进其充分参与社会活动提供了有力保障。在服务内容上，注重残疾人急需、志愿者能为的项目，开展助残志愿服务。助残志愿服务已经从以解决残疾人基本生存需求的生活帮扶为主，发展成为以残疾人需求为出发点，涉及康复、教育、就业、文化等各方面的全方位服务。在城市社区，助残志愿者主要以社区居民和青年学生为主体，他们为残疾人提供细致、便捷、周到的生活服务；在农村，助残志愿者主要以两委干部、党员志愿者为主体，围绕残疾人及其家庭的生产劳动，提供如生产技能培训、购买生产资料、耕种收割等各种形式的助残志愿服务，帮助残疾人摆脱困境。

在服务形式上，从残疾人的实际需求出发，综合考虑助残志愿者的能力，进行供需优化匹配，以方便有效的形式，就近就地开展服务。有"一助一""多助一"，也有"一助多"；有定人、定时服务，也有临时服务；有上门服务，也有定点接待服务；有线下服务，也有线上服务；可提供劳务服务，也可提供资金、物质帮助，等等。既可以将助残志愿服务纳入"青年志愿者行动""红领巾助残"等现有的帮扶活动，也可以打造新的服务品牌和服务形式，形式日趋灵活多样。

（五）志愿者队伍不断壮大，服务能力不断提升

《中国残疾人事业"十二五"发展纲要》将助残志愿服务工作纳入国家志愿服务总体规划，提出建立健全助残志愿者招募注册、服务对接、评价激励、权益维护等机制。2013年6月，中国残疾人联合会印发《中国助残志

愿者注册管理办法（试行）》（以下简称《管理办法》）为助残志愿者的招募注册、权利义务、服务对接、组织管理、评价表彰等制定了标准。《管理办法》规范了助残志愿服务工作主管部门的职责，对残联各级在助残志愿服务中的职责进行了明确规定。中国残联组联部负责全国助残志愿工作的规划、协调和督查；省级、市级残联根据本地实际情况制定助残志愿者注册管理实施细则，推动助残志愿活动广泛开展；县级残联负责开展志愿助残注册和管理工作；乡级残联、村级残协通过建立助残志愿联络站（点）、助残志愿组织等，广泛开展助残志愿者的登记、联络和对接服务等工作；地方各级残疾人组织应当做好助残志愿者的管理服务工作，逐步建立健全志愿服务管理长效机制。截至"十三五"末，全国助残志愿服务队伍规模达到274万人，受助残疾人达2943万人次。①

如图1所示，2014～2021年受助残疾人次中县（县级市、市辖区）级、乡（镇、街道）级、村（社区）级受助残疾人数占主体，受助残疾人次总体呈上升趋势。

此外，中国助残志愿者协会实施助残志愿者"种子计划"，联合中国志愿服务联合会、中国青年志愿者协会培训全国助残志愿者骨干500余人；联合中国盲文图书馆在山西、辽宁、浙江、安徽、江西、湖北、广西、陕西等八省（区）培训"文化助盲"志愿者骨干700余人；联合北京冬奥组委志愿者部、残奥部举办"迎冬奥志愿助残服务骨干培训"，培训80余名骨干师资。② 培训产生了良好的效果，河北、内蒙古、山东等省（区）成立了地市级（县级）及以上助残志愿者服务队，开展了丰富多彩的助残志愿活动，

---

① 《传递爱与温暖，谱写志愿助残服务新篇章——〈"十四五"中国志愿助残服务方案〉解读》，中国志愿助残微信公众号，2022年10月11日，https：//mp. weixin. qq. com/s？src = 11&timestamp = 1675835748&ver = 4337&signature = JJlCN9B8MsWnmJVSdTYkU8yeZiMOc6cABbRwvP - Sbl9cXU1AxcazKN - y92fbZPk - 30xTFi3kw8rOsjS3V8fTA5Nbx7nHE15U8sFQ25U - * 9168YKhRP8YIAbTvc - zhNEA&new = 1。

② 《奋进新征程 建功新时代｜中国助残志愿者协会：努力开创新时代志愿助残工作新局面》，中国残疾人联合会百家号，2022年3月10日，https：//baijahao. baidu. com/s？id = 1726926170695329291&fr = Spider&for = PC。

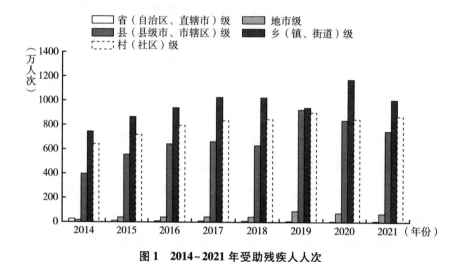

图 1 2014~2021 年受助残疾人人次

资料来源：2014~2021 年《中国残疾人事业统计年鉴》。

各省（区、市）创建了"做你的眼睛""有爱点燃希望 无碍成就梦想"等助残志愿品牌项目。

三 我国助残志愿服务发展面临的主要问题

在党和国家的高度重视以及中国残联的积极推动和社会各界的关心支持下，我国的助残志愿服务工作取得了显著成效，助残志愿服务已成为满足残疾人基本需求的有益补充，成为推动社会主义精神文明建设和残疾人事业发展的重要力量。与此同时，助残志愿服务工作在制度、服务标准规范的建设，区域、群体和服务领域的平衡发展，管理的现代化，服务体系的完善等方面，还存在一定的问题，面临严峻挑战。今后的工作重点应是解决这些问题，以推动助残志愿服务事业高质量发展。

（一）制度尚不健全，体制机制仍不完善

我国助残志愿服务相关法律法规和政策制度建设已基本构建形成以

《中华人民共和国宪法》为根本大法，以《中华人民共和国残疾人保障法》《中华人民共和国慈善法》等相关法律为主干，以《志愿服务条例》等行政法规和地方法规为重要支撑，以规范性文件、团体规定为补充的助残志愿服务法律法规体系。但从政策体系结构来看，目前我国助残志愿服务领域还没有全国性、规范性的专门法律法规，地方性的相关规范也不多，相关部门协作、资源协调等方面仍然缺乏行之有效的工作机制。现有政策体系中规范性文件、团体规定占绝大多数，效力级别较低，影响实施效果。此外，目前政策法规中倡导性条款较多，缺乏实施的硬约束，许多条款使用了"可以""也可以"等倡导性词汇。

《志愿服务条例》中关于志愿者的管理，还主要停留在原则层面，需要制定配套的制度、标准、政策性文件。目前，助残志愿服务规范数量少，领域覆盖面窄，尚不能有效地指导助残志愿服务的开展，服务的规范化程度不高。

（二）发展不平衡，服务供给不足

助残志愿服务发展呈现明显的地区差异、城乡差异、趋势差异，供给与需求发展不平衡且复杂。根据《中国残疾人事业统计年鉴（2021）》，截至2020年底，登记在册助残志愿者达到257.16万人，受助残疾人达到2704.75万人次。本报告以登记在册助残志愿者人数占当年年度常住人口数的比重来考察助残志愿服务参与率。从全国层面来看，助残志愿服务参与率为0.18%。由图2可知，2020年助残志愿服务参与率排名前10的省（区、市）分别是甘肃、黑龙江、吉林、天津、河南、河北、广东、重庆、辽宁、江苏。从2018年排名数据（见图3）与2020年排名数据来看，排名前十的省（区、市）变化不大。同时，根据计算排序，2020年，山西、海南、贵州、广西壮族自治区等省（区）助残志愿服务参与率低，仅为0.02%。从助残志愿服务参与率数据来看，各省（区、市）助残志愿服务发展不平衡，参与率最高省份为最低省份的52.5倍。此外，根据《2021年度中国志愿服务发展指数报告》数据，2020年全国注册志愿者总人数为1.92亿人，占全国人口的比重约为 13.62%。① 进一步考察 2016 年数据，注册志愿者人数占全国常住人口的比重为 2.35%，而登记在册助残志愿者人数占全国常住人口的比重为 0.24%。因此，从志愿服务参与率数据来看，2016~2020 年，志愿服务全领域总体参与率水平由 2.35% 提升至 13.62%，增长了 11.27 个百分点，而助残志愿服务参与率则由 0.24% 下降为 0.18%，减少了 0.06 个百分点，助残志愿服务参与率与志愿服务参与率相比不升反降。②

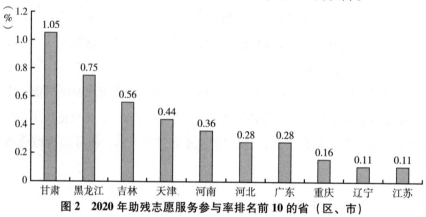

图 2　2020 年助残志愿服务参与率排名前 10 的省（区、市）

资料来源：2020 年《中国残疾人事业统计年鉴》。

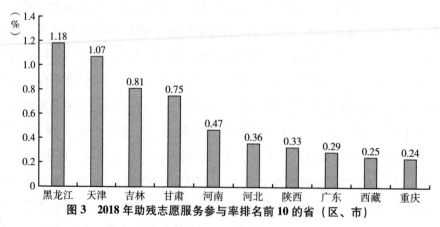

图 3　2018 年助残志愿服务参与率排名前 10 的省（区、市）

资料来源：2018 年《中国残疾人事业统计年鉴》。

---

① 《2020 年末我国分性别、分城乡、分省市人口总数统计情况》，观研报告网，2021 年 11 月 25 日，https://data.chinabaogao.com/hgshj/2021/11255612212021.html。
② 由作者整理的助残志愿相关数据计算所得。

进一步考察不同级别行政区划志愿者注册人数（见图4）及受助残疾人人次，省（自治区、直辖市）级、地市级注册志愿者数远低于县（县级市、市辖区）级、乡（镇、街道）级、村（社区）级注册志愿者数，县（县级市、市辖区）级、乡（镇、街道）级、村（社区）级注册志愿者总数占注册总人数的比例超98%。受助残疾人人次的数据呈现同样的规律，县（县级市、市辖区）级、乡（镇、街道）级、村（社区）级受助残疾人人次占比超97%。① 无论是注册志愿者数还是受助残疾人人次，均呈现行政区划级别差异，呈现发展不平衡的特点。

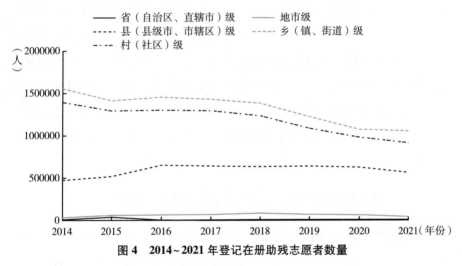

图4 2014~2021年登记在册助残志愿者数量

资料来源：2014~2021年《中国残疾人事业统计年鉴》。

根据《2021年中国活跃志愿者现状调查报告》，尽管志愿服务参与率有所提升，但与群众需求仍存在差距，存在供需发展不平衡现象。具体到扶助残障领域，志愿服务需求度为12.01%，志愿服务参与率为4.68%，志愿服务供给与需求差距为7.33个百分点。② 目前，中国助残志愿者协会不断加

---

① 作者根据整理的助残志愿相关数据计算所得。
② 邹宇春、梁茵岚：《2021年中国活跃志愿者现状调查报告》，载李培林、陈光金、王春光主编《社会蓝皮书：2022年中国社会形势分析与预测》，社会科学文献出版社，2022，第184~203页。

强对外合作与交流，与共青团中央、中国青年志愿者协会密切合作，开展了青年志愿者助残"阳光行动"，为残疾人提供了丰富多彩的志愿服务；与中国志愿服务联合会联合推进"邻里守望"社区助残项目，使广大残疾人感受到来自身边的温暖和帮助；联合中国盲文出版社、中国盲文图书馆在全国公共图书馆、特教学校开展"文化助盲"志愿服务。这些助残志愿服务项目的开展，较好地满足了残疾人的需求，但与残疾人多层次、多样化需求相比，仍存在较大差距。《"十四五"残疾人保障和发展规划》指出，"十四五"时期残疾人事业发展面临残疾人社会保障水平和就业质量不高，残疾人公共服务总量不足、分布不均衡，残疾人教育、康复、就业、无障碍等多样化需求未得到满足，残疾人平等参与不够充分，残疾人事业仍然是经济社会发展短板，欠发达地区、农村和基层为残疾人服务的能力薄弱等问题。"十四五"期间的助残志愿服务需在以上领域加大服务供给力度，进而发挥其扩大公众参与、改善政府公共服务短板、促进欠发达地区基层残疾人服务提升等方面的作用，确保"十四五"规划目标的顺利实现。

（三）规范化程度不高，优秀项目示范效应不明显

服务标准、服务指南的制定，对于提升服务规范化水平具有重要意义。中国助残志愿者协会依托志愿服务领域专家库，发挥智库作用，积极推动行业服务标准和规范建设。协会先后制定《志愿助残服务规范》，修订《志愿助残工作手册》，起草《阳光助残志愿服务基地创建标准》，这些规范、手册、标准促进了助残志愿服务规范化发展。但是，助残志愿服务领域、服务流程、服务对象的多样化与对标准规范的需求相比，还存在较大差距。

助残志愿服务大部分项目是由提供服务主体自身主动发起、自行完成的，缺乏成体系的标准。例如，毕学翠以第9届全国残疾人运动会为例，对我国大型残疾人体育赛事志愿者助残志愿服务进行调研发现，残运会志愿者招募和选拔工作由于由各高校自行制定标准，缺乏统一规范要求，不仅影响

了志愿者的参与积极性，也影响了助残志愿服务质量。[①] 研制并出台助残志愿服务规范，有利于进一步提升服务专业化水平及服务质量，不断增强残疾人获得感、幸福感、安全感。

进一步通过全国标准公共服务信息平台检索发现，现有专门针对助残志愿服务领域的技术标准严重缺乏，仅能参考志愿服务全领域的行业标准。助残志愿服务的对象为残疾人，而因残疾类型、等级的差异，残疾人要求志愿者在提供助残志愿服务时具有一定的针对性，这对助残志愿服务的标准化和行业组织发展均提出了专业化要求，进一步加强助残志愿服务标准研制，促进服务规范化发展，是当前乃至未来一定时期内助残志愿服务发展需承担的艰巨任务。

我国自2014年起，开始举办中国青年志愿服务项目大赛暨志愿服务交流会，截至2022年已举办五届。"阳光助残"为大赛项目类型中的一类，每届都有项目入选大赛金奖项目。同时，从2015年起，中央宣传部、中央文明办等部门联合开展全国学雷锋志愿服务"四个100"先进典型宣传推选活动，截至2022年活动已举行7年，并产生了最美志愿者、最佳志愿服务项目、最佳志愿服务组织、最佳志愿服务社区等先进典型推选项目。青年志愿服务项目大赛暨志愿服务交流会以及全国学雷锋志愿服务"四个100"先进典型宣传推选活动的开展，推动形成了以赛促建、以评促建的良性运行机制，有力地促进了助残志愿服务的常态化发展。但是，通过检索全国学雷锋志愿服务"四个100"先进典型数据、中国青年志愿服务项目大赛暨志愿服务交流会优秀项目展数据、中国志愿服务网志愿风采栏目数据、百度数据等发现，对于优秀的助残志愿服务项目多以新闻报道为主，多以介绍其服务成效、业绩数据为主，缺乏对其运行机制、活动流程、服务模式等更具推广价值内容的系统呈现和展示。优秀的助残志愿服务项目一般具有管理有序、运行机制完善、动员社会资源能力强、可复制性强等特点，但目前助残志愿服务服务项目宣传推广力度不大、宣传推广形式单一、宣传推广内容简单，示范效应未体现，

---

① 毕学翠：《我国大型残疾人体育赛事志愿者志愿服务调研分析——以第9届全国残疾人运动会为例》，《运动》2017年第5期，第115、153~154页。

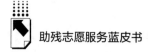

品牌化建设仍处于初级阶段。因此助残志愿服务品牌化建设、项目化运作成为亟须重点攻关的课题。当前及今后一个时期，共青团中央、中国残联及相关组织需通过多种方式向社会进一步宣传推广优秀助残志愿服务项目的好经验、好做法，充分发挥优秀项目在服务残疾群体、激励公众参与、促进社会治理创新等方面的重要作用，不断支持其持续发展并发挥辐射影响力，带动社会助残志愿服务组织学习仿效，提高助残志愿服务整体水平和成效。

中国助残志愿者协会高度重视"阳光助残"志愿服务基地创建工作，将其作为推进全国助残志愿服务活动制度化、规范化、社会化、常态化发展的重要载体。作为提升全国助残志愿服务组织管理能力、服务技能水平的重要平台，"阳光助残"志愿服务基地被列为中国助残志愿者协会2022年度"十个一"重点工作和《"十四五"助残志愿服务实施方案》重点内容。2022年4月，《阳光助残志愿服务基地创建管理办法（试行）》发布，通过前期调研考察和层层推举，并组织专题研讨会议研究，报经中国助残志愿者协会第二届理事会第二次常务理事会议审定，最终认定北京市丰台区残疾人联合会等10家基础良好、服务成熟、影响力广泛的单位作为首批"阳光助残"志愿服务基地试点。协会期待依托基地建设，助推助残志愿服务在示范推广、品牌打造和资源整合方面取得更好成效。

（四）服务力量不足，专业化水平不高

根据2014~2021年《中国残疾人事业统计年鉴》数据，计算2014~2021年持证残疾人数与登记在册的助残志愿者之比（本报告称服务比）（见表4）发现，2021年服务比最高，为14.70∶1，这代表着1名志愿者需要至少承担14名残疾人的志愿服务才能确保每一位残疾人能享受到助残志愿服务。这个服务比还仅仅是根据拥有残疾人证的人数测算的结果，如果根据推算的8500多万残疾人口①测算，那么服务比至少要翻倍，助残志愿服务

---

① 《2010年末全国残疾人总数及各类不同残疾等级人数》，中国残疾人联合会官网，2021年2月20日，https：//www.cdpf.org.cn/zwgk/zccx/cjrgk/15e9ac67d7124f3fb4a23b7e2ac739aa.htm。

力量严重不足。2015 年，服务比降为 8.88∶1，助残志愿者与受助残疾人的供需矛盾有所缓解，但从志愿者供给来看，服务供给力量不足问题依然存在并呈加剧趋势。

表4　2014~2021 年服务比数据统计

单位：人

年份	2014	2015	2016	2017	2018	2019	2020	2021
在册志愿者数	3460739	3318898	3472754	3432448	3333684	3016385	2741822	2571606
办理残疾证人数	40200177	29467418	31456954	32194025	34039653	35661962	36817205	37806899
服务比	11.62∶1	8.88∶1	9.06∶1	9.38∶1	10.21∶1	11.82∶1	13.43∶1	14.70∶1

注：此处服务比指持证残疾人数与登记在册的助残志愿者人数之比。
资料来源：2014~2021 年《中国残疾人事业统计年鉴》。

由于助残志愿服务工作具有公益性、无偿性性质，并且助残志愿服务组织的服务资金有限，难以为志愿者提供相应的补贴，更难以用高薪酬吸引专业服务人士的加入，助残志愿服务组织的工作人员大多是通过社会招募的非专业社会爱心人士，而业余的志愿者无法为残疾人提供专业优质的服务。因此，志愿组织在开展活动时，志愿者们更多只有满腔热情，而缺少专业技能，加上得不到系统的培训，极大地影响了助残志愿服务效果。

同时，残疾人的需求与助残志愿服务供给还不能有效对接。部分地方缺少管理助残志愿者的专门机构，不少组织对助残志愿服务的过程、效果和参与者的感受关注不够，对志愿者的支持和保障不足，重使用轻培训的现象比较突出，管理不规范、服务人员专业技能欠缺、服务能力较弱、服务质量不高，难以符合助残志愿服务高质量发展需求。

（五）信息平台建设滞后，数据共享互通不畅

建立助残志愿服务信息平台，加强对助残志愿服务大数据的收集、分析、研判，对实现助残志愿服务供给与服务需求的精准对接具有积极意义。

2016 年，志愿服务信息化建设工作被列入《"十三五"国家信息化规划》，为推进我国志愿服务信息化建设提供了良好的政策环境。2012 年，民政部开始建设全国志愿者队伍信息系统。2015 年，民政部制定发布了我国志愿服务领域第一个全国性行业标准《志愿服务信息系统基本规范》。2017 年 6 月，民政部全国志愿服务信息系统正式上线运行。同年 8 月，民政部办公厅发布《关于推广使用全国志愿服务信息系统的通知》，要求各地民政部门带头推广使用该信息系统，同时积极协调推动其他部门使用该系统。2020 年，民政部出台了《志愿服务记录与证明出具办法（试行）》。除民政部的信息系统外，还有共青团中央建立的青年志愿者注册系统"志愿中国"，中国文艺志愿者协会建立的"中国文艺志愿者注册管理平台"等全国性志愿者注册管理系统。

现有研究指出，目前缺乏优质的助残志愿服务信息平台，在"互联网+"视域下，构建助残志愿服务专门的信息平台具有重要意义。[①] 本报告进一步检索志愿服务平台发现：中国志愿服务网的项目服务类别中暂无专门针对助残志愿服务项目的服务领域分类，仅可根据服务对象"残障人士"检索服务项目信息，检索到对于服务对象中包含了残障人士的服务项目，公众更多通过熟人介绍等方式参与助残志愿服务，公众参与仍存在一定程度的信息渠道障碍。

助残志愿服务供给与需求信息及时准确的匹配有助于服务精准、有效供给。随着互联网的普及和网络技术的广泛应用，从技术上实现助残志愿服务供给与需求的匹配已不存在阻碍，但在现实中，志愿服务组织间、地区间互通互联少，信息聚集少，内容更新缓慢，资源共享机制不健全，造成了志愿服务的重复和资源的浪费。鉴于残疾人需求的特殊性和多样性，对助残志愿服务的精准化和个性化要求也越来越高，建立专门的助残志愿服务平台，建立全国志愿服务信息系统数据的共享机制，促进助残志愿服

---

① 徐天：《"互联网+"视域下大学生助残志愿服务的现状与对策研究》，《开封文化艺术职业学院学报》2020 年第 5 期，第 158~159 页。

务资源的有机整合，已成为推动助残志愿服务精准化服务、科学化决策的重要议题。

四　促进我国助残志愿服务发展的对策建议

（一）加强顶层设计，促进助残志愿服务体系化建设

《中共中央关于制定国民经济和社会发展第十四个五年规划和二〇三五年远景目标的建议》指出要"健全志愿服务体系，广泛开展志愿服务关爱行动。"[①] 近年来，关于志愿服务体系的研究较多，但是涉及助残志愿服务体系的研究却很少。陆士桢对中国特色的志愿服务体系进行了研究，她认为"在习近平新时代中国特色社会主义思想的指引下，建构独具中国特色的志愿服务体系，不仅是中国现代化发展的迫切需要，也是世界未有之大变局形势下，作为人类共同精神财富的志愿服务思想及体系建设的必然要求。"[②]具体到助残志愿服务领域，加强顶层设计，促进助残志愿服务体系化建设，首先，要明确中国特色社会主义事业整体架构中助残志愿服务的定位。即，如何将助残志愿服务有机融入社会治理现代化体系，如何实现助残志愿服务与社会主义现代化建设同行，如何使自身发展同实现两个一百年奋斗目标方向一致，并使其成为实现中国特色社会主义建设和中国梦的重要道德支撑和精神基础，成为现代化进程中社会文明进步的重要标志。其次，要明确中国特色助残志愿服务基本模式选择。形成凝聚中国特色的助残志愿服务运行管理模式，必须要明确中国特色助残志愿服务体系建设与发展的指导思想、运行及保障机制，这是健全助残志愿服务体系的必经之路。习近平总书记关于

---

① 《中共中央关于制定国民经济和社会发展第十四个五年规划和二〇三五年远景目标的建议》，中国政府网，2020 年 11 月 3 日，http：//www. gov. cn/zhengce/2020-11/03/content. 5556991. htm。

② 陆士桢：《建构具有中国特色的志愿服务体系》，《杭州师范大学学报》（社会科学版）2020年第 4 期，第 83~87 页。

残疾人事业发展、志愿服务的重要论述，为构建中国特色的助残志愿服务体系提供了基本遵循。当前，参与助残志愿服务的人群越来越庞大，参与助残志愿服务的领域越来越广泛，这对助残志愿服务的运行提出了考验，如何协调不同主体间关系、建立有机的结构和高效的运行流程、开展规范化的服务与管理，如何有效协调需求和资源、提升志愿者服务能力、保障志愿者权利、对志愿者进行有效激励等诸多问题都需要有法规和制度来保障，政策体系建设、物质投入体系建设、人才队伍建设、学科理论建设等，也都需要长远谋划、统筹规划。最后，要明确助残志愿服务实践体系和理论体系建设。助残志愿服务是一个实践性很强的社会性事务，实践规律性的研究是体系建设的基础部分，围绕功能实现、领导体系和基本运行模式等问题，需要认真总结各地经验，探索其规律，在实践中不断摸索创新，总结提炼。理论建设是提升，是对规律性的理性思考。助残志愿服务是一个综合性学科，涉及党建、社会工作、思想政治、管理学、法学、教育学、心理学、政治学等多个学科，在理论体系的研究中，必须重视综合研究、注重多学科的交叉融合，促进理论研究的创新与发展。

（二）健全制度体系，提升助残志愿服务规范化水平

习近平同志在党的十八大报告中提出："推进诚信建设和志愿服务制度化，强化社会责任意识、规则意识、奉献意识。"① 近年来，国家陆续出台了一系列助残志愿服务相关政策法规，基本形成助残志愿服务制度体系，但仍须不断健全。从目前助残志愿服务政策法规体系结构来看，一方面，规范性文件、团体规定数量居多，效力不高；另一方面，面向志愿服务全领域的政策法规居多，助残志愿服务专项政策法规较少。因此健全助残志愿服务政策法规体系，一是需要强化党中央和国务院出台的志愿服务相关政策的助残志愿服务相关内容，从国家层面提升助残志愿服务制度价值；二

① 《习近平提出，坚定文化自信，推动社会主义文化繁荣兴盛》，新华网，2017年10月18日，http://www.xinhuanet.com/politics/19cpcnc/2017-10/18/c_1121820800.htm。

是需要进一步细化可操作的制度，如财政专项资金支持制度、助残志愿服务组织管理制度、志愿者管理与权益保障制度、助残志愿服务效果评估制度等。《志愿服务条例》《中华人民共和国慈善法》等助残志愿服务相关政策法规的贯彻落实需要靠配套政策来具体化，需进一步推动各级党委、政府向中央看齐，将助残志愿服务发展指标列入志愿服务发展规划、政府工作报告，形成政策倡导；同时，要促进助残志愿服务与党建、社会治理、企业社会责任等工作的有机融合；要优化购买服务，加大资金支持保障力度，培育专业力量和民间力量。要以完善制度建设为着力点，构建助残志愿服务的长效机制。

加强助残志愿服务标准规范的研制，在现有面向志愿服务全领域的《志愿服务组织基本规范》《新时代文明实践志愿服务项目管理规范》《大型赛会志愿服务管理规范》《文化志愿者管理与服务规范》《社区志愿服务管理规范》《志愿者 志愿服务分类和积分管理指南》《慈善组织 志愿者招募规范》《大型赛会志愿服务岗位规范》《应急志愿服务管理规范》《志愿服务站（点）建设与服务规范》《志愿者服务评估通用要求》《志愿服务信息系统基本规范》等标准基础上，组织专家力量研制助残志愿服务领域标准，尤其针对教育、就业、医疗康复、文化、体育、无障碍、法律、科技等具体服务领域，研制服务标准规范，不断完善助残志愿服务标准体系，进而提升助残志愿服务的制度化、规范化水平。

（三）加强组织建设，构建助残志愿服务网络化发展格局

我国助残志愿服务组织依托残联系统组织网络，已初步构建起纵向到底、横向到边、全面覆盖的助残志愿服务组织体系基本架构。纵向组织网络建设方面，构建了省、市、县、乡、村五级助残志愿服务架构；横向组织网络建设方面，围绕助残志愿服务涉及具体领域，形成了覆盖助残支教、助残就业、康复医疗、文化助残、体育助残、法律助残志愿服务、无障碍志愿服务、生活照护助残志愿服务等全方位的横向网络。当前，在助残志愿服务组织网络初步构建的基础上，需进一步强化不同层级、不同领域助残志愿服务

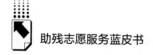

资源整合能力，提升助残志愿服务组织网络化发展水平。

健全组织工作机制。遵循志愿者和残疾人工作规律，做好助残志愿服务规划、组织实施、评估考核，不断改进制度设计，形成助残志愿服务良性运行工作机制。服务机制上，采取项目化运作模式；组织机制上，坚持党委领导、政府主导、残联组织指导协调、志愿者积极参与的组织模式；考核机制上，坚持分层管理、分级考核，对省、市、县、乡、村级助残志愿工作开展分级考核，对志愿者、志愿者团队、志愿服务项目和助残志愿组织进行综合评估、考核激励。

推进助残志愿服务组织依法登记。2022年7月30日，作者以"助残"为检索词，在民政部全国社会组织信用信息公示平台中通过检索发现志愿服务组织名称中包含"助残"的组织数量只为156，包括不同级别的助残志愿者协会、助残志愿服务协会、助残服务中心、助残志愿服务站、助残志愿服务队等。成立15年以上的组织有2家，分别为福建省同人助残志愿者服务中心（2005年）、河南省助残济困总会（2006年）；2022年新增6家，均为县级助残志愿服务组织。要鼓励各地放宽登记条件，简化登记程序，加快注册成立各类行业性、专业性助残志愿服务组织，构建覆盖面广、服务能力强的助残志愿服务组织网络体系，实现助残志愿服务组织力量的最大化。

发挥枢纽组织优势，做好顶层政策的制度设计，系统谋划、科学编制助残志愿服务发展规划，研究新时代助残志愿服务的新机制、新特点、新规律，及时总结好做法、好经验、好模式，探索新模式、新方法、新路径，推动全国助残志愿服务制度化、标准化、规范化。加强与高校、科研院所合作，凝聚各方专家学者的智慧力量，开展系列助残志愿服务政策理论和课题研究，制定高水平的行业规范和服务标准。

实施县级及以上助残志愿服务能力提升行动，建设五级联动、互补的助残志愿服务网络。县级及以上残联明确助残志愿服务标准，开展残疾人需求调研及评估，加强志愿服务资源统筹。乡镇（街道）建立"残疾人之家"等服务机构，开展残疾人集中照护、医疗康复、辅助性就业等助残志愿服务。村（居）委会将残疾人作为重点服务对象，加强走访探视，根据残疾人需求做好居家服务、邻里互助等助残志愿服务。

此外，积极推进助残志愿服务组织承接助残类公共服务项目，加大财政资金对助残志愿服务运营管理的支持力度。不断完善助残志愿服务组织监督管理，探索建立助残志愿服务组织综合评价体系，引入第三方评价机制，定期对助残志愿服务组织进行跟踪评价，强化优秀助残志愿服务组织示范引领作用，建设一批社会影响力强的示范性助残志愿服务组织，引领带动其他助残志愿服务组织科学化、规范化发展。

（四）强化队伍建设，提升助残志愿服务供给能力及专业化水平

打造专业化的助残志愿者队伍、提升助残志愿者专业化服务水平是未来助残志愿服务发展的主要方向，要提升助残志愿服务成效就必须提升助残志愿服务的专业化水平。

第一，规范志愿者招募注册，开展等级认证。根据当前实际情况，修订、完善助残志愿者招募制度，规范招募标准，优化招募流程，建设中国助残志愿者登记注册平台，推行助残志愿者注册制度，实施等级认证制度，规范认证管理。第二，构建培训体系，提升服务能力。实施助残志愿者队伍能力提升工程，因地制宜地制定志愿者培训计划，开展培训需求调研，针对性设计培训方案，并加强培训效果评估。具体而言，培训内容上，强化助残志愿者对残疾及残疾人认知的培训；培训对象上，加强助残志愿服务骨干的培训，加快培养一批熟练掌握助残志愿服务知识和岗位技能的志愿者骨干，着力培养一批掌握现代管理知识、拥有丰富管理经验的助残志愿服务组织管理人才；培训方式上，积极推动线上线下相结合，不断创新培训方式方法；培训基础设施建设上，依托高等院校、党校、团校等教育培训机构，建立助残志愿服务培训基地，推动高校完善助残志愿服务相关专业人才培养，研发培训课程与教材，开展助残志愿者通识和专项培训。同时，加强助残志愿服务培训师资队伍建设，建设专兼结合、理论与实务相结合的培训师队伍，加强培训质量评估，提升培训效果。第三，健全助残志愿服务供需对接机制和志愿者配置机制，实现需求与供给的无缝对接、志愿者与服务岗位的最佳匹配。充分

动员各行各业专业技术人员开展助残志愿服务，如医务工作者为残疾人开展义诊，提供医疗、康复志愿服务，法律工作者为残疾人提供法律援助，教育工作者为残疾青少年提供送教助学等志愿服务。第四，完善评价机制。建立助残志愿服务统计体系和服务成效评价体系，开展"志愿助残阳光基地""志愿助残阳光使者"等典型的命名、推选活动。把助残志愿服务工作与评选文明城市、文明村镇、文明单位结合，纳入各地精神文明建设与残疾人工作考核。完善注册志愿者服务时间储存、互助服务、服务回馈等制度，形成科学有效的评价机制。第五，完善以精神激励为主、物质奖励为辅的助残志愿者表彰激励机制，推动建立助残志愿者保险制度，明确志愿者保险的责任主体、涉险范围和风险承担机制，为志愿者参与社会服务解除后顾之忧。

（五）加强品牌化建设，提升优秀项目传播辐射效果

加强助残志愿服务项目品牌化建设，对充分发挥优秀项目传播辐射效果、扩大优秀项目示范作用、促进助残志愿服务长效机制建设及志愿精神的弘扬具有重要意义。宏观上，通过项目的品牌化建设，扩大助残志愿服务的影响力，吸引更多公众关注、参与助残志愿服务，发挥品牌效应和溢出效应；微观上，品牌项目往往以其丰富的服务内容、高水平的服务能力、规范化的运作机制实现助残志愿服务的持续推进。

品牌项目的打造和推广需要联手志愿服务组织、助残社会组织、爱心企业等，积极开展助残志愿服务系列主题活动。要把各行业有影响力、吸引力的"全国志愿助残阳光行动主题日"系列活动、"心手相牵 阳光助残"志愿行动、"邻里守望"、"文化助盲"等志愿服务品牌项目汇聚到"志愿助残阳光行动"中，深入基层落地转化，巩固提升示范带动，提高精准服务效能。要积极开展无障碍环境建设、科技助残、法律助残等系列公益行动。要建立重点项目和区域项目、长期项目与短期项目、专业性项目与一般性项目相结合的助残志愿服务项目体系，拓展助残志愿服务领域，深化相关志愿服务组织的工作对接和项目合作，促进助残志愿工作常态化、形式多样化、专业精准化和服务品牌化。

同时，要进一步加强以赛促培，以赛促建。持续组织中国青年志愿服务项目大赛暨志愿服务交流会，挖掘培育一批优秀项目，不断推进助残志愿服务纵深发展。助残志愿服务培育品牌项目应坚持几个原则。一是坚持需求导向。品牌项目应以党和国家政策为导向，以残疾人需求为本位，通过全面、细致、深入的调查研究，将社会发展的突出问题、社会急需解决的热点问题作为培育品牌项目的重点。二是坚持与时俱进。项目在理念、运行模式、服务方式、服务内容等方面应与时俱进，体现时代性，需要结合残疾人需求的变化，不断开拓新的助残志愿服务领域。三是注重示范推广。品牌项目不仅作用于项目服务对象，还应通过项目的有效实施及运作，在全社会产生辐射影响，带动更多的人参与其中，吸引更多公众关注项目价值以及志愿精神。要通过品牌项目的经验和效果推广，发挥其在助残志愿服务活动中的标杆和引领作用。此外，要综合运用品牌项目形象设计理论，结合助残志愿服务特点，从品牌项目理念识别、行为识别、视觉识别等三个方面加强品牌建设，打造精品项目，使项目朝着深层次和专业化方向发展。

（六）大力推进业务协同，全面提升助残志愿服务创新能力

助残志愿服务需要加强多方联动、促进业务协同。助残志愿服务相关组织要加强沟通，明确分工，密切配合。残联要摸清辖区内每个残疾人的基本情况和实际需求，并将需求分类汇总提供给助残志愿服务组织；助残志愿服务组织要明确服务重点和方向，紧紧围绕残疾人所需所盼，持续推进助残重点领域的志愿服务。要充分动员和发挥不同群体力量推进助残志愿服务，积极推进党员助残志愿服务、青年助残志愿服务、老年助残志愿服务、巾帼助残志愿服务等，打造精品项目，形成品牌效应。

中国助残志愿者协会作为助残志愿服务专门协会，需进一步加强与中国志愿服务联合会、中国青年志愿者协会等全国性志愿服务社会组织的合作，持续推进"志愿助残阳光行动"；要继续深化与相关志愿服务组织、企事业单位的合作，尤其是充分挖掘企业助残志愿服务潜力，不断拓展助残志愿服务领域，不断提升助残志愿服务专业化水平；要构建城乡一体的助残志愿服

务网络，将"志愿助残阳光行动"与乡村振兴有效结合；要搭建全国助残志愿服务协作交流平台，加大不同地区助残志愿服务交流合作，推动助残志愿服务均衡可持续发展。

加快构建志愿服务财政支持、企业资助、社会捐助相结合的资金保障体系，加强国际交流与合作，加大助残志愿服务"走出去"力度。加强与联合国开发计划署、联合国志愿人员组织等机构的合作，扩大志愿者参与国际服务的领域，特别是与共建"一带一路"沿线国家开展助残志愿服务合作，提供助残志愿服务。不断总结中国助残志愿服务发展经验、特色做法，形成中国特色助残志愿服务理论观点和实践经验，不断扩大中国助残志愿服务文化的国际影响力。

（七）加快推进数字化发展，提升决策科学化水平

目前助残志愿服务数据存在分散化、碎片化等问题，迫切需要建立一个运作高效、功能全面的助残志愿服务系统，按统一的标准汇集分散的数据。目前，全国层面有中国志愿者网及手机端"志愿汇"。省级有广东的"i志愿""江苏志愿者""辽宁志愿者"等App，以及覆盖北京、贵州、福建、山西等省（市）的志愿云平台。市级有广州"志愿时"系统，"南京志愿服务""成都志愿者""深圳义工"等App。区级有上海浦东的"陆家嘴志愿者"App，天津滨海的"志愿滨海"App等。基于云技术和大数据的理念，充分吸收借鉴现有志愿服务系统、平台建设成果，从助残志愿服务实际情况出发，聚焦志愿者和志愿服务组织需求，开发全国助残志愿服务系统。同时根据《志愿服务信息系统基本规范》提供数据交换共享接口，为助残志愿者、助残志愿服务组织提供实名注册登记、信息发布、人员招募、服务记录、数据统计分析等助残志愿服务全流程、数字化的综合管理服务，打造覆盖全国，功能完善，涵盖PC端、移动端等支持各领域、各地区、分平台的独立域名与个性化页面的主流互联网应用载体。

开发建设助残志愿服务平台，将实现技术实践与社会价值结合，有利于

整合助残志愿服务业务管理各要素，优化助残志愿服务业务流程，统一数据标准，实现区域乃至全国各地的助残志愿服务信息系统互联互通，资源整合，信息共享，促进公众便利参与助残志愿服务，提升服务供需匹配的精准度和助残志愿服务决策管理的科学性。一方面，发展助残志愿服务要注重需求导向，充分考虑地区差异和群体特性，有所侧重地开展专项服务和个性化服务。另一方面，不同群体能为不同助残志愿服务领域贡献力量，发展助残志愿服务要注重挖掘潜在的、专业的志愿者。创新第三次分配形式，鼓励各单位发挥自身行业优势服务社会，推动助残志愿服务与行业特色相结合，运用专业技能和知识参与助残志愿服务，最终促进助残志愿服务提质增效。同时，也需重视新媒体技术的使用，如微信在公众中使用率很高，可成为信息传播和信息化管理的有效工具，微信公众号便于进行信息推送和功能开发，提升服务创新性和广泛性，也可以充分利用。此外，推广人工智能等领域科学技术在助残志愿服务领域的示范应用，也有助于提升助残志愿服务科技含量，提升科技赋能助残志愿服务效果。

（八）树立现代文明社会残疾人观，增强助残志愿服务理念

人们面对残疾人时，大多会表现出同情，常会采取奉献爱心的包办代替方式去服务，多抱有积德行善的想法参与。这些现象表明，现代文明社会里对待残疾人的正确理念尚未普及，人们对助残的认知还需提升，需要加大宣传普及力度，并在实践中加以引导提升，更好地提供助残志愿服务。

树立现代文明社会的残疾人观，第一，要站在人类社会发展的高度上来看残疾问题。自从有人类，就有残疾人存在，残疾是人类社会发展过程中不可避免要付出的一种社会代价。第二，残疾人与健全人平等享有人的权利和尊严，他们的公民权利和人格尊严受法律保护，这一点在《中华人民共和国残疾人保障法》中有明确的规定。第三，残疾人有参与社会生活的能力。要从优势能力视角看待残疾人，应着眼于他的优势和长处，善于发现他能干什么。中外历史和现实都证明，残疾人同样有能力为社会发展做出贡献。第

四，残疾问题表现为行动不便，而行动不便的原因之一是各种障碍的存在。要通过技术和社会的力量减轻或消除外界障碍对残疾人的影响，从而保障残疾人平等权利的实现，促进社会公平。第五，残疾人事业是体现人文关怀的崇高事业，是社会主义事业的重要组成部分，发展残疾人事业是政府和全社会义不容辞的责任，要通过发展残疾人事业，使残疾人的权利得到更好的实现，进而促进人的全面发展。第六，助残志愿服务体现了中华民族助人为乐的传统美德，是社会主义精神文明建设的重要内容。应树立现代文明社会残疾人观，关心、帮助残疾人，广泛开展助残志愿服务活动，促进良好助残志愿社会风尚的形成。

（九）加大社会宣传力度，促进社会广泛参与

新时代文明实践中心是党和国家的战略之举，助残志愿服务必须主动融入，在参与新时代文明实践中心建设中实现服务国家、服务残疾人，实现自身发展。加大社会宣传力度，营造扶残助残的良好社会氛围是助残志愿服务中不可或缺的重要环节和手段，对于传播助残志愿服务理念、普及助残志愿服务知识、提升公众认知、扩大助残志愿服务影响、促进社会广泛参与具有积极意义。

加大社会宣传力度，一是要加强助残志愿服务舆论宣传，提高全社会的认识。要以残疾人事业重大活动、重要节点为契机，组织开展形式多样的主题宣传活动，通过宣传助残志愿服务先进典型、先进事迹，在全社会形成正确的助残理念。将助残志愿服务精神潜移默化地传播到公众的日常生活中，从而提升全社会对扶残助残的认知，激发全社会助残志愿服务热情，营造浓厚的扶残助残社会氛围。

二是面向残疾人群体，进行残疾人救助、权益保障等法律政策解读和残疾人自立自强典型人物、事迹的宣传，切实鼓励和帮助残疾人，增强他们的自信、扭转他们对自我的认识，使他们逐步从自我封闭的世界中走出，逐步参与正常的人际交往，从而实现由封闭走向开放，由懦弱转向自信，由被服务者变为服务者，真正获得社会的认可与尊重，进而实现人的全面发展。

助残志愿服务具有巨大的经济价值，越来越多的国家开始将志愿服务者视为本国劳动力的重要组成部分，志愿者无私奉献的劳动，创造了GDP 未统计在内的巨大经济价值。同时，大量的社会科学研究表明，志愿者的无私奉献也会建立人与人之间的信任，促进社会和谐，让社会充满关爱，从而提升人们的幸福感，具有不可估量的社会价值。"十四五"时期，助残志愿服务将继续盘活社会资源，整合社会力量、专业力量，鼓励更多组织以多种方式积极参与助残志愿服务，发挥政策、资本、队伍、人才、党员、群众等要素优势，形成助残志愿服务可持续发展的循环动力。

在全国各族人民迈上全面建设社会主义现代化国家新征程、向第二个百年奋斗目标进军的关键时刻，我们要紧紧围绕党的二十大关于"促进残疾人事业全面发展"的要求，推进助残志愿服务全面发展，充分发挥其在弘扬中华民族传统美德，培育和践行社会主义核心价值观，提升残疾人社会保障和公共服务水平，发挥残疾人全面发展和共同富裕方面的积极作用，为全面提升社会文明进步水平、全面建设社会主义现代化国家、全面推进中华民族伟大复兴贡献力量。

参考文献

邓国胜、魏冰玲：《志愿服务在第三次分配中的作用及其价值测量》，《社会政策研究》2021 年第 4 期。

广东省团校志愿服务研究中心课题组等：《中国青年志愿服务体系的构建及其价值》，《广东青年研究》2021 年第 3 期。

何祎金：《数字时代的志愿服务：历史演进与实践经验》，《中国志愿服务研究》2020 年第 1 期，第 144~166、204 页。

谭建光：《中国青年志愿服务项目大赛的创新路径》，《青年学报》2022 年第 3 期。

王洪新：《高校青年志愿服务品牌项目培育探析》，《黑龙江高教研究》2016 年第8 期。

张网成、张金东、贾茹：《完善我国志愿服务体系的建议》，《社会治理》2016 年第

1 期。

张祖平：《新时代文明实践中心建设路径：外源推动下的内生发展》，《中国志愿服务研究》2021 年第 4 期。

丁元竹、江汛清、谭建光主编《中国志愿服务研究》，北京大学出版社，2007。

谭建光：《志愿服务理念与行动》，人民出版社，2014。

魏娜主编《志愿服务概论》，中国人民大学出版社，2018。

中国志愿服务联合会编著《中国志愿服务发展报告（2017 年）》，社会科学文献出版社，2017。

分 报 告
Topical Reports

中国助残志愿服务政策发展报告（2022）

张网成　周力国*

摘　要： 广义的助残志愿服务政策分为核心、中间和外围三个部分。我国
助残志愿服务政策发展经历了萌芽期、酝酿期和启动期三个不同
的阶段。现有助残志愿服务政策具有注册功能泛化、偏重自设平
台、服务委托内部化、依赖多部门联合行动和跛足两条腿走路等
特点，存在结构不完整、政策设计理念较为陈旧和缺少有效的微
观行动系统等问题。未来的政策设计应该以推动民间助残志愿服
务组织发展、着重构建助残志愿服务微观行动系统基础和完善政
策体系为原则。

关键词： 助残志愿服务　助残志愿者　助残志愿服务组织　残疾人事业

---

* 张网成，哲学博士，北京师范大学社会学院教授、博士生导师，研究方向为社会发展、社会
政策、志愿服务；周力国，北京师范大学社会学院硕士研究生，研究方向为志愿服务。

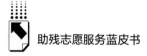

改革开放 40 多年来，推进公众参与助残志愿服务的政策从无到有、从少到多。这一过程引起了社会各界对助残志愿服务及相关政策文件越来越多的关注。助残志愿服务政策也对助残志愿服务实践发挥了越来越显著的引导、规范和推动作用。不过，与广大残障人士对志愿服务的迫切需求、公民参与助残志愿服务的高涨热情、助残志愿组织对政策支持的要求等相比，我国助残志愿服务政策尚不完善。这一现状又反过来抑制了助残志愿服务事业的健康成长、快速发展。

政策介入志愿服务发展，是各国近几十年来的普遍选择，这导致当代志愿服务与传统志愿服务的分野。与其他志愿服务领域一样，当代助残志愿服务事业的健康成长，也需要在政策与实践之间形成良性互动，并随着政策介入广度和深度的不断拓展，两者之间的良性互动将变得更加频繁和密切。如果政策和实践之间的良性互动不能形成，可能会导致助残志愿服务事业停滞不前，甚至萎缩。本报告回顾我国助残志愿服务政策发展历程，分析我国助残志愿服务政策的现状与不足，并在此基础上就如何完善助残志愿服务政策建设，更好地推进我国志愿助残事业良性运行、协调发展提出建议。

一　助残志愿服务政策：定义、类型与构成

（一）助残志愿服务政策的定义

对政策概念的界定，有狭义和广义之分。《辞海》将"政策"定义为"国家、政党为实现一定历史时期的路线和任务而规定的行动准则"，这是一种狭义的界定方式。广义的政策定义，则将政策主体扩展至政府之外的团体（如中国残疾人联合会）及个人（如资助志愿助残的企业家），将政策内容扩展至行动准则之外的工作方案、具体措施等，如安德森将政策定义为"一个有目的的活动过程，而这些活动是由一个或一批行为者，为处理某一

问题或有关事务而采取的。"①

同样，助残志愿服务亦有广义和狭义之分。狭义上，助残志愿服务又称为正式助残志愿服务或有组织的助残志愿服务，指的是助残志愿者通过组织安排提供助残志愿服务。广义上助残志愿服务还包括志愿者个体自主提供的助残志愿服务，称为非正式助残志愿服务或个体助残志愿服务。不过，作为政策对象的助残志愿服务通常都是狭义上的正式助残志愿服务。因为个体层面上的助残志愿服务很少也很难成为政策干预对象。

基于对政策的广义理解和对助残志愿服务的狭义理解，本报告将助残志愿服务政策定义为：为规范和推动有组织的助残志愿服务事业而制订的方向目标、行为准则或行动方案。在我国的政治行政背景下，助残志愿服务政策包括政府有关助残志愿服务的法律、法规、条例、方针，党有关助残志愿服务的意见、通知、办法，以及领导人的指示、讲话等。从体系的角度看，助残志愿服务政策则可以相应地理解为：以国家和地方层面的有关助残志愿服务的法律、法规、条例、方针为主，以国家和地方领导人的指示、讲话等为辅形成的一系列的具有时效性和相对稳定性特点的政策群。就时效性而言，不仅包括某些特定年份的助残志愿政策、主题活动号召文件，还包括助残志愿服务的长期规划纲要等文件；就稳定性而言，体现为各政策间在时空上的排列、组合以及互动上的相对稳定。

（二）助残志愿服务相关政策的类型

如果从狭义的界定理解助残志愿服务政策，能够归集于其下的政策文本目前还不多。如果仅仅分析这些狭义上的政策文件，不利于从历史纵深和横向关联两个维度上理解助残志愿服务政策的形成、发展与现状。为区分起见，本报告以"助残志愿服务相关政策"代指广义的助残志愿服务政策。

---

① 詹姆斯·E.安德森：《公共决策》，唐亮译，华夏出版社，1990，第4页。

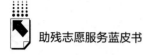

助残志愿服务相关政策可以分为核心、中间和外围三个部分（见图1）。助残志愿服务政策的核心部分，即狭义上的助残志愿服务政策，是指那些直接针对助残志愿者、助残志愿服务组织、助残志愿服务对象和助残志愿服务资助组织而制订的政策性规定或行动计划，内容涉及助残志愿服务规范、保障、激励、监督四个方面。助残志愿服务核心政策又有行政级别差异，理论上可以包括中央和国家级的助残志愿服务条例、助残志愿服务管理办法以及国家级协会规章、各省市助残志愿者管理办法、助残志愿服务条例、助残志愿者保障激励政策、助残志愿者管理规范、助残志愿服务信息基本规范等。

助残志愿服务政策的中间部分，是指那些并非直接针对助残志愿服务但直接针对志愿服务和社会力量助残而制订的各类政策。助残志愿服务中间政策又分为行使助残志愿服务核心政策替代功能的和行使助残志愿服务核心政策支持功能的两类。前者可以直接用于补充助残志愿服务政策内容不足，如虽然助残志愿服务政策中缺少对助残志愿者保险的规定，但助残志愿服务组织可以直接援引《志愿服务条例》中的相关规定办理；后者指助残政策和志愿服务政策中支持开展和提供助残志愿服务的政策内容。

助残志愿服务政策的外围部分，是指那些并非直接针对助残志愿服务行为主体制订但会间接影响助残志愿服务行动开展的法规和政策，涉及助残志

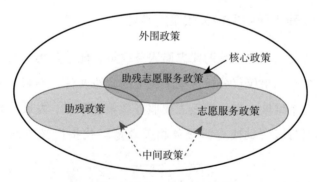

图1　广义的助残志愿服务政策构成

愿服务组织登记注册、税收优惠等。助残志愿服务外围政策又分为四类：一是社会组织登记注册制度，如社团注册管理办法、民非注册管理办法等；二是慈善捐赠相关法规，如中国慈善法、各地慈善条例、基金会条例等；三是税收优惠政策，如中央及地方与助残志愿服务组织相关的税收政策等；四是政府购买公共服务相关政策，如中央及地方购买公共服务政策中涉及助残志愿服务和助残志愿服务组织的部分等。

（三）助残志愿服务相关政策的构成

基于对政策构成的理解，笔者在中国政府网、民政部官网等政府部门网站，中国残疾人联合会官网，以及北大法宝网、华律网、白鹿智库等网站上对国家层面上涉及助残志愿服务的相关政策文本进行了搜索和汇总，共获取165份文件，发布时间分布在1988~2022年。虽然具体分析中也会涉及地方层面的政策文本，但本报告的主要分析对象还是国家层面的政策文本。这样做，主要基于以下考虑：其一，国家层面政策是地方层面政策的蓝本，同一项政策的地方版本与国家版本大同小异的情况比较普遍，另行分析的价值不是很大；其二，获取全部地方层面政策文本的难度较大，可操作性不强；其三，紧密贴合本报告宗旨。

1. 政策制订主体

统计结果显示，165份助残志愿服务相关政策文件，既有单独发文的，也有联合发文的，共涉及57个发文主体。其中，中国残疾人联合会、共青团中央、民政部、国务院、教育部五个主体在发文数量上占总发文量的55.23%（见图2），而剩余52个发文主体多数仅参与1~2次发文。从图2还可以看到，中国残疾人联合会、共青团中央和民政部是助残志愿政策最主要的制订主体。这与残联系统、民政系统和共青团系统是助残志愿服务的推动主力的现实是相吻合的。教育部也是重要的政策制订主体，这与教育部提倡以高校学生为主体的青年志愿者积极服务残障人士有关。从另一个角度看，目前的助残志愿服务相关政策中，来自共青团中央、民政部和教育部的中间类助残志愿服务政策只占一小部分，其中核心类政策也不多。多部门联合发文的情况较普遍，这一格局一方面有利于多元主体合力为助残志愿服务发展营造良好的政策环境，但另一方面可能对核心类助残志愿服务政策的形成产生不利影响。

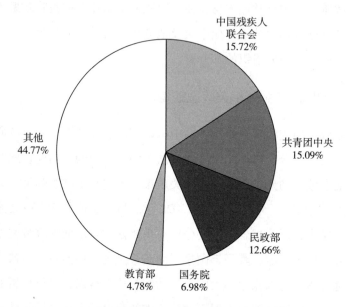

图2　助残志愿服务相关政策主要发文主体

注：百分数表示发文主体的参与发文的次数占全部发文主体参与次数的比重。

资料来源：作者根据收集的165份助残志愿服务相关政策文件统计得出。

2. 政策效力级别

从政策效力的角度看，165份助残志愿服务相关政策文件可以分为10个不同的类型。从图3可以看出，这些政策文件中，属于团体规定、党内法规制度、部门工作文件、国务院规范文件和部门规范性文件的占绝大多数（157份），其中又以团体规定最多（69份），其主要颁布主体为共青团中央和中国残疾人联合会；属于国家工作文件、法律、行政法规、行政许可批复和行业规定的相关政策文件仅有8份。总体上看，现有助残志愿服务相关政策文件的效力级别不是很高。这种情况既不利于助残志愿服务政策的落地和执行，也不利于政策制订的协调和政策内容的一致。

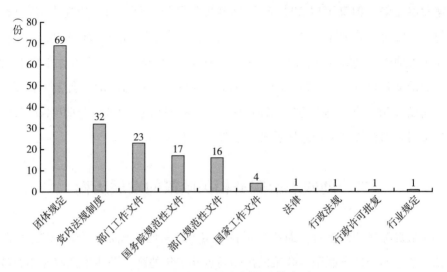

图3　助残志愿服务相关政策类型

资料来源：作者根据收集的165份助残志愿服务相关政策文件统计得出。

3. 政策发布时间

从图4中可以看出，本报告分析的165份助残志愿服务相关政策文件绝大多数是21世纪出台的。2000年以后的助残志愿服务相关政策总体上呈快

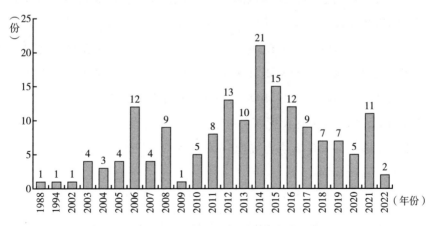

图4　助残志愿服务相关政策出台数量及年份

资料来源：作者根据收集的165份助残志愿服务相关政策文件统计得出。

速发展态势，但又可以 2008 年为分界线明显分为前后两个快速发展阶段。前一阶段明显受国际志愿者年（2001 年）、加入世贸组织（2001 年）、四川汶川大地震（2008 年）、北京奥运会和残奥会（2008 年）等重大事件和行动的推动和影响。后一阶段的发展则更多地受国家着力推动社会主义和谐社会建设（2006 年至今）和国家强力推进扶贫攻坚战（2015~2020 年）及中央文明委牵头推动助残志愿服务事业发展的影响。

二　助残志愿服务相关政策的发展历程

从发生史的角度看，助残志愿服务相关政策的形成是一个漫长的过程，相对独立的助残志愿服务政策的出现是近几十年的事。助残志愿服务相关政策有两个同等重要的来源：一是助残政策，二是志愿服务政策。根据政策标识理论，只有当分别理清了与助残政策及志愿服务政策的区别和联系后，助残志愿服务政策才开始自成一系。[①] 根据助残志愿服务政策的独立程度，本报告将其发展历程分为萌芽期、酝酿期和启动期三个阶段。

1. 萌芽期（1980~2000 年）：无核心类政策

20 世纪 80 年代开始的市场改革和单位制改革，推动了政府、市场和社会三元结构初步显现，基于个人自主的社会力量开始逐渐登上历史舞台，这为当代意义上的志愿服务和助残事业在我国的发展创造了条件、提供了空间。1989 年 3 月成立的新兴街社区服务志愿者协会，后被民政部追认为全国第一家社区志愿者协会。[②] 1991 年中国社会工作者协会成立，下设社区志愿者委员会，标志着社区志愿服务有了一个全国性顶层组织。1994 年 7 月，民政部和中国社会工作者协会发出《关于进一步开展社区服务志愿者活动

---

① 李兵：《政策标识和政策科学》，《中国公共政策评论》2021 年第 2 期，第 37~52 页。

② 20 世纪 80 年代末，天津市和平区共有五十多万人口，其中 60 岁以上的老年人占全区人口的 13.65%，是国内较早进入老龄化的社区。由于人口老龄化，社区居民在托老、带老人外出游玩、带老年人看病、老年人理发、设立家庭病床、拆洗做卫生、换煤气罐等方面的需求较大，问题较为突出。在这个背景下，新成立的社区志愿者协会以助老服务为主是可以理解的。

的通知》，要求各级政府切实重视社区服务，推进社区志愿服务活动。1987年，广州市率先开通全国第一条志愿者服务热线电话。[①] 1990年，深圳市成立了"深圳市青少年义务社会工作者联合会"，这是全国第一个正式注册的青年志愿者组织。1993年12月，共青团中央向社会竖起了"中国青年志愿者"的旗帜，由此拉开了"中国青年志愿者行动"的序幕。1994年12月，中国青年志愿者协会成立，这是我国最早推动志愿服务事业发展的全国性社会团体。1996年，共青团中央和中国青年志愿者协会印发《关于青年志愿者为大型活动提供志愿服务的暂行规定》《关于青年志愿者参加抢险救灾的暂行规定》《关于建立青年志愿服务站若干问题的意见》《关于加强青年志愿者规范管理的暂行规定》《中国青年志愿者行动评选表彰工作条例（试行）》，彰显着共青团中央自上而下组建青年志愿者队伍和强化青年志愿者管理的意向，但在五个文件中尚未出现"助残"二字。1997年9月，中国红十字会下发了《关于进一步组织红十字志愿者开展活动的通知》，并成立了中国红十字志愿者指导委员会。这一时期是由集体的学雷锋活动逐渐向基于个人自愿的志愿服务过渡的时期，志愿者成为一种新公民形象，但志愿服务政策主要还体现在组织/协会章程和行动/活动方案里，一般意义上的志愿服务政策尚未形成；助残志愿服务作为具体的行动已经经常出现，但"志愿助残"或"助残志愿服务"等正式的表述还没有出现，换句话说，"助残志愿服务"尚未从"志愿服务"中标识出来。

20世纪80年代末，助残政策也开始形成。1988年第一个全国性的残疾人事业团体——中国残疾人联合会成立，负责及时沟通政府、社会与残障人士之间的事宜，积极宣传引导残疾人事业发展，消除歧视，努力营造理解、关爱残障人士的社会氛围，管理并指导各类残疾人社会组织与团体。同年，国务院转批了《1988~1992年中国残疾人事业五年工作纲要》，将发展残疾人事业提升到关系国家发展、社会稳定和改善人民生活

[①] 林洁：《心声热线见证广州志愿服务20年》，《中国青年报》2007年12月5日，http://zqb.cyol.com/content/2007-12/05/content_1982496.htm。

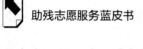

的高度。1990年，《中华人民共和国残疾人保障法》规定每年5月第三个星期日为全国助残日。1993年，残疾人工作协调委员会（现国务院残疾人工作委员会）正式成立，负责统筹关于残疾人立法、规划的制定实施工作，协调解决残疾人事业发展的重大问题，同时负责组织我国与联合国合作推进的关于残疾人事业的各项事宜。显然，这一时期助残政策的发展水平远远超过了志愿服务政策，尽管行动意义上的助残志愿服务背后也有助残政策的推动，但"助残志愿服务"仍没有从"助残"中标识出来。

随着社会力量，尤其是有组织的社会力量迅速壮大，国家对社会组织的监管也进入了制度化轨道。1989年，国务院出台了《社会团体登记管理条例》（1998年被废止），明确了"归口登记，双重负责，分级管理"的双重管理体制，同时废止了1950年的《社会团体登记暂行办法》。1998年国务院颁布的《民办非企业单位登记管理暂行条例》和《社会团体登记管理条例》，分别管辖民办非企业（企业事业单位、社会团体和其他社会力量以及公民个人利用非国有资产举办的，从事非营利性社会服务活动的社会组织）和社会团体（中国公民自愿组成，为实现会员共同意愿，按照其章程开展活动的非营利性社会组织）。加上1988年国务院颁布的《基金会管理办法》，社会组织管理领域核心政策已经定型，助残志愿服务政策的外围部分取得了重大的进展。

2. 酝酿期（2001～2008年）：核心类政策零星出现

这一时期，助残志愿服务政策的核心内容开始出现，但更成体系的政策还在酝酿之中。2002年，共青团中央和中国残联联合发出《关于开展"百万青年志愿者助残行动"的通知》，并启动了以"践行志愿精神，倡树助残风尚"为主题的"百万青年志愿者助残行动"。2008年，残奥会志愿者项目更将助残志愿服务推上一个新的高度，为助残志愿服务规范化树立了典型。

助残政策沿着20世纪确定的方针和路线继续发展，为助残志愿服务提供了更为明确的支持。《中国残疾人事业"十五"计划纲要（2001年—2005年）》《中国残疾人事业"十一五"发展纲要（2006年—2010年）》《中共中央、国务院关于促进残疾人事业发展的意见》都提到了关于广泛动员社会力量，加强助残志愿者队伍建设，发展助残志愿服务事业的内容。[1] 2008 年修订的《中华人民共和国残疾人保障法》，增加了助残志愿服务的相关内容，如鼓励社会组织和个人为残障人士提供包括志愿服务在内的各种服务；鼓励助残志愿者通过指导、教授残障人士知识与方法，帮助其康复、增能；各级政府有关部门应负起建立完善捐助渠道的责任，并积极支持助残社会组织开展助残志愿服务活动。[2]

这一时期志愿服务政策在制度化和体系化方面取得了重大进展，与助残政策相比，对助残志愿服务政策发展产生了更为重要的影响。2005 年《中国社区志愿者注册管理办法》和 2006 年《中国志愿者注册管理办法》的出台标志着具有中国特色的志愿者注册管理制度的形成。更为重要的是 20 多个省（区、市）出台了志愿服务条例、青年志愿服务条例、志愿服务管理办法等地方性法规，内容涵盖志愿者、志愿服务、志愿服务组织等概念界定，志愿者的权利和义务，志愿者组织的性质与类型，志愿服务的领域与范围，志愿者协会的职能与经费筹集，志愿者的嘉奖与惩处等。对志愿服务政策演进和实践推进影响更大的是 2008 年中央文明委发布的《关于深入开展志愿服务活动的意见》。2000 年，共青团中央、中国青年志愿者协会联合下发通知，将每年的 3 月 5 日确定为"中国青年志愿者服务日"。

这一时期比较重要的外围政策文件，一是 2000 年中共中央组织部印发的《关于加强社会团体党的建设工作的意见》，要求社会团体都应及时建立党的基层组织；二是 2004 年出台的《基金会管理条例》，重新规定国务院、各级人民政府的有关部门及其授权组织为业务主管单位。[3]

3. 启动期（2009 年至今）：核心类政策呈体系化趋势

与前两个阶段相比，这一阶段是助残志愿服务政策的真正形成期。2010

---

[1] 《中共中央、国务院关于促进残疾人事业发展的意见》，中国政府网，2008 年 4 月 23 日，http：//www.gov.cn/zhuanti/2008-04/23/content_ 5647659. htm。

[2] 《中华人民共和国残疾人保障法》，中国政府网，2021 年 10 月 29 日，http：//www.gov.cn/guoqing/2021-10/29/content_ 5647618. htm。

[3] 业务主管单位，是指国务院有关部门和县级及以上地方各级人民政府有关部门、国务院或者县级及以上地方各级人民政府授权的组织。

年，中央文明办、中国残疾人联合会等8个部门出台了《关于加强志愿助残工作的意见》（以下简称《意见》），这是一个非常重要的起点。《意见》将志愿助残工作纳入国家志愿服务总体规划，要求各地建立规范的志愿助残工作机制，并首次对助残志愿者的注册管理与培训、工作的对接以及评价激励等细节内容提出方向与要求。① 同年，中央文明委和中国残疾人联合会商定将每年的7月6日确定为"志愿助残阳光行动主题活动日"，并将志愿助残活动开展情况纳入对各地创建文明城市、文明村镇的指标考核体系。2011年，中央文明办和中国残疾人联合会联合印发了《全国"关爱残疾人志愿服务活动"实施方案》，就助残志愿服务的社会宣传、活动开展、资金支持、人才队伍建设、工作机制健全等提出了总体工作要求。此后，"党政领导干部志愿助残""社区志愿助残""青年志愿助残""红领巾手拉手志愿助残""科技志愿助残""法律志愿助残""残疾人志愿服务"等多种形式的志愿助残阳光行动逐渐成为我国志愿助残领域的重要品牌。② 2013年，中国残疾人联合会颁布《中国助残志愿者注册管理办法（试行）》，对我国助残志愿者的招募及注册、权利与义务、服务与对接、组织和管理、评价与表彰等做了规范说明，并号召地方残联根据自身情况制定实施细则。2014年2月，共青团中央和中国残疾人联合会印发《关于实施中国青年志愿者助残"阳光行动"的通知》，计划通过4~5年时间，使中国青年志愿者助残"阳光行动"基本覆盖城镇残疾青少年、惠及农村地区残疾青少年，并实现常态化、长效化运行，成为服务实、可持续、影响广、作用大的品牌项目。2015年5月，中国残联、中央文明办、民政部、共青团中央联合印发了《关于进一步做好志愿助残工作的通知》，强调组织培育、人才队伍建设、提升专业化程度、加强评估与考核工作的重要性。2015年5

---

① 《关于加强志愿助残工作的意见》，中国残疾人联合会官网，https：//www.cdpf.org.cn//hdjl/gjflfg1/zzjslzc/884231aaff3e4058b4c063dbf21ee76c.htm，最后检索时间：2022年3月22日。

② 《关于印发〈全国"关爱残疾人志愿服务活动"实施方案〉的通知》，中国志愿服务联合会官网，2011年5月30日，https：//www.cvf.org.cn/cvf/contents/12100/5607.shtml。

月，中国助残志愿者协会成立。[①] 2017 年，中国残疾人联合会发、共青团中央、中国志愿服务联合会发布《关于组织开展 2017 年全国志愿助残阳光行动主题日活动的通知》。2022 年，中国残疾人联合会组联部和中国助残志愿者协会联合发布《关于进一步推动志愿助残服务发展的通知》，要求充分利用"全国助残日""国际残疾人日""残疾预防日""爱耳日""爱眼日""盲人节""聋人节""志愿者日"等重要纪念日和春节等重要传统节日以及残疾人事业重大活动，组织开展形式多样的助残志愿服务和主题宣传。

从上面的介绍可以看出，绝大部分助残志愿服务政策是中国残疾人联合会在中央文明委的大力支持下出台的。可以说，助残志愿服务政策在这一时期已经成为助残政策的重要组成部分。这一时期也产生了不少有利于助残志愿服务及其政策发展的助残政策，如 2008 年发布的《中共中央、国务院关于促进残疾人事业发展的意见》，2011 年国务院印发的《中国残疾人事业"十二五"发展纲要》，2014 年民政部、人力资源和社会保障部、国家卫生计生委、中国残疾人联合会印发的《残疾人服务机构管理办法》，同年中国残疾人联合会、文化部印发的《关于开展"百家图书馆文化助残公益行动"的通知》，2015 年国务院印发的《关于加快推进残疾人小康进程的意见》，2021 年中国残疾人联合会等 12 个部门联合发布的《进一步推进扶残助残文明实践活动的通知》，2021 年国务院印发的《"十四五"残疾人保障和发展规划》等。

这一时期志愿服务政策方面也取得了重大进展。中央文明委继 2008 年发布《关于深入开展志愿服务活动的意见》后，于 2009 年牵头成立全国志愿服务活动协调小组，并设立了中国志愿服务基金会；2009 年，教育部出台了《关于深入推进学生志愿服务活动的意见》；2011 年，中华志愿者协会成立；2013 年，中国志愿服务联合会成立；2014 年，中央文明委又发布《关于推进志愿服务制度化的意见》；2016 年，中央宣传部、中央文明办、

[①] 受此影响，多地成立了地方性的助残志愿服务社团，如日照市助残志愿者协会（2016 年）、福建省助残公益协会（2017 年）、金昌市残联志愿助残服务队（2018 年）、上海市助残志愿服务总队（2020 年）、沈阳市助残志愿服务协会（2020 年）、四川省助残就业创业公益联盟（2021 年）、德州市助残志愿协会（2021 年）、沧州市助残志愿协会（2022 年）等。

民政部、教育部、财政部、全国总工会、共青团中央和全国妇联印发了《关于支持和发展志愿服务组织的意见》；2017 年，国务院出台了《志愿服务条例》，更多省市制定了自己的志愿服务条例；2019 年，中央文明委联合中国社会科学院成立了中国志愿服务研究中心。此外，中国特色的志愿服务信息系统建设也取得了决定性的进展①：2012 年，民政部开始建设全国志愿者队伍建设信息系统，并于 2017 年正式上线；同年 8 月，民政部办公厅发出《关于推广使用全国志愿服务信息系统的通知》，要求各地民政部门带头推广使用该信息系统，同时积极协调推动其他部门使用该系统；2020 年，民政部出台了《志愿服务记录与证明出具办法（试行）》。除民政部的信息系统外，还有共青团中央建立的青年志愿者注册系统"志愿中国"、中国文艺志愿者协会建立的"中国文艺志愿者注册管理平台"等全国性志愿者注册管理系统。

这一时期对助残志愿服务政策有重要影响的外围政策也有了新的发展。一是强化了党对社会组织的领导。2015 年，中共中央办公厅印发了《关于加强社会组织党的建设工作的意见（试行）》，规定"县级以上地方党委要依托党委组织部门和民政部门建立社会组织党建工作机构"，"有业务主管单位的社会组织党建工作，由业务主管单位党组织领导和管理，接受社会组织党建工作机构的工作指导"。② 二是尝试改革社会组织双重管理体制但以失败告终。2013 年 3 月，《国务院办公厅关于实施〈国务院机构改革和职能转变方案〉任务分工的通知》明确要求"对行业协会商会类、科技类、公益慈善类、城乡社区服务类社会组织实行民政部门直接登记制度"。③ 2016年，《关于改革社会组织管理制度促进社会组织健康有序发展的意见》再次明确了"四类社会组织"直接登记政策。2018 年 11 月，民政部下发的《关

---

① 《关于推广使用全国志愿服务信息系统的通知》，民政部官网，2017 年 8 月 22 日，https：//xxgk. mca. gov. cn：8445/gdnps/pc/content. jsp？mtype＝1&id＝14221。

② 《关于加强社会组织党的建设工作的意见（试行）》，中国政府网，2015 年 9 月 28 日，http：//www. gov. cn/xinwen/2015−09/28/content_ 2939936. htm。

③ 《国务院办公厅关于实施〈国务院机构改革和职能转变方案〉任务分工的通知》，中国政府网，2013 年 3 月 28 日，http：//www. gov. cn/govweb/zwgk/2013−03/28/content_ 2364821. htm。

于进一步加强和改进社会服务机构登记管理工作的实施意见》要求各地民政部门"在《社会组织登记管理条例》出台以及民政部关于直接登记社会组织分类标准和具体办法下发之前，各地要从严从紧把握社会服务机构直接登记申请",① 实际上叫停了"四类社会组织"直接登记。三是中央文明委的积极引导成就了中国特色的"学雷锋志愿服务"发展模式。2012 年，中共中央办公厅印发的《关于深入开展学雷锋活动的意见》要求广泛开展社会志愿服务，志愿服务成为"学雷锋志愿服务"的常态化项目之一。2013 年，《关于培育和践行社会主义核心价值观的意见》要求深化学雷锋志愿服务活动，"学雷锋志愿服务"成为涵养社会主义核心价值观的实践活动之一。2016 年，《关于公共文化设施开展学雷锋志愿服务的实施意见》提出了公共文化设施开展"学雷锋志愿服务"的四个原则。这一点也可从 2003 ~ 2019 年中国知网中以"学雷锋志愿服务"为关键词的文献量变化看出（见图 5）。

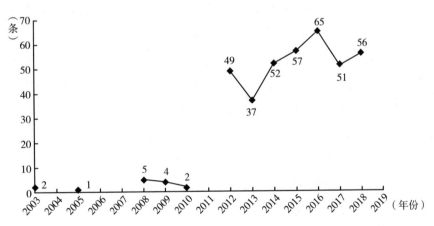

图 5　2003~2019 年中国知网"学雷锋志愿服务"文献量变化趋势

资料来源：作者在中国知网中以"学雷锋志愿服务"为关键词搜集所得。

---

① 《关于进一步加强和改进社会服务机构登记管理工作的实施意见》，民政部官网，2018 年 10 月 16 日，https://xxgk.mca.gov.cn：8445/gdnps/pc/content.jsp? mtype＝1&id＝13147。

综合起来看，经过十几年的发展，目前的助残志愿服务政策已经明显与助残政策及志愿服务政策既互相区别又彼此联系，成了一个相对独立的政策领域。这一过程随着助残政策和志愿服务政策的发展和体系化，助残志愿服务政策明显受到了助残政策和志愿服务政策发展的双重影响。同时发现，与助残政策和志愿服务政策一样，助残志愿服务政策在其形成和发展的过程中也受到了外围政策的形塑。总体来说，我国助残志愿服务政策体系正在形成过程中。

三 助残志愿服务相关政策发展现状与特点

（一）政策文本构成

经过几十年的发展，目前我国助残志愿服务政策的构成情况可以简单地总结为以下几类。核心类助残志愿服务政策主要由《中国助残志愿者注册管理办法（试行）》（2013）[①]、《关于加强志愿助残工作的意见》（2010）、《全国"关爱残疾人志愿服务活动"实施方案》（2011）、《关于进一步做好志愿助残工作的通知》（2015）及《关于进一步推动志愿助残服务发展的通知》（2022）等组成。中间类助残志愿服务政策主要由《志愿服务条例》（2017）、《关于推进志愿服务制度化的意见》（2014）、《关于支持和发展志愿服务组织的意见》（2016）、《关于推广使用全国志愿服务信息系统的通知》（2017）、《志愿服务记录与证明出具办法（试行）》（2020）、《关于加快推进残疾人小康进程的意见》（2015）、《进一步推进扶残助残文明实践活动的通知》（2021）、《中华人民共和国残疾人保障法》（2008）和《"十四五"残疾人保障和发展规划》（2021）等组成。外围类助残志愿服务政策主要由《关于公共文化设施开展学雷锋志愿服务的实施意见》（2016）、《社会团体登记管理条例》（1998）、《民办非企业单位登记管理暂行条例》（1998）、《基金

---

① 括号内数据为发布年份。

会管理条例》（2014）、《关于进一步加强和改进社会服务机构登记管理工作的实施意见》（2018）、《中华人民共和国慈善法》（2016）和《关于加强社会组织党的建设工作的意见（试行）》（2015）等组成。

要对上述来源不同、形式多样、内容不尽一致的众多政策文本进行简单的解读，并从中梳理出助残志愿服务政策的清晰轮廓，还需要使用一定的理论工具。本报告选择志愿服务一般行动系统理论作为政策解读工具，一方面是基于对政策和实践之间关联的重视，另一方面则是基于应用该理论分析《志愿服务条例》的有效经验。[①]

（二）理论工具

从微观行动结构的角度看，助残志愿服务有四类核心行动主体，即助残志愿服务组织方（服务组织者）、助残志愿者（服务提供者）、助残志愿服务委托方（服务购买者、出资人）和助残志愿服务对象（服务受益者、残障人士）。在助残志愿服务的生产、分配和使用过程中，助残志愿服务委托方提供资助却不接受服务，助残志愿者贡献时间、技能和精力却不谋取报酬，助残志愿服务组织方组织提供服务却不盈利，因而都是利他主义的，只付出而不牟利，助残志愿服务对象是唯一的受益主体。在这个意义上，助残志愿服务可以理解为以满足助残志愿服务对象需求为目标的、由助残志愿服务组织方在助残志愿服务委托方和助残志愿者的支持下策划和实施的公益合作行动。这些行动发生的基本前提：一方面助残志愿服务对象存在自身不能满足的需求，另一方面这些需求获得满足能产生符合某种"公共利益"的社会效用。只有当参与行动的助残志愿服务委托方、助残志愿者及助残志愿服务组织方都认可助残志愿服务背后的公共利益价值及其实现的必要性时，助残志愿服务才有可能发生。

要使预期的助残志愿服务能够保质保量地完成，还必须满足一些限制性条件，如助残志愿者在数量和服务能力上能够满足助残志愿服务对象的需

---

① 张网成：《行动理论视角下〈志愿服务条例〉的解读》，《社会治理》2017年第10期，第29~33页。

求、助残志愿服务组织方能招募到相应数量的助残志愿者并确保助残志愿者具备必要的服务能力、助残志愿服务委托方的资助必须足以满足助残志愿服务组织项目运行的需要等。为此,助残志愿服务行为主体之间需要形成四种契约性的委托-代理关系。其一,助残志愿服务委托方和助残志愿服务组织方之间的委托-代理关系,其核心内容是助残志愿服务委托方为助残志愿服务组织方提供资助,但后者要承诺提供相应数量和质量的服务;其二,助残志愿者和助残志愿服务组织方之间的委托-代理关系,其核心内容是助残志愿者自愿为助残志愿服务组织方所用,但助残志愿服务组织方要承诺提供相应的服务;其三,助残志愿服务组织方与助残志愿者之间的委托-代理关系,其核心内容是助残志愿服务组织方为助残志愿者提供符合其要求服务机会,而助残志愿者则履行承诺为助残志愿服务对象提供服务;其四,助残志愿服务组织方与助残志愿服务对象之间的委托-代理关系,其核心内容是使助残志愿服务对象知晓助残志愿服务的内容和形式,并承诺接受服务且提供反馈信息。

为了防止助残志愿服务主体利用信息不对称为自己"牟利",还需要建立信息反馈和评估监督机制。首先,通过事前调查助残志愿服务对象的需求,助残志愿服务委托方和助残志愿服务组织方会就所要提供的服务及与其相匹配的资助额度达成一致。其次,通过对助残志愿者进行组织、培训和督导等一系列管理服务,助残志愿服务组织方不仅会让助残志愿者知晓志愿服务的内容和要求,而且会使助残志愿者具备必要的服务态度并获得必要的服务技能,从而确保助残志愿者的服务能力与助残志愿服务委托方的要求保持一致。再次,通过事后评估与分享,检验助残志愿者提供的服务与助残志愿服务对象的需求之间是否吻合,从而验证助残志愿服务组织方是否忠实地履行了委托义务。最后,通过保持信息公开和透明,代言助残志愿服务对象利益的"无形之眼"的全程监督使助残志愿服务组织方、助残志愿者和助残志愿服务委托方保持行为的利他主义倾向。[1]

---

① 张网成:《规制失效与志愿者中断服务——基于北京师范大学的一项调查》,《青年研究》2015年第5期,第31~40、94~95页。

（三）政策中的行动主体

1.助残志愿服务组织方

《中国助残志愿者注册管理办法（试行）》（以下简称《办法》）是核心类助残志愿服务政策中最能体现政策制订者设计思路的。《办法》没有对助残志愿服务组织进行界定，而是将其统称为"志愿助残活动组织方"。根据《办法》志愿助残活动组织方又可分为三种类型：一是各级残联直属企事业单位、残疾人比较集中的单位；二是各级残联设立的助残志愿服务基地、志愿助残联络站（点）；三是"助残志愿组织"及"助残志愿服务团队"。

根据《关于加强志愿助残工作的意见》和《全国"关爱残疾人志愿服务活动"实施方案》，第一类助残志愿服务组织方扩展为各级党政机关、企事业单位、大中专院校等部门和单位，实际上涵盖了所有的公私组织类型。这一类型的助残志愿服务组织方，事实上都不符合中间类助残志愿服务政策最重要的政策文件《志愿服务条例》（以下简称《条例》）中关于志愿服务组织的定义，"志愿服务组织，是指依法成立，以开展志愿服务为宗旨的非营利性组织"。这意味着，助残志愿服务政策可以倡导和鼓励这一类型的助残志愿服务组织方，但无法加以规范和制约。《办法》做如此设计，本意是要动员各级各类组织动用自己的资源广泛参与助残志愿服务，但因为政策缺乏规范和制约功能，因此即使有文明委系统的加持，实际上的动用能力非常有限，具体表现为：绝大多数响应动员的组织（占各级各类组织的比重也不高）只在重要的时间节点（如全国助残日等）开展活动，而有组织长期开展助残志愿服务活动的组织较少。

第二类助残志愿服务组织方，实际上只是各级残联组织下设的一些助残志愿者管理平台，并非完整意义上的独立组织，也不符合《条例》关于志愿服务组织的界定。即便《全国"关爱残疾人志愿服务活动"实施方案》关于"统筹考虑基层志愿服务站（点）建设，解决好办公场地、办公设备和办公经费"的建议得到落实，这些平台能够发挥招募和登记助残志愿者、联络和对接志愿服务的功能，但开展助残志愿服务活动也不是其本职。《办法》做如此设计，本意是要依托中国残联的组织体系优势迅速建立遍布全国城乡的助残志愿服务平台，以便汇集在"注册机构"的大量志愿者有"用武之地"，但要让 60 万个助残志愿服务平台正常运行需要大量的人力、物力和财力，短期内根本无法实现。根据中国残联发布的年度公报，截至 2021 年，我国省市县三级行政区划全部成立残联，96.4%的乡镇（街道）已建立残联；97.4%的村（社区）建立残协。① 这些基层残联组织中已有相当一部分设置了助残志愿服务联络站（点），但有办公场地、办公设备和办公经费且有专人管理的站点只是很小的一部分。

第三类助残志愿服务组织方，即助残志愿组织和助残志愿服务团队。根据《办法》，二者之间的区别有三：一是助残志愿组织可以在得到残联组织授权的前提下开展助残志愿者注册管理工作，而助残志愿服务团队则不行；二是助残志愿服务团队未"依法成立"，而助残志愿组织则不一定；三是助残志愿服务团队是由助残志愿者组成的，具有"社团"性质，而助残志愿组织则可能有更多的组织形式。二者之间的共同点是，均可开展助残志愿服务活动，属于"以开展助残志愿服务为宗旨的非营利性组织"，因而接近《条例》关于"志愿服务组织"的界定。《办法》没有对助残志愿组织进行定义，也没有就如何促进助残志愿组织发展提出行动措施。

在《办法》的设计思路中，第二类助残志愿服务组织方居核心地位，最为重要；其次是第一类中的各级残联直属企事业单位、残疾人比较集中的单位；第三类则居于边缘地位，作用有限。事实上，助残志愿组织的发展也是最缓慢的。根据中国残联《2021 年残疾人事业发展统计公报》，2021 年全国助残社会组织仅 2997 家，而助残志愿组织作为助残社会组织的一部分，数量更少。②

---

① 《2021 年残疾人事业发展统计公报》，中国残疾人联合会官网，2022 年 3 月 31 日，https：//www.cdpf.org.cn/zwgk/zccx/tjgb/0047d5911ba3455396faefcf268c4369.htm。
② 《2021 年残疾人事业发展统计公报》，中国残疾人联合会官网，2022 年 3 月 31 日，https：//www.cdpf.org.cn/zwgk/zccx/tjgb/0047d5911ba3455396faefcf268c4369.htm。

2. 注册机构

根据《办法》，助残志愿者"注册机构"并不属于助残志愿服务组织方，但其职能中含有多项本属于志愿服务组织方应尽之事；与上述助残志愿服务基地、联络站点类似，助残志愿者"注册机构"是各级残联内设的，而且基本上不是单设部门，更不是《条例》定义的志愿服务组织。《办法》指定了两类"注册机构"，即各级残联组织（县级残联为主，省市残联根据需要开展）及其授权单位（各级残联直属企事业单位、残疾人比较集中的单位，以及其他助残志愿组织）。根据《办法》，"注册机构"共有12项职能。①接受助残志愿者申请、审核、颁发证章（中国助残志愿者证、中国助残志愿者胸章）；②发布残疾人实际需求信息，提供服务岗位；③为助残志愿者和残疾人提供相应的对接服务；④与助残志愿者、组织方或服务对象签订志愿助残服务协议书；⑤认定助残志愿者服务时间；⑥建立助残志愿者档案管理系统；⑦在重大活动或者需要的场合组织助残志愿者进行宣誓；⑧负责助残志愿者的培训工作，开展助残志愿服务基本理念和相关技能培训，向助残志愿者骨干提供专业培训；⑨落实和保障助残志愿者的有关合法权益；⑩开展年度审核工作，并做档案记录工作；⑪依据已认定的志愿者服务时间，实行星级评定制度和表彰奖励制度；⑫在升学、就业、晋级、晋职、晋薪、参军、表彰奖励等过程中，推荐优秀助残志愿者。对照《条例》关于志愿服务组织职责的描述，上述"注册机构"的12项职能中的绝大部分（第①、②、③、④、⑤、⑥、⑧、⑨项）都划给了志愿服务组织。《办法》赋予"注册机构"如此多的职能，是为了让"注册机构"具备全面管理和服务助残志愿服务发展的能力，体现了中国残联将助残志愿服务纳入残联系统自上而下引导发展的理念。这一理念有助于助残志愿服务政策沿着区别于其他志愿服务政策的路径演进，但不利于残联系统外的助残志愿组织发展。由于《条例》第五条明确规定"志愿服务行政管理工作"由县以上民政部门负责，第十九条明确规定志愿服务组织负责记录志愿者个人信息及服务信息并"按照统一的信息数据标准录入国务院民政部门指定的志愿服务信息系统"，《办法》所设计的"注册机构"失去了独立成长的合法性前提。

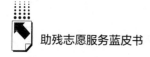

3. 各级残疾人组织

与助残志愿服务相关的组织有三类：一是各级残疾人组织（各级残联），二是助残志愿者注册机构，三是助残志愿服务活动组织方。与注册机构主责助残志愿者注册与管理、助残志愿服务组织方主责开展助残志愿服务活动不同，各级残疾人组织主责助残志愿服务的组织与管理。《办法》对不同行政层级的残疾人组织进行了既有联系又有区分的规定。第一，中国残联的职责为设计中国助残志愿者证并确定各地各级助残志愿者证件编号规则；指定其组织联络部负责全国助残志愿者工作的规划、协调、指导和督查；授权相应残联组织审核评定星级助残志愿者并颁发星级证书；修改、变更、解释《办法》；通过签订协议、命名挂牌等形式创建助残志愿服务基地；定期组织开展国家级助残志愿者评选表彰活动等。第二，省级和市级残联的职责为制定本地助残志愿者注册管理实施细则；负责同级党政机关、企事业单位、大中专院校等部门和单位助残志愿者的注册管理工作；通过签订协议、命名挂牌等形式创建助残志愿服务基地；认定助残志愿者在注册之前参加的助残志愿服务；审核评定本级（和本级所授权的助残志愿组织）注册助残志愿者一星至三星以及所辖地区的四星和五星，定期组织开展省级及市级助残志愿者评选表彰活动；在升学、就业、晋级、晋职、晋薪、参军、表彰奖励等过程中推荐优秀助残志愿者。第三，县级残联的职责为制定本地助残志愿者注册管理实施细则，负责县域助残志愿者的注册管理工作，或授权县属企事业单位、残疾人比较集中的单位，以及其他助残志愿组织开展助残志愿者注册管理工作；通过签订协议、命名挂牌等形式创建助残志愿服务基地；认定助残志愿者在注册之前参加的助残志愿服务；审核评定县域注册助残志愿者一星至三星；定期组织开展县级助残志愿者评选表彰活动。第四，乡级残联和村级残协的职责为建立志愿助残联络站（点）、助残志愿组织；开展助残志愿者的登记、联络和对接服务等工作。

4. 助残志愿者

根据《办法》，中国助残志愿者是指在残联组织或在残联组织授权的单位注册登记、参加助残服务时间累计达到 3 小时以上的志愿者；这些"助残志愿者参加助残志愿服务活动，不以获得报酬为目的，无私奉献自己的时间、知识、技能、资源和爱心，自愿为残疾人提供服务，并接受残联组织或者助残志愿组织的统一管理。"助残志愿者享有接受培训、获得必要保障、参加助残志愿服务活动等权利，但也要履行遵守注册机构规定、维护服务对象权益、年服务时间超过 10 小时等义务。助残志愿者必须经过注册才能获得合法身份，是《办法》政策设计的一大特色，尽管这一思路并非始于《办法》。共青团中央于 2002 年颁发的《中国青年志愿者注册管理办法（试行）》就采取了类似设计。经过注册的助残志愿者，不仅可以参加助残志愿服务活动，而且有权"自行开展助残志愿服务"和与其他"助残志愿者在注册机构的指导下结成助残志愿服务团队"。根据志愿者群体特征，《全国"关爱残疾人志愿服务活动"实施方案》将助残志愿者分为党政领导干部助残志愿者、社区助残志愿者、青年助残志愿者、巾帼助残志愿者、家庭助残志愿者、红领巾助残志愿者、军队助残志愿者、文化助残志愿者、科技助残志愿者、法律助残志愿者等。这里的分类存在交叉重叠，显然不符合学术分类的原则。根据助残志愿者是否为残疾人，也可以将助残志愿者分为残疾人助残志愿者和普通助残志愿者，但像《关于加强志愿助残工作的意见》那样，将残疾人志愿者等同于残疾人助残志愿者，显然是不妥当的。

5. 助残志愿服务对象

《办法》将助残志愿服务对象规定为残疾人，具体是指有康复医疗、教育培训、就业扶贫、文化生活、体育健身、残疾预防、权益维护、家政服务、出行服务、无障碍环境、心理辅导、大型活动等方面服务需求的残疾人。《关于加强志愿助残工作的意见》将助残志愿服务对象扩展为"残疾人及其家庭"，显然更为合适。但这一界定在此后的助残志愿服务政策文件中并未得到认可。《关于进一步做好志愿助残工作的通知》进一步要求优先服务重度残疾人、残疾老人、残疾青少年、农村残疾人以及有急需或处于困境中的残疾人。① 除了直接服务

---

① 《中国残联、中央文明办、民政部、共青团中央联合印发〈关于进一步做好志愿助残工作的通知〉》，中国政府网，2015 年 5 月 18 日，http://www.gov.cn/fuwu/cjr/content_2871243.htm。

残疾人外，还有一些间接服务于残疾人的助残志愿服务，如倡导性的或宣传性的助残志愿服务，其直接受益人是普通志愿者或公众。为避免混乱，本报告仅考虑作为助残志愿服务对象的残疾人。

6. 助残志愿服务委托方

目前的助残志愿服务政策中，存在着多种类型的助残志愿服务委托方。当各级残联直属企事业单位、残疾人比较集中的单位组织开展志愿服务活动时，所在单位实际上是唯一的助残志愿服务委托方，所需资源（包括经费）也基本来源于所在单位。政府购买项目资金一般不会惠及这一类型的助残志愿服务组织方。类似地，残联系统之外的各级党政机关、企事业单位、大中专院校等部门和单位也会偶尔委托内部机构开展助残志愿服务，所需资源也都来自所在单位。这也体现了《关于加强志愿助残工作的意见》中"充分发挥各部门资源优势"和《关于进一步做好志愿助残工作的意见》中"积极引导本系统内项目资金等资源"。相比较而言，残联系统对开展助残志愿服务的政策响应要好于残联之外的其他系统。

当各级残联设立的助残志愿服务基地、志愿助残联络站（点）开展助残志愿服务活动时，《全国"关爱残疾人志愿服务活动"实施方案》希望通过"争取专门经费预算或设立专项资金"来保障所需经费。与上述单位内部临时或长期设置的工作小组或机构一样，这些志愿助残基地、联络站（点）也不是独立自主的实体，因此，即便其开展助残志愿服务活动的经费最终来源于政府部门、基金会等社会组织及企事业单位，也都是经由各级残联组织分解和转交的，也就是说，这些基地、联络站（点）开展助残志愿服务的委托方仍然是各级残联。"试点地区和规模较大的志愿助残活动"能得到适当经费支持，多数助残志愿服务基地、志愿助残联络站（点）开展助残志愿服务活动经费不足。

助残志愿者自行组建的助残志愿服务团队中绝大多数是没有法人资格的，不符合吸纳社会资金和分享政府购买服务项目资金的条件，助残志愿服务团队只能自筹经费，它们是自己开展助残志愿服务活动的委托方，显然不利于助残志愿服务团队的成长和发展。对于依法成立的助残志愿组织如何获得资金支持，目前的助残志愿服务政策尚未明确提及，但因其具有合法资格可以申请政府购买服务项目和吸纳社会资金，助残志愿组织开展助残志愿服务的委托方可能是政府有关部门、基金会等社会组织或企事业单位。

（四）助残志愿服务相关政策特点

现有助残志愿服务政策，主要是围绕着如何在残联系统内迅速衍生出一个助残志愿服务体系而设计的。从政策设计的思路看，这一助残志愿服务体系首先是由残联系统领导和管理的，其次是能自上而下推动建设的，符合行政动员惯习，最后是在一定程度上开放的，以便尽可能吸收政府和社会资源。我国助残志愿服务政策呈现以下特点。

（1）注册功能泛化。《办法》赋予"注册机构"12 项职能，使得作为残联系统内设机构的"注册机构"具备了动员和控制助残志愿者资源的功能，进而使残联系统迅速拥有了全面管理助残志愿服务发展的可能。2015 年以后陆续成立的各级助残志愿者协会实际上是"注册机构"的演进版本。

（2）偏重自设平台。各级残疾人组织设立的助残志愿服务基地和站点，是残联系统利用志愿者和社会资源的主要平台。这些基地和站点具有半组织化和低成本的特点，有利于迅速建立和拥有推进志愿助残工作的"组织"基础。

（3）服务委托内部化。将残联系统的自有资金用于助残志愿服务基地和站点建设，支持其开展助残志愿服务活动，不仅有利于残联系统对这些平台的领导和管理，也有助于培养和孵化这些平台成为专门的助残志愿服务组织。

（4）依赖多部门联合行动。通过与共青团中央、中央文明委、民政部、教育部等单位联合制定政策、发布文件和开展志愿助残行动，有利于残联系统最大限度地利用各部门的政策资源、慈善资源和志愿者力量。

（5）跛足两条脚走路。允许助残志愿者自行组建助残志愿服务团队，

赋予助残志愿组织注册和招募志愿者的权利，不仅有助于残联系统利用民间资源，也为助残志愿服务发展保留了另一种可能性。虽然这些助残志愿组织目前还很弱小，但却代表着助残志愿服务进一步发展的方向。

四　助残志愿服务相关政策存在的不足和发展展望

（一）存在的不足

从政策设计的角度看，现有的助残志愿服务相关政策存在三个方面的不足。

（1）结构不完整。目前的核心类助残志愿服务政策仅有《办法》和几个中国残联与中央文明委等单位联合发布的"意见"和"通知"，政策效力等级不够，很多重要领域（如助残志愿组织、资金筹集机制等）尚未覆盖，离相对完整的助残志愿服务政策体系还很远。

（2）政策设计理念较为陈旧。以上提到，《办法》的一些内容与《条例》的规定不相一致，甚至存在冲突。事实上，《办法》和《条例》之间的矛盾不仅体现在具体规定上，还体现在政策设计的理念上。以《办法》为核心的现有的核心类助残志愿服务政策，主要服务于残联系统建立的助残志愿服务体系；而《条例》则主要服务于建立志愿服务微观行动系统。《办法》认为，助残志愿者的招募和管理是助残志愿服务发展的核心与关键；《条例》则认为，志愿服务组织才是志愿服务发展的基础和关键。

（3）缺少有效的微观行动系统。注册机构以及助残志愿者协会拥有过多的注册管理职能，直接和助残志愿者之间形成了委托-代理关系，阻碍了助残志愿者和助残志愿服务组织方之间，以及助残志愿服务组织方与助残志愿者之间委托-代理关系的生成，间接妨碍了助残志愿服务组织方与助残志愿服务对象之间形成合理的委托-代理关系，助残志愿服务委托方内部化则阻断了助残志愿服务委托方和助残志愿服务组织方之间形成理性的委托-代理关系。

（二）发展展望

政策有明确的目的规则和指令集，政策目的的实现则依赖于行动主体对政策的响应。相关行动主体的响应程度越高，政策目的的实现程度也越高；行动主体的响应程度取决于政策的合理程度与效力等级。为适应助残志愿服务向规范化、组织化和常态化方向发展的需要，助残志愿服务政策须进一步优化和完善。

首先，在行政动员式的助残志愿服务已经发展到一定程度甚至可以说达到了某种极限的情况下，随着助残志愿服务深入开展，行政动员式助残志愿服务发展模式存在的不足，如服务内容重表现而非务实、服务时间节日化而非常态化、机构设置重占位而非行动等，也日益清晰地显现，因此，未来助残志愿服务发展应该更多地转向自下而上的民间助残志愿组织的发展，相应地，以推进行政式动员为目的而设计的现有助残志愿服务政策也应积极转型，新的助残志愿服务政策应以推动助残志愿服务组织发展为重心而确定设计原则、方向和重点。

其次，助残志愿服务经过多年的理念推广，要更多考虑实际的服务成效，为此，新的助残志愿服务政策设计应该以切实满足助残志愿服务对象的需求为首要原则，以推动助残志愿服务微观主体间动态合作行动体系的形成为指针，兼顾助残志愿者和助残志愿组织的利他主义本质和现实主义本质。

最后，助残志愿服务既是志愿服务的一部分，又与其他志愿服务有一定的区别；既是助残行动的一部分，又与一般的助残行动有区别。助残志愿服务政策设计应该考虑到助残志愿服务政策与志愿服务政策及助残政策的区别与联系，朝着相对独立的政策领域发展，可以适当超越中间类政策领域的发展。

参考文献

丁国峰：《现代政府公共政策的法治功能及其实现》，《行政论坛》2012 年第 6 期。

胡象明：《论政府政策行为的政治性质、功能与价值准则》，《武汉大学学报（哲学社会科学版）》2004 年第 6 期。

赖海臻：《残疾人社会工作视角下同人助残事业的发展问题研究》，福建师范大学硕士学位论文，2012。

潘君：《政府越位与缺位：助残志愿服务"志愿失灵"的原因及对策研究》，武汉理工大学硕士学位论文，2019。

张网成：《我国志愿者管理现状与问题的实证分析》，《中国社会科学院研究生院学报》2011 年第 6 期。

张网成：《完善国家应急志愿服务体系的政策建议》，《社会治理》2020 年第 5 期。

张网成、郭新保：《志愿家庭：北京经验与反思》，社会科学文献出版社，2018。

张网成：《中小学教师志愿服务研究》，社会科学文献出版社，2021。

B.3
中国助残志愿服务组织发展报告（2022）

王　斌　古诗源*

摘　要： 助残志愿服务组织是我国发展助残志愿服务事业的重要力量之一，了解我国助残志愿服务组织的发展现状和问题，有利于推进助残志愿服务事业的高质量发展。本报告采用定量、定性相结合的方法，收集《中国残疾人事业统计年鉴》《残疾人事业发展统计公报》以及其他相关发展报告中有关于助残志愿服务组织的数据，结合助残志愿服务相关政策文件，分析我国助残志愿服务组织的发展历程、现状与问题。我国助残志愿服务组织的发展经过起步阶段、快速发展阶段，当前已进入规范化、体系化发展阶段。在现阶段，我国助残志愿服务组织数量平稳增加、规模不断壮大，类型越来越多样、活动形式越来越丰富，地域分布越来越广泛，资金来源越来越综合化、用途越来越广泛。同时，也发现当前我国助残志愿服务组织仍存在一些问题：助残志愿服务组织登记注册难，助残志愿服务意识不足，助残志愿服务组织管理不完善，助残志愿服务组织资源不充足。报告建议，未来可以从观念更新、社会化以及资源供给这三个方面促进助残志愿服务组织健康发展，推动我国助残志愿服务事业高质量发展。

关键词： 助残志愿服务　助残志愿服务组织　高质量发展

---

* 王斌，博士，西南大学教授、博士生导师，研究方向为社会组织管理、公共部门人力资源管理；古诗源，西南大学硕士研究生，研究方向为公共组织行为学与人力资源管理。

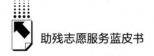

一 中国助残志愿服务组织的发展历程

（一）起步阶段（1978~1989年）

随着改革开放的开始，中国盲人聋哑人协会也开始重新工作。1982 年，联合国大会通过了《关于残疾人的世界行动纲领》，宣布 1983~1992 年为"联合国残疾人十年"，中国也积极响应号召并和世界各国围绕残疾人群体进行多方面的交流。1984 年，中国残疾人福利基金会成立。1986 年，"联合国残疾人十年"中国组织委员会成立。1988 年 3 月，在经过不断地调整组合后，中国残疾人联合会（以下简称中国残联）成立（见图 1），该组织兼具代表、服务、管理残疾人三种职能。从此，我国残疾人群体有了自己的组织，也标志着我国助残事业进入新阶段。与此同时，在广州、深圳等地区出现了一批慈善组织，它们由社会力量主办，结合"学雷锋，做好事"的精神，率先开始进行现代志愿服务的探索。

总而言之，改革开放以后，随着时代的发展，越来越多的民间组织开始出现，助残社会组织开始多元化、专业化、精细化，这些组织在服务残疾人群体、为他们发声的同时，在助残事业发展中也扮演了重要的角色。这也表明了我国助残志愿服务组织开始进入起步阶段。

图 1　中国残联的历史沿革

资料来源：作者根据中国残疾人联合会官网公布的内容绘制。

（二）快速发展阶段（1990~2011年）

1991年，国家颁布《中华人民共和国残疾人保障法》，并第一次制定实施中国残疾人事业五年计划纲要，全国各地涌现出一批志愿服务组织。如北京病残青年俱乐部、大连市残疾青年协会。[①] 随着残联以及各种志愿组织的出现，我国的助残志愿服务事业开始创新发展，迈入有组织、以项目化为主要助残模式的新时代。特别是进入21世纪后，助残志愿服务开始迅速发展起来。

首先，2001年，随着"国际志愿者年"的确立，志愿服务开始在国际上受到了空前的关注，全球各地的民众参与志愿服务的热情空前高涨，全球各地的志愿服务组织也开始更加紧密地交流和合作，我国也在这一时期不断向世界顶尖的助残社会组织学习助残志愿服务的经验。其次，继1986年我国第一个志愿者助残品牌活动——"红领巾助残"活动发布后，2002年4月，共青团中央和中国残联携手发布了新的助残品牌——"百万青年志愿者助残行动"，鼓励大学生，社区、企事业单位青年职工和政府青年干部积极加入助残志愿服务队伍，并提倡大学生青年志愿者和残疾人群体形成"一对一""多对一"的帮扶模式，我国助残志愿服务模式由原来个人或团体的助残模式发展为国家项目化助残新模式。最后，针对城乡差异，政府制定了不同的措施帮扶农村残疾人群体。面对城市的残疾人群体，政府动员大量的青年志愿者，联合街道和社区，创建基层志愿者服务站，为残疾人群体提供日常生活的帮扶；面对农村的残疾人群体，政府则采用"帮包带扶"的方式帮助农村残疾人摆脱贫困。

到了2008年，我国的志愿服务又迎来了一个新的高潮。2008年四川汶川大地震引起了全国人民参与志愿救援的高潮，一批又一批的志愿者涌入四川，救援幸存者、抚慰幸存者内心的伤痛并参与重建汶川；紧接着的北京奥

---

① 曹跃进、张超英、彭冰泉、黄北大：《助残社会组织工作现状分析与发展思路》，《残疾人研究》2014年第4期，第33~37页。

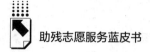

运会、残奥会在很大程度上推动了我国志愿服务水平的提高，志愿者的助残意识和技能都得到了极大提升，使其在后续全国各地助残志愿服务组织的发展中起到重要的示范引领作用。也正是从 2008 年开始，志愿服务意识开始在全国范围内苏醒，越来越多的人开始加入助残志愿服务活动中，为我国助残志愿服务的发展奠定了基础。因此，2008 年也被称作"中国志愿服务元年"。

（三）规范化、体系化发展阶段（2012年至今）

2012 年开始，政府开始逐步加强对助残志愿服务组织的监督和管理，我国助残志愿服务事业开始向着规范化、体系化发展。一方面，《关于促进残疾人事业发展的意见》《中华人民共和国残疾人保障法》《中国残疾人事业"十二五"发展纲要》《中国残疾人事业"十三五"发展纲要》等法律、政策的出台和修订，使残疾人事业和助残志愿服务开始有法可依，帮助残疾人成为社会话题，而不是某一个组织的专属任务。大量民间组织、社会企业还有高校助残志愿服务团体开始投入助残志愿活动，助残志愿服务活动越来越多，助残志愿服务事业迎来了前所未有的发展契机。另一方面，从 2012 年开始，国家每年都会向社会组织拨付专项资金，用以鼓励他们参与社会事务，助残志愿服务事业是其中的重点领域。除此之外，《关于支持助残社会组织发展的指导意见》《关于进一步推动政府购买助残服务的实施意见》《"十四五"残疾人保障和发展规划》等各项促进助残志愿服务组织发展的政策的出台，促使大量由政府和企业共同推动的助残志愿服务活动在各地展开，服务对象从青少年儿童到老年人。

经过不断的摸索和实践，政府对助残志愿服务组织的态度越来越肯定，对其干预也更加规范，政府不仅扮演着合作者、主导者的角色，还担任着监管者的角色。自此，助残志愿服务得到了社会大众的支持和响应，越来越多的人开始加入助残志愿服务的队伍，助残志愿服务组织迅速壮大。

二　中国助残志愿服务组织发展的现状

经过几十年的探索和实践，在社会各方面的推动下，人们帮助残疾人群体的热情持续高涨，社会对助残志愿服务的认同度和支持度也在持续上升，助残氛围越来越浓厚。这不仅推动着助残志愿服务组织数量增加、规模壮大，还使其类型越来越多样，活动形式越来越丰富。

（一）助残志愿服务组织的数量及规模

1. 助残志愿服务组织的数量

2008 年 3 月，《中共中央、国务院关于促进残疾人事业发展的意见》中提到"要抓好残疾人专职、专项和志愿者队伍建设，动员社会力量积极参与，发展壮大助残志愿者队伍"。2014 年，中国残联、民政部出台的《关于支持助残社会组织发展的指导意见》中提出要通过改革登记制度等方式助推助残社会组织持续发展。2016 年，国务院印发的《"十三五"加快残疾人小康进程规划纲要》中提出要通过支持助残社会组织开展的活动，扶持助残社会组织健康发展。此后，助残志愿组织中的标杆——中国盲人协会等 5 个残疾人专门协会志愿服务组织、中国助残志愿者协会相继成立，紧接着，各行各业开始建立起不同特色的助残志愿服务组织，涉及法律助残、巾帼志愿助残、民航铁路交通出行无障碍志愿助残服务等多个领域。根据国务院新闻办公室 2019 年 7 月发布的《平等、参与、共享：新中国残疾人权益保障 70 年》，截至 2017 年，全国共有 6200 多个助残社会组织、各级各类群众团体、慈善组织、志愿服务机构。[1] 其中助残社会组织有 2520 个。[2]

2019 年，中国残联和财政部颁布《关于进一步推动政府购买助残服务

---

[1] 《平等、参与、共享：新中国残疾人权益保障 70 年》，《人民日报》2019 年第 7 期。

[2] 《2017 年中国残疾人事业发展统计公报》，中国残疾人联合会官网，2018 年 4 月 26 日，https：//www.cdpf.org.cn/zwgk/zccx/tjgb/44f18036e0844 ebd9c83b937cb421446.htm。

的实施意见》，提出要建立制度，培训助残社会组织的负责人，推进助残社
会组织的建设，从而促进助残社会组织的发展。2020年，国务院印发《"十
四五"残疾人保障和发展规划》，提出政府要通过购买服务、和社会资本合
作等方式，加快培育助残社会组织。可以看出，助残志愿服务组织健康发展
和残疾人事业高质量发展，一直是党和国家的重点工作之一。在各种促进助
残志愿服务组织发展的政策推动下，我国助残志愿服务组织继续蓬勃发展，
越来越多的民间组织、高校团体开始加入助残志愿服务行列。如图2所示，
截至2021年，全国共有2997个助残社会组织。

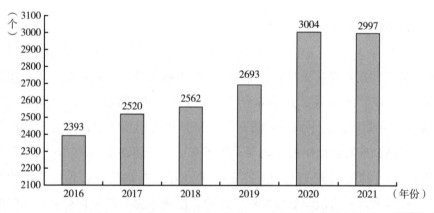

图2　2016~2021年我国助残社会组织数量增长情况

资料来源：作者根据2016~2021年《残疾人事业发展统计公报》整理计算。

2. 助残志愿服务组织的规模

助残志愿服务组织的规模就是助残志愿服务组织所拥有的助残志愿者数
量。2007年上海特奥会、2008年北京残奥会、2010年广州亚残运会以及
2022年北京冬残奥会等体育赛事相继举办后，我国残疾人事业开始被国内
外媒体争先报道。借助媒体的力量，一方面，人们对残疾人的认知增加了，
了解了残疾人群体生存的不易，开始形成现代文明社会的残疾人观，为助残
志愿服务组织的发展营造了良好的氛围；另一方面，媒体对优秀志愿者以及
助残志愿服务优秀事例的报道，增强了志愿者的身份认同感，使志愿者的服

务热情高涨。与此同时政府也借助媒体，通过公益广告、先进事例报道等方式加强对志愿服务残疾人群体的宣传，号召越来越多的来自各行各业的志愿者加入助残志愿服务组织。在这样的社会氛围下，人们参加助残志愿服务组织的热情高涨，助残志愿服务组织规模不断壮大。2010 年，全国助残志愿者达到 530 万人。[①]

（二）助残志愿服务组织的类型

在早期，我国对残疾人群体的帮助都只是聚焦于他们的基本生存条件，停留在物质帮助阶段，且大多数是在特定的节日开展活动、进行慰问。随着我国进入新发展阶段，经济社会不断发展，残疾人群体的需求也随之发生改变，从原来的基本生存需求转变为多样化的需求。为了满足残疾人群体多样化、个性化的需求，中国助残志愿者协会联合多方力量，开始致力于为残疾人群体提供全方位的服务。例如，与中国青年志愿者协会合作，开展青年志愿者助残"阳光行动"，为残疾人提供生活照料、康复、就业支持、支教助学等志愿服务；与中国文艺志愿者协会合作启动"中国文艺志愿者公益演出季"，为残疾人提供精彩的文艺服务；与中国盲文出版社、中国盲文图书馆在全国公共图书馆和特教学校联合开展"文化助盲"志愿服务，鼓励爱心人士为盲人录制有声书、为盲人讲故事。除此之外，中国助残志愿者协会还积极参加"中国青年志愿服务项目大赛"等活动，以提升志愿服务素质。

当前，我国助残志愿服务类型越来越丰富，不仅涉及康复、就业帮助、教育辅导和托养照料等领域，还针对有特殊需求的残疾人提供心理辅导、文体活动、婚恋咨询以及法律援助等服务。[②] 据中国残联统计数据，截至 2019 年底，全国共有 2201 个残疾人法律救助工作协调机构和 2021 个残疾人法律

[①] 《全国助残志愿者人数已达 530 万 民间组织不断壮大》，中国政府网，2010 年 7 月 7 日，http://www.gov.cn/jrzg/2010-07/07/content_1647241.htm。

[②] 《中国残疾人》记者组：《着眼大局聚焦服务》，《中国残疾人》2017 年第 9 期，第 20~25 页。

救助工作站（见图3）。同时，助残志愿服务组织的服务形式也开始往多样化发展。在城市社区，以党员、社区工作人员以及青年学生为主的助残志愿服务组织为当地的残疾人提供了及时、方便、多样的服务；在农村各种形式的"帮包带扶"使农村残疾人群体摆脱贫困，走上了致富道路。除此之外，农村还有很多助残小组，为农村的残疾人提供了细致入微的帮扶。各行各业的人们结合行业特点，为残疾人群体提供丰富多彩、独具特色的服务，推动着残疾人群体回归社会。

**图3　2015～2019年中国残疾人法律救助工作协调机构及残疾人
法律救助工作站的成立情况**

资料来源：作者根据中国残疾人联合会官网数据绘制。

（三）助残志愿服务组织的地域分布

总的来说，我国助残社会组织在全国各地都有分布，但是经济发达地区的助残社会组织数量明显高于经济欠发达地区。2013年，北京市社会学会弱智与孤独症研究会对全国的孤独症服务机构进行了调查，数据显示东部地区的孤独症机构数量占总数的65.5%，西部地区只有16%。[①] 另一项针对北

---

① 李健、李苗苗、马小红：《残疾人社会组织发展现状、问题与对策建议》，《残疾人研究》
　2020年第3期，第24～30页。

京市助残社会机构的调查显示，北京市助残社会机构从 2009 年的 97 家增加到了 2016 年的 400 多家，年增长率为 20%。[①] 而直到 2018 年，甘肃省才有 300 多家助残社会组织，[②] 黑龙江省也只有 270 多家助残社会机构。[③] 可以看出，我国助残社会组织的分布存在地区差异，目前大部分的助残社会资源集中在少数省份。

（四）助残志愿服务组织的资金支持

1. 助残志愿服务组织的资金来源

资金是助残志愿服务组织开展活动的前提，虽然助残志愿服务组织是公益性的，但是其维持日常开销和进行志愿服务都是一笔不小的开支。根据资金主体的不同，当前助残志愿服务组织的资金来源主要分为政府拨款、福利社会捐赠以及组织自筹。由于助残志愿服务组织的非营利性、服务对象的特殊性，其发展很大程度上依赖政府资源，政府拨款给助残志愿服务组织的发展提供了资金支持。但是这并不代表助残志愿服务组织的资金来源仅仅局限于政府拨款，福利社会捐赠也能为组织提供资金支持，社会公众、慈善基金会以及企业的捐赠也是助残志愿服务组织的资金来源。此外，助残志愿服务组织还可以通过慈善基金会的公募资格筹集资金，如腾讯 99 公益平台等。总的来说，大部分助残志愿服务组织资金来源以政府支持为主，社会其他力量综合支持为辅。

2. 助残志愿服务组织的资金用途

当前我国助残志愿服务组织大部分资金来自政府拨款，因此，助残志愿服务组织的资金使用都是由各地财政厅和残联进行管理。如河北省 2021 年 11 月出台的《河北省残疾人事业发展补助资金管理办法》就提到中央和省

---

① 王长红、刘杰、史菁培：《北京市残联：扶持发展助残社会组织促进残疾人服务业发展》，《中国社会工作》2017 年第 12 期，第 13 页。
② 高克祥、蔡庭花、张雪莲：《甘肃省助残社会组织研究：现状与困境》，《智库时代》2018 年第 34 期，第 156~157 页。
③ 付海涛、李晶：《助残社会组织状况与发展——以关心你的残疾人邻居项目部分实施机构为例》，《活力》2018 第 23 期，第 67 页。

级预算安排的补助资金统筹用于残疾人康复、教育、就业、扶贫、社会保障、托养、宣传、文化、体育、无障碍改造以及其他残疾人服务等 10 项支出。[①] 除了政府拨款，来自慈善会、社会捐赠的资金，在资金使用上也会有相应的规定。如 2022 年由深圳市残联倡导、深圳市慈善会发起设立的深圳市慈善会·助残公益专项基金规定了其基金用途包括：资助残疾人康复、教育、就业、文化、体育、权益保障；资助残疾人自我发展、融入社会；资助推动残疾人事业产业发展的各类公益活动等。[②]

三 中国助残志愿服务组织发展的问题

（一）助残志愿服务组织登记注册难

登记难一直是我国社会组织面临的难题之一。在过去很长一段时间内，社会组织都是采用双重登记管理制度。根据《社会团体登记管理条例》《民办非企业单位登记管理暂行条例》《基金会登记管理条例》，社会组织首先要得到业务主管部门的同意，然后才能在当地的民政部门进行登记。即社会组织要是想合法成立不仅要有业务主管部门的同意，还需在民政部门登记。党的十八大以后，提出公益慈善类、行业协会类、城乡社区服务类以及科技类组织可以直接进行登记，但是助残社会组织有很多组织类型（如教育、医疗、培训等助残组织）则不能直接登记。[③]

（二）助残志愿服务意识不足

残疾是整个社会的问题。助残志愿服务组织首先要理解和尊重残疾人，

---

① 《河北省残疾人事业发展补助资金管理办法》，河北省财政厅官网，2021 年 11 月 3 日，http://czt.hebei.gov.cn/root17/zfxx/202111/t20211108_1499877.html。

② 《深圳助残公益专项基金成立 将资助残疾人康复教育就业》，深圳新闻网，2022 年 6 月 16 日，https://www.sznews.com/news/content/mb/2022-06/16/content_25194775.htm。

③ 汤潇：《助残社会组织参与政府购买服务进展与对策建议——基于上海市的研究》，《残疾人研究》2014 年第 3 期，第 48~52 页。

才能开展助残志愿服务。但是当前大部分助残志愿服务组织和志愿者的服务意识不足、服务观念也相对滞后。

与健全人相比，残疾人群体的身体和心理都存在一定的差异，他们对助残服务的需求也多种多样。加之残疾人群体的残疾类型也各不相同，不同类型的残疾人对服务的需求也不一样，这就需要助残志愿服务组织从残疾人群体的真实需求出发，为他们提供适合的助残服务来满足残疾人群体身体和心理需求。当前虽然大部分的助残志愿服务组织意识到了残疾人群体需求的特殊化和多样化，但是在具体的服务中，却没有考虑到残疾类别不同的群体对服务有着不同的需求。除此之外，由于对残疾人群体的认识不足以及经验不足，很多助残志愿团队在进行助残志愿服务活动策划的时候比较盲目，并没有意识到哪些残疾人需要帮助，也没有了解需要帮助的残疾人到底需要哪种帮助，导致助残志愿服务组织想要进行助残志愿活动却无从下手。

（三）助残志愿服务组织管理不完善

规范化管理是助残志愿服务组织发展的关键，但是当前我国助残志愿服务组织还存在助残志愿活动运行不规范、助残志愿实践行政色彩浓等一系列管理问题。

1. 助残志愿服务组织活动运行不规范

（1）助残志愿服务活动流程不完善

助残志愿服务最关键的一环就是实施助残志愿活动，实施顺利与否直接关系到助残志愿服务的质量好坏。一套完整的助残志愿服务活动应包括调查分析、规划、前期准备、宣传、具体实施，以及实施后的评估和总结，只有完成一个完整的活动过程，才能科学地规范助残志愿服务，从而推动助残志愿服务组织的可持续发展。

当前我国的助残志愿服务组织在进行活动的时候，存在流程不规范的问题，民政部和残联中也会存在这种问题。在一项对民政部和残联工作人员进行的访谈中，其工作人员都提到，当前进行助残志愿服务活动时，他们主要

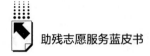

负责将政策文件下发，由下一级组织进行安排，并没有一套规范的活动流程。[①] 由此可见，如果助残志愿服务组织不规范助残志愿服务活动的操作流程，而是循规蹈矩地实施活动，长久下去，就会导致助残志愿服务活动质量下降、残疾人群体满意度下降、助残志愿服务组织无法持续发展等。

（2）助残志愿服务组织管理机制不完善

与专业的社会组织相比，当前大部分民间助残志愿服务组织都没有完整、详细的组织章程，或者对组织章程有效利用不够。助残志愿者大多数依赖于个人的专业和经验，加之我国的助残志愿服务组织大部分是自上而下形成的民间组织，组织的重任就是维持生存，如果缺少一套规范的招募、培训和激励机制，那么组织不仅难以维持自身的可持续发展，而且无法为残疾人群体提供更多优质多样的服务。

2. 助残志愿实践行政色彩过重

"志愿失灵"是指非营利组织无法凭借自身的资源和力量去推动慈善事业的发展，出现慈善不足、慈善的特殊主义、慈善的"家长式作风"以及慈善的业余主义等现象。

在现实操作中，对于资源的分配和供给，政府更倾向于选择那些由政府主导的志愿组织，换言之，具有官方背景的组织或团体更受政府青睐。对政府来说，把资源分配给官方的助残志愿服务组织，不仅方便管理这些组织，而且也能实时监督组织的完成进度，这在一定程度上促进了助残志愿服务组织的发展。然而，这种主导地位也会产生一些问题，如助残志愿服务组织过度依赖政府，没有能力独立解决问题，甚至一些助残志愿服务组织以淡化自身的志愿服务功能来维持自身的运作，致使助残志愿服务组织发展动力不足。

（四）助残志愿服务组织资源不充分

助残志愿服务组织由于自身能力不足，无法获得充足的资源用于开展助

---

① 潘君：《政府越位与缺位：助残志愿服务"志愿失灵"的原因及对策研究》，武汉理工大学硕士学位论文，2019。

残活动，从而导致组织无法吸引更多的助残志愿者。可见，资金的有限和人才的缺乏，阻碍了助残志愿服务组织的可持续发展。

1. 助残志愿服务组织资金支持有限

政府拨款对助残志愿服务组织的重要性无须赘述，但是通过分析助残志愿服务组织资金支持发现，目前政府的资金支持非常有限，而这些资金又大多流向了党政机关直属的助残组织。民间助残志愿服务组织获得拨款的机会非常小且非常不稳定。除此之外，与官方的助残社会组织相比，助残志愿服务组织筹集资金的能力也很弱。目前很多助残志愿服务组织是由个人或团体组建，个人捐赠是组织资金的主要来源，组织的志愿者承担了组织的成本，这加大了志愿者的压力，加之民间组织的规模相对较小，缺乏社会影响力，导致助残志愿服务组织的资金来源有限。

总而言之，志愿服务组织缺少政府的资金支持以及自身筹款能力不足导致了志愿服务组织的很多助残活动难以开展，而且由于缺乏资金，也难以吸引更多的志愿者加入助残志愿服务组织，甚至有些助残志愿服务组织难以进行日常的助残服务工作。

2. 助残志愿服务组织缺乏专业人才

（1）缺乏助残志愿人才

当前我国助残志愿服务组织大多面临着缺乏助残志愿者的困境，助残志愿服务需求与供给之间仍然存在差距。如图4所示，2016～2021年，我国登记在册助残志愿者人数逐年递减，助残志愿者从2016年的347.3万人，下降到了2021年的257.2万人。

其实，助残志愿服务组织不仅缺乏拥有助残技能（如康复、心理、就业等）的人才，还缺乏能与残疾人有效沟通的人才。特别是在社区，很多社区助残志愿者为退休的老人，存在助残专业知识缺乏、自身身体素质较差和沟通困难等问题。

（2）助残志愿人才流动性大

助残志愿者的高流动性也是造成助残志愿服务组织志愿者短缺的原因之一。当前很多组织的志愿者为高校学生，虽然大学生热情，服务意愿强，但

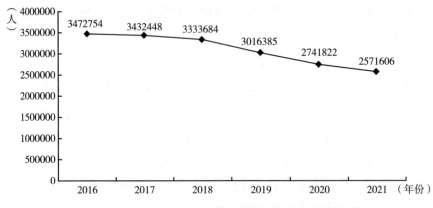

图4 2016~2021年全国残联登记在册助残志愿者情况

资料来源：作者根据2016~2021年《中国残疾人事业统计年鉴》整理计算所得。

是由于学业原因，空闲时间不定时，存在高流动性，影响了服务的连续性和有效性。除此之外，虽然志愿者发自内心参与助残志愿服务，但是如果他们不能得到及时有效的反馈和评价，志愿者对志愿服务的认同感和归属感也会受到影响，从而产生不想继续服务的想法。

四 中国助残志愿服务组织发展的对策建议

总而言之，我国助残志愿服务组织在发展过程中还存在着一些问题，当前助残志愿服务组织的发展在一定程度上依赖于政府。但是，政府也不是万能的，政府主导反而会影响助残志愿服务组织的发展。因此，一方面，政府要积极作为，通过转变职能、更新观念，在社会上营造良好的助残氛围，并增加对助残事业的资金投入，积极与助残志愿服务组织合作。另一方面，助残志愿服务组织要逐步独立起来，摆脱对政府的过度依赖，实现自主发展。

（一）观念更新：从政府主导到政府引导

1. 倡导助残理念，营造助残氛围

2022年举办的北京冬残奥会，推动着我国助残事业进入一个新发展阶

段，社会助残氛围浓厚。但当前整个社会对残疾人、助残志愿事业的认识不足，要实现"全民助残"的目标，还有很长的路要走。因此，政府应通过多种方式去倡导助残理念，在社会上营造助残氛围，加大整个社会对助残志愿服务的支持力度，积极参与助残志愿服务。

第一，政府应该更新内部的助残理念，推动社会助残理念的普及。除此之外，要提高服务意识，积极动员政府内部的青年党员加入助残志愿服务队伍，这样不仅能壮大助残志愿服务组织，还能使青年党员在服务过程中真正了解残疾人群体的需求，积累经验，便于制定出真切满足残疾人群体的政策。

第二，加强对助残理念和政策的宣传，提高整个社会对残疾人以及残疾人群体对自身的认知水平。一方面，当前还有很多人认为残疾问题是残疾人群体的问题，对待残疾人群体也只是以同情或可怜的心态为其提供基本生存和医疗帮助，没有真正认识到残疾人群体也是社会的一员，他们有权利受到平等对待。因此，要在全社会树立正确的助残观念，纠正一些人的落后观念，尊重残疾人群体的权利和合法利益。在媒体上加大对助残理念的宣传力度，丰富宣传形式，如播放残疾人和助残志愿服务的先进事迹、撰写人物访谈、召开专题报告等，并走进社区进行宣传，尽可能地扩大受众范围。另一方面，面向残疾人群体，进行残疾人权益和法律援助等政策的宣传，并积极向他们宣传残疾人自立自强的先进事迹，让他们意识到残疾人和健全人是一样的，改变他们一直以来的"弱势群体"思想，解开心结，走入社会，由原来被服务者变成服务者，真正赢得社会的尊重和认可。

2. 更新社会管理理念，积极与助残志愿服务组织合作

第三方管理理论认为，政府和志愿组织在提供公共服务方面相互弥补，一方面，政府是资金的提供者和服务质量的监督者，另一方面，志愿组织可以提供更加人性化、更加多样的服务。[1] 政府和志愿组织要加强合作，共同

---

[1] 〔美〕莱斯特·M. 萨拉蒙，《公共服务中的伙伴——现代福利国家中政府与非营利组织的关系》，田凯译，商务印书馆，2008，第38~51、84、132~154页。

推动助残志愿服务事业高质量发展。

第一，政府对助残志愿服务要加大购买力度，扩大购买服务的范围，吸引更多的社会资源参与其中，从而为残疾人群体提供真正符合他们需求的服务。除了政府以外，还要充分利用助残志愿服务组织，使残疾人群体得到更加多元化、人性化的服务。

第二，探索"政府+残联+"的新模式，充分发挥残联的纽带作用。根据我国助残志愿服务的实际情况，加快转变政府理念，摒弃原有的政府是万能的观念，重视其他社会力量的作用。残联作为政府扶持成立的枢纽型组织，在接收政府的委托后，要积极与助残志愿服务组织对接，将活动交给助残志愿服务组织去实施。在我国助残志愿服务事业中，残联主要负责统筹工作，而民间助残志愿服务组织则负责具体的助残工作。在理清各主体的职责后，政府可以探索"政府+残联+高校""政府+残联+社区"等新型助残志愿服务模式。积极发挥残联的纽带作用，促进多元主体之间进行沟通与协调，推动助残志愿服务事业的可持续发展。

（二）社会化：推动助残志愿服务组织自主发展

党的二十大提出，要转变政府职能，深化事业单位改革，要深化工会、共青团、妇联等群团组织改革和建设，有效发挥桥梁纽带作用，要让社会组织参与公共慈善事业。按照党的二十大精神的指引，助残志愿服务组织的社会化改革，要聚焦以下几个方面。

1. 淡化助残组织的行政色彩

助残志愿服务是一种公益活动，虽然与政府联系密切，但是其本身不能由政府全权负责。作为拥有"代表、服务、管理、维权"四大职能的各级残联，在推动助残志愿服务事业发展的过程中，在政府和助残志愿服务组织之间起着桥梁作用，赋予了残联一些"准行政性"，某种程度上影响了各级残联以及助残志愿组织的发展，也阻碍了助残志愿服务事业的可持续发展。因此，必须淡化残联及相关助残组织的行政色彩，使社会各方力量能够积极加入助残志愿服务事业。

（1）转变残联职能

明确政府各部门的职责，有利于政府进行宏观调控。比如，将残疾人的康复问题交给卫生部门、教育问题交给教育部门、社会保障问题交给民政部门。同时，残联也要将原来的"管理导向"转变为"服务导向"，担任起政府与社会的沟通桥梁，扮演好助残志愿服务组织培育者等角色，充分发挥残联在各主体之间的纽带作用，促进残疾人事业供给主体之间进行积极沟通，实现全社会资源有效整合，从而最大限度地满足残疾人群体的需求。

（2）改变组织内部管理方式

当前，不论是残联，还是官办的助残志愿服务组织，长期以来带有的行政色彩，使这些组织的结构和政府机关同构化，严重依赖政府资源。这些组织在对残疾人提供服务时也不可避免地采用了政府的风格。改变助残志愿服务组织内部的行政化迫在眉睫。要改变组织的内部结构，建立内部民众选举制度，减少组织中非必要的人员，从而优化组织内部框架，减小组织运营成本。同时，政府要加大监督力度。在推动助残志愿服务组织自主发展的同时，要对组织的主要事务进行监督，并邀请民众加入，认真听取民众意见，在各方努力下共同促进助残志愿服务组织独立自主地发展。

2. 转变政府职能，推动助残志愿服务组织自主发展

要促进助残志愿服务组织自主发展，政府就要转变职能，简政放权，优化服务，吸引更多的社会力量加入，促进助残志愿服务组织健康有序发展。

（1）改革双重管理制度，完善退出机制

长期以来，我国对社会组织实行双重管理制度，即由民政部门和主管部门一起进行管理，如中国助残志愿者协会不仅受中国残联管理，也要受到民政部门的管理。双重管理制度设定的准入门槛较高，一些未经注册或没有法人资格的助残志愿服务组织则不满足"正规性"要求，此外，双重管理制度导致业务主管部门权力越来越大，影响了助残志愿服务组织的独立性。必须积极改革双重管理制度，完善退出机制，转为直接注册或备案制度，减少审批程序。

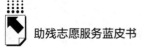
（2）依法做好登记管理工作

当前，我国社会组织登记制度改革还处于初步探索阶段。为了探索社会组织直接登记是否可行，深圳市于 2006 年成立了民间组织管理局。2008 年，深圳市出台《关于进一步发展和规范我市社会组织的意见》，规定"工商经济类、社会福利类、公益慈善类的社会组织申请人均可直接向社会组织登记管理机关申请登记"，① 此后，全国掀起了一股改革登记制度的热潮。2018 年，民政部出台《民政部关于进一步加强和改进社会服务机构登记管理工作的实施意见》，要求各级民政部门依照《民办非企业单位登记管理暂行条例》（以下简称《暂行条例》）要求，对社会服务机构直接登记改革进行稳妥探索。其中提到"在《社会组织登记管理条例》出台以及民政部门关于直接登记社会组织分类标准和具体办法下发之前，都严格按《暂行条例》的规定对社会组织进行登记管理，不得擅自修改双重管理制度"。②

可以看出，当前我国社会组织管理体制改革仍需深化，当务之急是确保改革后的制度能尽快生效。助残志愿服务组织就其性质而言属于民间社会组织，可以归于公益慈善类，改革双重管理制度，稳妥推行直接登记。这样一来，不仅避免出现多头管理的矛盾，也实现了推动助残志愿服务组织自主发展的目标。

（三）资源供给：政府承担起助残志愿服务实践中的责任

1. 增加投入，促进助残志愿服务组织持续发展

（1）增加对助残志愿服务组织的资金支持

全球发展经验表明，公共财政支持是志愿组织最重要的资金来源。增加政府拨款可确保助残志愿组织更有效地开展志愿服务。

---

① 孔金平、王俊红：《我国慈善组织发展的问题与对策》，《北方经贸》2013 年第 10 期，第 17~19 页。

② 《民政部关于进一步加强和改进社会服务机构登记管理工作的实施意见》，民政部官网，2018 年 10 月 26 日，http://www.mca.gov.cn/article/gk/wj/201810/20181000012486.shtml。

第一，政府加大财政拨款和补贴。当前我国虽然加大了对残疾人事业的财政拨款力度，但是拨款覆盖面还不够广。"十四五"提出：政府不仅要巩固拓展残疾人脱贫攻坚成果，还要继续加大资金投入以保障城乡残疾人的生活、康复、教育、就业、文化等方面的服务。[①] 第二，为助残志愿服务活动设立专项经费。近年来，助残志愿服务事业的发展越来越受到政府的重视，例如，2019 年重庆市设立助残志愿服务专项基金。第三，政府可以加大对助残服务的购买力度，扩大采购规模，制定相应行业规范，引领助残志愿服务组织持续发展。第四，增加税收优惠。政府可以对那些提供资金支持或其他支持的企业和个人减免税收，积极吸引民间企业和社会资本加入助残志愿服务事业。

（2）加强对助残志愿服务事业的培育支持

第一，积极引导具有相关经验或者有相关资质的助残志愿者加入助残志愿服务队伍，比如具备心理咨询、康复治疗以及法律援助等素质的人才。第二，依托专业机构或专业组织，残联和团委可以一起牵头建立省、市、县、区多级助残志愿服务培训基地，开展助残志愿培训活动。比如，2010 年 12 月 5 日，首个全国志愿者助残培训基地在广州挂牌成立。第三，建立助残志愿组织孵化基地，将那些体量小、处于起步阶段的助残志愿服务组织聚集到一起，给他们提供直接的人力和物力支持。为这些组织提供内部规划、志愿者管理等服务，并且搭建民政部、残联、妇联等多方信息共享平台。第四，加大对助残志愿服务相关基础设施和配套设施的投入力度，修建残疾人专用设施，使残疾人群体能够进入更多的公共场所，从而引导他们走入社会，回归生活。

（3）加大助残志愿服务信息化、网络化建设

第一，投入人力、物力建立一个专门的助残网络信息网站，并开通志愿者注册、相关政策公布以及数据统计等板块，同时开发相应的手机 App。第

[①] 《国务院关于印发"十四五"残疾人保障和发展规划的通知》，中国政府网，2021 年 7 月 21 日，http://www.gov.cn/zhengce/content/2021-07/21/content_5626391.htm。

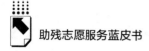

二，对网站进行宣传，使助残志愿服务组织了解并入驻网站，从而汇聚各地助残志愿服务力量。第三，不断完善网站建设，使其真正方便用户。例如，可以学习"慈善云"，这是中华慈善总会为非营利组织开发的快速网站创建工具，其简化了志愿组织的注册程序。

2. 完善立法，保障助残志愿服务组织发展

当前，我国的助残志愿服务和助残志愿服务组织还没有专门适用的法律，虽然各地方在近几年都出台了相关的条例，但是这些条例只是实践，而且各地还存在差异性。所以加强助残志愿服务立法工作是当前亟须解决的问题。

第一，尽快出台助残志愿服务相关法律法规，将当前的相关法律整合，把需要完善的地方完善，需要填补的空白填上，使助残志愿服务的各主体都有法可依，从而推动助残志愿服务事业发展。第二，完善《社会组织登记管理条例》，改革双重管理制度，实行直接登记注册管理制度，降低社会组织的准入门槛，壮大助残志愿服务组织，为更多的残疾人群体提供服务。

3. 加强监督，规范助残志愿服务事业

当前我国助残志愿服务存在的主要问题是重管理轻监督，残疾人公共服务机制尚不健全，也没有建立良好的志愿服务的反馈机制，这阻碍了助残志愿服务的发展。因此，应加强对助残志愿服务事业各主体的监督。

（1）加强对助残志愿服务组织的监督

对助残志愿服务组织的监督主要关注志愿服务组织财务管理方面。目前，除了一小部分助残志愿服务组织会向上级主管部门汇报或者向外界公开自身的财务信息之外，大多数志愿组织，特别是民间组织，公开财务信息意识薄弱。应加大对志愿服务组织财务方面的监督力度。首先可以引导助残志愿服务组织定期公开财务情况，特别是助残志愿服务经费使用情况；其次，还可以委托第三方审计机构审查志愿服务组织每年的财务状况，在此基础上确定下一年度的政府拨款金额。

（2）加强对助残志愿者的监督

不仅要监督志愿者是否享受到应有的培训和奖励，还要监督志愿者在志愿服务过程中的行为。残疾人作为弱势群体，他们的需求相对于健全人更加

的个性化和多样化，要对志愿者的行为进行监督，避免出现伤害残疾人自尊或者服务不到位的情况出现。

参考文献

陈成文、陈静、王勇：《残疾人社会组织活力：测量指标构建及其政策意义》，《江苏社会科学》2021 年第 6 期。

陶书毅：《当前我国助残社会组织发展问题及其对策探析》，《社会福利》（理论版）2017 年第 1 期。

易艳阳：《助残社会组织内源发展动因与策略研究》，《江淮论坛》2019 第 2 期。

袁小平、彭萍：《助残社会组织存在的问题与对策研究》，《老区建设》2020 第 24 期。

郭瑞睿：《济南市助残社会组织发展问题研究》，山东师范大学硕士论文，2021。

B.4
中国助残志愿者队伍发展报告（2022）

余益伟*

摘 要： 助残志愿者队伍是助残志愿服务的有生力量，及时了解我国助残志愿者队伍的现状与问题，有利于推进助残志愿服务业的高质量发展。本报告采用定量定性相结合的实证分析方法，采用《中国残疾人事业统计年鉴》与其他相关发展报告中关于助残志愿者的数据，结合助残志愿服务相关政策文件，分析我国助残志愿者队伍的发展历程、现状与问题。分析发现，我国助残志愿者队伍经过初步探索阶段与专项动员阶段，已进入常态化、规范化发展阶段。在40余年的发展历程中，我国助残志愿者队伍规模平稳扩张，人员构成逐渐多样化，服务效益不断增强，制度化建设取得进展。但现阶段，我国助残志愿者队伍规模相对弱小且注册志愿者规模递减；队伍成员参与率和服务需求之间存在需求缺口；队伍成员能力素质与服务需求存在错配；队伍管理与建设缺少地方性经验的制度化。报告建议，未来我国助残志愿者队伍建设需明确新时期助残志愿队伍建设目标，动员和激活全域参与，加强助残志愿者队伍信息化建设与整合，增加志愿者队伍增长内生性，实现志愿服务需求与供给有机匹配。

关键词： 助残志愿者 志愿服务 人才队伍

---

* 余益伟，博士，江苏大学讲师，研究方向为协同治理、志愿服务。

　　根据《中国助残志愿者注册管理办法（试行）》（残联发〔2013〕9号）定义，中国助残志愿者（以下简称助残志愿者）是指在残联组织或在残联组织授权的单位注册登记、参加助残服务时间累计达到 3 小时以上的志愿者。[①] 2017 年，国务院发布的《志愿服务条例》第六条规定："本条例所称志愿者，是指以自己的时间、知识、技能、体力等从事志愿服务的自然人。"第七条规定："志愿者可以将其身份信息、服务技能、服务时间、联系方式等个人基本信息，通过国务院民政部门指定的志愿服务信息系统自行注册，也可以通过志愿服务组织进行注册。"第十一条规定："志愿者可以参与志愿服务组织开展的志愿服务活动，也可以自行依法开展志愿服务活动。"[②] 结合政策规定，本报告将在各级残联组织或在残联组织授权单位注册登记的志愿者称为注册助残志愿者，将参与或开展助残志愿服务但未在残联组织注册的志愿者称为非注册助残志愿者。后者既包括没有在任何志愿组织或志愿平台登记注册的志愿者，也包括在残联组织之外的志愿服务组织或志愿服务信息系统登记注册的志愿者。本报告所说助残志愿者队伍是由注册助残志愿者以及参与助残志愿服务的非注册助残志愿者组成的共同体，是助残志愿服务的有生力量，是助残志愿服务事业发展中的人的因素的集合。

　　助残志愿者队伍和助残志愿者组织皆由助残志愿者构成，但是二者存在细微差别。从管理学的角度，组织是指具有明确的目标导向和精心设计的结构与有意识协调的活动系统，同时又同外部环境保持密切联系的一个社会实体。[③] 而队伍，或称团队，是由具有共同兴趣、志向或愿景的人组成的一个共同体，他们相互尊重、彼此信任、相互协作、愿意为既定的目标共同奉献时间、知识和技能等。因此，相较于助残志愿服务组织强调明确的目标导向

[①] 《关于印发〈中国助残志愿者注册管理办法（试行）〉的通知》，中国残疾人联合会官网，2013 年 6 月 28 日，https://www.cdpf.org.cn/hdjl/gjflfg1/zzjslzc/e5747296dcb649e7ad23c270bd5bd2b7.htm。

[②] 《志愿服务条例》，中国政府网，2017 年 9 月 6 日，http://www.gov.cn/zhengce/content/2017-09/06/content_5223028.htm。

[③] 理查德·L.达夫特：《组织理论与设计》（第 12 版），王凤彬、石云鸣、张秀萍、刘松博等译，清华大学出版社，2017。

（例如明确的服务对象、服务项目、服务内容等）、精心设计的结构（例如规范的组织章程、正式的组织架构、稳定的人员构成、成熟的项目运作流程等）、有意识的内部协调活动（例如按照组织章程和操作规范来规训志愿者的行为）以及密切的外部联系（例如具有规定的主管部门、特定的服务对象、相对稳定的资金来源、与其他志愿组织的相对频繁的交流联系等），助残志愿者队伍（或称团队）更加注重助残志愿者自身以及志愿者之间的情感联结。从宏观层面而言，助残志愿者队伍建设关注助残志愿者规模的发展、结构的优化、质量的提升、发展环境的改善、服务效益的增强；从微观层面而言，助残志愿者队伍建设关心助残志愿者的服务理念不断强化、服务知识不断丰富、服务技能不断增强、服务方法不断完善，① 以及如何塑造、培育和激励助残志愿者助残志愿服务事业的认同感、荣誉感、自我价值实现感。

近年来，在国家的积极倡导、各地各有关部门的大力推动和社会各界的积极支持与热情参与下，我国助残志愿者队伍建设政策环境不断完善，队伍规模不断壮大，队伍结构日渐丰富，队伍管理不断规范，服务效益不断增强。助残志愿服务逐渐覆盖了残障人士的生活帮扶、权益保护、心理关爱、脱贫就业、医疗康健、体育赛事、社会参与、普法宣传、文化服务、艺术疗愈等方方面面。

一 中国助残志愿者队伍的发展历程

（一）初步探索阶段（1978~1990年）

改革开放初期，中国的志愿服务主要受"学雷锋 做好事"的活动影响，志愿服务的理念还未在大众心中进一步明确。1981年，联合国开发计

---

① 《民政部关于印发〈中国社会服务志愿者队伍建设指导纲要（2013~2020年）〉的通知》，中国政府网，2013年12月17日，http://www.gov.cn/gongbao/content/2014/content_2667619.htm。

划署在北京三里河建立中国总部，同时联合国志愿人员组织在此设立项目办公室，① 给中国志愿服务事业带来新动力和新机遇。随后，中国各地开始出现多个"第一"：1983 年，北京大栅栏街道签订了第一份中国青年志愿服务的"综合包户"协议；1987 年，广州市诞生了我国第一条志愿者服务热线电话"中学生心声热线"；1989 年，天津市和平区新兴街道建立了我国第一个社区服务志愿者协会；1990 年，深圳义工联合会正式注册，成为我国内地第一个义工法人社团。② 这些首批探索性的志愿服务方式和模式推动了中国现代意义上的志愿活动和志愿者队伍的形成，引导现代志愿服务理念在中国传播，尤其在助残志愿服务领域，助人自助的观念逐渐树立起来。

在助残志愿服务领域，志愿者队伍开始服务残疾人体育赛事，关爱残障人群等。1983 年，天津市委、民政局、体委、红十字会联合发起并举办了伤残人体育邀请赛，红十字会志愿者帮助来自全国 13 个省（区、市）的 200 名盲人和截肢运动员参加了此次比赛。③ 伤残人体育邀请赛的成功举办为 1984 年全国第一届残疾人运动会打下了良好基础。1986 年，国家教育委员会、共青团中央、全国妇联和中国残疾人福利基金会联合下发了《关于在少年儿童中进行社会主义人道主义教育，培养理解、尊重、关心、帮助残疾人良好道德风尚的意见》，由此形成了"红领巾助残"活动。④

尤其值得注意的是，残疾人在自强自立的同时，也积极投身到志愿者行列中，成为助残行动中一支不断壮大的队伍。1988 年，焦作市解放区青年女教师李玉焕"身残志不残"，精神顽强的她获得"全市十大杰出青年"称

---

① 谭建光：《改革开放以来我国志愿服务的发展历程》，《社会治理》2018 年第 7 期，第 24~36 页。
② 罗敏、胡礼鹏：《组织社会学视角下我国青年志愿服务组织特点研究》，《山东青年政治学院学报》2016 年第 1 期，第 11~15 页。
③ 《中华人民共和国第一届残疾人运动会》，中国残疾人联合会官网，2021 年 10 月 25 日，https：//www.cdpf.org.cn/ztzl/zxzt1/2021/2021dsyjcjrydh/dsyjwjhg/f0f31d55f3714462bc3ad3d4696e696a.htm。
④ 赵济华：《红领巾助残：我能为你做些什么——回顾跨世纪的"育人工程"》，《中国残疾人》2003 年第 7 期，第 9~11 页。

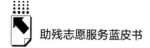

号，在李玉焕的号召下，一支由 58 名残疾人组成的"三月风"义务服务小组自发成立，几年后，"三月风"义务服务小组改名为"爱心港湾"志愿服务队，在互帮互助的同时还为社会提供志愿服务。[①]

总体而言，这一阶段无论是综合性的志愿服务事业还是围绕助残的专项志愿服务活动都处于初步探索阶段，现代志愿服务理念开始在中国传播并与我国社会主义道德风尚相结合。随着我国现代志愿服务事业的开启，助残志愿者队伍也开始活跃起来，有组织地或自发地投入助残志愿服务活动。

（二）专项动员阶段（1991~2010年）

第一部保护特殊群体的专门法律《中华人民共和国残疾人保障法》于 1990 年 12 月的第七届全国人民代表大会常务委员会第十七次会议审议通过并予以颁布，并于 2008 年 4 月第十一届全国人民代表大会常务委员会第二次会议修订。该法第 48 条规定："每年 5 月第三个星期日，为全国助残日。"[②] 该法从 1991 年 5 月 15 日开始实施。1991 年 5 月 19 日是我国第一个法定全国助残日，也是第一次在全国范围内统一行动的助残活动。以此为契机，各层级文明办、残联、团委、工会、妇联、教育机关、民政机关、文化体育机关等部门都开始围绕"全国助残日""国际残疾人日""中国青年志愿者服务日""国际志愿者日"等大力开展专项"助残行动"，发动机关单位人员与群众积极参与，形成了规模庞大的助残志愿者队伍。

2000 年，第十个全国助残日的主题是"志愿者助残"，口号是"我们都是志愿者"。同年，中央文明办、教育部、民政部、劳动保障部、人事部、公安部、文化部、国内贸易局、全国总工会、团中央、全国妇联、中国科协等部门的负责人带着慰问金、慰问品走访了残疾人的家庭，送去节日的问候

---

① 《20 年的爱心传递》，新浪网，2008 年 7 月 15 日，https：//news. sina. com. cn/o/2008 - 07 - 15/050514164129s. shtml。

② 《中华人民共和国残疾人保障法》，中国人大网，2018 年 11 月 5 日，http：//www. npc. gov. cn/ npc/c12435/201811/5eae4f9c3afa432285f04be42e50fc01. shtml。

和关怀。全国各地各行各业也都组织了助残志愿队伍进行助残志愿活动。[①]
2002 年，共青团中央和中国残联开展了以"践行志愿精神，倡树助残风
尚"为主题的"百万青年志愿者助残行动"。2007 年，上海举办世界夏季
特殊奥运会。这届特奥会最终招募志愿者 4 万名，其中，在校大学生约占
66%，街道、社区居民约占 22%，企事业单位员工约占 12%；外籍常驻上
海人士报名成为志愿者的人数为 108 人，沪外常驻上海人士报名成为志愿
者的人数为 393 人。[②] 2008 年，北京残奥会志愿者报名人数达到 908334
人，共录用赛会志愿者 44000 人，他们来自 27 个国家和地区，90%参加
过奥运会志愿服务。[③]

在"十一五"期间，来自社会各界、各行各业的志愿者广泛参与助残
志愿服务活动，助残志愿者队伍不断壮大，志愿者助残工作的组织网络基本
形成。2005 年，全国注册助残志愿者近 300 万人，建设志愿者助残服务站 6
万多个、志愿者助残联络站 20 多万个。"十一五"期间，全国各省的注册
助残志愿者人数每年按本省"十五"末注册人数的 20%递增。[④] 截至 2010
年 7 月，全国助残志愿者已达 530 万人，中国助残志愿者队伍包括了从青少
年学生到退休老人，从工人、农民、解放军和武警官兵，到教师、法律工作
者、公务员、企业家等各类人员。有县级志愿者助残联络总站 2183 个，乡
（镇、街道）联络站 28034 个，村（社区）联络点 27.4 万个。[⑤]

总体而言，这一阶段的助残志愿者队伍发展主要靠专项"助残行动"
来驱动。这些助残行动虽然具有一定的临时性，但是起到了广泛动员的作

[①] 中国残疾人联合会记者：《真情献给残疾人——首都第十次"全国助残日"活动纪实》，
《中国残疾人》2000 年第 7 期，第 19~20 页。

[②] 《2007 年世界夏季特殊奥运会：4 万名志愿者正式上岗》，中国政府网，2007 年 09 月 23
日，http://www.gov.cn/govweb/jrzg/2007-09/23/content_ 759149.htm。

[③] 《4.4 万志愿者服务残奥 90%参加过奥运会志愿服务》，凤凰网，2008 年 8 月 29 日，
https://news.ifeng.com/c/7fYMKP75RtB。

[④] 吕世明：《践行志愿精神 深化助残行动——全国"百万青年志愿者助残行动"总结表彰大
会讲话》，《中国残疾人》2005 年第 10 期，第 4~7 页。

[⑤] 《全国助残志愿者人数已达 530 万 民间组织不断壮大》，中国政府网，2010 年 7 月 7 日，
http://www.gov.cn/govweb/jrzg/2010-07/07/content_ 1647241.htm。

用。参与助残行动的许多志愿者成了注册志愿者，开始形成较为稳定的助残志愿者队伍。随着后续助残志愿者注册制度，志愿服务时间储蓄制度，助残志愿者助残服务基地、服务站、联络站等的建立和完善，助残志愿者队伍发展开始进入常态化、规范化发展阶段。

（三）常态化、规范化发展阶段（2011年至今）

2011 年 5 月 16 日，国务院残疾人工作委员会发布《中国残疾人事业"十二五"发展纲要》（国发〔2011〕13 号，以下简称《纲要》）。《纲要》指出，促进助残志愿服务的专业化、常态化和长效化。① 这说明我国助残志愿队伍也开始进入常态化、规范化建设阶段。在这一时期，我国先是颁布了一系列有关助残志愿队伍建设和管理的政策文件，而后成立了中国助残志愿者协会以培育、发展和管理助残志愿者队伍。因此，以 2015 年中国助残志愿者协会的成立为时间节点，助残志愿者队伍的常态化、规范化发展又可细分为制度建设阶段（2011~2014 年）和规范管理阶段（2015 年至今）。

1. 制度建设阶段（2011~2014年）

继 2011 年《纲要》出台之后，我国主管残疾人事业和志愿服务事业的相关部门出台了一系列专门规范助残志愿者队伍的政策文件。其实在 2011 年之前，有关部门出台的有关助残志愿工作的政策文件中就涉及了助残志愿队伍的建设和管理。2010 年，中央文明办、中国残联等 8 部门联合发布《关于加强志愿助残工作的意见》（残联发〔2010〕15 号），其中指出要规范建立志愿助残工作机制，包括助残志愿者的注册与招募、培训与对接、评价与激励等。② 2011 年 5 月，中国残疾人联合会、中央精神文明建设指导委员会办公室印发的《全国"关爱残疾人志愿服务活动"实施方案》（残联〔2011〕95 号）指出了建设关爱残疾人志愿服务人才队伍

---

① 《中国残疾人事业"十二五"发展纲要》，《人民日报》2011 年 6 月 9 日，第 11 版。
② 《从 70 个关键词看残疾人事业的发展》，澎湃新闻，2019 年 9 月 29 日，https：//www.the paper. cn/newsDetail_ forward_ 4562937。

的七大方面工作。①建设一支覆盖面较广、素质较高、规模较大、基本适应志愿助残工作需要的志愿助残人才队伍。②建立一支以注册志愿者为主的骨干队伍。③培养一批志愿助残阳光使者。④鼓励和支持助残志愿者比较集中的地区和单位，组建"关爱残疾人志愿服务活动"专项服务队。⑤建设一批志愿助残培训基地。⑥探索建立志愿助残工作考评和激励机制，为"关爱残疾人志愿服务活动"提供坚强有力的组织保障和人才支撑。⑦建立健全助残志愿者招募注册、服务对接、评价激励、权益维护等机制。①

2013 年 6 月，中国残疾人联合会印发的《中国助残志愿者注册管理办法（试行）》对助残志愿者的招募和注册、权利和义务、服务与对接、组织和管理、评价与表彰等进行了细致规定，目的在于促进志愿助残活动的规范化、制度化发展。② 同年 12 月，民政部印发了《中国社会服务志愿者队伍建设指导纲要（2013~2020 年）》（民发〔2013〕216 号），指出社会服务志愿者队伍建设的总体目标是：建立健全社会服务志愿者法规、政策、制度体系，畅通志愿者参与社会服务的渠道，夯实志愿者参与社会服务的基础，营造人人愿为、人人能为、时时可为的社会服务志愿者发展环境，使社会服务志愿者队伍的数量、质量与结构适应构建社会主义和谐社会的需要，满足社会成员尤其是困难群体日益增长的社会服务需求。③

2. 规范管理阶段（2015年至今）

2015 年 5 月，中国助残志愿者协会成立，进一步推动了助残志愿者队伍及其服务的规范化、常态化发展。中国助残志愿者协会是隶属于中国残疾人联合会的社团组织，其职责包括贯彻国家有关志愿服务的法律、法规和方

---

① 《关于印发〈全国"关爱残疾人志愿服务活动"实施方案〉的通知》，中国残疾人联合会官网，2022 年 3 月 22 日，https：//www.cdpf.org.cn/hdjl/gjflfg1/zzjslzc/f2e146b8ee6545518d42af62a67a0f8c.htm。

② 《关于印发〈中国助残志愿者注册管理办法（试行）〉的通知》，中国残疾人联合会官网，2013 年 6 月 28 日，https：//www.cdpf.org.cn/hdjl/gjflfg1/zzjslzc/e5747296dcb649e7ad23c270bd5bd2b7.htm。

③ 《民政部关于印发〈中国社会服务志愿者队伍建设指导纲要（2013~2020 年）〉的通知》，中国政府网，2013 年 12 月 27 日，http：//www.gov.cn/gongbao/content/2014/content_2667619.htm。

针政策，宣传志愿助残服务理念，广泛动员社会各界投身志愿助残服务，培育、发展和壮大助残志愿者队伍等。① 根据 2014~2021 年《中国残疾人事业统计年鉴》统计数据，各级残联登记在册的助残志愿者人数 2016~2021 年呈下降趋势（见表 1）。这种情况在乡（镇、街道）级和村（社区）级残联统计里表现明显，可能是由于乡（镇、街道）级和村（社区）级残联助残志愿者登记注册的信息化手段较为滞后，助残志愿者实名注册制度仍在推行中，规范化管理效果尚未完全显现。

表1　2014~2021 年全国各级残联登记在册的助残志愿者规模

单位：人

年份	省（自治区、直辖市）级	地市级	县（县级市、市辖区）级	乡（镇、街道）级	村（社区）级	总计
2014	5824	32016	472899	1556000	1394000	3460739
2015	37113	60224	517561	1411000	1293000	3318898
2016	2629	64870	651255	1454000	1300000	3472754
2017	4998	68277	638173	1429000	1292000	3432448
2018	7732	83042	630910	1381000	1231000	3333684
2019	7027	67200	637158	1222000	1083000	3016385
2020	6889	61693	624240	1071000	978000	2741822
2021	6922	40381	560303	1052000	912000	2571606

资料来源：根据 2014~2021 年《中国残疾人事业统计年鉴》数据整理计算所得。2014 年之前的《中国残疾人事业统计年鉴》缺少省（自治区、直辖市）级、地市级以及县（县级市、市辖区）级残联登记在册助残志愿者数据，故没有纳入本表统计范围。

二　中国助残志愿者队伍的发展现状

（一）居民参与积极性高，队伍规模平稳扩张

根据《志愿服务蓝皮书：中国志愿服务发展报告(2021~2022)》的调查，居

---

① 《中国残联所属社团组织》，中国残疾人联合会官网，https://www.cdpf.org.cn/zzjg/jggk/zgclssstzz/index.htm。

民个人参与助残志愿服务的意愿较强，参与行为也比较活跃。在参与意愿方面，2020 年有 32.50% 的居民愿意参与扶助残障志愿服务活动，有 14.98% 的被调查居民参与了扶助残障志愿活动。这两个数值在所有志愿服务活动中都处于第二梯队位置（第一梯队志愿服务活动为老人关怀、环境保护和儿童关爱，见图 1）。

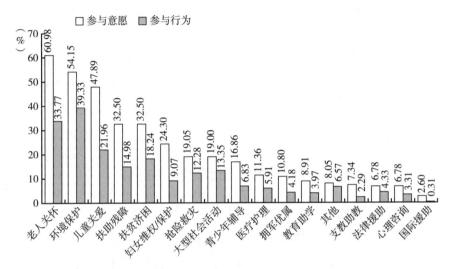

图 1　2020 年居民志愿活动参与意愿与参与行为

资料来源：根据张翼、田丰主编《志愿服务蓝皮书：中国志愿服务发展报告（2021~2022）》整理所得。

本报告所测算的助残志愿者队伍规模由两部分组成：注册助残志愿者与非注册助残志愿者。根据《中国残疾人事业统计年鉴》数据，中国注册助残志愿者数量在 2017 年约为 343.24 万人，2018 年约为 333.37 万人，2019 年约为 301.64 万人，2020 年约为 274.18 万人，2021 年约为 257.16 万人（见表 1）。根据《2021 年度中国志愿服务发展指数报告》，在民政部门指定的全国志愿服务信息系统自行注册或者通过志愿服务组织进行注册的志愿者数量在 2017 年为 8544.78 万人，2018 年为 11405.88 万人，2019 年为 15500 万人，2020 年为 19200 万人，2021 年为 22200 万人。[1] 由于志愿者在残联信

---

① 翟雁、朱晓红、张杨：《2021 年度中国志愿服务发展指数报告》，载杨团、朱健刚主编《慈善蓝皮书：中国慈善发展报告（2022）》，社会科学文献出版社，2022，第 42~86 页。

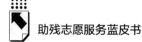

息系统和民政信息系统中会出现重复注册的情况，而这种重复注册率无法确定，本报告只能通过求极值来测算助残志愿者规模的区间范围，规模区间的最低值假设重复注册率为100%，最高值假设重复注册率为0%。参照《志愿服务蓝皮书：中国志愿服务发展报告（2021~2022）》的数据，2020年有14.98%的被调查居民参与了助残志愿活动。[①] 假设平均每年有14.98%的注册助残志愿者参与了助残志愿活动，则助残志愿者规模区间在2017年为936.77万~1623.24万人，2018年为1375.23万~2041.97万人，2019年为2020.26万~2623.54万人，2020年为2601.98万~3150.34万人，2021年为3068.40万~3582.72万人。[②] 经测算，2017~2021年助残志愿者规模呈现稳步上升趋势。

（二）人员构成多样化，各行业活跃度存在差异

随着"志愿助残阳光行动"的开展，红领巾助残、青年志愿者助残、社区志愿者助残、巾帼和家庭志愿助残、法律援助志愿助残、党政领导干部志愿助残、解放军武警志愿助残、残疾人志愿助残等活动被纳入全国"志愿助残阳光行动"，这使得各行各业的从业者纷纷加入助残志愿者队伍。队伍成员覆盖了从"50后"到"10后"各个年龄阶层，呈现多样化趋势。不过，根据《2021年中国活跃志愿者现状调查报告》，各行业助残志愿活动参与率存在差异，一些行业的助残志愿者较其他行业的更为活跃。整体而言，非经济部门的活跃志愿者占比普遍高于经济部门。其中，来自自治组织、公共管理和社会保障行业的活跃志愿者占比较高，分别为39.68%和30.63%。活跃志愿者占比较高的第二梯队为采矿与基础设施建设行业（24.32%）、房地产与租赁业（21.88%）、农业（20.00%）、政府部门（20.00%）（见图2）。

---

① 《2022年中国新时代文明实践志愿服务个体参与情况》，载张翼、田丰主编《志愿服务蓝皮书：中国志愿服务发展报告（2021~2022）》，社会科学文献出版社，2022，第58页。
② 助残志愿者规模区间计算公式：规模区间最低值=全国志愿服务信息系统注册志愿者数×14.98%-注册助残志愿者数；
规模区间最高值=全国志愿服务信息系统注册志愿者数×14.98%+注册助残志愿者数。

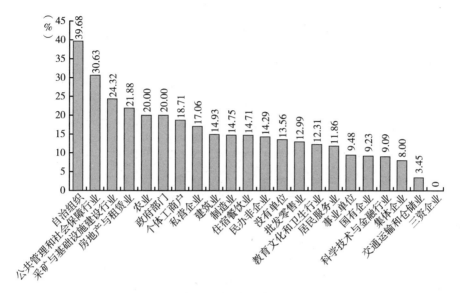

图 2　2021 年各行业助残活跃志愿者比例

注：各行业助残活跃志愿者比例＝受访的参与该类志愿服务且从事该行业的活跃志愿者人数/从事该行业的活跃志愿者人数×100%。

资料来源：作者根据李培林、陈光金、王春光主编《社会蓝皮书：2022 年中国社会形势分析与预测》整理所得。

（三）志愿者人均助残人次迅速增长，服务效益不断增强

从 2014 年到 2021 年，全国各级残联登记在册助残志愿者所帮助的残疾人从 183.24 万人次增长到 270.46 万人次，增幅为 47.6%。增长更快的是助残志愿者人均助残次数，2014~2021 年，全国各层级残联登记注册的助残志愿者人均助残次数从 2014 年的 5.29 次上升到 2021 年的 10.52 次。各级残联登记在册助残志愿者人均助残次数增长最快的是地市级残联，从 2014 年的 5.60 次增长到 2021 年 17.50 次（见表 2）。

各级残联登记在册助残志愿者志愿行为所产生的服务价值每年高达数 10 亿元。根据 2021 年全国最低工资标准均值（19 元/小时）测算，2021 年注册助残志愿者所创造的服务价值约为 1.46 亿元，即 2021 年注册助残志愿者数量（2571606 人）×3 小时×2021 年全国最低工资标准均值（19 元/小

表 2　全国各级残联登记在册助残志愿者助残情况

年份	省(自治区、直辖市)级		地市级		县(县级市、市辖区)级		乡(镇、街道)		村(社区)级		总计	
	受助残疾人(人次)	人均助残(次)	受助残疾人(人次)	人均助残(次)	受助残疾人(人次)	人均助残(次)	受助残疾人(人次)	人均助残(次)	受助残疾人(人次)	人均助残(次)	受助残疾人(人次)	人均助残(次)
2014	272451	46.78	179381	5.60	3968797	8.39	7463000	4.80	6440000	4.62	18323629	5.29
2015	126730	3.41	400872	6.66	5576938	10.78	8670000	6.14	7206000	5.57	21980540	6.62
2016	96501	36.71	419375	6.46	6439949	9.89	9412000	6.47	7961000	6.12	24328825	7.01
2017	98008	19.61	444848	6.52	6632156	10.39	10268000	7.19	8353000	6.47	25796012	7.52
2018	102095	13.20	440949	5.31	6316582	10.01	10246000	7.42	8459000	6.87	25564626	7.67
2019	83439	11.87	915835	13.63	9258000	14.53	9422000	7.71	9027000	8.34	28706274	9.52
2020	72512	10.53	759312	12.31	8383000	13.43	11750000	10.97	8472000	8.66	29436824	10.74
2021	82875	11.97	706651	17.50	7491000	13.37	10064000	9.57	8701000	9.54	27045526	10.52

注：人均助残次数＝受助残疾人次/助残志愿者人数

资料来源：作者根据 2014~2021 年《中国残疾人事业统计年鉴》数据整理计算所得。

时）= 146581542 元。如果根据国际劳工组织推荐的"替代成本计算法"测算，扣除工资增长率 10.7%，2020 年社会组织人均工资为 46.44 元/小时,[①] 可以推算出 2021 年注册助残志愿者贡献服务总价值为 3.58 亿元。

如果测算依据是活跃的助残志愿者的工作时长，则助残志愿者所创造的价值更高。根据 2021 年《中国社会状况综合调查（CSS2021）》中的志愿服务数据，我国 18~69 岁调查对象中，近一年有过志愿服务经历的受访者占比达 29.9%，平均服务时长为 21.87 小时。[②] 假设这个数据也是助残志愿者的平均活跃程度，那么 2021 年助残志愿者所创造的服务效益保守估计为 38.12 亿元，即 2021 年助残志愿者总量最低值（3068.40 万人）×29.9%× 21.87 小时×2021 年全国最低工资标准均值（19 元/每小时）= 3812286633 元。如果按 2020 年社会组织人均工资 46.44 元/小时测算，则活跃的助残志愿者所创造的服务价值为 93.18 亿元。

（四）志愿者队伍管理逐渐规范，制度化建设取得进展

志愿服务法规政策体系的建立和完善，是志愿服务走向制度化和成熟化的重要过程。志愿服务制度化建设是指为进一步完善志愿服务发展，提升志愿服务的专业性和系统性，扩大志愿服务的社会效应，更好地发挥志愿服务的作用而对志愿服务过程中的志愿者招募、志愿服务组织、服务项目、活动开展、效果评估等一系列环节所做的系统化、标准化的规定，这些规定包含相关的法律、政策、规章、条例、措施和办法等。[③] 一般而言，志愿服务制度化建设的首要一步就是针对志愿者队伍出台法规政策，规范其招募注册、权利义务、组织管理、评价表彰等方面。

我国志愿服务法规政策体系建设十分注重对残疾人的志愿服务，体现在

---

① 翟雁、朱晓红、张杨：《2021 年度中国志愿服务发展指数报告》，载杨团、朱健刚主编《慈善蓝皮书：中国慈善发展报告（2022）》，社会科学文献出版社，2022，第 42~86 页。

② 邹宇春、梁茵岚：《2021 年中国活跃志愿者现状调查报告》，载李培林、陈光金、王春光主编《社会蓝皮书：2022 年中国社会形势分析与预测》，社会科学文献出版社，2022，第 184~203 页。

③ 中国志愿服务联合会编著《中国志愿服务发展报告（2017）》，社会科学文献出版社，2017。

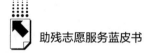

现有国家层面的志愿服务法规政策大量提及与反复强调对残疾人士的志愿服务。对 2008~2021 年出台的有关志愿服务和慈善的 53 份国家层面的政策法规文件进行词频分析，可以发现，被提及频率最高的词是"志愿者"，其次是"残疾人"，这表明法规政策的主要目标是对志愿者进行规范、保障、激励和引导，"残疾人"是志愿者服务的重点对象。另外，"民政部门""文明办""共青团""人民政府""国务院""团组织""文化部""国家机关"等高频词的出现说明了国家积极支持志愿服务工作发展，"运动员""消防队""青少年""大学生"等高频词的出现说明了我国志愿服务主体年轻且专业，"社会主义""总书记""价值观""邓小平理论"等高频词的出现说明我国志愿服务的价值观紧贴中国社会主义发展观，"互联网""制度化""群众性""影响力""公益性""规范化""专业化""针对性""信息化""社会化""覆盖面""科学化""个性化"等高频词的出现说明了我国志愿服务的现代发展方向（见图 3）。

单词	计数	单词	计数	单词	计数
志愿者	1563	国务院	36	委员会	24
残疾人	193	群众性	36	大学生	23
民政部门	145	自治区	35	中华民族	21
互联网	104	影响力	34	社会化	21
社会主义	98	总书记	34	未成年人	19
运动员	83	农民工	33	邓小平理论	19
文明办	74	文明委	33	中学生	18
共青团	63	企事业	32	服务队	18
人民政府	56	公益性	31	泰安市	18
团组织	54	价值观	30	文化部	17
工作者	53	博物馆	30	奥运会	16
精神文明	52	直辖市	30	自然人	16
消防队	44	积极性	28	覆盖面	16
基金会	40	规范化	28	国家机关	15
民政部	40	保险业	27	民政厅	15
制度化	38	专业化	26	科学化	15
负责人	38	针对性	26	个性化	14
青少年	38	信息化	25	中华人民共和国	14
中小企业	37	纪念馆	25	老年人	14

图 3　2008~2021 年国家层面有关志愿服务法规政策文件词频分析

我国也较早开始了针对助残志愿服务以及助残志愿者队伍的制度化建设。2010 年，中央文明办、中国残联等 8 部门联合出台的《关于加强志愿助残工作的意见》明确提出不断发展壮大助残志愿者队伍，以"志愿助残阳光行动"为活动统一品牌，广泛深入开展志愿助残活动。① 2011 年 5 月，国务院残疾人工作委员会制定的《中国残疾人事业"十二五"发展纲要》指出，将志愿助残工作纳入国家志愿服务总体规划，建立健全助残志愿者招募注册、服务对接、评价激励、权益维护等机制。②

2013 年 6 月，中国残疾人联合会印发的《中国助残志愿者注册管理办法（试行）》指出，中国残疾人联合会组织联络部负责全国助残志愿者工作的规划、协调、指导和督查；省级、市级残联根据本地实际制定助残志愿者注册管理实施细则，推动助残志愿活动广泛开展；县级残联负责开展志愿助残注册和管理工作；乡级残联、村级残协通过建立志愿助残联络站（点）、助残志愿组织等，广泛开展助残志愿者的登记、联络和对接服务等工作；地方各级残疾人组织应当做好助残志愿者的管理服务工作，逐步建立健全宣传招募、登记注册、服务对接、培训管理、考核评价、激励表彰等长效机制。③

三 中国助残志愿者队伍发展的问题分析

（一）助残志愿者队伍规模相对弱小，注册助残志愿者规模递减

虽然近年来助残志愿者队伍绝对规模、受助残疾人人次、志愿者人均助残次数在持续增长，但是相比于我国的总人口，我国助残志愿者队伍规模仍显弱小，且注册助残志愿者规模呈现逐年递减趋势。根据前文测算，2021 年我国助残志愿者最大规模约为 3582.72 万人，仅占我国总人口的 2.53%。其中，注册助残志愿者为 257.16 万人，仅占我国总人口的 1.82‰，即每万人中约 18 人注册成为助残志愿者。如果进一步观察各省（区、市），在具

---

① 《从 70 个关键词看残疾人事业的发展》，澎湃新闻，2019 年 9 月 29 日，https：//www.thepaper.cn/newsDetail_ forward_ 4562937。
② 《中国残疾人事业"十二五"发展纲要》，《人民日报》2011 年 6 月 9 日，第 11 版。
③ 《关于印发〈中国助残志愿者注册管理办法（试行）〉的通知》，中国残疾人联合会官网，2013 年 6 月 28 日，https：//www.cdpf.org.cn/hdjl/gjflfg1/zzjslzc/e5747296dcb649e7ad23c270bd5bd2b7.htm。

有统计数据的 30 个省（区、市）中有 22 个省（区、市）的注册助残志愿者相对规模［助残志愿者占其省（区、市）总人口的比重］低于全国平均水平（见图 4）。其中，贵州、山西、广西、上海的注册助残志愿者数量不足其总人口的 0.2‰。从 2014~2021 年统计数据可以发现，我国各级残联登记在册助残志愿者规模呈下降趋势（见表 1）。

注册助残志愿者规模的下降有多方面原因。首先，助残志愿者规范化管理逐步推行，部分志愿者尽管参与了助残志愿服务但并没有进行实名制登记注册，加上信息化建设还不完善，导致各级残联组织尤其是乡（镇、街道）、村（社区）级的残联组织统计在册助残志愿者数量减少。其次，经作者调研了解，助残志愿者中有很大一部分是大学生，他们在学校所在地区的残联组织登记注册成为助残志愿者，但毕业之后迁往其他地区时退出了原地区的残联志愿组织，而同时又没有在新地区进行注册登记，导致整体注册志愿者数量减少。再次，由于很多志愿团体与志愿者进行的是综合性志愿活动，在助残的同时也会组织和参与扶贫减贫、卫生健康、关爱老人幼童等志愿服务，这些活动很大程度上是由民政部门管理和主导，因此志愿者们倾向于在民政部门的信息系统进行登记注册。应该注意的是，注册助残志愿者规模下降还说明之前通过专项活动、组织分派等方式动员人们登记注册为志愿者的政治动员效力已被充分发挥，后劲不足。政治动员的对象主要为政府、事业单位、群团组织、社区/村居委会等非经济部门的工作人员，经过多年活动动员，这些工作人员中的很大部分已经注册成为助残志愿者，助残志愿者在非经济部门中的增长空间越来越小。

（二）队伍成员参与率和服务需求之间存在需求缺口

我国相对弱小的助残志愿者队伍规模尚不能完全满足助残志愿服务的需求。2021 年《中国残疾人事业统计年鉴》显示，我国持证残疾人人数约为3780.69 万，登记在册的助残志愿者人数为 257.16 万，由此算出持证残疾人口数量与注册助残志愿者数量的比值约为 14.7∶1，即约每 15 个持证残疾人可以配备 1 位注册助残志愿者。这个比值在各省（区、市）之间存在较大差异（见图 5）。在助残志愿者数量较多的省（区、市），如甘肃、吉林、

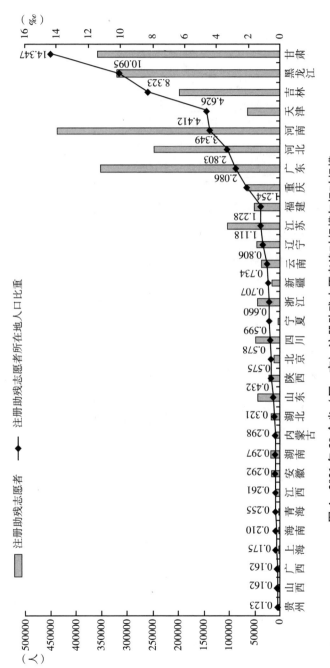

图 4 2021 年 30 个省（区、市）注册助残志愿者绝对规模与相对规模

注：西藏助残志愿者数据缺失。

资料来源：作者根据 2021 年《中国残疾人事业统计年鉴》数据以及第七次人口普查数据整理计算所得。

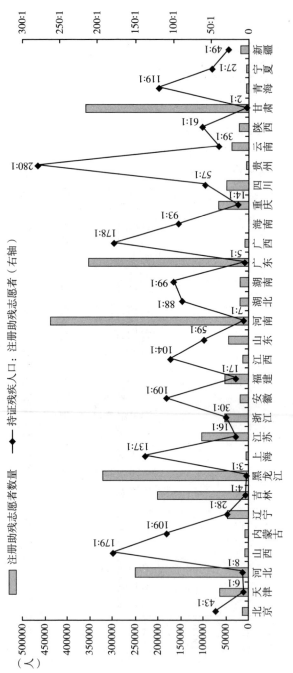

图 5 2021 年 30 个省 (区、市) 持证残疾人口与注册助残志愿者比例

注：西藏助残志愿者数据缺失。

资料来源：根据 2021 年《中国残疾人事业统计年鉴》数据整理计算所得。

黑龙江、广东等，每 2~5 位残疾人理论上可配备 1 名志愿者。而在助残志愿者队伍建设还不充分的省（区、市），如北京、山东、四川、宁夏等，每 50 位左右残疾人才能配备 1 名志愿者。在助残志愿者队伍发展极不充分的省（区、市），如山西、内蒙古、上海、安徽、江西、广西、贵州、青海等，每 100~300 位残疾人才能配备 1 名志愿者。

上述测算还是基于所有注册志愿者都持续活跃在助残志愿服务活动前线的情况下，如果考虑到助残志愿者的实际活跃率，则残疾人助残服务需求缺口更大。实际上，我国经济部门从业者参与助残志愿活动并注册成为助残志愿者的人群规模还较小，其中已经注册成为助残志愿者的，活跃度并不高。根据《2021 年中国活跃志愿者现状调查报告》，活跃志愿者约占志愿者总数的三成。在活跃助残志愿者中，只有来自自治组织、公共管理和社会保障行业的志愿者参与率超过了 30%，其余行业的助残志愿者参与率皆低于 30%，来自经济部门的助残志愿者参与率多为 10% 左右（见图 2）。因此，如果按照已注册的助残志愿者中有 30% 处于活跃状态测算，我国各地区残疾人助残服务需求缺口还非常大。

因此，我国大部分地区的助残志愿者规模相对于当地的残疾人口数量而言仍然较小，并且活跃度不高，不足以为残疾人提供充足的服务。邹宇春、梁茵岚调研和测算了包括助残志愿服务在内的若干志愿服务的需求度与参与率之间的差距，其中对扶助残障的需求度（12.01%）远高于助残志愿服务的参与率（4.68%）（见图 6）。并且随着社会经济的发展，残疾人的受助需求也在提高，我国助残志愿服务的供需差距仍比较突出。

（三）队伍成员能力素质与服务需求存在错配

由于在残联登记注册的并且保持活跃的助残志愿者多为自治组织、公共管理和社会保障行业等工作人员，其受教育水平普遍较高，同时也有更多机会参与相关培训。不过，这些志愿者参与的助残志愿活动多为单位组织的在节假日或纪念日对残障人士进行探访、慰问等，所需要的助残专业知识反而较少，并且一年几次的活动也不会导致助残志愿者心理耗竭，因此这部分助

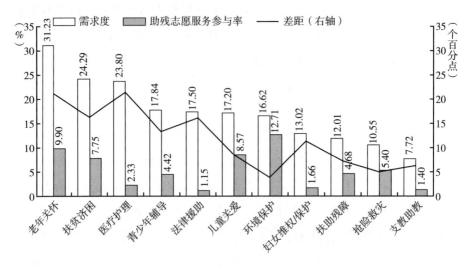

图 6　2021 年各类志愿服务供需对比（N=4654）

资料来源：邹宇春、梁茵岚《2021 年中国活跃志愿者现状调查报告》，载李培林、陈光金、王春光主编《社会蓝皮书：2022 年中国社会形势分析与预测》，社会科学文献出版社，2022，第184~203 页。

残志愿者一般比较稳定。此外，需要一定专业知识的助残志愿活动（如大型体育赛事），一般招募的都是学习能力和工作意愿较强的中青年志愿者。这类大型志愿活动通常会发布专门的残疾人志愿服务工作规范并且对招募的助残志愿者开展相关培训。例如，2022 年北京冬奥组委残奥会部组织编写了《北京 2022 年冬奥会和冬残奥会残疾人服务知识手册》《北京 2022 年冬残奥会运动员和随队官员服务手册（盲文·大字）》，并对志愿者开展了通用技能培训和个性化培训等。

尽管节假日慰问和大型体育赛事服务是助残志愿服务的重要组成部分，残疾人需求最为迫切和需求量最大的服务仍是日常帮扶。残疾人日常帮扶的发展方向是常态化与专业化，这是助残志愿服务的重点与难点。现阶段日常帮扶志愿服务主要由村（社区）组织的志愿服务队以及民营公益组织承担，志愿者主要为普通群众，在部分地区以临近退休甚至已经退休的老年人为主。这部分志愿者缺少培训机会与渠道，因此对于常态化、专业化助残志愿服务有心无力。一方面，日常帮扶等常态化的助残志愿服务容易使助残志愿者心理耗竭，例如志愿者对所从事的志愿服务失去信心与欲望，造成情绪低落，感到身体上和心理上的双重疲乏。[①] 这种消极状态极容易导致志愿者的流失，助残志愿队伍不稳定，管理成本很大。另一方面，对于残疾人开展高质量的日常帮扶需要大量的专业知识。从年龄结构上而言，在社区领导助残志愿服务队伍和从事助残志愿服务的志愿者以接近退休年龄的老年人为主，他们多凭借经验进行帮扶，专业化水平和培训参与率较低。

因此，现阶段我国助残志愿者队伍存在活跃度不足以及能力素质与服务需求的错配问题。素质能力高的助残志愿者所承担的助残志愿服务任务相对简单，并且有更多的机会受到专业培训，队伍相对稳定；而真正需要专业化培训的助残志愿者又得不到相关培训，并且容易心理耗竭，使得队伍流动性大且专业性不足。

（四）队伍管理与建设方面缺少地方性经验的制度化

我国助残志愿队伍的管理与建设依赖贯彻性执行文件，如果完全依赖自上而下的贯彻性文件，会使助残志愿队伍建设缺少自主性与内生性。例如《中国助残志愿者注册管理办法（试行）》第五章规定"省级、市级残联根据本地实际制定助残志愿者注册管理实施细则，推动助残志愿活动广泛开展"，[②] 但是大多数省级、市级残联只是转发了《中国助残志愿者注册管理办法（试行）》，并未根据本地实际制定实施细则。《中国助残志愿者注册管理办法（试行）》的绝大多数规定在全国各地都具有普适性，但是在涉及对于志愿者的工作考评和激励机制方面，普适性的

---

① 徐敏、江芸：《残疾人体育志愿者心理耗竭的成因与对策》，《绵阳师范学院学报》2020年第8期，第121~127页。

② 《关于印发〈中国助残志愿者注册管理办法（试行）〉的通知》，中国残疾人联合会官网，2013年6月28日，https://www.cdpf.org.cn/hdjl/gjflfg1/zzjslzc/e5747296dcb649e7ad23c270bd5bd2b7.htm。

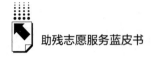

规定往往显得过于宽泛而丧失了实际激励效力。

另外，目前我国助残志愿者人才队伍建设缺少进一步发展规划。《全国"关爱残疾人志愿服务活动"实施方案》指出了建设关爱残疾人志愿服务人才队伍的七大方面工作，此后各地的助残志愿服务队伍建设主要围绕这七个方面来进行，取得重要进展。然而，10余年过去，我国社会经济环境发生了变化，新时代的助残志愿服务向着专业化、信息化、精准化方向发展，但是尚未有政策文件系统提及助残志愿者队伍在新时代的建设方向与工作任务。

因此，当地方性经验制度化缺失，而上级又尚未提供助残志愿者队伍下一步发展规划时，在助残志愿者队伍管理与建设领域就易存在政策真空，这尤其体现在助残志愿队伍的考评与激励机制方面。

四 中国助残志愿者队伍发展的对策建议

（一）动员和激活全域参与，加强助残志愿者队伍信息化建设与整合

针对我国注册助残志愿者相对规模仍然较小且在册数量减少的问题，助残志愿者队伍建设需要在稳固已有志愿者队伍规模的基础上，动员和发展全地域、全领域人士参与助残志愿活动，开发新增长点，同时加强注册志愿者队伍的信息化建设。

1. 发动全行业全领域从业者加入助残志愿者队伍

我国大部分省（区、市）的注册助残志愿者占各地总人口的比例偏低，各省（区、市）的助残志愿者规模还有很大的提升空间。各省（区、市）注册助残志愿者的绝对规模和相对规模显示，助残志愿者队伍的规模大小与经济水平并无直接联系，我国助残志愿者队伍的发展并不完全是社会经济发展过程中的自发产物，而主要得益于人为的宣传、动员与激励。因此，掌握正确的工作方法，能够很好地促进助残志愿者队伍的发展。一是发动与激活经济部门从业者。相较于非经济部门从业者，我国经济部门从业者参与助残

志愿活动的规模较小、频率较低，具有较大的增长空间，各级残联需创新和落实经济部门从业者参与助残志愿服务的社会回报激励机制，提高他们的参与率。二是继续鼓励青年大学生参与。青年大学生一直是我国助残志愿者队伍的主力，他们具有较强的关爱和帮助残疾人的意愿，并且能够尊重残疾人，但平时与残疾人的接触较少。团委和学校要建立和扩展青年大学生与残疾人的接触渠道，通过社会实践学分制等方式鼓励大学生参与。三是发动社区居民参与。社区是居民了解和参与助残志愿服务的主要渠道，村（社区）组织要提升社区居民对残疾人的关注度和接纳度，增强邻里互助。四是加大对残障康复人士（以下简称残康人士）志愿者的宣传力度。在国内外助残实践中，残康人士志愿者一直是独特的力量，鼓舞了其他残康人士和普通人。各级残联应创新时间银行①等激励机制，加大对残康志愿者的宣传力度，鼓励残康人士自立自强，加入志愿者队伍进行互助。五是吸收专业技术人才。发展各行各业具有专业知识和技能的人士加入助残志愿队伍，鼓励他们运用先进的理念、知识和方法，在权益保护、心理关爱、脱贫就业、医疗康健、体育赛事、普法宣传、文化服务、艺术疗愈等方面提供相关专业的志愿服务，并对其他普通志愿者就近开展培训，提高助残志愿队伍的整体专业水平。六是助残志愿者队伍规模较小的地区学习志愿者队伍发展先进地区的经验，充分研究和总结志愿者队伍发展先进地区的助残志愿者动员与招募经验，提取可复制性要素，进行学习和扩散，并在交流过程中相互借鉴和创新。

2. 加强助残志愿者管理信息系统的建设与整合

实名登记注册等志愿者管理制度会导致我国各级残联组织的注册助残志愿者统计数量少于实际参与助残志愿服务的志愿者数量。2017 年，《志愿服务条例》规定由民政部门负责行政管理工作，② 随后，民政部出台了《志愿

---

① 时间银行被视为一种补充性的社区货币体系，将"时间"作为一种虚拟货币，可以储蓄也可以流通，通过回报的方式来认可人们对社区的贡献，激励人们的志愿参与。参见王焕、魏培晔《时间银行能否带来可持续志愿参与？——基于一项混合研究》，《中国行政管理》2021 年第 10 期，第 115~122 页。

② 《志愿服务条例》，中国政府网，2017 年 9 月 6 日，http：//www.gov.cn/zhengce/content/2017-09/06/content_ 5223028. htm。

服务记录与证明出具办法（试行）》①并建设了志愿服务信息系统，要求志愿者和志愿服务组织按照统一的信息数据标准录入国务院民政部门指定的志愿服务信息系统，实现数据互联互通。由此，许多助残志愿者与助残志愿组织选择在民政部的志愿服务信息系统进行登记注册，分流了在残联组织登记注册的志愿者。各级各地残联组织的志愿者管理信息系统建设进程不一，也导致了部分注册信息的遗漏。鉴于对助残志愿者进行规范化、信息化管理的必要性和紧迫性，各级残联组织在推进自身助残志愿者管理信息系统建设的同时，也应考虑与民政部的志愿服务信息系统数据实行互联互通，甚至进行整合。

（二）强化志愿者队伍增长内生性，提高志愿者活跃度

外界动员只能作为我国助残志愿者队伍发展的动力之一，助残志愿者队伍的可持续发展最终要依赖内生动力。助残志愿者活跃度不高，既是助残志愿者队伍增长内生动力不足的表现，也是其成因之一。因此，需要从助残志愿者的保障机制、激励机制等方面提高助残志愿者参与率与活跃度。一是落实助残志愿者保障政策。2017 年出台的《志愿服务条例》对志愿者的权利和义务进行了法律规范，各级残联和助残志愿组织需严格按照条例规定保障助残志愿者的相关权利，并让助残志愿者知晓。二是夯实资金保障。为保障助残志愿者的热情不被资金短缺所阻碍，政府应该承担助残志愿服务资金的"保基本"功能，同时扩展资金来源渠道，鼓励企业、组织和个人对助残志愿服务进行捐赠。三是完善和创新助残志愿服务激励机制，综合运用社会回报、精神激励、宣传引导、沟通交流、时间银行等方式，强化志愿者队伍增长内生性。

（三）培育助残志愿者人才队伍，实现志愿服务需求与供给有机匹配

针对助残志愿队伍成员能力素质与服务需求存在错配的问题，加强对残

---

① 《志愿服务记录与证明出具办法（试行）》，中国志愿服务网，2022 年 11 月 14 日，https：//chinavolunteer. mca. gov. cn/site/sitenewsInfo/20197df2104746eba9e4e447935b40b0。

疾人受助需求的调查研究，建立能够提供精准助残服务的项目队伍，加强专业培训。一方面，各级残联与助残志愿者队伍管理组织要从志愿服务供给导向转变为需求导向，充分考量地区差异和群体特性，加强对残疾人受助需求的调查研究，用好残疾人档案管理信息系统，完善其受助需求信息。同时改善各单位对助残志愿活动的政治动员与任务分派方式，建议创新分配形式，鼓励各单位发挥自身行业优势服务残疾人，推动志愿服务与行业特色相结合，运用专业技能和知识参与助残志愿服务，最终促进志愿服务提质增效。另一方面，对于有条件的地区，探索推动助残志愿服务实行项目化运作，通过项目开展专项化服务和个性化服务，在项目运作中锻炼助残志愿服务人才队伍。助残志愿项目要注重为志愿者提供能力培训和知识提升的机会，使志愿者在服务他人的同时也能收获个人的成长，提升助残志愿服务者的知识技能水平。

（四）明确新时期助残志愿队伍建设目标，探索地方经验制度化工作

根据新时期发展特点和残疾人士需求，明确新时期助残志愿队伍建设目标与工作重点，完善对助残志愿者的保障与激励机制，探索地方经验制度化工作。经过十余年的发展，《全国"关爱残疾人志愿服务活动"实施方案》提出的建设关爱残疾人志愿服务人才队伍的七大方面工作已经取得重要进展，需要将助残志愿队伍进一步建设目标与工作重点列入新时期残疾人事业发展规划。同时，在助残志愿队伍管理方面，在《中国助残志愿者注册管理办法（试行）》和《志愿服务条例》的驱动与规范下，助残志愿的招募注册与组织管理工作体系日趋完善，全国志愿者信息平台已经建立，但是注册志愿者的保障、考评和激励机制建设还相对落后。有效的志愿者的保障、考评和激励机制非常依赖于因地制宜、以人为本的地方经验，建议各地构建以服务对象为核心、自评估和第三方评估相结合的志愿服务评价机制，通过问卷调查、实地走访等方式对志愿者及其服务进行多重考评，并与志愿者定期表彰制度挂钩，提高志愿服务时长、志愿服务次数等志愿服务信息在个人

征信中的影响力，对符合要求的志愿者给予信用正向激励，促进志愿服务与诚信建设相融合。同时将地方经验制度化，探索建立志愿服务激励表彰和保障制度，推动助残志愿队伍在有效考评和激励制度下常态化、长期化发展。

参考文献

北京志愿服务发展研究会组织编写《助残志愿服务典型个案实务指南》，中国国际广播出版社，2019。

孙玉梅：《残疾人社会融合支持体系研究》，南京师范大学出版社，2016。

魏娜主编《志愿服务概论》，中国人民大学出版社，2018。

B.5

中国助残志愿服务项目发展报告（2022）

翟 雁 李闻羽 陈雪琪*

摘 要： 助残志愿服务项目是助残志愿工作的重要助推器，中国助残志愿服务项目化和品牌化发展呈现逐渐加速状态。自 2014 年开展"志愿助残阳光行动"以来，全国累计超过 4000 万名志愿者参与 63.9 万个助残志愿服务项目活动，直接服务残疾人超过 5000 万人次。当前，助残志愿服务项目整体还处于较低水平的初级发展阶段，体系与制度化建设比较滞后，公众参与助残志愿服务的信息与渠道存在障碍，助残志愿服务行业与组织缺少技术标准与专业赋能，助残志愿服务队伍数量较少、专业创新能力也较弱。本报告建议健全助残志愿服务体系，加强项目宣传、拓宽参与渠道，提升项目开发与管理能力，促进专题项目大赛和公益创投、推进助残志愿服务创新与发展。

关键词： 助残志愿服务项目 志愿助残阳光行动 专业助残

中国助残志愿服务自 1990 年底全国人大通过《中华人民共和国残疾人保障法》以来，经过三十余年的发展，在制度化建设、组织化培育、项目化和品牌化推动等方面，取得了较大的发展。助残志愿服务在制度化和组织

---

* 翟雁，北京博能志愿公益基金会理事长，北京市志愿服务联合会常务理事，北京市志愿服务发展研究会理事，北京奥运会和残奥会志愿服务专家，团中央青年志愿服务项目大赛专家评委，从事全国志愿服务调研、志愿服务组织与专业志愿服务发展研究与咨询培训二十七年；李闻羽、陈雪琪，华北电力大学公共管理硕士研究生，研究方向为社会组织与志愿服务。

化基础设施建设上，运用项目化专业运作模式，更加精准针对残疾人需求和残疾人事业发展中的困难，动员社会资源激励第三次分配，提供更加友好而专业的志愿服务和公益产品，切实满足残疾人需求并有效解决困难和具体的社会问题，传播人道主义理念和志愿精神，促进社会文明。

本报告通过对国内外残疾人工作相关的政策法规和文献研究、助残志愿服务项目案例调研收集及其相关数据分析、助残志愿服务组织和志愿者访谈等，对标中国《志愿服务项目基本规范（征求意见稿）》的行业标准[1]和中国志愿服务发展指数年度调研报告[2]，对所调研的数据和项目案例进行交叉分析研究，重点报告中国助残志愿服务项目发展的环境因素、项目发展阶段与特征，以及项目的开发与设计、实施与管理、评估与总结、品牌与影响力等，希望能够整体反映三十余年的中国助残志愿服务项目的基本发展状况。

一 中国助残志愿服务项目发展阶段与构成要素

中国助残志愿服务的兴起与发展，是与我国社会主义建设和残疾人事业高速发展并行向前的。这些宏观环境的持续改善与发展，推动了助残志愿服务事业的专业化、项目化和品牌化的发展。

（一）国家推动残疾人事业和助残志愿服务项目发展的三个阶段

本报告根据综合调研，将助残志愿服务项目发展历程划分为初起、快速发展、高质量发展三个阶段（见图1）。

---

[1] 《志愿服务项目基本规范（征求意见稿）》是由国家民政部于2020年委托中国青年志愿者协会、杭州市志愿者工作指导中心、浙江外国语学院等单位和专家学者共同制定的行业标准，并于2022年5月公开征求意见。

[2] 北京惠泽人公益发展中心课题组每年初开展全国志愿服务发展指数测量工作，其成果《中国志愿服务发展指数年度调研报告》在社会科学文献出版社出版的《慈善蓝皮书：中国慈善事业发展报告》中进行年度发布。

图1　助残志愿服务项目发展的三个阶段

1. 第一阶段：助残志愿服务项目初起（1990~2007年）

1990年12月28日，全国人大审议通过了《中华人民共和国残疾人保障法》，并规定"每年五月第三个星期日，为全国助残日"。中国残疾人联合会（以下简称中国残联）依据每年残疾人事业发展的重点工作确立当年"助残日"的主题，通过与有关部门共同会签下发"助残日"活动文件，协调和动员各部门和单位参与助残日活动，汇聚政府各个领域支持残疾人事业的力量，动员数以亿计的群众参与助残服务。2000年，中国残联在第十个全国助残日开展了"志愿者助残"的主题活动，倡导"平等参与共享"和"我参与我奉献我快乐"的助残志愿服务理念。为助残志愿服务的发展奠定了基础。

在中国助残志愿服务初起阶段，国际组织助残运动促进了中国助残志愿服务的发展。2006年12月13日，联合国大会通过了《残疾人权利公约》[①]，它标志着人们对待残疾人的态度和方法发生了"示范性转变"。一些国际机构也在华开展助残项目，并支持民间组织自发开展关爱残疾人、邻里互助和助残慈善活动。作为最早倡导残疾人康复和服务的国际组织，康复国际（Rehabilitation International）率先提出了国际通用的"无障碍"标志，是"联合国残疾人年"、联合国《关于残疾人的世界行动纲领》制定实施等重大的国际行动的重要推动者和影响者，[②] 在2014年10月6日，中国残联主席张海迪当选新一届康复国际主席。国际助残（Humanity & Inclusion）致力于改善残疾人和生活在极端困境中人们的生活条件，自2000年以来一直在

[①]《残疾人权利公约任择议定书（2006）》，联合国官网，https：//www.un.org/zh/documents/treaty/A-RES-61-106-2。

[②] https：//www.cdpf.org.cn/ztzl/zyzt1/kfgjzc/kfgj/kfgjjj/901cceed4f994e2695412df74ea139e2.htm。

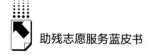

中国开展助残社会服务项目，涉及的服务领域有全纳教育①、心理健康和社会心理支持、残疾人保护和直接支持，对中国助残服务组织和志愿者提供培训，支持助残服务向基于社区和个性化服务模式的转变，促进社会对残疾人的包容。

国际狮子会（The International Association of Lions Clubs）② 是一个全球性志愿服务团体，创建于 1917 年，在医疗卫生、助残护老、环境服务、公民教育和减灾扶贫等领域提供志愿服务。1990 年，国际狮子会发起了全球助残慈善服务"视觉第一"行动，筹集了 1.46 亿美元投入全球五大洲的防盲治盲工作。1997 年，中国残联与国际狮子会联合发起防盲治盲项目"视觉第一·中国行动"，1997~2016 年共开展了三期合作项目，每一期为 5 年时间。此次合作项目共为中国 503 万名白内障患者进行了康复手术，对62000 余名眼科医护人员进行了培训，并对致盲性沙眼患者进行了救助，为提高中国基层眼科服务能力及技术水平做出了重要贡献。2005 年 6 月，中国狮子联会（China Council of Lions Clubs）经国务院批准，在中国残联指导下正式注册成立，常年开展助残志愿服务项目，在"温馨工程"战略业务中，开展残健融合、光明行、红色行动、点亮蓝灯等品牌志愿服务项目。

在这一时期，中国本土也出现了助残社会组织和志愿服务项目。1993年，国内第一家为孤独症儿童及其家庭提供服务的民办特殊教育机构——北京星星雨教育研究所在专业化开展孤独症儿童救助与教育的同时，动员志愿者提供助残志愿服务。③ 2003 年初，北京惠泽人公益发展中心开展助残志愿服务组织培育项目，支持肢体障碍残疾人和青年志愿者成立残疾人互助组织开展社区助残志愿服务活动。④

---

① 全纳教育（inclusive education）是 1994 年 6 月 10 日在西班牙萨拉曼卡召开的"世界特殊需要教育大会"上通过的一项宣言中提出的一种新的教育理念。全纳教育作为一种教育思潮，它容纳所有学生，反对歧视排斥，促进积极参与，注重集体合作，满足不同需求，是一种没有排斥、没有歧视、没有分类的教育。

② 国际狮子会官网，https：//www.lionsclubs.org/en。

③ 北京星星雨教育研究所官网，http：//www.guduzh.org.cn/Chinese/class.html。

④ 北京惠泽人公益发展中心官网，http：//www.huizeren.org.cn/。

2.第二阶段：赛会活动推动助残志愿服务项目快速发展（2008～2020年）

2008年，第29届奥运会和残奥会在北京举办，北京奥组委开展了举世瞩目的奥运会和残奥会赛会志愿者项目及城市志愿者项目。"同一个世界，同一个梦想"的奥运理念和倡导无障碍社会、广泛传播和促进公众认知的"平等、参与、共享"的助残理念，推动了助残志愿服务的专业化、项目化发展。联合国志愿人员组织（UNV）[①] 与北京市志愿者指导中心合作开展了"通过奥运会促进城市志愿服务发展项目"，支持北京等城市开展志愿服务项目，也促进了助残志愿服务项目的专业化进步。

2010年，中央文明办、中国残联等8部门联合出台了《关于加强志愿助残工作的意见》。[②] 同年，中央文明办与中国残联确定每年的7月6日为"志愿助残阳光行动"主题活动日。2015年，中央文明办、民政部、中国残联召开的全国志愿助残工作会议明确提出，要广泛开展形式多样、内容丰富的"志愿助残阳光行动"，将助残志愿工作纳入国家志愿服务的总体规划。"志愿助残阳光行动"开展以来，帮助和关爱广大残疾人，为残疾人群体解决了许多困难和问题，产生了良好的社会效应，品牌的社会影响力得到提升。2011年，全国助残日期间，中国残联和中央文明办又出台了《关于印发〈全国"关爱残疾人志愿服务活动"实施方案〉的通知》，"关爱残疾人志愿服务活动"正式启动，成为"志愿助残阳光行动"进一步落细落实的积极助力，持续而深入地为广大残疾人群体提供高质高效的志愿服务。同时，《全国"关爱残疾人志愿服务活动"实施方案》还针对志愿助残经费提出了相关举措，要求建立健全政府投入和社会投入相结合的志愿助残经费保障机制，拓宽经费筹措渠道，加大工作经费投入力度，为"关爱残疾人志愿服务活动"

---

① 联合国志愿人员组织（The United Nations Volunteers Programme，UNV）由1970年联合国大会通过决议后组建。UNV总部原设在瑞士日内瓦，后于1996年7月移往德国波恩。UNV是联合国系统内一个独特的机构，从事和管理与国际志愿者事业相关的各类事务。参见UNV官网，https://www.unv.org/about-unv。

② 《关于加强志愿助残工作的意见》，中国残疾人联合会官网，2010年7月1日，https://www.cdpf.org.cn/hdjl/gjflfg1/zzjslzc/884231aaff3e4058b4c063dbf21ee76c.htm。

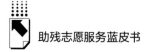

各项工作的顺利开展提供有力保障。①

2014年2月，共青团中央、中国残联联合印发了《关于实施中国青年志愿者助残"阳光行动"的通知》，并于3月5日启动实施中国青年志愿者助残"阳光行动"，围绕"心手相牵，共享阳光"主题，聚焦残疾青少年群体，重点围绕日常照料、就业支持、支教助学、文体活动、爱心捐赠等方面，开展了广泛的助残志愿服务，确定了首批示范项目并提供经费支持。② 以每年全国"志愿助残阳光行动"主题日活动为契机，深入推进志愿助残结对，大力推广助残志愿服务项目，并于同年启动中国青年志愿服务项目大赛。到2021年，中国青年志愿服务项目大赛暨志愿服务交流会共评选出770多个全国优秀助残志愿服务项目，吸引了全国3000余个项目参赛参展，带动青年志愿者参与服务达75万余人次，为基层提供培育、支持的专项助残资金达850余万元，逐步形成了来源广泛、类型多样的青年志愿者助残项目体系。③ 依托项目大赛提升助残志愿服务项目的实施水平，大力支持基层项目，初步形成覆盖全国省、市、县、乡镇街道、村五级，总数在100万名左右的助残志愿者队伍。

2014年11月20日，中国残联、民政部联合出台《关于促进助残社会组织发展的指导意见》，④ 这是中国残联、民政部首次针对助残社会组织的孵化、培育和发展导向出台的指导性政策，由此掀开了助残社会组织发展的新篇章。2015年5月20日，中国助残志愿者协会成立，提出"开展助残志愿服务，弘扬人道主义思想和志愿服务理念"，让"志愿助残"成为社会公益品牌，推进志愿助残事业工作常态化、专业化、多样化和服务品牌化。借助项

① 《关于印发〈全国"关爱残疾人志愿服务活动"实施方案〉的通知》，中国残疾人联合会官网，2011年5月26日，https：//www.cdpf.org.cn//hdjl/gjflfg1/zzjslzc/f2e146b8ee6545518d42af62a67a0f8c.htm。

② 《各级共青团、青年志愿者组织集中启动青年志愿者助残"阳光行动"》，中国共产党新闻网，2014年3月5日，http：//cpc.people.com.cn/n/2014/0305/c363174-24536234.html。

③ 《各级共青团、青年志愿者组织持续开展助残阳光行动》，中国青年志愿者网，2021年9月28日，http：//zgzyz.cyol.com/content/2021-09/28/content_19017421.htm。

④ 《中国残疾人联合会、民政部关于促进助残社会组织发展的指导意见》，中国残疾人联合会官网，2014年11月20日，https：//www.cdpf.org.cn/hdjl/gjflfg1/zzjslzc/9b7683f9050342138d5cedcc905c4e42.htm。

目大赛，鼓励支持地方尽最大努力将更多助残类志愿服务项目挤进各级参评项目"大盘子"；同时，严格遴选和聘请全国志愿助残服务领域的专家组建专家委员会，深入项目运作的研判，制定助残志愿服务项目内容、实施标准；大力推进"志愿助残阳光行动""青年志愿助残阳光行动""文艺志愿助残阳光行动""文化助盲"等群众性助残活动，努力在残疾人基本生活保障、康复、教育、就业、社会参与等方面提供更多志愿服务和社会支持。① 助残志愿服务组织和团队，通过年度项目大赛和志愿服务交流会，不仅能够拓宽视野、交流经验、学习知识、对接资源、优化项目和提升志愿者队伍能力建设，还扩大了项目的品牌影响力，大大促进了助残志愿服务项目整体性发展。

在政府有关部门和残联的支持指导下，民间助残社会组织和助残志愿服务项目也得到快速发展。因为意外事故导致截瘫的李楠，于2012年2月成立了李楠社会工作事务所，带领残疾人和志愿者开展助残社会工作和志愿服务项目。② 2013年5月，专业助盲机构北京市红丹丹视障文化服务中心在北京市民政局注册成立，"心目影院：为盲人讲电影"项目成为北京市助残志愿服务品牌项目。③ 2014年，在中国残联、中国肢残人协会等支持下，因脊髓损伤造成截瘫的唐占鑫联合其他伤友成立了以自助互助为主要模式的脊髓损伤者希望之家，开展关爱伤友服务和城市无障碍倡导等志愿服务项目。④

3. 第三阶段：助残志愿服务项目高质量发展（2021年至今）

2021年2月，国家主席习近平向世界庄严宣告，经过全党全国各族人民共同努力，在迎来中国共产党成立一百周年的重要时刻，中国脱贫攻坚战取得了全面胜利，完成了消除绝对贫困的艰巨任务。从此，中国进入全面建成

① 《奋进新征程　建功新时代 | 中国助残志愿者协会：努力开创新时代志愿助残工作新局面》，中国残疾人联合会百家号，2022年3月10日，https://baijiahao.baidu.com/s? id = 1726926170695329291&wfr = spider&for = pc。
② 《李楠：用公益服务社会　用爱心灌溉生活》，邻友圈，2021年12月10日，http://api.linyouquan.net/v1/threads/61b2a4c2edc63d7ce509ae28。
③ 北京市红丹丹视障文化服务中心官网，http://www.hongdandan.org.cn/intro/1.html。
④ 《北京脊髓损伤者希望之家负责人唐占鑫：向世界展示中国温暖》，京报网百家号，2022年3月13日，https://baijiahao.baidu.com/s? id = 1727153432718411319&wfr = spider&for = pc。

小康社会阶段。2021年7月，国务院印发的《"十四五"残疾人保障和发展规划》中明确提出，要大力发展残疾人慈善事业和服务产业，[①] 鼓励各群团组织和社会组织、企事业单位等实施助残慈善项目。"中国青年志愿者助残'阳光行动'""关心我的残疾人邻居""牵着蜗牛去散步""集善优品"消费助残等一系列助残志愿服务项目接连开展，中国残疾人慈善事业和助残志愿服务发展朝着项目化、专业化和品牌化的方向前行。

2022年1月，中国残联与中央文明办、教育部等12个部门联合印发了《关于进一步推进扶残助残文明实践活动的实施意见》，[②] 扶残助残作为重要内容被纳入公民道德建设、文明创建工程和新时代文明实践中心建设中，推动精神文明建设和残疾人事业高质量发展。同时，继续深入推进中国青年志愿者助残"阳光行动"，完善和优化服务内容和流程，推广优秀服务模式，积极培育和打造助残志愿优秀服务品牌和精品项目，不断提升助残志愿服务的专业化水平和精准化程度。充分动员各行各业专业技术人员开展志愿助残工作，鼓励具有一定专业技能的志愿者运用专业理念、知识和方法，开展诊疗康复、送教助学、心理疏导、法律援助等相关专业的志愿服务，推进助残志愿服务便利化、普及化。将社会各界的爱心通过"互联网+"的方式传递给广大残疾人，提升扶残助残服务水平的精准化和个性化。助残志愿服务项目已经转向专业化、科技化，走向公民道德和精神文明建设，以及残疾人事业的高质量发展之道。

2022年冬奥会和冬残奥会共设立了5个志愿服务项目，包括前期志愿者项目、测试赛志愿者项目、赛会志愿者项目、城市志愿者项目和志愿服务遗产转化项目。在2022年3月冬残奥会举办期间，以高校青年大学生为主的1.2万名赛会志愿者和数万名城市志愿者参加了助残志愿服务，掀起了"有温度、无障碍"助残志愿服务热潮。

---

① 《国务院关于印发"十四五"残疾人保障和发展规划的通知》，中国政府网，2021年7月21日，http://www.gov.cn/zhengce/content/2021-07/21/content_5626391.htm。

② 《关于印发〈关于进一步推进扶残助残文明实践活动的实施意见〉的通知》，中国残疾人联合会官网，2021年1月11日，https://www.cdpf.org.cn/zwgk/zcwj/wjfb/0f87151e48444f4f9c2db001879d1c65.htm。

（二）助残志愿服务项目构成要素与标准

本报告主要依据相关国家法规和政策、国家标准与行业标准，对助残志愿服务项目的构成要素与特征进行分析研究。

1. 助残志愿服务项目的要素与特征

本报告提到的"助残志愿服务项目"是指在一定的周期内，面向残疾人或残疾人事业所开展的，具有明确的服务目标、服务时间、服务内容和服务保障的志愿服务活动。助残志愿服务项目一般具有以下三个特征。

（1）服务对象的特殊性

习近平总书记指出："残疾人是一个特殊困难的群体，需要格外关心、格外关注。"[1] 由于残疾人的生理、心理和社会等功能受到不同程度、长期或终身的限制，与健全人相比，他们在基本生活、医疗卫生、康复、教育、就业、社会参与和共享经济发展等方面存在许多困难。根据我国 2011 年 5 月 1 日实施的《残疾人残疾分类与分级》[2]，残疾人共分七类，分别为视力残疾、听力残疾、言语残疾、肢体残疾、智力残疾、精神残疾和多重残疾。助残志愿服务须在尊重残疾人的同时，保障他们充分享有平等、参与、共享的权利，无障碍的社会和生活环境。残疾人既可以是被服务的对象，同时也可以是助残志愿服务的提供者和参与者。

（2）助残志愿服务的专业性

助残志愿服务需要根据残疾人的特殊性和残疾类型提供能够切实帮助残疾人的专业服务，不仅可以解决一次性困难，而且有助于在私人和公共生活、政治和经济社会中营造更好的无障碍环境，这需要在三个方面开展专业化助残服务。一是对残疾人的科学认知，要加强对残疾人和残疾的科普，促

---

① 《关于印发〈关于进一步推进扶残助残文明实践活动的实施意见〉的通知》，中国残疾人联合会官网，2021 年 1 月 11 日，https：//www.cdpf.org.cn/zwgk/zcwj/wjfb/0f87151e48444f4f9c2db001879d1c65.htm。

② 《残疾人残疾分类与分级》，全国标准信息公共服务平台，2011 年 1 月 14 日，https：//std.samr.gov.cn/gb/search/gbDetailed？id＝71F772D7E01ED3 A7E05397BE0A0AB82A。

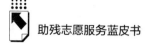

进残健融合，避免对残疾人的误解和歧视；二是对残疾人提供专业化服务，针对不同类型的残疾人需求应用不同的专业技能和方法；三是创造有利于残疾人平等、参与和共享的无障碍环境，促进残疾人的自身发展与社会参与。

（3）助残项目管理的规范性

项目管理是助残志愿服务"让好心做好事"的基础保证，其基础要素是组织化和制度化。志愿服务组织和其他组织开展助残志愿服务项目，必不可少的管理内容包括明确的服务对象及其服务目标、服务期限和时间、志愿服务内容及其岗位任务、组织管理制度规范、服务保障和风险防控，以及服务评估与成果转化等。项目管理也是志愿服务组织开展有效、可持续、有社会影响力的助残服务的核心能力。

2. 助残志愿服务项目分类

对于助残志愿服务项目进行分类，有助于专业有效地服务残疾人和残疾人事业。国家有关部门也在加强研究制定残疾人服务领域的国家和行业标准，完善行业管理政策，加强对残疾人服务的支持引导和监督管理。[①]

目前常用的分类方法主要是依据相关的国家法规和政策、国家和行业标准，以及在实践应用层面所开展的志愿服务分类。一是按照所服务的残疾人类型，分为服务视力残疾人、听力残疾人、言语残疾人、肢体残疾人、智力残疾人、精神残疾人和多重残疾人等七种类型的助残志愿服务项目。二是按照《中共中央、国务院关于促进残疾人事业发展的意见》提出的健全残疾人服务体系，分为以生活照料、医疗卫生、康复、社会保障、教育、就业、文化体育、维权为主要内容的助残服务项目。[②] 三是根据《志愿服务组织基本规范》规定的志愿服务类别，包括但不限于公共服务、生活帮扶、支教助学、卫生保健、法律服务、环境保护、科技推广、治安防控、文明引导、

① 《中共中央、国务院关于促进残疾人事业发展的意见》，中国政府网，2008 年 4 月 23 日，http：//www.gov.cn/zhuanti/2008-04/23/content_ 5647659. htm。
② 《中共中央、国务院关于促进残疾人事业发展的意见》，中国政府网，2008 年 4 月 23 日，http：//www.gov.cn/zhuanti/2008-04/23/content_ 5647659. htm。

群众文体、大型活动、应急救援等。① 当前的助残志愿服务项目涵盖了上述大多数的服务类型。

本报告根据中国残疾人联合会对残疾人工作的划分方法，结合"志愿助残阳光行动"和所搜集案例开展助残志愿服务的实际情况，将助残志愿服务项目划分为倡导类、服务类、功能康复类、无障碍宣传类、教育类、融合类和捐赠类等七类。其中，倡导类是指引导更多人加入助残志愿服务的助残志愿服务项目，无障碍宣传类是指关注残疾人无障碍设施建设的助残志愿服务项目；服务类中并入了关于残疾人体育、文艺的相关项目，同时包括其他为残疾人便利生活提供帮助的志愿服务项目；教育类是指为残疾人群体教授技能、知识等的助残志愿服务项目，融合类是指帮助其融入社会、创业就业与平等发展等的助残志愿服务项目。

3. 助残志愿服务项目研究标准

《志愿服务项目基本规范》是由民政部发布的我国志愿服务领域的行业标准，是进一步推动志愿服务朝着项目化、专业化、制度化方向发展，进一步规范志愿服务项目实施的主要依据。本报告依据规范中的具体要求，重点从项目基本规范要求、项目开发和设计、项目实施与管理、项目总结与评估以及项目品牌化与影响力等五个维度分析助残志愿服务项目的发展现状。

（1）项目基本规范要求

助残志愿服务项目服务国家、服务社会、服务大众，体现了自愿性、公益性和非营利性，是由志愿服务组织、志愿服务团体或其他组织实施，面向残疾人和残疾人事业的特定服务对象和领域展开的，具有一定的周期性，有明确的目标、内容、计划和保障的系列志愿服务活动。

（2）项目开发与设计

助残志愿服务项目的项目开发与设计包括以下方面：开展需求调研和评估，界定服务需求；确定清晰、可达成的项目目标；项目立项与申报，筹措

---

① 《志愿服务组织基本规范》，全国标准信息公共服务平台，2021 年 5 月 21 日，https：//std. samr. gov. cn/gb/search/gbDetailed？id＝C3386C490BFD8B79E 05397BE0A0AC288。

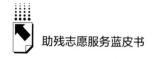
项目必要的资金和物资保障；制订项目计划和风险管理预案。

（3）项目实施与管理

助残志愿服务项目的项目实施与管理根据项目计划组建项目团队，包括专职人员和骨干志愿者管理人员，开展助残服务的志愿者招募、遴选、培训和入职辅导；保障和安排好项目的人、财、事，在项目实施过程中，做好志愿者上岗服务、服务保障和记录、进度管理、项目相关方沟通、变化管理和风险管控，以及项目宣传和志愿精神传播。

（4）项目总结与评估

对助残志愿服务工作及其成效以及志愿者和志愿服务组织的成长进行总结与评估，表彰和激励志愿者，项目文件和资料予以汇报、公示和存档，成果总结并改进和优化项目，不断提升组织效能。

（5）项目品牌化与影响力

推动助残志愿服务品牌项目的建设，实现更好的社会效益和影响力，要达到目标明确、管理规范、保障有力、善于创新、成效明显和影响广泛等六个标准。并能够将项目模式进行复制、推广交流与传播，形成广泛的社会影响力。

二 助残志愿服务项目发展现状

（一）助残志愿服务项目整体情况

助残志愿服务是中国志愿服务的重要组成部分。本报告调研发现中国志愿服务网（全国志愿服务信息系统）共有志愿服务项目总数 934 万个，其中，助残志愿服务项目有 63.9 万个，占比为 6.84%（见图 2）。

对比五届中国青年志愿服务项目大赛获奖项目和全国学雷锋志愿服务"四个100"[1] 获奖项目中助残志愿服务项目的占比可知，助残志愿服务在

---

[1] 全国学雷锋志愿服务"四个100"，是由中央宣传部等主办的"学雷锋志愿服务"的100个最美志愿者、100个最佳志愿服务组织、100个最佳志愿服务项目、100个最美志愿服务社区，简称"四个100"。

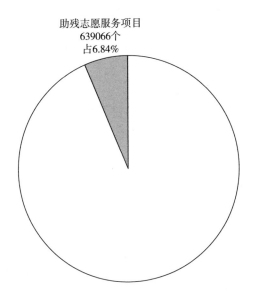

图 2　助残志愿服务项目在中国志愿服务网中的占比

资料来源：中国志愿服务网。

志愿服务的实践中是被重点关注的领域之一。在五届中国青年志愿服务项目大赛中，助残志愿服务项目前三届获奖占比均在 22% 以上，而在后两届（第四届和第五届）中占比有所下降（见图 3）。

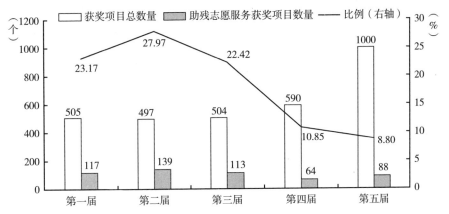

图 3　助残志愿服务获奖项目在中国青年志愿服务项目大赛获奖项目中的占比

资料来源：中国青年志愿服务项目大赛官网及网络检索。

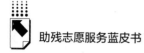
2015~2021 年的全国学雷锋志愿服务"四个100"最佳志愿服务获奖项目中,助残志愿服务获奖项目占到 8.14%,而 2020 和 2021 年占比均为 6.00%(见图 4)。

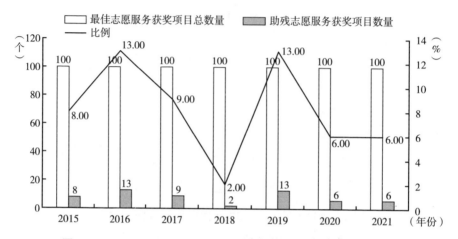

图 4　**2015~2021 年助残志愿服务获奖项目在全国学雷锋志愿服务
"四个 100"获奖项目中的占比**

资料来源:中国文明网 2015~2021 年度全国学雷锋志愿服务"四个 100"先进典型名单。

调研发现,由残联和有关部门联合推动的专项活动具有较好的主题优势。自 2014 年开展"志愿助残阳光行动"以来,全国累计有超过 4000 万名志愿者参与了 63.9 万个助残志愿服务项目活动,直接服务残疾人超过 5000 万人次。

(二)助残志愿服务项目分析

课题组通过中国志愿服务网、中国青年志愿服务项目大赛、全国学雷锋志愿服务"四个100"先进典型名单等,共搜集和整理了信息完整的助残志愿服务项目案例 218 个。本报告根据《志愿服务项目基本规范》的项目开发与设计、实施与管理、总结与评估、品牌化与影响力等四个维度,对这些案例进行分析梳理。

1. 助残志愿服务项目开发与设计

随着我国经济和社会的快速发展,残疾人在满足基础生活需要、获得康复就医资源、接受针对性教育和平等融入社会等方面的情况有所改善，但仍然存在一定困难和需求空缺，助残志愿服务凭借自身灵活、机动、包容的特点，成为解决困难、填补需求空缺的重要力量。各级政府、高校、社区及各类社会组织，都在辖域或力所能及的范围内，精准地捕捉残疾人群体需要，进行志愿服务的项目设计。

根据行业标准要求，在助残志愿服务项目设计中，各提供服务主体都需通过调查研究，明确服务对象和服务领域，发现并界定残疾人群体的具体需求，瞄准不同类别残疾人的不同需求，设计不同领域的项目，以确定力所能及、具体明确的项目实施预期成效。

根据调研发现，助残志愿服务项目在目标残疾人群体选取中，有40.37%的项目并没有详细区分服务对象类别，而是针对某一范围内的所有残疾群体提供志愿服务，如社区为居住在其辖域内的所有残疾人群体提供志愿服务，在特殊教育学校为各类别残疾人学生志愿教授课程等，没有根据残疾人不同类别设计不同志愿服务，在满足残疾人需求上，未实现项目设计的差异性和个性化，不符合行业标准要求。

在针对不同类别残疾人设计不同志愿服务的项目中，29.36%的项目关注了智力残疾群体，如自闭症、智障儿童等。智力残疾群体是残疾人群体中受助残志愿服务项目关注度最高的，通常围绕融合、就业和沟通陪伴等设计项目，如中华人民共和国海口海事局组织的"憨儿喜就业 就业你我帮"助残志愿服务项目，以菜篮子憨儿爱心平价超市为载体，搭建智力残疾群体就业的"孵化器"，为居民提供便捷服务的同时，吸纳智力残疾群体青年就业。有15.14%的项目聚焦视力残疾群体，通过爱心助跑、盲道体验等实现对视弱、视盲群体的服务和无障碍宣传倡导，如北京何亚君助盲团志愿服务队创设的"'光的征途'公益助跑行动"，通过志愿者协助盲人群体跑步，带动盲人群体持续例跑锻炼，经常参加例跑活动盲人超200人，累计参与例跑的志愿者超过2万人次。此外，肢体残疾群体和听力残疾群体也受到了一定关注，分别占到了助残志愿服务项目的11.01%和9.17%。而言语残疾群体和精神残疾群体所受到的关注极少，仅占到3.67%和1.83%，需引起重视（见图5）。

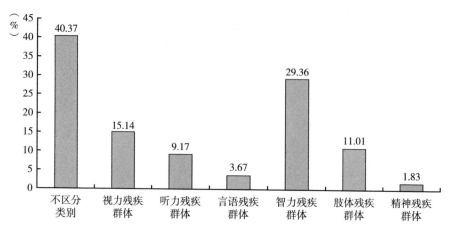

图5 助残志愿服务项目服务对象类型占比

资料来源：作者根据搜集资料统计所得。

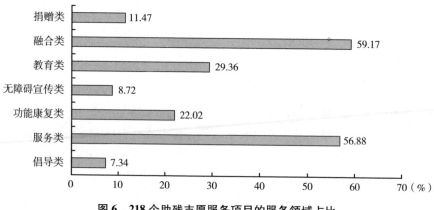

图6 218个助残志愿服务项目的服务领域占比

资料来源：作者根据搜集资料统计所得。

　　如图6所示，在助残志愿服务项目设计中，59.17%的项目瞄准了残疾人融合类志愿服务，通过促进残疾人就业、加强残健交流互动等方式，推动残疾人融入社会发展，如北京市房山区成人教育中心团委开展的"残疾人居家就业，网上开店技能培训公益项目"，面向首都残疾人开展网上开店技能专项公益培训，不便开店的群体开展手工业培训，拓展残疾人生存发展空间，实现残疾人就业融合。而56.88%的项目聚焦服务类志愿服务，为残疾人提供生活便利服务、基础健康检测服务、体艺生活服务等，如宁波市钱海军志愿服务中心开展的"千户万灯——残疾人贫困户室内照明线路改造志愿服务项目"，为残疾人解决用电困难和安全隐患问题，以及温州大学组织的"'缘'来单脚鞋——温州大学单脚鞋银行志愿服务项目"，为肢体残疾群体提供便利。此外，教育类和功能康复类助残志愿服务项目分别占到29.36%和22.02%，显示出志愿者在助残志愿服务中倾向于参与简单体能型、专业技能较低的助残服务。

由此可以发现，在助残志愿服务项目开发与设计环节中，较全面地覆盖了残疾人群体，但有四成的项目并未聚焦特定残疾人群体来设计服务，反映了现阶段助残志愿服务项目个性化程度、差异化不高的问题；在区分类别的项目中，智力残疾群体和视力残疾群体受到了重点关注，但言语残疾群体和精神残疾群体所受到的关注少之又少。目前，助残志愿服务领域所开发的项目以为残疾人便利生活提供帮助的服务类项目和帮助残疾人群体融入社会、平等发展的融合类项目为主，各种助残志愿服务项目类型百花齐放，但仍有差异性小、专业性低的特点。

2. 助残志愿服务项目实施与管理

关心和服务残疾群体，是全社会成员的共同责任。助残志愿服务项目的实施主体呈现多样性，既有官方机构，也有社会组织、高校、企业、事业单位和各地社区、自组织，以及志愿者个体，他们都发挥了不可替代的重要作用。

如图7所示，有46.79%的助残志愿服务项目由社会组织参与开展创设，以社会团体、民办非企业单位为主，多是志愿者服务队、各类协会、康养中心、服务中心等，为助残志愿服务提供了支持。高校凭借其专业性和青年活力，成为21.56%的助残志愿服务项目的实施主体，高校中的青年志愿者协会、团委学生会等强有力地推动了助残志愿服务项目的进展。另外，国家党政机关、共青团、残联等在内的官方机构开设了15.60%的助残志愿服务项目，而社区开设助残志愿服务项目仅占5.50%，这是因为社区多作为其他主体进行助残志愿服务的场所和服务群体所在处，较少自发地开展助残志愿服务。

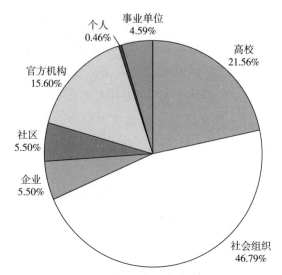

图7　218个助残志愿服务项目的实施主体占比

资料来源：作者根据搜集资料统计所得。

　　根据助残志愿服务项目的实施主体可以看出，助残志愿服务志愿者多为高校学生、社会组织工作人员和企业、政府工作人员。为了进一步细化助残志愿服务项目在实施和管理中的现状，特从案例中筛选出了90个运行良好、有详细信息数据的项目案例，进行更具体的分析。

　　为分析助残志愿者群体的大致年龄区间，此处以各项目负责人年龄为代表做估算。其中，有64.44%的项目负责人处于21~40岁阶段；10.00%的项目负责人为0~20岁，此年龄段的负责人多为高校志愿服务项目的负责人；有25.56%的项目负责人为41~60岁（见图8）。由此可以看出，助残志愿服务志愿者较年轻化，具有一定的活力和创新力。在人数方面，各项目志愿者人数以100人以内为主，有部分大型助残志愿服务项目达到1000人甚至5000人的服务规模。

　　对于助残志愿服务项目的志愿者选拔、培训、服务管理、时长记录、保障与激励管理方面，通过对90个案例文字描述进行粗略统计分析，有以下发现。在志愿者选拔上，较少有项目重视，约20%的项目侧重于志愿者的

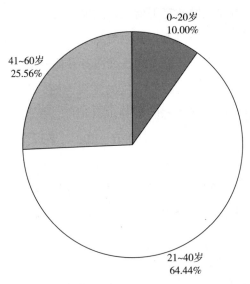

图8　90个助残志愿服务项目中负责人年龄占比

资料来源：作者根据搜集资料统计所得。

筛选；志愿者培训更引起关注，因为助残志愿服务项目相较于其他志愿服务具有特殊性，约70%的项目会针对助残志愿服务中可能出现的残疾人健康状况、提供志愿服务的具体内容等组织开展培训；约有45%的项目提到了系统化的志愿者服务管理，这个比例仍有待提高；志愿者时长记录上，有60%的项目侧重描述了这一项工作；而在志愿者保障方面，仅有25%的项目对此进行了描述，说明助残志愿者保障工作仍是短板。

有39个案例实施了对志愿者的激励管理措施，占比达到43.33%。对志愿者实施的激励管理包括对志愿者的内在需求激励与制度管理。案例调研所得出的数据显示，对志愿者采取激励措施也并不充分，比如在志愿者加入项目服务之前，通过精准的项目计划、服务岗位及其保障吸引志愿者加入，在参与志愿服务项目的过程中，采取培训、督导、团队建设、服务认可与激励等方式留住志愿者并促进他们自身的成长和能力提升。以"非常美"轮椅服装秀志愿项目为例，该项目通过研究设计适合坐轮椅人群的服装，以秀场形式展示服装，使得残疾人从外在和内心焕发出美丽与自信的光彩。该项目为参与项目的志愿者在志愿北京平台录入志愿时长，并且提供资金补助，在项目活动结束后评选优秀志愿者，发放奖品予以鼓励。该案例的做法能吸引志愿者的加入，有助于引导志愿者的长期服务和促进项目长远发展。

资金作为志愿服务项目运行和实施的重要方面，此处也做了粗略统计。在案例分析中可以发现，助残志愿服务项目年度资金收入、项目支出金额，在 1 万以下、1 万~10 万、10 万~100 万、100 万及以上四个区间（区间包含最小值、不包含最大值）均有分布，而在 1 万~10 万区间分布较多，分别占到了 32.22%、33.33%（见图 9）。值得引起注意的是，在统计的 90 个助残志愿服务项目中，有 16.67% 的项目，其年度资金收入为 0 元。

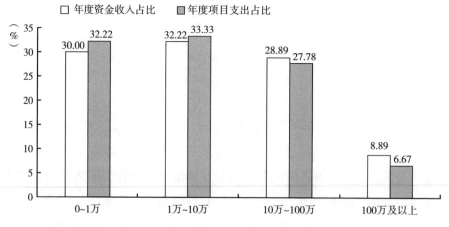

图 9　助残志愿服务项目的资金收支情况

资料来源：作者根据搜集资料统计所得。

在助残志愿服务项目宣传方面，几乎所有志愿服务项目均会通过官方微信公众号、网络平台的方式对活动进行宣传，进一步提高了项目的影响力。

根据调研和分析可知，在助残志愿服务项目实施与管理领域，全社会都共同参与到了对残疾人的志愿帮扶中，其中以社会组织和高校为先，志愿者以青年为主，组织形成小规模队伍，充分发扬精神，通过宣传形成一定的优良风尚。但在实施管理中，政府的支持和保障是存在缺漏的，同时，具有创新性的助残志愿组织队伍，在志愿者管理上并不完善，尤其是志愿者的筛选和保障环节有所缺漏，项目资金也并非充足，助残志愿服务项目有待发展。

3. 项目评估与总结

对助残志愿服务项目的成效进行评估总结是必不可少的。从此次调研所搜集的项目成果来看，助残志愿服务项目的服务对象十分多样，除了有精确针对某种类型的残疾人设计的项目，也存在致力于为所处辖区范围内的所有残疾人提供服务的项目。各个项目设计所惠及的领域也不仅包括为残疾人提供服务，还包括培训残疾人使之获得生活技能或就业技能，推动并促进残疾人与社会融合，通过科技或康复手段促进残疾人身体或心理康复，宣传助残志愿服务精神等。各个领域的助残志愿项目通过推动残疾人融合、满足残疾人精神生活等各方面需求等，推动基层治理的发展，促进社会和谐稳定。

当前，助残志愿服务项目正处于不断前进发展的阶段，各类助残志愿服务项目为中国及国际助残事业添砖加瓦，我们应该更加注重对项目成效和发展的总结和提升。对项目进行评估是指为了考察服务的效果、总结服务经验、改善服务技巧、提高服务水平所采取的方式和手段。[①] 对从本报告调研搜集的项目中筛选出的 90 个文字内容比较全面的典型案例，从监测评估与档案信息管理两个方面进行分析。

对项目的完成度、服务效果和项目管理等进行评估，对志愿者服务情况进行评价，有助于项目的优化发展和改进提升。通过对 90 个典型案例的分析可以看出，仅有 7 个案例对项目实施进行监测评估，占观察案例的 7.78%（见图 10）。而项目监测评估是保障和优化专业服务的基础，通过评估，总结项目经验和不足，为项目发展提供改进方法，不断提升志愿者和服务机构的专业水平。根据数据可知，现阶段助残志愿服务项目对评估环节仍然缺乏重视。

档案信息管理是将项目成果化与提升项目影响力的重要内容。通过将项目实施有关文件资料和志愿者个人基本信息、参与志愿服务项目情况、评价情况、表彰情况等进行整理，对档案信息进行系统性规范管理，可以有效形成对项目

---

① 赵静怡：《福建省同人助残志愿者服务中心志愿者管理研究》，福建师范大学硕士学位论文，2012。

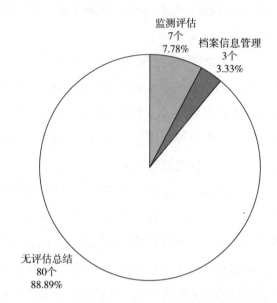

图10 90个典型案例中有关志愿者激励、监测评估、
档案信息管理的评估和总结占比

资料来源：作者根据搜集资料统计所得。

的总结，并为后续项目发展和评估做出有效记录证明。在所调取的90个案例之中，仅3个项目对志愿者信息和项目档案进行记录管理，所占比例低至3.33%（见图10）。这也显示出当前助残志愿服务项目对于档案管理及成果管理不够重视，项目整理和总结环节的缺失，不利于项目专业化建设和长期发展。

在"太原站龙城馨伴阳光关爱行动志愿服务项目"中，组织单位通过为全部青年志愿者建立电子积分档案、制定积分管理办法、优中选优在五四青年节集中表彰的管理方式，将项目评估、档案管理、总结等环节进行融合，采取对志愿者的公开透明的积分评估和电子化档案管理的模式，有利于充分调动志愿者积极性，促进项目发展。

从调研分析与文献整理中可以看出，我国目前助残志愿服务项目的评估总结与档案管理制度仍需完善。项目评估和总结能够推动项目的完善与日后发展，是志愿者管理的重中之重，是助残志愿服务组织与项目长远发展的必然要求。我国助残志愿服务组织在组织开展项目的同时，应设计好项目的成效评估机制，做好项目优化及其成果转化，促进服务质量提升和助残志愿服务项目的可持续发展。

4. 项目品牌和影响力

随着助残志愿服务项目在全国的蓬勃兴起，为了充分发挥助残志愿服务项目的优势，组织应该更注重项目品牌的建立和管理。助残志愿服务品牌是指组织在长期建设与发展过程中，为服务对象、志愿者、社会大众所共同理解的志愿服务组织印象的综合体。[①] 在调研搜集的案例中，我们查阅了与助残志愿服务组织品牌相关的内容，并对上述 90 个典型案例进行分析。

其中，共有 53 个案例提到了对建立项目品牌的设想与实践，所占比例为 58.89%（见图 11）。其中"爱上不完美"阳光助残品牌项目对于项目品牌化管理有着较为具体的规划与实践，该项目通过联合青年残疾人群体，整合社会各界资源，尤其是青年志愿者资源，开发以文创产品为主的各类产品

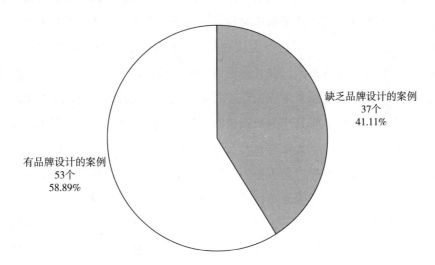

缺乏品牌设计的案例
37个
41.11%

有品牌设计的案例
53个
58.89%

图 11　90 个典型案例中有品牌设计的占比

资料来源：作者根据搜集资料统计所得。

---

① 王春兰、袁明符：《我国社区志愿服务的品牌化发展探讨》，《重庆工商大学学报（社会科学版）》2011 年第 28 期，第 68~73 页。

与服务，为残疾人群体提供一个可发展的平台。该项目已取得初步成效，有一定的知名度和品牌效应，但是要想进一步扩大覆盖面和加大宣传力度，吸纳更多的青年志愿者资源，号召社会大众支持残疾人创业再就业，仍需要不断扩大自身品牌影响力，树立品牌形象，推动项目持续性发展。该项目以成为具有四川本土文化特色的拳头品牌为目标，致力于通过品牌化管理运作，推广残疾人文创产品带动残疾人就业，通过项目品牌化运作吸纳青年志愿者参与项目设计和运行，再将结果反哺青年残障群体。该项目设计品牌相关月饼、玩偶、手工皂等特色文创产品，彰显品牌特色，不仅推广了四川本土特色文化，而且对于通过残疾人文创产品带动残疾人就业，推动社会大众深切认识并参与助残志愿服务事业影响深远。

在此次调研查阅文献的过程中，与建设志愿服务品牌相关的案例并不多，但是与体育助残志愿服务组织建立项目品牌相关的文献研究比较突出。体育助残志愿服务品牌突出其对于残疾人体育服务的专业性和质量保证，并且需要根据残疾人的特殊需求适时设计或调整适合他们的体育项目方案，以某一类残疾人特殊体育项目作为核心项目进行品牌打造。[1] 通过品牌融入，吸引更多助残志愿者加入，并且促进体育助残事业宣传，提高体育助残服务质量。体育助残志愿服务组织关注项目化管理的成效，致力于将体育助残志愿服务项目品牌化，将其作为长效机制坚持，打造助残志愿服务品牌，营造良好志愿服务氛围，扩大项目在社会面的影响力。通过项目化管理与运作，组织化、系统化地安排志愿服务的工作，对志愿者进行管理，既让志愿者明确服务内容，也有利于推动项目的可持续发展。

通过案例和文献分析，志愿服务品牌项目化管理首先应注重品牌的设计与定位，不仅要满足服务对象的需求，还要满足志愿者的需求，设定具体明确的可行目标是建设项目品牌的重要起点。在建设品牌的过程中应注重管理和规范，制定品牌管理标准和体系，对于志愿者招募、项目实施、激励评估、宣传推广等方面工作既要注重管理规范，也要在项目实施过程中提供物

---

① 林博：《品牌视角下体育助残志愿服务组织建设》，福建师范大学硕士学位论文，2020。

资、制度等方面保障，推动项目持续稳定发展。在信息技术飞速发展的时代，应该时刻注重项目服务的创新设计，与时俱进，在项目品牌化管理过程中也应强调创新，充分利用先进互联网科技手段，提高项目信息化科技管理水平，增强项目实施效果。优质助残志愿服务项目品牌不仅能够最大化实现项目目标，满足服务对象的切实需求，满足志愿者的精神和物质需求，还能够对社会起到长远的影响，起到引导、凝聚等作用，引导志愿者更多参与助残志愿服务，引导社会大众正确认识残疾人和助残事业，凝聚社会上残疾人及志愿者的力量，凝聚社会共识，共同促进项目组织与助残志愿服务项目本身的长远可持续发展。

根据案例分析与文献分析的结果，虽然已有不少的组织注重助残志愿服务项目品牌的树立，但仍有许多组织未意识到这一点的重要性。我国助残志愿服务项目应加深对项目品牌建设与管理的认识，树立良好品牌形象，形成优质品牌的社会认知，扩大项目的志愿者来源与提高项目志愿者质量，推动品牌效应最大化，使得助残项目的初心与目标能够得到更好的实现，这是推动助残志愿服务事业常态化的必然之举。

三　助残志愿服务项目发展中存在的问题

（一）助残志愿服务体系与制度化建设滞后

在志愿服务的宏观领域下，已有相关标准、规则和制度来支持和保障志愿服务体系的构建，各类志愿服务项目已成品牌化推广、运行，而相对于助残志愿服务而言，其服务体系和制度化建设仍然滞后。现阶段，由于对助残志愿服务项目的研究尚不充分，又因其服务对象等具有特殊性，助残志愿服务体系仍不完善，[①] 各级残联、团委及各类社会组织和高校志愿服务团体

---

① 王寒琼、朱增芳、王俊：《特殊教育提升计划背景下大学生助残志愿服务长效机制研究——基于济南五所高校的问卷调查》，《农村经济与科技》2020 年第 7 期，第 360～362 页。

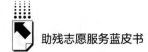

等，仍以摸索前进的方式开展助残志愿服务项目。政府助残机制仍然不明确，在支持者、引导者、监管者和合作者方面都有一定程度的缺位和越位，① 国家层面对助残志愿服务的制度建设尚未健全。

（二）公众参与助残志愿服务的信息与渠道障碍

随着社会老龄化问题的逐渐浮现，残疾人比例有所提高，新时代志愿服务的到来加速了志愿服务的发展，助残成为一个更多人参与的志愿服务领域，残健融合的大趋势不可阻挡。在此发展趋势之下，助残志愿服务项目应注重拓宽公众参与，这就需要在招募、宣传等方面拓宽信息来源，构建广阔的公众参与平台。然而，公众参与助残志愿服务存在着信息与渠道障碍。调研数据显示，在百度、搜狗、360 等浏览器中，助残志愿服务相关讯息共有 2757 万条，约占到浏览器所有志愿服务讯息的 14%，而其中九成以上都是关于已完成的助残志愿服务活动的新闻报道，少有招募、项目管理等相关信息。同时，助残志愿服务领域缺乏优质的互联网管理平台，在"互联网+"视域下，构建助残志愿服务项目网站，利用微博、微信公众号等优质互联网工具具有深刻意义。② 中国志愿服务网中暂无专门针对助残志愿服务项目的服务领域分类，公众参与助残志愿服务项目更多是通过学校、社会组织、社区等举办活动的熟人关系方式，公众参与仍存在一定程度的信息渠道障碍。

（三）助残志愿服务行业与组织发展不足，缺少技术标准和专业赋能

助残志愿服务行业体系包括政府助残、民间助残、个人慈善助残。现阶段助残志愿服务行业尚未形成整体的组织体系，③ 社会层面对于助残志愿服

① 潘君：《政府越位与缺位：助残志愿服务"志愿失灵"的原因及对策研究》，武汉理工大学硕士学位论文，2019。
② 徐天：《"互联网+"视域下大学生助残志愿服务的现状与对策研究》，《开封文化艺术职业学院学报》2020 年第 40 期，第 2 页。
③ 曾泉：《湖南省助残福利多元化机制研究——以长沙市为例》，湖南师范大学硕士学位论文，2012。

务仍然缺少重视，对于助残志愿服务行业的其他子系统缺乏沟通和交流，行业内部的合作意识与能力较为薄弱。通过对助残志愿服务项目案例调研分析，拥有选拔、培训、服务管理、时长记录、保障与激励管理等系列完整志愿者管理流程项目的比例不到 20%，大多数项目是以提供服务主体自身主动发起、自行完成，缺乏一系列成体系的标准以规范和监督助残志愿服务，专门针对助残的志愿服务组织相对较少，助残志愿服务项目仍然在行业发展和志愿服务组织发展上有所不足。同时，助残志愿服务领域暂未制定相关技术标准，仅能参考志愿服务全领域的行业标准，在助残志愿服务领域也没有出现成规模的项目交流活动，但不能忽视的是，助残志愿服务因其服务对象是残疾人，而具有了一定的特殊性，这对助残志愿服务行业组织发展和标准化项目化进展，提出了专业化要求。

（四）缺乏助残志愿服务队伍及专业创新能力

为了能够更好地"对症下药"，根据服务对象的差异化服务需求，助残志愿服务项目需要具有一定相应专业知识水平的志愿者队伍，但根据针对助残志愿服务领域的调研数据，可以发现，对专业度要求较高的功能康复类志愿服务项目仅占到 22.02%，[1] 可以间接反映出助残志愿服务项目的专业化水平仍然不高，多以浅显简单的服务类和侧重走入社会的融合类为主。许多项目由于时间紧凑与重视程度不够等原因，缺乏对志愿者的相关专业培训，大部分项目的志愿者队伍仍采用较为传统的模式和方法，缺乏创新。在每年的全国助残日中，基层助残志愿服务项目所开展的活动较为雷同，差异性较小，专业程度较低，多以响应号召为主，真正探求残疾人需求的助残志愿服务项目较少。在助残志愿服务项目开展的前期，首先应注重吸纳相关专业志愿者，更应注重对志愿者的长期培训和创新引导，助残志愿服务领域需要专业的助残专业团队[2]和聚焦残疾人需求的深度创新。

---

① 作者根据搜集资料统计所得。
② 陈莉莉：《公共图书馆助残志愿服务探析》，《图书馆研究》2019 年第 4 期，第 42~47 页。

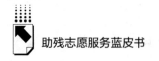

四 助残志愿服务项目发展建议

中国残疾人事业已经进入高质量发展新阶段，这要求以之为土壤的助残志愿服务持续跟进发展。中国助残志愿服务项目作为残疾人事业和志愿助残高质量发展的重要手段，其专业化与品牌化建设，对助残服务和志愿服务事业，及残疾人平等参与和社会治理创新都有着重要作用，因此，要持续推进以项目促进助残志愿服务高质量发展。本报告结合项目研究提出以下四点建议。

（一）健全助残志愿服务体系

树立服务型政府意识，建立和完善助残志愿服务法规和政策保障体系，加快助残志愿服务领域的法律及配套条例的出台进程。需进一步健全完善助残志愿服务项目的相关政策制度，加强认可、表彰和传播，为助残志愿服务项目发展提供良好土壤。加强助残志愿服务理论与实务研究，为助残志愿服务发展提供理论基础，以理论指导实践发展，通过助残志愿服务项目实践完善学术理论。同时，重视行业标准化建设，形成业界发展体系。

（二）加强助残志愿服务项目宣传拓宽参与渠道

中国助残志愿服务项目已经成为新时代文明实践的重要组成部分。要从新时代文明实践入手，通过加强无障碍文明实践宣传和助残志愿服务教育，将助残志愿服务项目深入公众生活，实现扶残助残文明实践活动在培育时代新人、弘扬中华民族传统美德、彰显社会主义制度优势中的重要作用。

建设以社区温馨家园为阵地的社区志愿服务项目，将助残服务纳入学生服务教育和文明实践，以学生为切入点拓展公众参与助残志愿服务的渠道，切实帮助社区残疾人群体，实现宣传和参与双向共赢。依托中国青年志愿者网、中国残联官网及各地志愿服务官方平台等，打造阳光助残模块专区，点亮助残志愿服务项目展示平台，提供更通畅的公众参与和志愿者招募渠道，让助残志愿服务项目成为广大残疾人和公众有效参与共建共治、残健融合、共享社会治理与共同发展的渠道。

（三）提升助残志愿服务项目开发与管理能力

进一步健全助残志愿服务项目的相关政策，为助残志愿服务发展提供良好土壤，加强外部引导和监管，充分支持助残志愿项目深入孵化。加强培育和专业赋能助残志愿服务组织和项目，开展项目开发与管理、助残志愿服务技术等专业培训、督导和评估。将残疾人特殊教育与助残志愿服务项目结合，将理论、技术与实践充分结合，促进残健融合互相交流学习，提升助残志愿服务项目的专业能力水平。在行业层面完善助残志愿服务项目的行业标准和规范，提高标准化、规范化管理能力和水平，形成可复制的项目开发和管理模式。

（四）促进专题项目大赛和公益创投，推进助残志愿服务创新与发展

调研发现，各类大赛、助残日活动、新时代文明实践活动等的开展，有助于促进志愿者的交流学习，打造助残志愿服务项目典型，影响和带动高校和青年人参与助残服务。有了项目支撑业务、专业技能、资金保障和社会各界的支持，项目团队和组织也能更好地建设和培育基层助残志愿者队伍和组织，促进助残事业创新与发展。建议在往届项目大赛经验基础上，开展针对助残志愿服务的专项项目大赛和公益创投，激励全社会各界专业力量参与助残志愿服务第三次分配，促进形成助残志愿服务项目和组织的可持续发展模式。

专题篇
Special Topic

B.6
中国检察公益诉讼助残志愿服务
发展报告（2022）

邱景辉*

摘　要： 最高人民检察院联合江西省委和各民主党派中央有关负责同志于2022年7月19日共同启动的"益心为公"志愿者检察云平台，配置线索提报、线索评估、专业咨询、参与听证、跟踪观察、公众监督、法治宣传等功能，在为助残志愿者提供法律服务的同时，也创新、优化了法治助残的检察服务，引领和推动新时代助残志愿服务向着更加智能、规范、精准的路径和方式高质量发展。中国检察公益诉讼助残志愿服务将全面加强与中国助残志愿者协会的协同协作，以监督保障无障碍环境建设法律法规统一正确实施为基础，共同推动残疾人保障法规的修改完善，打造检察助残品牌。

关键词： 检察公益诉讼　助残志愿服务　"益心为公"志愿者检察云平台

---

* 邱景辉，最高人民检察院第八检察厅副厅长、二级高级检察官，研究方向为检察公益诉讼。

2022 年 7 月 19 日，最高人民检察院在江西九江召开第四届服务保障长江经济带发展检察论坛。论坛期间，最高人民检察院、江西省委和各民主党派中央有关负责同志共同启动了"益心为公"志愿者检察云平台。这标志着经过一年两批试点后，最高人民检察院第八检察厅（也称公益诉讼检察厅）与检察技术信息研究中心精心打造的公益志愿者智能辅助办案系统，正式在全国推广应用，志愿者参与检察公益诉讼办案活动的案件范围从治理人民群众身边的污染环境、破坏生态、危害食品安全等公益损害，拓展到包括无障碍环境建设、残疾人权益保障等守护美好生活的各个领域。

一 检察公益诉讼助残志愿服务发展现状

检察公益诉讼志愿服务从 2019 年 3 月的全国"两会"起被正式纳入最高人民检察院议事日程，并以青年志愿者为主体，不断壮大队伍，完善机制。2019 年 10 月，最高人民检察院将无障碍环境建设和残疾人权益保障纳入拓展公益诉讼案件范围后，检察公益诉讼助残服务蓬勃发展。而围绕着助残的公益目标，由公益检察官与公益志愿者共同推动的检察公益诉讼助残志愿服务，在 2022 年北京冬（残）奥会的牵引和推动下，特别是在"益心为公"志愿者检察云平台的辅助和支撑下，正在加速提档升级、提质增效。

（一）检察公益诉讼青年志愿者体系逐步成型

第一条发展轴线以检察公益诉讼青年志愿者为主体。

2019 年 3 月的全国"两会"期间，黑龙江代表团的全国人大代表刘蕾提出，"建议最高人民检察院与共青团中央联合构建检察公益诉讼青年志愿者体系。"[①] 2019 年 6 月，最高人民检察院答复刘蕾代表，介绍了许多

[①] 《全国人大代表刘蕾：将检察公益诉讼纳入青少年法治教育》，最高人民检察院官网，2019 年 3 月 25 日，https://www.spp.gov.cn/spp/zdgz/201903/t20190325_412733.shtml。

地方将青少年发展为公益诉讼志愿者或者观察员、网格员的有关情况。① 同时，最高人民检察院表示，将在与共青团中央会签的《关于构建未成年人检察工作社会支持体系的合作框架协议》下，深化检察公益诉讼青年志愿者体系建设，充分发挥广大青少年在公益保护中的主力军作用。

在刘蕾代表的见证下，各地检察机关与共青团组织加强公益诉讼志愿者体系建设渐成常态，普遍建立了协作机制，并在监督办案中发挥积极作用。2021 年 2 月 3 日，浙江省人民检察院、中国共产主义青年团浙江省委员会印发《关于加强志愿服务与检察公益诉讼协作的意见》和《公益诉讼志愿观察员制度试点工作方案》，全面加强志愿服务与检察公益诉讼的协作，充分发挥志愿者在公益诉讼案件线索发现、专业咨询、辅助办案等方面的作用，为各地树立典范。一是在加强宣传和引导方面，共青团组织充分运用各类志愿服务平台，检察机关严格落实"谁执法谁普法"责任制，积极宣传检察公益诉讼制度、典型案例，拓展办案领域，倡导、鼓励广大青年志愿者参与检察公益诉讼，激发其参与公益保护的热情，共同把维护国家利益和社会公共利益的责任传递到千家万户、社会各界。② 二是在畅通案件线索移送渠道方面，双方采取"线上+线下"的方式，鼓励志愿者通过公益诉讼举报小程序、随手拍等，提供青年群体普遍关注的公益诉讼案件线索，并推动志愿者工作平台与检察公益诉讼案件线索举报平台衔接。兑现志愿者奖励政策，检察机关对于符合条件的案件线索给予奖励。三是在公益诉讼志愿观察员的人员组成和选聘程序方面，充分体现群众性和专业性，具有相关领域专业知识及来自基层一线的

① 例如，内蒙古自治区通辽市检察院与团市委、相关高校签署《检察公益诉讼志愿者养成计划协议书》，吸引近千名师生走进检察公益诉讼志愿者行列。又如，上海市静安区团委授予区检察院"公益诉讼案件青年突击队"称号，推动各行各业的青年骨干积极参与公益诉讼。

② 例如，2021 年 7 月 12 日，由共青团浙江省委、浙江省人民检察院等单位联合主办的 2021 年浙江省"亲青帮"青年法治辩论赛总决赛，以"对大数据'杀熟'提起民事公益诉讼，你是否赞成？"作为辩题，成功弘扬了"坚守法治信仰，凝聚青春力量"的主旋律，有效传播了"公益诉讼守护美好生活"的正能量。

人员占有一定比例。采取志愿者服务组织推荐、青年志愿者个人报名和共青团组织推荐等方式进行选聘，由检察机关和共青团组织联合颁发聘书。四是在履职方式和履职保障方面，公益诉讼志愿观察员可以通过发现、提供公益诉讼案件线索，见证公益诉讼勘验物证、调查等现场取证活动，为公益诉讼办案提供相关领域专业支持，参加公益诉讼公开听证，担任听证员或者社会公众代表，接受委托开展公益诉讼第三方社会调查，参加公益诉讼案件整改成效评价和验收等方式参与检察公益诉讼工作。检察机关、共青团组织为公益诉讼志愿观察员提供参加公益诉讼相关培训的机会和便利；组织他们参加公益诉讼庭审观摩、检察开放日、新闻发布会等活动；征求他们对公益诉讼检察工作的建议；根据相关规定，对于做出突出贡献的公益诉讼志愿观察员给予表彰。

从全国范围看，检察公益诉讼志愿服务体系的核心组成，从共青团组织向妇联、残联、工会等群团组织持续延伸；志愿者的人员构成，从青少年向老年人、残疾人等特定群体乃至社会各界人士逐步拓展，专业性和代表性更加显著，"人人为我，我为人人"的公益志愿服务氛围越来越浓厚。

（二）检察公益诉讼助残服务蓬勃发展

另一条发展轴线伴随着检察公益诉讼案件范围的拓展深化。

检察公益诉讼制度自 2015 年 7 月 1 日起，在北京、内蒙古、吉林、江苏、安徽、福建、山东、湖北、广东、贵州、云南、陕西、甘肃等 13 个省（区、市）开展为期两年的试点。试点期间，检察公益诉讼的案件范围主要集中在生态环境和资源保护、食品药品安全、国有资产保护、国有土地使用权出让领域。[1]"四大领域"之外的探索，由最高人民检察院统一部署。

---

[1] 《检察机关提起公益诉讼试点方案》，最高人民检察院官网，2015 年 7 月 3 日，https：//www.spp.gov.cn/zdgz/201507/t20150703_ 100706.shtml。

2015 年 11 月 30 日,《最高人民检察院、中国残疾人联合会关于在检察工作中切实维护残疾人合法权益的意见》(以下简称《意见》)出台,对检察工作中的扶残助残原则、办案方式做出明确规定。①《意见》出台时公益诉讼检察尚未与刑事检察、民事行政检察等传统的检察业务分列,并列为"四大检察"②,但已为探索开展残疾人权益保障检察公益诉讼预留了空间,即"人民检察院在办理案件过程中发现有关单位存在侵犯残疾人合法权益行为的,应当依法及时向有关单位发出检察建议,督促其纠正"。同时对检察机关做好自身的无障碍环境建设提出要求,即"各级人民检察院新建接待场所应当符合无障碍设施的相关要求,现有接待场所不符合无障碍要求的要逐步加以改造,以方便残疾人出入"。

自 2017 年 7 月 1 日起,检察机关提起公益诉讼制度由修改后的《中华人民共和国民事诉讼法》《中华人民共和国行政诉讼法》正式确立并全面推行。检察公益诉讼案件范围向残疾人权益保障领域拓展深化,伴随着法治中国建设对残疾人的格外关心、格外关注,循序渐进、行稳致远。

2019 年 10 月 23 日至 25 日,全国人大常委会委员、中国残联副主席吕世明,在参加第十三届全国人大常委会第十四次会议听取和审议张军检察长所做的《最高人民检察院关于开展公益诉讼检察工作情况的报告》时,建议将无障碍环境建设作为新领域,纳入检察公益诉讼"等"外探索的案件范围。这是无障碍环境建设首次进入检察公益诉讼监督视野,为检察公益诉讼助残服务打开了一扇"小切口、大作为"的"关爱之门"。

---

① 《最高人民检察院、中国残疾人联合会关于在检察工作中切实维护残疾人合法权益的意见》,最高人民检察院官网,2015 年 12 月 4 日,https://www.spp.gov.cn/gjybs/201512/t20151204_108825.shtml。

② 最高人民检察院内设机构系统性、重构性改革后,整体推进刑事、民事、行政和公益诉讼"四大检察"法律监督总体布局。2019 年 3 月 15 日,十三届全国人大二次会议审议通过关于最高人民检察院工作报告的决议。"四大检察"首次写进全国人大决议。2021 年 6 月 15 日,中共中央印发《中共中央关于加强新时代检察机关法律监督工作的意见》。"四大检察"首次写入中共中央文件。

2019 年 10 月 31 日，党的十九届四中全会通过《中共中央关于坚持和完善中国特色社会主义制度 推进国家治理体系和治理能力现代化若干重大问题的决定》，在"加强对法律实施的监督"改革任务中，部署"拓展公益诉讼案件范围"。最高人民检察院作为落实这项改革任务的牵头单位，顺势而为，将残疾人权益保护纳入公益诉讼重点新领域。

2020 年 5 月 28 日，第十三届全国人民代表大会第三次会议通过关于最高人民检察院工作报告的决议，批准报告关于下一阶段的工作安排，其中明确要求积极、稳妥办理残疾人权益保护等领域公益损害案件。这是最高人民检察院工作报告中首次对发挥公益诉讼检察职能保护残疾人权益做出部署。

2020 年 9 月 18 日，最高人民检察院第八检察厅印发《关于积极稳妥拓展公益诉讼案件范围的指导意见》，进一步细化了探索开展残疾人权益保护领域检察公益诉讼的措施要求。

2021 年 3 月 8 日，张军检察长在第十三届全国人民代表大会第四次会议上做最高人民检察院工作报告时特别指出："高度重视特殊群体权益保障。会同中国残联推广杭州经验，开展无障碍环境建设公益诉讼，'有爱无碍'让残障人士放心出门。针对'无码老人'出行、消费困难，开展信息无障碍公益诉讼，促请职能部门消除'数字鸿沟'。"[①] 这是最高人民检察院工作报告首次对无障碍环境建设公益诉讼进行总结推广。

2022 年 6 月 15 日，《中共中央关于加强新时代检察机关法律监督工作的意见》中明确要求："积极稳妥拓展公益诉讼案件范围，探索办理安全生产、公共卫生、妇女及残疾人权益保护、个人信息保护、文物和文化遗产保护等领域公益损害案件，总结实践经验，完善相关立法。"这是残疾人权益保护公益诉讼被首次写入中共中央文件。

2022 年 2 月 11 日，最高人民法院、最高人民检察院、公安部、司法部、中国残联联合印发《关于深入学习贯彻习近平法治思想切实加强残疾

[①] 《最高人民检察院工作报告（第十三届全国人民代表大会第四次会议张军 2021 年 3 月 8 日）》，最高人民检察院官网，2021 年 3 月 15 日，https：//www.spp.gov.cn/spp/gzbg/202103/t20210315_ 512731. shtml。

人司法保护的意见》。进一步提出了对残疾人权益保障领域检察公益诉讼的新要求。一是加强对法律实施的监督，确保严格执法、公正司法。国家层面的相关法律，既包括《中华人民共和国宪法》《中华人民共和国民法典》等法律法规中保障残疾人的具体内容，也包括《中华人民共和国残疾人保障法》《残疾预防和残疾人康复条例》《残疾人就业条例》《残疾人教育条例》《无障碍环境建设条例》等保障残疾人权益的法律法规，检察机关通过法律监督，保障其统一正确实施。二是加强对存在侵犯残疾人合法权益行为或者存在相应风险的有关单位的司法监督。通过依法及时向有关单位发出司法建议、检察建议，并跟踪反馈督促落实，推动社会治理。三是持续深入推进无障碍环境建设等公益诉讼。坚持行政公益诉讼优先，通过督促行政机关主动履行维护残疾人权益职责，促进依法行政，推动建章立制，加强跨部门执法协作；在督促强化政府监管责任的同时，发挥民事公益诉讼的补充功能，依法追究责任主体的法律责任，及时修复受侵害的社会公共利益，进一步营造平等保护残疾人权益的良好社会环境。四是加强涉及残疾人案件的统计、分析和研究。五是适时发布残疾人权益保障检察公益诉讼典型案例，加强对残疾人司法保护的办案指引和普法宣传教育，引导全社会进一步尊重、关心、支持、保护残障群体。

2022年3月8日，张军检察长在第十三届全国人民代表大会第五次会议上做最高人民检察院工作报告时，通报了2021年的成绩单，"携手中国残联切实加强残疾人司法保护，全面推开无障碍环境建设公益诉讼，立案办理3272件，是2020年的6.2倍。"① 这是最高人民检察院工作报告首次发布无障碍环境建设公益诉讼办案数据。

党和国家对检察机关发挥公益诉讼检察职能扶残助残的高度重视和重点部署，以及检察机关"一分部署，九分落实"的实际行动和初步成效，还

---

① 《最高人民检察院工作告（报第十三届全国人民代表大会第五次会议张军 2022年3月8日）》，最高人民检察院官网，2022年3月15日，https：//www.spp.gov.cn/spp/gzbg/202203/t20220315_ 549267. shtml。

集中体现在"全国助残日"① 和"全国无障碍环境建设宣导日"② 活动上。

2021 年 5 月 14 日，全国助残日前一天，最高人民检察院与中国残联共同举办的"有爱无碍，检察公益诉讼助推无障碍环境建设"专题新闻发布会，首次发布 10 个无障碍环境建设检察公益诉讼典型案例，首次配套手语翻译，首次全网直播，取得良好普法宣传教育效果。

在 2022 年"全国助残日"之前的几天里，最高人民检察院和中国残联再次联合发布 10 个残疾人权益保障检察公益诉讼典型案例，并创新案例发布和普法宣传的内容和形式，于 5 月 12 日至 16 日连续推出"深度报道+理论文章+典型案例+答记者问+专业点评+特别节目"为主线的普法"套餐"，辅之以各级各地检察机关的"特产"，特别邀请 10 位人大代表、政协委员、残障人士、专家学者，分别对 10 个典型案例进行点评。在各类媒体的帮助支持下，形成一波彰显扶残助残司法保护检察担当和法治正能量的立体效应。从各方反响看，增强了检察监督及其法律传播的感染力、认同度、满意率。围绕此次全国助残日"促进残疾人就业，保障残疾人权益"的活动主题，央视《今日说法》以自强模范唐占鑫等人物为主角，见证检察机关《一路有爱》。央视《法治在线》则以广州黄埔残疾人就业歧视案例为主导，诠释如何《以公益之力助推"无碍"》。最高人民检察院公众号"检察号代表委员直通车"和"无障碍智库"分别发布专辑，由最高人民检察院主管，最高检办公厅和检察日报社主办，方圆杂志社编辑出版的《人民监督》杂志推出特刊，对相关精品做了总结和收藏。

2020 年以来，最高人民检察院第八检察厅连续参加在全国无障碍环境建设宣导日举办的中国信息无障碍论坛暨全国无障碍环境建设成果展示应用推广活动，讲好检察故事，传播检察声音。

---

① 1990 年 12 月 28 日第七届全国人民代表大会常务委员会第十七次会议审议通过的《中华人民共和国残疾人保障法》第 14 条规定，"每年五月第三个星期日，为全国助残日。"

② 2019 年 7 月 28 日举办的全国首次无障碍环境建设成果展示应用推广活动上，来自全国 50 家单位共同设立的无障碍环境建设智库，确定将每年的 7 月 28 日设为"全国无障碍环境建设宣导日"。

2020 年 9 月 22 日，受新冠肺炎疫情影响推迟的第十五届中国信息无障碍论坛暨全国无障碍环境建设成果展示应用推广活动在浙江大学举办。第八检察厅在该论坛上首次提出"拓展公益诉讼案件范围，构建无障碍环境建设领域检察公益诉讼制度"，并将在全国率先系统化开展无障碍环境建设检察公益诉讼的"杭州经验"，作为成果公开展示。

2021 年 7 月 28 日，在黑龙江哈尔滨举办的第十六届中国信息无障碍论坛暨全国无障碍环境建设成果展示应用推广活动上，最高人民检察院检委会委员、第八检察厅厅长胡卫列做题为《加强和规范无障碍环境建设检察公益诉讼》的主旨演讲，并发布《检察机关无障碍公益诉讼成果展示》，从出行无障碍、信息无障碍、服务无障碍、大型赛事无障碍等领域，展示了北京、山西、辽宁、吉林、黑龙江、上海、江苏、浙江、福建、湖南、广东、四川、云南、甘肃、青海等地检察机关，从保障出行安全到完善专门服务、消除数字鸿沟，办理的 30 件无障碍环境建设检察公益诉讼典型案例。在此次论坛发布的《〈无障碍环境建设条例〉九周年综述》中，专列《权益保障，探索公益诉讼的司法实践》一章，介绍最高人民检察院将无障碍环境建设的实施与监督依法依规纳入整体公益诉讼的顶层制度设计和具体实际操作，创新实践，填补了无障碍环境法治建设的空白，通过无障碍的"小切口"充分展示了为民办实事的"大作为"。

2022 年 7 月 28 日，第八检察厅在南京承办的第十七届中国信息无障碍论坛暨全国无障碍环境建设成果展示应用推广活动上，介绍了检察公益诉讼对《马拉喀什条约》在中国统一正确实施的监督保障。此次论坛发布的《〈无障碍环境建设条例〉颁布实施第十周年综述》，充分肯定"全国各级检察机关广泛开展无障碍环境建设检察公益诉讼，推动无障碍环境建设基层自治和行业自律，督促政府职能部门依法履职，确保法律法规得到统一正确实施"。

（三）科技赋能检察公益诉讼助残志愿服务

检察公益诉讼志愿服务与检察公益诉讼助残服务，在各自的发展轨迹上形成了交集，也就是检察公益诉讼助残志愿服务。虽然检察公益诉讼助残志愿服务仍处于起步阶段，但科技赋能为其提供了快速通道和增长后劲。

1. "益心为公"志愿者检察云平台的初步发展

2020年6月以来，陕西省宝鸡市人民检察院为破解基层人员少、队伍力量弱、整体工作后劲不足等难题，在宝鸡市和市辖12个县区建立了13支1500人的公益诉讼志愿服务队伍，在13支分队下设立56个特色保护中队，积极引导志愿者做好检察机关的信息员、宣传员和监督员。试行两个月，公益诉讼案件线索数量同比增长3倍，制发诉前检察建议数量同比增长1倍，公益诉讼起诉数量也明显增长，有力推动了全市公益诉讼检察工作的快速健康发展。特别是宝鸡检察机关专门搭建"公益诉讼微共治平台"，具备志愿服务人员信息管理、志愿项目推送、实时线索直播、远程指导取证和公益知识普法宣传等功能，大大提高了志愿服务队伍管理服务水平。可以说，宝鸡检察公益诉讼志愿者队伍和服务体系建设，为全国检察机关探索检察公益诉讼志愿服务特别是助残志愿服务，积累了宝贵的经验。

2020年9月，宝鸡市人民检察院"依靠群众、贴近群众，公益诉讼志愿者成为检察公益保护最强盟友"的经验，引起最高人民检察院的重视。最高人民检察院主管公益诉讼检察和检察技术工作的张雪樵副检察长，在听取宝鸡市人民检察院的专题汇报后指出，公益诉讼本属于一项社会性工程，引入社会志愿者不仅能弥补办案力量不足的短板，而且能从根本上有效提升办案质量和成效、扩大公益诉讼影响，促使公益保护理念深入民心。但传统的志愿者管理方式存在介入环节少、运行效率低和管理成本高等问题。[1] 张雪樵副检察长要求第八检察厅就采用"互联网+"方式建立全国公益诉讼志愿者平台以及运作流程进行可行性研究，并请检察技术信息研究中心研究相关技术路径。于是，宝鸡检察机关"公益诉讼微共治平台"的研发人员，也成了"益心为公"志愿者检察云平台最初的研发骨干。

随后，张雪樵副检察长亲自指挥"益心为公"志愿者检察云平台研发、试点、推广工作。经过反复测试和改进升级，"益心为公"志愿者检

---

[1] 宝鸡市人民检察院张雪樵副检察长专题汇报内部资料。

察云平台于 2021 年 7 月完成部署，先后在浙江、湖北、云南、四川、重庆、湖南、江西、安徽、上海、江苏、贵州、青海等 12 个省市开展试点应用，取得显著成效。2022 年 7 月 19 日，"益心为公"志愿者检察云平台正式启动。目前主要由公益诉讼检察线索大数据中心、线索研判系统、检察时空地理等部分组成。

2. "益心为公"志愿者检察云平台的巩固建设

在法律规范方面，2022 年 5 月 27 日通过的《浙江省人民代表大会常务委员会关于进一步加强新时代检察机关法律监督工作的决定》明确规定，"落实推进'益心为公'志愿者检察云平台工作"。这是"益心为公"志愿者检察云平台被首次写入立法性的规范性文件。

在机制建设方面，浙江宁波的《余姚市人民检察院"益心为公"志愿者团队运行管理办法》提供了良好的样本。例如，要求"志愿者对'益心为公'检察云平台推送的公益诉讼线索评估需求，围绕线索的紧急性、公益侵害的严重性、引发的社会关注度、线索反映事实的完整性等维度提出主观评估意见并及时线上反馈，辅助检察机关进行线索初核。"这对平台运行至关重要。又如，明确"志愿者受邀参加公益诉讼案件调查核实，担任勘验物证、勘查现场的见证人。""有相应专业知识和能力的志愿者接受检察机关委托，以线上或线下方式开展第三方社会调查。接受委托的志愿者应当在委托期限内根据检察机关要求完成社会调查事项，配合志愿者团队出具书面社会调查报告。"这是开展无障碍环境建设检察公益诉讼助残志愿服务的常用方式。特别是，该院线上建立"益心为公志愿者工作服务群"，并指定一名检察人员担任联络员，负责日常注册、线索管理、问题答疑等工作；线下整合资源建设"益心为公志愿者之家"，用于开展业务培训、案件研讨、案例学习等活动，每季度组织一次线下实体活动。在服务积分管理和先进表彰方面，规定"商市委统战部、团市委等相关部门同意为志愿者活动提供积分制档案服务。根据参与度、贡献度、活跃度等参数设置计分规则，对志愿者提供线索、专业咨询、参与听证、跟踪观察、社会调查、专题调研等志愿服务行为计分，形成'益心为公志愿服务档案'"。"根据志愿者积分管理办法，每年组织开展优秀志愿者评选活动，对移送线索、支持办案成效突出的志愿者，市检察院联合市委统战部、团市委等组织机构给予相应的表扬表彰，同时向志愿者所在单位和组织通报相关情况、感谢支持。"在宣传引导方面，要求"积极通过大众传媒和文化宣传设施等广泛宣传实践中涌现的优秀志愿者事迹，加强正面宣传引导，营造有利于'益心为公'志愿者团队发展的良好氛围。"

根据最高人民检察院检察技术信息研究中心的《"益心为公"志愿者检察云平台工作周报（2022年11月21日至25日，第70周）》，截至2022年11月25日，12个试点省市共录入"志愿者人选库"24887人，分别是浙江省3316人、湖北省2506人、云南省2162人、四川省2748人、重庆市1241人、湖南省2558人、江西省1542人、安徽省3048人、上海市1602人、江苏省1945人、贵州省1079人、青海省1140人。其中，登录"益心为公"志愿者检察云平台并完成注册的共16224人，包括补充用户信息成为正式志愿者的13711人。为提升线索研判精准度，"益心为公"志愿者检察云平台从互联网采集舆情、投诉信息726507条，经清洗后入库信息34765条。其中，"志愿者"用户所提报线索的关联舆情949条，检察业务应用系统2.0已受理的线索关联舆情205条。"志愿者"用户通过"益心为公"志愿者检察云平台共提报线索2929条，质量相对较高已正式推送到检察业务应用系统2.0中的线索为1568条，其中涉及民事公益诉讼案件线索48条、行政公益诉讼线索1520条；按所属领域来看，涉及生态环境和资源保护792条、食品药品安全165条、国有财产保护领域55条、国有土地使用权出让领域21条、其他535条。

二 检察公益诉讼助残志愿服务建设成效

总体上看，检察公益诉讼助残志愿服务，在深化检察公益诉讼志愿服务和检察公益诉讼助残服务的基础上，正在探寻能够充分发挥检察公益诉讼制度优势，符合新时代残疾人权益保障和发展需求的公益司法保护中国方案，并且已经初见成效。结合具体案例事例，可以从以下四个方面进行展示。

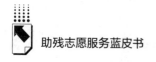

（一）拓展了残疾人权益受损案件的线索来源

检察机关保护残疾人合法权益，除了从批捕起诉刑事案件和民事诉讼、行政诉讼监督中落实传统的司法保护措施，还要从涉及特定残疾人权益的个案中，发现并纠正可能损害国家利益和社会公共利益的问题，需要更加精准的案件线索。为此，检察公益诉讼助残志愿服务将提供案件线索作为首要任务，也作为检验监督办案成效的重要标尺。以入选最高人民检察院与中国残联联合发布的残疾人权益保障检察公益诉讼典型案例之一的浙江省杭州市人民检察院督促落实残疾人驾照体检服务行政公益诉讼系列案为例，如果不是残疾人志愿者提供线索，检察机关很难关注并解决相关公益损害问题。

2022 年 2 月，"益心为公"志愿者检察云的志愿者、杭州市肢残人汽车专业委员会负责人向杭州市人民检察院反映，杭州市某家残疾人驾照体检定点医疗机构长期未开展法律规定的相关服务。检察官们敏锐地意识到，这是一条重要线索，及时地做出反应，保障了残障人的合法权益。

依据《机动车驾驶证申领和使用规定》《右下肢、双下肢残疾人驾驶机动车身体条件规定》《单眼视力障碍、部分上肢残疾人驾驶机动车身体条件规定》，符合法定条件的残障人士通过体检后可以办理驾照。落实好相关规定，既是尊重和保护残障人士人权的必然要求，也是促进残障人士积极就业、融入社会、共同富裕的重要保障。对于其他社会公众而言，残障人士究竟能不能驾驶汽车需要专门普法，保证驾驶各类机动车的残障人士经过体检等相关程序取得驾照需要平等监管。

有了来自肢残人汽车专业委员会的志愿者提供的线索和帮助，检察机关迅速查明杭州辖区内共有 9 家医疗机构被确定为定点体检医院，有义务对申请驾照的残障人士进行视力、坐立能力、徒手握力、手指功能等基本驾车能力评估，并出具身体条件证明。检察机关随即开展调查，并邀请部分公益志愿者参与现场勘查。经查实，萧山区、临平区、临安区、建德区、桐庐区、淳安区 6 家定点医疗机构存在志愿者反映的长期未开展法律规定的相关服务的问题，损害了不特定多数残障人士的合法权益，损害了社会公共利益。

对此，杭州检察机关依据属地管辖，分别向6个辖区的卫生健康行政部门制发行政公益诉讼诉前检察建议，督促其依法全面履行监督管理职责，及时整改志愿者反映的违法情形，切实保障残障人士合法权益。相关职能部门在收到检察建议书后，及时约谈定点驾照体检医疗机构负责人，督促6家定点医疗机构及时提供或者恢复残障人士驾照体检业务，并发布对外公告或通报辖区残疾人联合会。通过检察机关与卫生健康行政部门协同督促，萧山区、临平区、桐庐区、淳安区的定点医院体验中心增设了相关服务，建德区、临安区定点医疗机构分别在车管所和驾驶培训机构内增设相关服务。一批残障人士随后在上述定点医疗机构完成驾照体检，依法取得身份条件证明，实现了驾驶汽车的梦想。

检察机关还借此机会督促萧山区定点医疗机构进一步完善体检场所无障碍设施，邀请志愿者现场体验。临安区卫生健康行政部门还组织定点医疗机构开展相关业务培训。淳安区相关职能部门则开通了残障人士驾照体检报告网上传递渠道，与交警部门办事窗口实时交互信息，方便残障人士申领、更换驾照。在此基础上，浙江省人民检察院组织全省检察机关开展专项排查，打通残障人士驾照体检有关法律政策落地落实"最后一公里"，促进全域范围内残障人士驾照体检服务无障碍、全覆盖。

该案的成功办理和有效宣传，有力推动了检察公益诉讼助残志愿服务。一是突出了特定群体公益志愿者的关键作用，通过精准提供案件线索，帮助检察机关迅速调查核实并督促整改，提升了监督办案的质量和公益保护的效率。二是调动了公益志愿者的积极性，通过参与检察机关现场勘查、体验，增强志愿者为公益保护贡献力量的获得感。三是宣传了残障人士驾驶汽车权利等有关法律政策，包括普及单眼视力障碍与残疾的区别，引导社会公众理性、包容地对待残障人士驾驶汽车的平等权利与公共安全问题。四是示范了类似容易被忽略的普遍性公益损害问题的解决方案，让检察官和社会公众更加关注涉及残障人士权益保障的具体细节特别是健全人不容易感同身受的事项，从而更加主动向熟悉情况的志愿者征集线索、寻求帮助，也积极地接受监督以赢得支持。

（二）提升了检察机关研判损害公益违法性与检察公益诉讼介入必要性的精准度

助残是体现国家治理能力和社会文明水平的公益事业，检察公益诉讼是动用国家法律监督权的公共产品。精准有效地将检察监督的公共资源用于维护涉及残疾人权益的公共利益，需要检察机关进行科学准确的研判，严格把握损害公益的违法性与检察公益诉讼介入的必要性，积极稳妥开展监督办案。以入选最高人民检察院"首批人民监督员监督检察办案活动典型案例"和"检察机关深化司法民主建设 推进全过程人民民主典型案例"的上海市闵行区人民检察院邀请人民监督员监督公益诉讼办案活动案为例，[①] 该案中的人民监督员侧重履行公益志愿者的监督职责，在监督中支持，在支持中监督。

2021年3月起，闵行区人民检察院针对履职中发现的莘庄地铁站南出口部分盲道被非机动车停放点占用或者磨损严重、养护不到位以及提示性盲道设计不规范等危及盲人群体出行安全的隐患问题，在多次进行现场勘查并与相关职能部门沟通后，启动公益诉讼立案调查程序，并三次邀请人民监督员监督检察公益诉讼办案活动，合力推动盲道治理。[②]

2021年12月6日，闵行区人民检察院先后向辖区交通委、公安机关及属地镇政府发出行政公益诉讼诉前检察建议，督促相关单位切实履行盲道设施管养职责，加大执法力度，保障盲道通畅。在收到检察建议书后，相关单

---

① 邱景辉：《用好人民监督员制度做深做实检察公益诉讼》，《检察日报》2022年6月30日，第7版。

② 邱景辉：《用好人民监督员制度做深做实检察公益诉讼》，《检察日报》2022年6月30日，第7版。"第一次，2021年9月3日，闵行区人民检察院邀请两名人民监督员座谈通报案情，人民监督员建议检察机关会同相关职能部门协同共治、长效长治，充分发挥街道助残员作用，促进盲道管理维护经济便捷。第二次，2021年9月25日，该院邀请这两名人民监督员与相关职能部门一同走访现场。人民监督员建议检察机关建立各方协作机制全面及时核实、解决盲道问题，并督促共享单车公司在App地图上设置盲道禁停区。第三次，2021年11月24日，该院提出，辖区部分盲道设计不规范、磨损严重以及长期被非机动车占用，影响视障群体通行便利，可能危及出行安全，损害社会公共利益，拟向相关职能部门制发检察建议，得到这两名人民监督员的高度认同。"

位高度重视，成立盲道专项整治领导小组，迅速开展专项整改，落实盲道布局改进方案、修缮损坏路段、配强执法人员等。在多方共同努力下，该区莘庄地铁站南出口处的部分盲道路段已修复完毕。

2022 年 1 月，闵行区人民检察院向人民监督员通报办案阶段性成果。人民监督员表示，在"盲道保卫战"中，每个人都应该是守卫者；检察机关认真听取建议并积极履职，成效显著；督促落实多个部门做好盲道管养工作很不容易；检察建议中提出的对策建议针对性强，效果也好。下一步，闵行区人民检察院将继续立足公益诉讼检察职能，持续跟进监督，再次邀请人民监督员对盲道修缮整改情况"回头看"，确保检察建议落实到位。①

该案对于检察公益诉讼助残志愿服务的典型意义，一是关切盲人群体的急难愁盼，为民办实事。我国现有盲人约 500 万人，每位盲人背后是更多的家庭成员。盲人的自主出行需要盲道，这是无障碍环境的标配。检察机关着眼于满足盲人无障碍出行、平等享受美好生活的需求，着力于填补地铁站出口因站内站外不同管辖容易出现管理盲区的盲道监管漏洞，让盲人安心乘坐地铁出行，让他们的家人放心，是一项惠民、利民、便民的"小切口、大作为"的"民心工程"。二是注重协同共治，破解盲道治理老大难。盲道建设、管理、使用中的缺失、侵占、毁损、不达标和利用率低等，是无障碍环境建设中最常见也最难根治的突出问题。检察机关在监督办案中注重与相关的多个职能部门和责任主体协同协作，破解典型的"九龙治水"难题。特别是在人民监督员的建议下开展"穿透式"监督，针对各地普遍存在的共享单车停放占用盲道乱象，通过督促共享单车公司在 App 地图上设置盲道禁停区，形成技术监管倒逼用户自觉的合力，是完善党委领导、政府负责、民主协商、社会协同、公众参与、法治保障、科技支撑的社会治理体系的成功实践。三是创新跟进监督，做实"回头看"。无障碍环境建设领域检察公益诉讼特别倡导"体验式"监督。检察机关邀请人民监督员和相关职能部

---

① 邱景辉：《用好人民监督员制度做深做实检察公益诉讼》，《检察日报》2022 年 6 月 30 日，第 7 版。

门现场调查取证、研究整改方案、评估办案效果，用看得见的方式实现盲道问题的综合治理。邀请全程参与前期检察办案活动的人民监督员继续参与"回头看"，共同做好"后半篇文章"，既是检察公益诉讼引入公众参与、公开接受监督的理念创新，也是借力借智、补强检察办案团队"外援"的方式创新。四是有效回应诉前程序是检察机关"独角戏"等质疑。在坚持始终把诉前实现维护公益目的作为最佳司法状态的过程中，如何防止出现"自行立案、自由裁量、自我评价、自然终结"的"自说自话"？实践证明，除了继续用好检察听证、"益心为公"志愿者检察云平台等监督制约机制，人民监督员制度可以且应当发挥积极作用，帮助检察机关准确把握立案、制发检察建议、提起公益诉讼的条件，让每一起检察公益诉讼案件都经得起法律、历史和人民的检验。[1]

（三）促进了检察机关工作方式的不断创新与发展

依靠公益性社会组织和社区志愿者帮助检察机关解决残疾人群体身边的突出问题，是检察机关推动扶残助残系统治理、源头治理的重要方式和途径。浙江省宁波市北仑区"百姓茬话汇"志愿服务助力检察公益诉讼项目，就是加强基层检察公益诉讼助残志愿服务的典范。[2]

宁波市北仑区"红领之家"社会服务中心党支部书记、主任陈军浩，是宁波市人大代表、市志愿者协会副理事长、市劳模工匠协会副会长，曾获全国优秀党务工作者、全国岗位学雷锋标兵、全国最美志愿者、浙江省综合治理先进个人等荣誉。他组建的"红领之家"，在组织开展帮扶盲人助残志愿服务活动中，发现盲道被占用的现象十分普遍，让志愿者非常烦恼。2021年4月，北仑区人民检察院联合有关部门发出公益诉讼志愿观察员队伍的招募令，陈军浩主动报名，成为其中一员。"百姓茬话汇"志愿服务助力检察

---

① 邱景辉：《用好人民监督员制度做深做实检察公益诉讼》，《检察日报》2022年6月30日，第7版。
② 蔡俊杰、向凯雄、叶脉清：《这里有一支"找茬团"：宁波北仑公益诉讼志愿观察员发挥积极作用》，《检察日报》2022年1月28日，第2版。

公益诉讼项目应运而生，通过守护"脚底下安全"，探索出一套行之有效的工作方法。

在发现问题方面，一是团队主动巡。一方面开展集中巡查，依托"红领之家"常态化志愿服务活动，每周开展一次由 20 人左右参加的集中巡查。如"靓城活动"，针对与老百姓工作、生活息息相关的银行、便民服务中心、幼儿园、中小学，以及提供文娱活动的影剧院、新华书店和公园等场所附近的盲道等公共设施进行巡查，发现问题，及时拍照上报；"秀山活动"则针对小山公园景区的盲道及公共设施进行巡查；还有"亲水活动"等，以周为频次，定期举行。另一方面开展网格巡查，街道分为 9 大片区，每个片区都有网格长、网格员。"红领之家"志愿者化身网格员，在自己生活地、工作地就近巡查。每一位志愿者就是最小作战单元。二是发动群众巡。开展进小区、社区、学校、企业、广场等"五进"活动，通过发放宣传手册、开展公益诉讼课堂等宣传手段，提高老百姓维权意识及拓展明辨合法权益范围，积极主动提供信息。三是重点区域巡。在大型商区、公交车站、地铁站，主要针对非机动车、摩托车等占用、阻碍盲道等情况进行巡查。对建筑工地，巡查因施工原因出现拦截、断路、设置障碍等占道等情况。在小区附近，巡查机动车停车盲道占用等问题。

在收集问题方面，一是加强点位收集，在北仑区志愿者协会、新碶街道党群服务中心、新碶街道人大代表联络站、"红领之家"社会服务中心设立 4 个信息收集点，定点接收老百姓反映的信息。二是加强网络收集，开设"红领之家"论坛、"军号嘹亮"微信公众号网上收集渠道。三是加强热线收集，开通一条热线，方便群众及时反映问题。

在解决问题方面，建立"找茬—接茬—解茬—督茬"全周期程序开展公益诉讼助残志愿服务。一是"找茬"，通过开展常态化志愿服务主动"找茬"，发动老百姓一起"找茬"，推动解决一批群众身边的操心事、揪心事、烦心事，共同维护国家利益和社会公共利益，营造全面参与公益诉讼的氛围。二是"接茬"，设置四个"接茬"点，收集志愿者和群众提供的公益诉

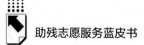

讼线索，"接茬"点的常驻志愿者通过"甬检掌上公益"平台上传提交相关线索。三是"解茬"，"接茬"点的常驻志愿者协助检察机关开展"解茬"活动，结合现场解答和线上回复两种形式，促进公益诉讼与志愿服务有效衔接，帮助公益诉讼问题解决。四是"督茬"，对公益诉讼案件的监督整改落实情况进行跟踪监督。

在制度保障方面，一是建立专业机制，与检察机关、城管部门等建立制度性衔接联动，建立"周碰头、月小结、专项会商"制度，分析实情，掌握形势，量化目标，挂图作战，构建统一领导、协同联动、信息共享、反应迅速、举措高效的衔接配合机制。同时，成立专业联盟，邀请22名多领域的专业志愿者组成"北仑区公益诉讼观察员联盟"。二是运用"志愿汇"平台保障志愿者人身安全，并运用"成员实名制、活动申报制、活动积分制、积分兑换制、项目互动制"的"红领五制"保障活动顺利实施。

在寻求合作方面，一是积极联合工会、共青团、妇联，红领之家、百灵鸟公益联合会、融合性组织及新碶企业家协会等人民团体、社会组织和行业协会，发挥各自优势，积极参与检察公益诉讼宣传。二是联合地铁站、广场等地设立的"新时代文明实践点"参与检察公益诉讼宣传和项目实施，发挥站点作用。

借助"百姓茬话汇"志愿服务助力检察公益诉讼项目，检察机关在志愿者的积极参与下，先后开展了盲道专项整治、僵尸车专项整治、集卡车乱停专项整治等公益诉讼工作，取得明显成效，社会反响良好，也为各地检察机关加强与公益组织和社区志愿者协同协作提供了宝贵经验。

（四）充分发挥了第三方评估在助力检察机关提升办案质效方面的重要作用

为服务保障2022年北京冬奥会、冬残奥会顺利举办，北京市人民检察院于2021年2月在北京市开展无障碍环境建设检察公益诉讼专项监督活动，北京市检察机关共排查无障碍设施点位2000余处，立案办理案件65件，发出检察建议53件，督促相关部门改造、完善无障碍设施400余处，助推首都无障碍环境建设。[1]

在评估验收专项监督活动的整改成效方面，北京检察机关坚持"应听尽听"原则，通过召开听证会的方式接受监督、借力借智。2021年12月17日，北京铁路运输检察院就督促北京北站提升无障碍环境建设公益诉讼案举行现场体验式公开听证会。听证会前，全国人大常委会委员、中国残疾人联合会副主席吕世明等5名听证员，乘坐电动轮椅体验了北京北站无障碍环境建设整改提升情况。根据承办案件的检察官介绍，北京铁路运输检察院联合北京市残疾人联合会无障碍环境建设专家进行现场排查，并在与铁路单位充分沟通的基础上，向北京北站制发检察建议，建议结合《北京2022年冬奥会和冬残奥会无障碍指南》，进一步提升客运站无障碍环境建设，充分保障特定群体出行舒适性和安全性。北京北站随即对各站无障碍环境建设情况进行全面排查，结合无障碍环境建设专家指导意见，积极对站内卫生间、直梯等重点部位加大整改力度，使其满足无障碍功能需求。北京市残联无障碍环境建设专家，包括北京冬奥会、冬残奥会的无障碍环境建设督导员，在听取北京北站整改说明后，从专业角度对整改提升效果进行评价。5名听证员结合亲身体验进行充分讨论并发表意见。中国残联副主席吕世明在评议中提出，"希望检察机关、铁路单位以北京北站无障碍环境建设整改提升为样板，在推进信息无障碍、盲道建设等方面'向前一步'，推动全市范围铁路客运站无障碍环境建设，新建、改扩建时都要在'最后一寸''最后一厘米'细节上下功夫，实现无障碍环境建设从'有没有'到'好不好'的转变。"[2]

三　检察公益诉讼助残志愿服务问题分析

基于残疾人权益保障和无障碍环境建设检察公益诉讼尚处法定领域

---

[1] 田野、简洁：《全国人大常委会委员、中国残联副主席吕世明体验北京北站无障碍环境整改实效——用"无限爱"推动"无障碍"》，《检察日报》2021年12月27日，第6版。

[2] 田野、简洁：《全国人大常委会委员、中国残联副主席吕世明体验北京北站无障碍环境整改实效——用"无限爱"推动"无障碍"》，《检察日报》2021年12月27日，第6版。

"等"外探索阶段，检察公益诉讼助残志愿服务相应也面临法律供给不足、发展不平衡等问题和困难。主要表现在以下三个方面。

（一）"益心为公"志愿者检察云平台尚未与残联组织建立协作

从目前运行情况看，"益心为公"志愿者检察云平台注册及使用情况尚未达到预期。首先是平台注册比例低，主要成员为民主党派和共青团组织的志愿者。其次是线索提报数量低，且成案率偏低。究其原因，在志愿者方面，有的志愿者对公共利益损害和公益诉讼检察职责定位不清，有的志愿者对所提报的公益损害线索描述不清。在平台方面，对志愿者普遍关注的新领域指引不足，缺乏案例推送和释法说理。此外，已使用的平台功能单一，集中在线索提报，应用尚未扩展。部分系统功能有待进一步优化，数据来源有待拓展。特别是，在平台注册的志愿者中有多少是残疾人或者为助残为公益使命的专业人士？提报的案件线索中有多少涉及残疾人权益保障或者无障碍环境建设？对此尚无专门分类和统计，无法掌握平台在助残志愿服务方面的实际成效，难以鼓励和引导助残志愿者积极注册和有效使用，迫切需要检察机关与各级残联组织及其主管的助残志愿者组织建立协作关系，"线上+线下"双管齐下推动检察公益诉讼助残志愿服务合作。

正如张雪樵副检察长指出的，"益心为公"志愿者检察云平台的优势在于将全国各地的志愿者组合成"富矿"，服务于全国各地的公益诉讼办案，但不足在于检察机关与志愿者相隔远、联系弱，定位虽高却在基层没有"脚"，名为统一却结构松散，不利于培养志愿者对公益诉讼的热情和对检察机关的黏性。如果志愿者参与公益诉讼却没有自己的获得感，那平台的愿景就只是检察机关的一厢情愿。他还特别强调，"在优化完善软件的同时，要落实好基层检察院发动、培训和用好志愿者的主体责任"。

在最高人民检察院与中国残联已经建立密切协作机制的基础上，有必要将"益心为公"志愿者检察云平台与中国残联相关信息平台和志愿者服务平台衔接共享，并推动各级检察机关与残联组织全面开展"益心为公"志愿者检察云平台的推广使用。

（二）检察机关与残联组织的协作机制中尚未涉及志愿服务

以 2021 年 3 月 5 日出台的《浙江省人民检察院 浙江省残疾人联合会关于建立公益诉讼配合协作机制的意见》为例。在工作机制方面，建立了对口联系机制、信息通报制度、线索移送机制、办案协作制度、宣传联动机制，与残疾人联合会维权部进行对口联系，要求实现信息共享、优势互补，重点加强无障碍环境建设等残疾人群体普遍关注的公益诉讼案件线索移送，采取"线上+线下"的方式，通过 12309 检察服务热线、12385 残疾人服务热线，积极向检察机关提供案件线索。残疾人联合会可根据检察机关邀请开展案件社会调查、参与公益诉讼公开听证、整改成效评估等工作。双方可根据需要联合组织开展专项活动，对发现的问题合力推动整改。引导残疾人主动参与检察公益诉讼维护自身合法权益。扩大残疾人权益保护公益诉讼影响力，提高社会知晓度，提升社会参与度。但是，没有对建立助残志愿服务协作内容做出专门规定。

（三）检察机关与助残公益组织及无障碍智库单位的协作尚未深入开展

最高人民检察院第八检察厅受中国残联无障碍环境建设推进办公室邀请，连续参加了三届中国信息无障碍论坛暨全国无障碍环境建设成果展示应用推广活动，并且在 2021 年 5 月 9 日"无障碍与未来人居"清华大学融合共享思想力论坛，在 2021 年 10 月 12 日武汉理工大学举行的首届中国无障碍法治环境保障论坛，在 2021 年 11 月 20 日北京映客直播间开播的"畅享无障碍人文大讲堂"，在 2022 年 9 月 2 日中国政法大学举办的残障人士法律保护研讨会，主动宣讲中国特色检察公益诉讼对于推进无障碍环境建设和加强残疾人权益保障的治理效能特别是预防功能。同时，积极参与撰写《无障碍环境蓝皮书：中国无障碍环境发展报告（2022）》《助残志愿服务蓝皮书：中国助残志愿服务发展报告（2022）》等检察公益诉讼专题工作。此外，还多次受中国助残志愿者协会邀请，参与中国无障碍环境展示馆筹建等工作。聘请北京新起点公益负责人唐占鑫等作为最高人民检察院首批听证员。在无障碍智库公众号上发布无障碍环境建设检察公益诉讼信息已超过300条。但总体而言，最高人民检察院与相关助残公益组织和无障碍智库单位尚未建立长效协作机制，缺乏协同协作的年度工作计划和长远规划，影响和制约了检察公益诉讼助残志愿服务的高质量发展。

四　检察公益诉讼助残志愿服务发展的对策建议

2022 年，无障碍环境建设法立法工作正在加速推进，无障碍环境建设将成为检察公益诉讼的法定领域。2021 年 6 月 1 日起正式施行的修订后的《中华人民共和国未成年人保护法》和 2022 年 10 月第十三届全国人民代表大会常务委员会审议通过的修订后的《中华人民共和国妇女权益保障法》，将残疾未成年人、残疾妇女权益保护纳入检察公益诉讼法定领域。检察公益诉讼助残志愿服务迎来新的机遇，也面对新的挑战。检察机关坚持问题导向、需求导向，顺势而为，量力而行，在持续推进"益心为公"志愿者检察云平台应用、加强与残联组织协同协作、密切与无障碍智库战略合作的基础上，重点从以下三个方面发展完善检察公益诉讼助残志愿服务。

（一）全面加强与中国助残志愿者协会的协作

中国助残志愿者协会作为助残志愿者、助残志愿服务组织以及关心支持助残服务事业的单位和个人自愿结成的全国性、联合性、非营利性的社会组织，旨在培育和践行社会主义核心价值观，普及志愿助残理念，弘扬人道主义精神，发展助残志愿服务事业，促进残疾人共享经济社会发展成果，培育残健共融、和谐友爱的社会文明风尚，这与检察机关开展残疾人权益保障检察公益诉讼的目标任务高度契合，可以在深化检察公益诉讼助残志愿服务方面给予最高人民检察院充分有效的支持。

1. 线上协作："益心为公"志愿者检察云平台的进步空间

在"益心为公"志愿者检察云平台协作方面，可以在平台上增设助残志愿服务版块，宣传助残志愿服务理念，广泛动员社会各界投身助残志愿服务，培育、发展和壮大助残志愿者队伍；协助检察机关统筹开发、整合优化、有效配置助残志愿服务资源，指导和推动各地开展形式多样、内容丰富、各具特色的检察公益诉讼助残志愿活动；开展检察公益诉讼助残志愿服务法律政策咨询、专业培训和服务督导，加强助残志愿服务组织和助残志愿者能力建设；反映助残志愿服务组织和助残志愿者的诉求，维护其合法权益；组织开展检察公益诉讼助残志愿服务理论和实践问题研究，建立专门为检察公益诉讼打造的助残志愿者招募、管理、评价、激励机制，推动检察公益诉讼助残志愿服务规范化、制度化、常态化发展；开展与中国港、澳、台地区以及国际助残志愿服务组织的交流活动，为世界贡献检察公益诉讼助残志愿服务的中国方案。

2. 线下合作：助残志愿服务的技术创新

在线下合作项目方面，《联合国-中国可持续发展合作框架（2021~2025）》中对公共和私营部门创新技术产品为老年人、妇女等更好地提供服务提出了指标要求。扶持卫浴无障碍技术创新可以作为打造助残志愿服务品牌的合作项目。可以把监督保障 2022 年 4 月 1 日起实施的《建筑与市政工程无障碍通用规范》对卫生间和浴室的无障碍标准和规范的贯彻执行，作为切入点和着力点，合力解决卫生间和浴室无障碍设施不达标、不好用、不能用甚至存在重大安全隐患等问题。九牧集团作为全国乃至世界的知名卫浴品牌生产企业，在国内市场占据重要地位，且善于创新、热心公益，也是最高人民检察院评选的全国检察机关检察文化品牌之首福建泉州"亲清护企"的重要窗口和实践基地。在中国助残志愿者协会与九牧集团就共建中国无障碍环境展示馆达成合作协议的基础上，鼓励、引导、帮助、支持九牧集团加大无障碍卫浴产品研发力度，培训组建无障碍卫浴产品安装、维修专业团队，推出符合《建筑与市政工程无障碍通用规范》相关标准的无障碍卫生间、浴室的样板间和设计服务，拓展公共卫生间、公共浴室无障碍设施改造和家庭适老化改造中的卫生间、浴室改造业务，用高质量高标准的无障碍卫浴产品和服务，在为民办实事的同时，推动中国无障碍环境建设取得新的更大的进步，充分体现标志着国家和社会文明的无障碍环境对于满足全民、全龄基本人权和美好生活需求的重大意义。

3. 机制共建：助残志愿服务的深度合作

在年度工作计划方面，可以积极参与中国助残志愿者协会2022年实施的年度"十个一"重点工作项目。一是在制发关于贯彻落实中国残联中央文明办、教育部、工信部等12部门联合印发的《关于进一步推进扶残助残文明实践活动的实施意见》中增加检察公益诉讼助残志愿服务的相关内容。二是在制定《中国助残志愿者协会发展规划（2022～2027年）》时增加与最高人民检察院合作开展检察公益诉讼助残志愿服务的发展规划。三是持续深入开展"全国阳光助残志愿服务行动"品牌行动中复制推广类似浙江宁波北仑"百姓茬话汇"志愿服务助力检察公益诉讼项目的检察品牌。四是参与实施助残志愿者"种子计划"，联合有关协会对"益心为公"志愿者检察云平台注册的助残志愿者骨干进行一次"火种培训"。五是共同组建检察公益诉讼助残志愿服务队伍网络，建立实名制助残志愿服务组织与队伍的信息数据智能平台网络。六是共同打造一批检察公益诉讼助残志愿服务示范基地，推进具备条件的地方试点建立标准化"全国阳光助残志愿服务示范基地"，适时推广。七是共同争取中央文明委指导，联合有关部门行业支持合作为助残志愿服务搭建平台，共建共享"新时代文明实践中心全国志愿服务基地"。八是推动建立检察公益诉讼助残志愿服务规范标准指南和激励嘉许机制，开展年度致敬"阳光助残志愿使者（基地）"各种载体和形式宣传推介、文化展示。九是统筹整合协调，与各行业建立助残志愿服务联合联动机制，实施战略合作。十是共同开展助残志愿政策理论课题研究，加强廉政等制度建设，改进完善各项规章制度，推动协会法治化、标准化、规范化建设。在此过程中，检察机关充分发挥法律监督职能作用，确保合作项目严格贯彻国家有关志愿服务的法律、法规和方针政策，弘扬"奉献、友爱、互助、进步"志愿精神，业务范围中属于法律法规规章规定须经批准的事项，依法经批准后开展。

（二）探索开展残疾预防检察公益诉讼

经过几年的探索和实践，检察机关以无障碍环境建设为重点拓展残疾人权益保障检察公益诉讼案件范围的方式和路径，取得了显著成效，为后续的检察公益诉讼助残志愿服务向纵深发展奠定了坚实基础。

检察机关围绕加强对无障碍环境建设法律实施的监督，公益诉讼案件范围从出行无障碍到信息无障碍再到无障碍环境建设不断拓展；监督办案方式从个案探索到类案监督再到专项行动持续深化；监督办案形态从被动受理到主动监督再到能动履职衔接转化；系统治理目标从完善协作机制到推动地方立法再到优化顶层设计循序渐进，为加快无障碍环境建设法的立法进程贡献检察力量。[①]

检察机关在生态环境和资源保护、食品药品安全领域特别加强对涉及残疾人的医疗废物处置和光污染、噪声污染防治以及食品药品、保健品、医疗器械等公益保护的同时，可以依托检察公益诉讼现有法定领域，依法保护用于残疾人保障和发展的国有财产安全，依法加强未成年残疾人保护，依法加强残疾军人、残疾退役军人的权益保障，依法办理残疾人安全生产领域检察公益诉讼案件，依法保护残疾人个人信息安全，依法办理无障碍环境建设领域检察公益诉讼案件。[②]

特别要充分发挥检察公益诉讼的预防功能，围绕监督保障国务院办公厅 2021 年 12 月 14 日出台的《国家残疾预防行动计划（2021~2025 年）》的贯彻执行，积极参与残疾预防知识普及行动、出生缺陷和发育障碍致残防控行动、疾病致残防控行动、伤害致残防控行动、康复服务促进行动，协同相关职能部门、责任主体、社会各界共同推动各项任务有效落实、工作目标如期实现。残疾预防，将成为检察公益诉讼助残志愿服务更高要求和不懈追求。

---

① 邱景辉：《无障碍环境建设检察公益诉讼的回顾与展望》，《人民监督》2022 年第 2 期，第 16~23 页。

② 邱景辉：《积极稳妥拓展残疾人权益保障检察公益诉讼的路径》，《检察日报》2022 年 5 月 12 日，第 7 版。

（三）积极推进残疾人保障法律制度完善

党的十九届四中全会决定将"拓展公益诉讼案件范围"作为"加强对法律实施的监督"的重大改革举措，旨在通过监督保障相关法律的统一正确实施，增强法律措施之间的耦合协同，激活"睡眠"的法律条款，弥补"九龙治水"的衔接疏漏，以能动司法推动解决立法供给相对不足或者滞后的治理难题，最大限度地维护国家利益和社会公共利益，最终需要通过立法确认完成改革任务形成闭环。残疾人权益保障是以特定群体作为公益保护对象，纳入公益诉讼案件范围的"全域""跨域"新领域。在修订残疾人保障法等相关单行法增设检察公益诉讼条款之前，残疾人权益保障暂列公益诉讼"等"外领域，但并不意味着办理残疾人权益保障公益诉讼案件缺乏法律依据。残疾人权益有必要作为专门领域加强综合保护、系统治理。依托法定领域拓展残疾人权益保障新领域的路径和方式，是依法改革的必然要求。"公益诉讼检察办案要把新类型案件办理中遇到的问题梳理出来，为立法提供坚实的实践依据"。推动《无障碍环境建设法》立法并在其中单设检察公益诉讼条款，走出了残疾人保障法律制度建设的关键一步。①

党的二十大报告特别强调"完善残疾人社会保障制度和关爱服务体系，促进残疾人事业全面发展""完善志愿服务制度和工作体系""加强检察机关法律监督工作，完善公益诉讼制度。"与此同时，全国人大常委会也加快了《无障碍环境建设法》的立法进程。2023 年的检察公益诉讼助残志愿服务，期待能全力推动将《无障碍环境建设法》的制定实施及其监督保障纳入以宪法为核心的中国特色社会主义法律体系，努力把"检察助残"打造成"法治公益"的优质公共产品。

---

① 邱景辉：《积极稳妥拓展残疾人权益保障检察公益诉讼的路径》，《检察日报》2022 年 5 月 12 日，第 7 版。

参考文献

中国残联无障碍环境建设推进办公室：《〈无障碍环境建设条例〉实施第九年综述》。

中国残联无障碍环境建设推进办公室：《〈无障碍环境建设条例〉颁布实施第十周年综述》。

中国助残志愿者协会：《中国助残志愿者协会章程》。

中国助残志愿者协会：《2022年中国助残志愿者协会工作要点》。

B.7
中国社区助残志愿服务发展报告（2022）

宋　煜[*]

摘　要： 助残志愿服务一直是社区志愿服务的重要组成部分，但目前以社区为场域的助残志愿服务研究仍然较少。本报告从概念界定出发，紧扣新时代发展主题，从国情出发，梳理了社区助残志愿服务的发展历程，分析了当前我国社区助残志愿组织规模和服务领域，总结我国社区助残志愿服务的发展成效和存在的主要问题，并提出了整合资源、培育品牌、完善机制等针对性建议，从而充分发挥社区助残志愿服务在促进残疾人全面发展、推动共同富裕等方面的积极作用，加强和完善基层社区治理体系，推动基层治理能力提升。

关键词： 社区助残服务　社区志愿服务　残健融合　基层治理

社区是党和政府联系、服务居民群众的"最后一公里"。社区中的残疾人和残疾人家庭是社区工作中需要特别关注的弱势群体，在共享改革发展成果的同时，也需要与健全人一样融入经济社会发展的方方面面，切身感受党和政府的温暖。社区助残志愿服务无疑成为实现这一目标的重要手段，在维护社区稳定、增进社区和谐，推动社区治理体系和治理能力现代化上发挥着积

---

[*] 宋煜，中国社会科学院社会学研究所助理研究员，中国儿童少年基金会中国自闭儿童关爱基金专业委员会专家，研究方向为社区治理与信息化、志愿服务与社会组织、老龄化与城市更新等。

极作用。

助残志愿服务一直是社区志愿服务的重要组成部分，但目前以社区为关注重点的助残志愿服务研究仍然较少，缺乏理论层面的探讨，对实践经验总结也比较少。本报告将紧扣新时代发展主题，从实际国情出发，对社区助残志愿服务发展现状进行梳理，总结成绩，发现问题，提出有针对性的对策与建议，从而充分发挥社区助残志愿服务在促进残疾人全面发展、推动共同富裕等方面的积极作用，加强和完善基层社区治理体系，推动基层治理能力的提升。

一　社区助残志愿服务的概念界定

根据《志愿服务条例》的规定，志愿服务是指志愿者、志愿服务组织和其他组织自愿、无偿向社会或者他人提供的公益服务。[①] 本报告所涉及的社区助残志愿服务涉及了三个相互关联的核心概念，即社区志愿服务、助残志愿服务和社区助残志愿服务。

社区志愿服务是以"社区"作为核心概念的志愿服务行为，同时也将为社区居民及其组织提供志愿服务作为界定标准。广义的社区志愿服务是指志愿者通过参加的志愿服务组织，在社区从事的自愿、无偿和公益利他性的劳动服务。其中的志愿者并不局限于社区居民，而组织也不局限于社区组织。狭义的社区志愿服务则强调志愿者的"社区居民"身份，而组织者也应是"社区组织"，即所谓的"基于社区"的社区志愿服务。众多的以社区为主要服务场所的非本社区居民，参加的非本社区组织开展的志愿服务活动，可称为"面向社区"的社区志愿服务。[②] 顾名思义，传统的助残志愿服务是以残疾人、残疾人家庭和利益相关方作为服务对象加以界定的。社区作为社会生活共同体，同时也是残疾人和残疾人家庭融入社会生活的场所之一。但随着

---

① 《志愿服务条例》，中国法制出版社，2017。
② 宋煜：《助推社区志愿服务发展的建议》，《中国国情国力》2017 年第 10 期。

"残健融合"逐渐成为社会共识，从服务供需的角度来看，社区助残志愿服务则存在两种模式：一是残疾人作为被服务对象的；二是残疾人作为供给方，而健全人是被服务者的。前者是传统意义上的"助残"，后者则是在"社会融合"理念下的"助残"，也是更普遍意义的"助人自助"行为。

因此，本报告所述的社区助残志愿服务是指志愿者、志愿服务组织和其他组织在相关部门主管下在社会生活（社区）领域内，为满足残疾人和相关利益方需求并最终实现社会公平与正义目标，而自愿、无偿向社会或者他人提供的公益服务，包含了上述两种模式，仅以服务发生的社区作为约束条件。

二 社区助残志愿服务的发展历程

我国社区助残志愿服务的发展历史较长，民政、共青团和残联系统均有所涉及，从基层的自发活动到官方的主动倡导，在政策制定、服务推动、设施建设和组织发展等方面不断探索，取得了显著成绩，也逐步摸索出中国社区助残志愿服务发展的路径。

（一）社区助残与助老志愿服务的共同进步

长期以来，助残志愿服务一直是我国社区服务事业的重要内容。1991 年 11 月，民政部在北京召开全国社区服务工作研讨会，就社区服务的内涵和外延、地位和作用、组织和管理等重要课题进行了深入研讨，确定了社区服务的福利性质，其内容主要包括了老年人和残疾人服务等。2002 年 4 月，共青团中央联合全国老龄工作委员会办公室发布了《关于实施"志愿者为老服务金晖行动"的意见》，又联合中国残疾人联合会发布了《关于开展"百万青年志愿者助残行动"的通知》，大力推进助老助残类社区志愿服务发展。[①] 近年来，随着全社会对无障碍环境建设的日益关注，以社区、家庭设施和信息无障碍为主要内容的志愿服务项目不断涌现，其所服务的对象也以残疾人和老年人为主，将

---

① 纪秋发：《社区志愿服务的政策与法律支持系统》，《北京青年政治学院学报》2008 年第 4 期。

"无障碍"理念与适老化紧密结合，成为社区志愿服务的重要领域之一。

从基层实践角度看，在推动社区志愿服务事业发展的过程中，扶老与助残往往是被放在一起表述的。一方面，残疾人与老年人由于身体机能缺陷或退化，具有普遍共通的需求，在社会生活中需要帮助和关爱；另一方面，助残与扶老是中华传统文化的重要内容，我国自古便有"仁者爱人""兼爱非攻""扶危济困"的传统美德，这些美德获得了社会各界的认同，也在社区志愿服务中获得了充分的体现。社区扶老助残志愿服务活动是针对不同对象的相同服务，都是从日常生活的点点滴滴开始的。但由于残疾人与老年人在社会需求、身体机能等方面仍然存在差异，在志愿服务场景中也有所不同，如残疾人存在比较强烈的就业需求，在志愿服务中也就存在残疾人技能培训以促进就业的活动。

（二）社区助残志愿服务在基层探索中发展

残疾人作为社会的弱势群体，虽然会在众多社会场景中缺席，但社区作为生活的主要场所，必然需要提供相适应的支持。服务社区内的残疾人及其家庭，提供有效的社区支持，是促进残疾人在生理和心理上融入社会的重要举措，这也体现在社区助残志愿服务的基层探索之中。

1988 年 10 月，天津市和平区新兴街道朝阳里社区的 13 名积极分子与 13 户困难家庭结成邻里互助组，开展义务包户服务。1989 年 3 月，新兴街道成立了全国首家社区服务志愿者组织——和平区新兴街社区服务志愿者协会（以下简称协会）。[1] 协会成立后，在每月 18 日前后志愿者们都会开展集中设点服务，内容涉及了理发、量血压、修车、修鞋、配钥匙、量体裁衣等，极大地方便了当时居民群众的生活。[2] 在社区助残志愿服务方面，协会以"残疾人需求、志愿者能为"为原则，加强助残基地建设，积极挖掘助残资源，邀

---

[1] 刘立文：《民政部确认天津市和平区新兴街为"全国社区服务志愿者组织发祥地"》，《中国社会报》2009 年 3 月 20 日，第 01 版。

[2] 《全国第一个社区志愿者组织——和平区新兴街社区服务志愿者协会》，北方网，2019 年 9 月 11 日，http://news.enorth.com.cn/system/2019/09/11/037651428.shtml。

请团体会员单位参加或举办助残志愿服务活动，发挥天津医科大学、天津大学、南开大学等单位的人才和专业优势，建立社区助残志愿服务基地，定期为残疾人提供健康普查、康复指导、法律知识宣讲、家政服务、义务家教、心理咨询等多方面的助残服务。① 此外，协会针对残疾人和家庭的需求，积极开展专项助残志愿服务活动，如组织爱心助学活动，使 80 余名残疾学生实现了升学愿望；开展"社区健康行"活动，让 80% 以上的残疾人享受到免费健康普查或上门义诊服务；挖掘就业岗位，加强对残疾人的技术知识培训指导，先后解决了 140 余人的就业问题，36 名残疾人实现灵活就业；开展党员"认亲"活动，使特困残疾人家庭和残疾人中的老年人享受到党员志愿者为他们提供的日常生活照料和精神慰藉服务等。② 一些有服务能力和一技之长的残疾人也组成残疾人志愿服务小分队，开展义务按摩、理发、修锁、配钥匙等服务，积极回报社会。③

（三）社区助残志愿服务迎来全面发展阶段

2003 年起，北京市开始探索创建社区残疾人温馨家园。④ 在街道（乡镇）依托社区资源，建立的以各类残疾人为服务对象的综合性活动空间，成为开展社区助残志愿服务的重要场所。在逐步探索的过程中，上海等地也逐步推动"阳光家园"的建设，并获得了积极响应，为助残志愿服务在城乡社区建设硬件基础设施奠定了基础。

2005 年 10 月，民政部、全国总工会、共青团中央等九部门联合发布

---

① 天津市和平区新兴街道办事处：《社区志愿服务让残疾人生活更美好》，《推进社区服务事业 建设文明和谐社区——全国社区服务推进会暨社区工作委员会 2011 年常委会材料汇编》，2011。

② 天津市和平区新兴街道办事处：《社区志愿服务让残疾人生活更美好》，《推进社区服务事业 建设文明和谐社区——全国社区服务推进会暨社区工作委员会 2011 年常委会材料汇编》，2011。

③ 天津市和平区新兴街道办事处：《社区志愿服务让残疾人生活更美好》，《推进社区服务事业 建设文明和谐社区——全国社区服务推进会暨社区工作委员会 2011 年常委会材料汇编》，2011。

④ 《北京市人民政府办公厅转发市残联等部门关于进一步加强残疾人温馨家园建设意见的通知》，《北京市人民政府公报》2008 年第 5 期。

《关于进一步做好新形势下社区志愿服务工作的意见》，提出在重点服务领域提供包括社会救助、慈善公益、优抚助残、敬老扶幼和法律援助等助残志愿服务，并对如何建立社区志愿服务长效机制提出了具体安排，提出要创新服务形式，提高服务水平，要建立健全开展社区志愿服务的长效机制。① 在社区助残志愿服务发展的过程中，各类志愿服务组织主动走入社区，积极开展多种形式的助残志愿公益活动，不断地探索如何实现社区助残志愿服务的可持续发展。

随着社区助残志愿服务机构的不断壮大，特别是政府和残联购买社会服务的持续开展，专业社会工作人才与社区助残志愿者、社区工作者一起，为社区助残志愿服务的全面发展奠定了基础。以志愿服务组织（社会服务机构）为主体，以社区助残志愿服务空间为平台，以社区社会组织和志愿者为依托的助残志愿服务模式逐渐成形，并成为基层社会治理体系的重要组成部分，其意义也超出了助残志愿服务的价值本身。作为一家始终以残障服务为首要服务要务的社工事务所，北京市朝阳区望京李楠社工事务所成立二十余年，以街道建设的温馨家园作为平台，以基层社区为阵地，形成了用社工专业优势开展助残志愿服务的工作模式。通过多年与社会各界的合作，事务所创建了社区党员志愿者、专业辅导志愿者、青年学生志愿者、社会单位志愿者和残疾人党员志愿者等五类二十余支志愿服务队伍，包括了 500 余名志愿者，将服务落地 5 个区县、21 个街乡，为 8000 余名残疾人提供了文化助残、居家康复照料、送教上门、综合包户、重要节点活动等全方位服务，累计服务时长约 5 万个小时，覆盖人群约 18 万人次，形成了助残志愿服务的"5541"工作模式和"六岗合一"工作方法。② 在这一过程中，社会工作者与志愿者一起，将社区助残志愿服务标准化，建立了需求对接科学化、服务

---

① 《关于进一步做好新形势下社区志愿服务工作的意见》，《社区》2005 年第 22 期。
② 《【汇·声】四个 100，一起打 call》，李楠社会工作事务所微信公众号，2017 年 12 月 28 日，https://mp.weixin.qq.com/s? src = 11&timestamp = 1669019256&ver = 4179&signature = zrnXTByn76ewa1OdN8FYxVkOrUaEtYt－J5tbhXSHg6H ＊ fYRWcp5XNrfEguG4PnqjsTrprK ＊ NHrrHIGj7JWuGqmaP5gE ＊ 53iQzt511VuAWEE1g8aUzGuNVrQp-wDdt7oh&new = 1。

管理规范化、日常活动常态化和特色项目品牌化的"四化"工作标准,在北京市同类机构中率先开展了温馨家园课程化建设,形成可推广的服务模式,并受到社会和残联认可,充分体现了助残志愿服务组织的专业性,探索出一种社区助残志愿服务长效发展的新模式。

(四)新时代社区助残志愿服务体现新内涵

近年来,习近平总书记在视察城乡社区时都会与社区志愿者见面交流,对志愿服务事业做出指示,提出要求,特别强调志愿者在社区治理中要有更多作为。中共中央、国务院在 2021 年印发的《中共中央、国务院关于加强基层治理体系和治理能力现代化建设的意见》中也指出,要创新社区与社会组织、社会工作者、社区志愿者、社会慈善资源的联动机制。[①]

随着我国全面建成小康社会,开启建设社会主义现代化国家新征程,促进全体人民共同富裕被摆在更加重要的位置。在新的时代背景下,大力发展社区助残志愿服务必须紧扣新时代发展主题,在全社会弘扬志愿服务精神,使之成为践行社会主义核心价值观、构建社会主流价值体系的主要方式,更应成为逐步完善第三次分配和扎实促进共同富裕的重要内容之一。在这一背景中,社区助残志愿服务更需要立足基层工作,扩大参与主体,拓展服务领域,创新组织形式,优化体制机制,在切实解决最关心、最直接、最现实的问题的基础上,促进"残健融合、互助友爱"的美好社会建设。

三 社区助残志愿服务发展的现状分析

残疾人事业是中国特色社会主义事业的重要组成部分,扶残助残是社会文明进步的重要标志。[②] 当前,社区助残志愿服务活动主要是以改善残疾人

---

① 《中共中央、国务院关于加强基层治理体系和治理能力现代化建设的意见》,《人民日报》2021 年 7 月 12 日,第 1 版。
② 《国务院印发〈"十四五"残疾人保障和发展规划〉》,《人民日报》2021 年 7 月 24 日,第 4 版。

和残疾人家庭日常生活为目标，普遍由街道（乡镇）、社区（村）党组织、残联自治组织领导，由包括社区社会组织在内的各类型志愿服务组织负责开展。同时，党政机关、企事业单位和社会组织也积极采用多种方式参与到社区助残志愿服务中，逐渐成为我国残疾人服务体系的有机组成部分。

（一）社区助残志愿服务的总体规模

志愿者、志愿服务组织和志愿服务项目的发展情况是反映社区助残志愿服务规模的重要指标。由于社区志愿服务的基本规模尚无可靠的数据支撑，社区助残志愿者的规模统计存在较大的困难。

研究显示，我国注册志愿者中大概有1/4的志愿者都有过在社区开展志愿服务活动的经历，也就意味着有5425万人在社区进行过志愿服务。[①] 此外，还有大量的非注册志愿者在社区从事各类服务活动。调查显示，以社区居民为主体参与社区志愿服务的志愿者中，女性比例普遍高于男性，且65岁以上老年人占比较高，而志愿服务工作者往往也是社区自治组织或社会单位工作人员。[②] 此外，党政机关工作人员、企事业单位等专业服务机构人员（如医生、律师等）和大中小学生都是社区志愿服务的重要参与者。不同的群体可以根据各自的能力在社区开展志愿服务活动，其中很大一部分志愿者从事的是助残扶困类服务，其数量是相当庞大的。

中国残联发布的《2021年残疾人事业发展统计公报》显示，截至2021年，96.4%的乡镇（街道）和97.4%的村（社区）建立了残协。地方各级残联工作人员为11万人，乡镇（街道）残联、村（社区）残协专职委员达到55.1万人。[③] 这些数据虽然仅仅是从残联口径统计的，但也能够推算出

[①] 根据全国志愿服务信息系统数据，截至2021年10月30日，我国（注册）志愿者总人数达2.17亿。资料来源：《新时代文明实践志愿服务的工作布局和开展情况》，载张翼主编《中国志愿服务发展报告（2021~2022）》，社会科学文献出版社，2022。

[②] 翟雁、宋煜：《中国社区志愿服务发展报告》，载中国志愿服务联合会编著《中国志愿服务发展报告（2017）》，社会科学文献出版社，2017。

[③] 《2021年残疾人事业发展统计公报》，中国残疾人联合会网，2022年4月6日，https：//www.cdpf.org.cn/zwgk/zccx/tjgb/0047d5911ba3455396faefcf268c4369.htm。

参与社区助残志愿服务的志愿服务工作者数量是十分庞大的，对扩大社区助残志愿者的规模具有重要意义。此外，社区助残志愿者中也有一批残障人士，利用各自的专长为残疾人和健全人提供志愿服务，践行"奉献、友爱、互助、进步"的志愿精神，培育"我为人人，人人为我"的良好社会风尚。

在社区助残志愿服务组织的规模上，地方各级残疾人专门协会为1.5万个，其中县级各类专门协会已建比例为91.5%。[①] 全国助残社会组织也达到了2997个，[②] 这些社会组织都可以通过志愿服务方式进入社区开展助残志愿服务。在民政部全国社会组织信用信息公示平台进行查询后的结果显示，截至2022年7月，在正常运营的社会组织中，以"社区助残"和"社区残疾人"为机构主题的社会组织共计625家。其中，仅有16家社会组织登记为志愿服务组织。按照组织类型划分，社会团体为101家，民办非企业为524家。如果按照成立时间进行分析，成立1年内的有14个，成立1年以上5年内的有245个，成立5年以上10年内的有338个，成立10年以上的有28个（见图1）。[③]

其中，成立时间在5年以上的社会组织比例达到了58.56%，一定程度上证明了以社区助残服务为主要内容的社会组织中绝大多数已经在社区扎根多年，服务经验比较丰富。对于未以"社区""助残"等命名的各类志愿服务组织，尚无适当的渠道获得其参与社区服务情况的理想数据，但大量已知数据表明大量的社区助残志愿服务组织已在基层扎根，且深耕多年，能够与社区其他类型的组织协同开展助残志愿服务活动。

在助残志愿者和助残志愿服务组织的管理方面，中国残联和民政部都出台了相关制度和政策，支持社区助残志愿服务规范发展。2013年，中国残联制定了《中国助残志愿者注册管理办法（试行）》规范了助残志愿者管

---

① 《2021年残疾人事业发展统计公报》，中国残疾人联合会网，2022年4月6日，https：//www.cdpf.org.cn/zwgk/zccx/tjgb/0047d5911ba3455396faefcf268c4369.htm。

② 《2021年残疾人事业发展统计公报》，中国残疾人联合会网，2022年4月6日，https：//www.cdpf.org.cn/zwgk/zccx/tjgb/0047d5911ba3455396faefcf268c4369.htm。

③ 全国社会组织信用信息公示平台：https：//xxgs.chinanpo.mca.gov.cn/。

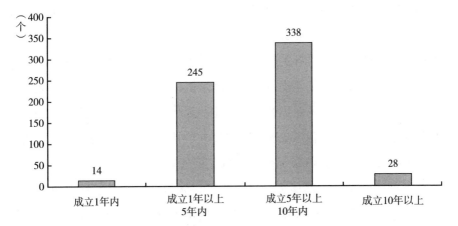

图1 截至 2022 年 7 月全国社区助残类社会组织的成立时长

资料来源：根据全国社会组织平台公示信用信息，作者整理所得。

理工作；2014 年，中国残联、民政部联合发布了《关于促进助残社会组织发展的指导意见》提出要推进政府购买社会助残志愿服务组织服务；2020 年，中国残联、民政部出台了《关于加强和改进村（社区）残疾人协会工作的意见》要求广泛吸纳包括志愿者在内的社会力量参与社区残协工作，开展形式多样的助残志愿服务活动。这些文件为切实加强助残志愿服务工作提供了保障，提出要推进助残志愿服务活动的规范化、制度化发展，特别是在推动助残志愿社会组织的发展上指明了方向。2021 年 7 月，国务院印发了《"十四五"残疾人保障和发展规划》，要求乡镇（街道）、村（社区）为残疾人服务提供场地保障，为助残志愿服务活动所需的软硬件配套设施、无障碍环境提供协助，有助于形成较好的助残志愿服务发展环境。

社区助残志愿服务需求具有多样性特征，其服务内容与助老、扶弱和济困等领域基本一致，此外还存在诸如就业服务、婚恋家庭等独特的服务内容。因此，社区助残志愿服务的供给主要包括扶贫发展、康复医疗、生活照料、心理辅导、辅助就业、融合教育、法律援助、文化体育、婚恋交友，以及其他类型的社区公益性服务。从专业服务的角度来看，不同类型或职业背景的志愿者在社区助残志愿服务中通常是发挥所长让残疾人和残疾人家庭受益，如高校大学生大多通过家教辅导、文娱活动等形式，医疗卫生机构人员通过开展义诊、免费体检和心理关怀等方式，司法机构和律师通过开展法律援助形式，为残疾人提供各类服务。这一情况也让社区助残志愿服务的供给端更为丰富，能够较好地匹配残疾人及其家庭的需求。近年来，随着老龄化的加剧以及全社会对公平意识的日益关注，无障碍环境建设成为社区助残志愿服务的重要内容，涵盖了家庭无障碍设施、社区公共服务设施无障碍改造和数字虚拟空间信息无障碍等多个领域，后者则衍生出了以破除"数字鸿沟"为目的社区助残志愿服务活动。在这一领域中，政府、社会组织和互联网企业都发挥了重要的作用，他们带动残疾人及其家庭成员学习使用智能手机和电脑等信息化设备，帮助残疾人应用数字技术全面融入数字社会交往和日常生活，也促进残疾人通过新兴业态发展实现就业，共享数字经济发展的红利。

（二）社区助残志愿服务发展成效

1. 在党和政府领导下，多主体参与社区助残志愿的新格局日益清晰

伴随着经济社会的快速发展，以"邻里关系"为纽带而联系在一起的传统社区受到了巨大的挑战，社区治理体系正在经历着巨大的变革。[①] 当前，社区助残志愿服务已经形成了党领导和政府主导相结合、组织动员与社会动员相结合的领导体制。在社区层面体现为以城乡社区党组织为核心，以残疾人和家庭为对象，以社区居民和志愿者为主体的助残志愿服务体系。

随着现有社区治理体系的不断完善，以党组织、自治组织、经济组织和社会组织为代表的"四轮驱动"模型日益清晰，组织之间分工协作，对社区助残志愿服务的价值意义也愈发重要。[②] 当前的社区助残志愿服务更加注重需求导向，鼓励多主体参与。党组织领导和协调，经济组织支持和参与，自治组织和社会组织贯彻执行，让共建共享共治的新格局得以实现，真正地

---

① 宋煜：《基层社会治理的创新范式与关键要素》，《中国国情国力》2016 年第 2 期。
② 宋煜：《基层社会治理的创新范式与关键要素》，《中国国情国力》2016 年第 2 期。

推动残疾人融入社会，处理好发展不平衡不充分与日益增长的美好生活需要之间的矛盾，最终实现共同富裕。①

2. 传承"邻里守望"的文化传统，"残健融合"已经成为社会共识

邻里文化是中国传统文化的一部分，"远亲不如近邻"正反映了互信、友爱、和谐的邻里情感，也是与志愿精神相互联通的，因此在中国志愿服务的发展中，"邻里守望"成为我国最早开始的一种志愿服务形式，也是我国社区助残志愿服务的重要方法。2021 年 6 月 8 日民政部下发的《关于推动社会组织开展"邻里守望"关爱行动的通知》指出，应深入了解残疾人等特殊群体情况和需求，通过志愿服务等方式为社区困难群体提供亲情陪伴、生活照料、人文关怀、心理疏导、社会融入等多种形式的服务，实现精准关爱帮扶。"邻里守望"集中体现了社区群众自我管理自我服务的良好风貌，对基层各界社会力量弘扬志愿服务精神、加强基层社会治理建设具有重要意义。在继承"邻里守望"传统的基础上，社区助残志愿服务结合"残健融合"的理念，消除观念障碍、促进社会融合，将残疾人个体的独特优势用于帮助健全人，从而体现残疾人奉献社会、勇敢面对生活、勇于挑战的精神，实现社会公平与正义。

3. 助残志愿已经成为残疾人和相关组织参与基层治理的重要渠道

社区志愿服务是最具中国特色的志愿服务场景之一。中国语境下的"社区"作为社会建设与社会治理的基础性单元，在组织和建设中具有区别于其他文化的特殊性。社区是宏观社会的缩影，是基层群众自治组织所管理的辖区，一定程度上具备了社会管理的功能，而志愿服务融入了企业社会责任和个人公益价值，两者融合呈现形态与领域的多样化特征。②

残疾人作为社区中的一员，同样需要参与社区治理，一部分残疾人发挥自身所长创造社会价值，为他人提供志愿服务，实现社会融入，实现对美好生活的期望。在这一过程中，地方各级残联和助残志愿服务组织通过

---

① 宋煜：《基层社会治理的创新范式与关键要素》，《中国国情国力》2016 年第 2 期。
② 宋煜：《社区志愿服务助推社区治理体系建设》，《中国社会工作》2022 年第 7 期。

助残志愿服务活动，在推动"五社联动"过程中，发挥了挖掘需求、扶弱济困、促进参与和弘扬道德等功能，切实解决了一些残疾人最关心、最直接、最现实的问题，改善了公共服务，增进了社区认同，实现了社会和谐稳定，加强和完善了基层社区治理体系，推动了基层治理能力提升。

四 社区助残志愿服务发展的问题分析

当前，我国社区志愿服务的供给主体在助残领域的参与率仍然偏低，对于残疾群体尚缺乏更多的关注和救助。相较之下，志愿者参与养老助老服务（33.77%）更为常见和频繁，远高于助残志愿服务（14.98%）。[①] 当前，我国社区助残志愿服务亟待在数量和质量上得到提升，也更需要长效机制的保障。

（一）行政力量推动为主，市场主体主动参与比例低

当前，社区志愿服务大多是由残联、党政机关、工会、共青团、妇联等群众团体与所在城乡社区共同组织，市场主体组织和参与社区助残志愿服务活动的比例不高，这在一定程度上也反映出当前社会力量参与不足。[②] 政府资金支持力度参差不齐，相关政策的培训和宣导不到位，以及助残志愿服务组织筹资能力弱等问题，都会在一定程度上造成助残志愿服务组织日常运营困难。研究认为，市场在志愿服务供给中能够发挥非常重要的作用。[③] 一方面，企业社会责任（CSR）部门通过市场的方式获得各领域专家、名人和实业家的支持，以此为包括残疾人在内的弱势群体提供志愿服务，且服务内容往往也具有专业性，如律师提供的法律咨询、医生提供的健康建议等。另一

---

① 《新时代文明实践志愿服务个体参与情况》，载张翼主编《中国志愿服务发展报告（2021~2022）》，社会科学文献出版社，2022。

② 宋煜：《助推社区志愿服务发展的建议》，《中国国情国力》2017 年第 10 期。

③ 王忠平、刘妹辛：《企业志愿服务发展现状、问题及对策》，《中国社会工作》2019 年第 9 期。

方面，企业在志愿服务激励机制上也可以根据贡献为参与社区助残志愿服务的员工提供奖励，奖励可以是物质层面的，也可以是精神层面的抑或是对个人未来发展有利的。实践表明，企业在社区志愿服务领域大有可为，助残志愿不仅能够保障服务的专业化和规范化，也能够优化现有的社区治理模式，对企业自身的可持续性发展同样具有价值。

（二）传播能力明显不足，志愿组织专业性有待加强

社区助残志愿服务由于规模小、参与群体大多缺乏宣传和新传播媒介应用能力，因此往往做了很多事却无法产生广泛的社会效应。这种情况一方面造成了志愿服务组织默默运营，无法壮大和创新发展；另一方面也造成了各地社区助残志愿项目高度重合，且同质化问题突出，难以取得创新性的成果，再次陷入社会关注度不够的窘况，带来了社会公众对社区助残志愿服务的刻板印象，不利于社区助残志愿服务的良性发展。

随着近年来"社会工作+社区助残"模式的推广，专业社会工作者的参与对社区助残志愿服务起到了积极作用，但仍然存在人才不足、经验不多、组织不善等问题，表现为志愿组织专业性不强。在网络技术快速发展的背景下，只有不断影响包括社区组织在内的社会治理形态，通过专业力量的支持和快速的传播输出，让社区助残服务的方方面面获得关注，并通过建立良好的交流创新机制，吸引专业人才加入，不断地实现转型创新，才能适应社区助残志愿服务发展的时代需求。

（三）激励机制仍不健全，志愿者管理缺乏体系支撑

由于中国志愿服务的管理机制存在"多头管理"现象，群团组织和相关部门之间仍然存在对社区志愿服务诸多政策的理解差异，志愿服务组织在项目制度化和规范化上存在不足，志愿服务的长效激励机制一直难以建立，对全面提升本地社区治理的助力表现也不明显。同时，社区助残志愿服务中存在着大量志愿者流失的现象。研究显示，近90%的学生志愿者在取得志愿者证书或完成学校任务后会终止助残志愿服务，这对受助残疾人特别是青

少年造成了一定的伤害。① 这也反映出当前社区助残志愿服务项目在策划上存在问题，即服务目标、内容和过程的盲目性，缺乏专业指导和体例规范，特别是对部分志愿者的岗前培训不足，更缺乏适当的激励措施。因此，社区助残志愿组织亟待构建助残志愿者的管理体系，统筹规划好社区助残服务，加强制度特别是激励制度的建设。

五　社区助残志愿服务发展的对策建议

社区助残志愿服务实现可持续发展的关键是良好的机制，这就需要从促进基层社区治理体系和治理能力现代化的高度，总结经验并发现问题，这同时也是新时代背景下残疾人服务和志愿服务发展的需要。

（一）整合社区助残志愿服务资源，发挥好行政与市场对资源配置的积极作用

在社会发展过程中，资源的稀缺与社会发展需求之间的结构性矛盾凸显。一方面助残志愿服务组织发展面临资金、人才等资源紧缺；另一方面残疾人对志愿服务方面有着巨大的需求，因此如何发挥好行政与市场的资源配置作用，就成为整合资源、用好资源的关键。

在我国统筹资源最有效的方法是发挥党组织的作用，提升党建引领的实际效能。依托乡镇（街道）和村（社区）的基层党组织，发动周边党政机关、群团组织、企事业单位和社会组织的力量，协同构建社区助残志愿服务的平台和机制，形成全社会开展助残志愿服务的氛围，发现和解决残疾人和其家庭的问题。其中，加强对市场主体参与社区助残志愿服务的理论与实践研究非常重要，应当结合市场主体的需求和供给，以新时代文明实践为纽带，发挥党员干部骨干带头作用，鼓励和引导市场主体将资源向社区助残领域倾斜，依靠"党组织领导、自治组织带领、社会组织落实、经济组织支

---

① 张惠、刘焕焕：《社区助残志愿服务发展机制探究》，《同行》2016 年第 12 期。

持"的新型社区治理工作机制，发挥好党群共建、多方联建的效能，统筹整合资源，提升城乡社区助残志愿服务的温度，提高参与者的满意度。

（二）培育社区助残品牌项目，加强对社区助残志愿服务组织的全面支持

解决好社区助残志愿服务的同质化问题的关键是加强跨区域的行业交流。对在社区助残志愿服务中出现的新情况和新问题，要及时了解、解决并总结经验，开展公益服务品牌评选，为社区助残志愿服务组织提供展示机会，打造区域特色品牌；建议由社区助残志愿服务的相关部门一起，加强区域性助残志愿服务活动交流，并建立富有成效的学习教育体系；推出一批适应新形势且认同度高的社区助残志愿服务项目，促进助残志愿服务项目的规范化、品牌化发展，形成社区助残志愿服务品牌成长体系，形成社区助残志愿服务的公益生态。

加大对社区助残志愿服务组织的政策支持力度，通过扩大政府购买服务范围、统筹社会建设项目的建设资金等方式扩大资金投入，有针对性地扶持本地社区的助残志愿服务组织发展，建立社区助残志愿服务发展基金支持新模式，避免项目制带来的"断供"风险。建议以社区无障碍环境建设为抓手，鼓励跨界合作，加强传播宣传，让更多专业人士参与助残志愿服务管理体系，盘活"阳光家园""温馨家园"等驻区服务场所的空间优势，促进政府、市场与社会的合作共赢。同时，要讲好中国助残志愿故事，做好对外宣传与推广工作，传播传统文化中诸如"邻里守望"等扶弱济困相关的文化理念。

（三）完善组织管理服务机制，推动社区助残志愿者队伍的可持续性发展

加强社区助残志愿服务的相关理论研究，摸清底数，明确方向，加强服务评价体系的建设，特别是要把助残志愿服务与完善社区治理体系结合起来，从促进基层社会治理的高度，发现社区助残志愿服务的经济社会价值。积极利用好理论与实践研究的成果，加强部门协同合作，建立和完善志愿者

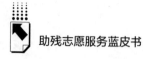

管理体系，探索有效且可持续的激励机制，调动更多力量助力社区助残志愿服务发展。

发挥好基层残联组织和残疾人协会的服务效能，充分调动残疾人及其家庭参与志愿服务的自主性，为社区助残志愿服务培养更多志愿服务管理人才，加大志愿者招募和培训工作力度，推动社区助残志愿服务的标准化和规范化，保障社区助残志愿服务实现突破创新。

社区助残志愿服务不能拘泥于社区这一种场景，还要加大高质量的社区无障碍环境建设，提供更加智能化的服务手段优化资源建设和制度供给，从而进一步推动"残健融合、互助友爱"在社区和社会层面的共同发展，助力基层社会治理体系和治理能力现代化。

B.8
中国医疗康复助残志愿服务
发展报告（2022）

吴宗辉　郑兵*

摘　要： 进入 21 世纪以来，在自然灾害发生时，全民众志成城，医疗康复志愿者也做出了相应的贡献，同时也促进了康复医学的发展；随着医疗康复技术的不断发展，以及志愿服务精神不断深入人心，医疗康复助残志愿服务呈现高质量发展的态势。当前，医疗康复助残志愿服务面临的困境是：服务内容与方式存在短板；服务体系长效机制有待优化；服务资源配置有待加强等。本报告提出了以下对策建议：建立多元精准的医疗康复助残志愿服务长效机制；推广和创新丰富的医疗康复助残志愿服务项目；建立政府、医疗机构以及社会组织的协同发展机制。

关键词： 残疾人　医疗康复　志愿服务

一　中国医疗康复助残志愿服务的发展历程

医疗康复是残疾发生后最基本的需求之一，是提高生活质量的重要手段。随着我国医疗康复事业的发展，医疗康复助残志愿服务得以逐步推行。医疗康复助残志愿服务要求，首先医疗行业能够有足够的能力助

---

* 吴宗辉，西南大学主任医师、教授、硕士研究生导师，研究方向为康复医学，公共管理等；郑兵，西南大学主管康复治疗师，研究方向为康复治疗、运动康复。

残，这是最基本的保障；其次社会组织、国家相关部门应推动志愿服务或提供政策支持，为医疗康复助残志愿服务活动提供制度保障。1990年，《中华人民共和国残疾人保障法》颁布，为残疾人医疗康复提供了强有力的法律保障。2002年，中国残联等部门联合发布《关于进一步加强残疾人康复工作的意见》，为残疾人获得医疗康复服务指明了方向；其中明确提出到2015年人人享有医疗康复的权利。2015年，中国助残志愿者协会的成立，推动了医疗康复助残志愿服务的发展。医疗康复助残志愿服务的发展历程大致可以分为初步探索期、快速发展期、质量转型期三个阶段。

（一）初步探索期（1953~1990年）

自1953年中国盲人福利会成立和1956年中国聋人福利会成立以来，中国残疾人事业经历了无数的风雨，中国残疾人事业一直处于探索阶段，其主要职能是协助政府开展生产自救、特殊教育及医疗康复等。1988年3月，中国残疾人联合会成立，残疾人事业迎来了新发展，同年10月，中国康复研究中心成立，为残疾人医疗康复建立了医疗服务保障。医疗康复作为残疾人的主要需求之一，医疗机构是主要场所，志愿服务则是医疗机构的一种有力补充。

1990年12月，第七届全国人民代表大会常务委员会第十七次会议审议通过了《中华人民共和国残疾人保障法》。《中华人民共和国残疾人保障法》第十四条规定"每年5月的第三个星期日为全国助残日"。第十九条提出"政府和社会采取多种形式对从事康复工作的人员进行技术培训；向残疾人、残疾人亲属、有关工作人员和志愿工作者普及康复知识，传授康复方法"，这在一定程度上为残疾人医疗康复志愿服务提供了法律保障，奠定了助残志愿服务的法律基础。新中国成立以来，我国政府不断探索残疾人事业，成立专门的残疾人联合会，以及专门的残疾人康复中心，在残疾人医疗康复方面不断探索。

（二）快速发展期（1991~2014年）

1991年5月，《中华人民共和国残疾人保障法》正式实施，同时也迎来了第一个全国助残日，其主题是"宣传残疾人保障法"。每一年的全国助残日都有一个明确的主题，主要涉及扶助共进、送温暖、残疾预防、增进健康等；2000年第十个全国助残日的主题是"志愿者助残"，鲜明地主张助残志愿，号召各行各业发挥自身的专长，为残疾人提供志愿服务。

2002年8月，中国残联等部门发布的《关于进一步加强残疾人康复工作的意见》提出，到2005年，在城市和中等以上发达地区的农村，保障有需求的残疾人70%得到康复服务；在经济欠发达地区的农村达到50%。到2010年，在城市和中等以上发达地区的农村，保障有需求的残疾人普遍得到康复服务；欠发达地区的农村达到70%以上。到2015年，实现残疾人"人人享有康复服务"。[1] 其中，医疗康复是重点，是残疾人最大的需求之一。2008年5月12日，突如其来的"汶川大地震"给人们带来巨大伤害，造成大量的不同程度残疾的人员，同年7月，来自江苏、广东、山东等地的数支医疗康复志愿服务队伍，自愿到灾区提供医疗康复服务。灾后的医疗康复至关重要，香港特别行政区也捐赠了很多医疗康复的设备并提供技术支持，同年，由中央军委援建的四川八一康复中心应运而生，后交由四川省残联管理，为灾后医疗康复助残做出巨大贡献；同时，为四川省高起点创建了康复医疗服务体系，形成以八一康复中心和川港康复中心为代表的医疗康复服务机构；在香港特别行政区政府和对口支援省市的援助下，四川省建立了39个基层残疾人康复服务中心，重点负责地震伤员家庭康复指导和生活能力恢复工作，为重灾区因灾致残人员恢复自理能力、重塑生活信心、融入现

---

[1] 《国务院办公厅转发卫生部等部门关于进一步加强残疾人康复工作意见的通知》，中国残疾人联合会官网，2002年8月12日，https://www.cdpf.org.cn/hdjl/gjflfg1/kflzc/60038e443e1141b3920060dda3e45922.htm。

代社会生活发挥了重要作用。① 2010 年 7 月 1 日，中国残联等 7 部门发布《关于加强志愿助残工作的意见》（以下简称《意见》），《意见》指出广泛开展形式多样的"志愿助残阳光行动"，广泛提供医疗康复、送医送药、心理辅导等服务。2010 年，中央文明办、中国残联共同商定，将每年的 7 月 6 日设立为"全国'志愿助残阳光行动'主题日"。同年，残疾人的部分医疗康复项目被纳入基本医疗保障范围，对残疾人按规定进行医疗康复救助。2013 年 1 月，国家卫生健康委（原卫生部）和中国残联联合发布《关于共同推动残疾人康复机构与医疗机构加强合作的通知》，决定共同推动残疾人康复机构与医疗机构加强合作，进一步整合康复资源，提高整体康复服务能力，满足广大患者和残疾人的康复服务需求。

（三）质量转型期（2015年至今）

2015 年 5 月，中国助残志愿者协会成立，全国各地也成立了残疾人相关的志愿者协会，志愿者协会的成立，尤其是医疗康复相关的协会的成立，标志着助残志愿者有了一个"家"。当下医疗康复也处于高质量发展时期，对残疾人的服务能力有极大的提升；也就是说随着助残志愿服务意识的不断增强，医疗康复机构有足够的能力为残疾人提供服务。2015 年 5 月 20 日，中国残联举办全国志愿助残工作会议暨中国助残志愿者协会成立大会。会上宣读了《关于确定"全国志愿助残阳光基地"和"全国志愿助残阳光使者"的通知》，中国残联、共青团中央、中国志愿服务联合会决定，将来自全国各省市的 50 个助残志愿服务组织确定为"全国志愿助残阳光基地"，48 名助残志愿者确定为"全国志愿助残阳光使者"。中日友好医院组建助残"阳光行动"志愿服务分队被确定为"全国志愿助残阳光基地"。医疗康复专业人员助残志愿服务活动越来越多，进入高质量发展期。医疗康复专业人员助残志愿服务主要是发挥专业特长，着眼社区，服务家庭，大力开展社区医师康复培

---

① 《"5·12"汶川特大地震十年 四川医疗卫生灾后恢复重建成效显著》，四川省人民政府官网，2018 年 5 月 11 日，https://www.sc.gov.cn/10462/10464/10797/2018/5/11/10450698.shtml。

训和家庭康复指导。其次是强化科普教育，服务民生，惠及百姓，开展科普宣教和助残文化建设。2016 年，全国各地将康复综合评定等 20 项医疗康复项目逐步纳入医保，减轻了残疾人在获得医疗康复过程中的经济负担。

2021 年是"十四五"开局之年，中国残联、国家卫生健康委等部门联合印发了《"十四五"残疾人康复服务实施方案》，制定了四项主要措施：一是完善残疾人康复保障政策；二是加强残疾人康复服务体系建设；三是提升残疾人康复服务专业化水平；四是实施残疾人精准康复服务行动。组织志愿服务力量，组织开展"爱耳日""助残日""爱眼日""残疾预防日""精神卫生日"等宣传教育活动。随着全国进入脱贫攻坚战，残疾人的脱贫攻坚也备受关注，中国残联、国家卫生健康委共同发文《关于进一步做好建档残疾人家庭医生签约服务工作的通知》（以下简称《通知》）。《通知》要求，各地残联和卫健委等部门要根据中国残联和国家卫生健康委提供的残疾人家庭医生签约信息比对结果，对未签约及未纳入相关数据库的残疾人情况逐一核查，切实采取措施动员、帮助常住本地并具备追踪随访条件的未签约贫困残疾人在自愿的基础上与基层医疗机构签约，同时要做实做细面向贫困残疾人的基本医疗、公共卫生和康复等签约服务，提升签约服务水平，增强与贫困残疾人家庭签约医生服务获得感。随着医疗康复服务能力的提升和志愿服务精神的传播，医疗康复助残志愿服务将进入高质量发展期。

二　中国医疗康复助残志愿服务的发展现状

通过对中国医疗康复助残志愿服务发展历程的梳理发现：新中国成立以来，残疾人群体被广泛关注，人们的助残意识越来越强，政策法规不断完善，相关部门不断努力构建服务体系，服务项目不断丰富，服务模式也呈现多元化。自中国康复研究中心成立以来，专门针对残疾人的医疗康复体系雏形初现，服务能力逐步得到提升。中国康复研究中心主要承担我国康复医疗、康复研究、人才培养、社区指导、国际交流等多领域康复工作，在残疾人医疗康复方面，起到引领作用。

（一）政策法规的顶层设计不断完善

1990 年颁布的《中华人民共和国残疾人保障法》是我国首部为了维护残疾人合法权益，发展残疾人事业，保障残疾人平等参与社会生活，共享社会物质文化成果的法规条例。在修订《中华人民共和国残疾人保障法》的基础上，我国相继颁布《残疾人教育条例》《残疾人就业条例》《无障碍环境建设条例》等配套法规，为推动医疗康复助残志愿服务的顶层设计提供现实基础。"十三五"期间，在党和政府有力领导、社会各界共同努力下，我国开始有计划地开展残疾人康复工作。2017 年，国务院颁布《残疾预防和残疾人康复条例》，残疾儿童康复救助制度在全国范围建立实施，29 项医疗康复项目被纳入基本医疗保障支付范围，工伤康复和康复辅助器具配置待遇水平稳步提高。2019 年，中国残联、民政部、国家卫生健康委联合印发《残疾人社区康复工作标准》，对残疾人社区康复包含的组织管理、服务体系、服务内容、评价指标四大方面进行规定，明确有关部门在残疾人社区康复工作中的职能，要求基层卫生服务机构要具备相应的医疗康复能力并开展家庭医生签约服务，明确残疾人社区康复服务内容主要包括康复需求和服务状况调查、基本医疗卫生服务、康复训练、辅助器具适配、支持性服务、转介服务等六大方面。2020 年，民政部、国家卫生健康委、中国残联 3 部门印发《精神障碍社区康复服务工作规范》，明确残疾人康复的服务机构、服务项目、服务流程、服务人员培训等要素，进一步推动残疾人康复事业高质量发展，实现了"十四五"残疾人工作的良好开局。2021 年 12 月 14 日，国务院办公厅印发《国家残疾预防行动计划（2021~2025 年）》，《国家残疾预防行动计划（2021~2025 年）》提出工作目标：到 2025 年，覆盖经济社会发展各领域的残疾预防政策体系进一步完善，全人群全生命周期残疾预防服务网络更加健全，全民残疾预防素养明显提升，遗传和发育、疾病、伤害等主要致残因素得到有效防控，残疾康复服务状况持续改善，残疾预防主要指标处于中高收入国家前列。[1]

---

[1] 《国务院办公厅关于印发国家残疾预防行动计划（2021~2025 年）的通知》，中国政府网，2022 年 1 月 5 日，http://www.gov.cn/zhengce/content/2022-01/05/content_ 5666521.htm。

政府在不断完善相关政策体系，从顶层设计到落实，全力保障残疾人获得医疗康复的救助。从最开始的法律保障，到具体的医疗康复助残志愿工作规范，倡导将医疗康复助残前移，早期预防干预。从政策体系角度，为残疾人的医疗康复保驾护航。

（二）医疗康复助残志愿服务体系初步搭建

中国新时期残疾人康复事业自 1984 年邓朴方创建中国残疾人福利基金会起已经走过了 30 余年，形成了党委领导、政府负责、社会参与、残疾人组织充分发挥作用的残疾人康复事业领导体制和工作机制，全社会扶残助残的氛围更加浓厚，残疾人生存发展状况显著改善，平等参与条件更加充分，生活水平明显提高。一直以来，我国坚持构建"以残疾人家庭为依托，以社区康复为基础，以康复机构为骨干"的残疾人康复服务体系，大力建设残疾人康复服务机构。据中国残疾人联合会发布的数据，截至 2021 年底，全国有残疾人康复机构 11260 个。康复机构在岗人员达 31.8 万人，其中，管理人员 3.3 万人，业务人员 23.2 万人，其他人员 5.3 万人（见图 1）。可以说，在各方努力下，中国残疾人康复服务在组织建设、运行机制、人才队伍等方面取得了不菲的成绩，初步搭建起多层次、多元化的医疗康复助残志愿服务体系。

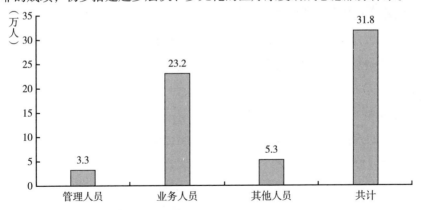

图 1　2021 年全国康复机构在岗人员

数据来源：《2021 年残疾人事业发展统计公报》，中国残疾人联合会官网，2022 年 4 月 6 日，https://www.cdpf.org.cn/zwgk/zccx/tjgb/0047d5911ba3455396faefcf268c4369.htm。

在医疗、康复机构的共同参与下，医务人员在志愿服务过程中，利用自己的专业优势，在党委、政府、社团组织等的号召和组织下，发扬志愿服务精神，积极参与助残志愿服务活动，是医疗康复助残志愿服务的主力军。以中日友好医院志愿者协会为例，该志愿者协会以医院康复医学科为技术依托，在北京市朝阳区多个社区开展助残康复志愿服务，培训社区康复专业医务人员，初步形成了三级康复网络和有效的双向转诊机制。志愿者定期在社区开展帮扶服务，为残疾人提供技术支援。

随着助残志愿者协会的成立，中国助残志愿队伍不断壮大，其中不乏医务人员参与。在助残志愿者协会的引领下，整合优化及有效配置助残志愿服务资源，指导和推动地方广泛开展形式多样、内容丰富、各具特色的医疗康复助残志愿服务活动。

（三）医疗康复助残志愿服务项目进一步丰富

康复是残疾人就业、就学、融入社会的重要前提，也是残疾人最迫切、最现实的生活需求。2016年，为进一步提高我国基本医疗康复保障水平，满足广大残疾人及其他功能障碍者的康复需求，人力资源和社会保障部、国家卫生健康委、民政部、财政部、中国残联等部门联合印发了《关于新增部分医疗康复项目纳入基本医疗保障支付范围的通知》，将康复综合评定等20项新增医疗康复项目纳入城乡基本医疗保险支付范围，切实保障了广大残疾人的康复权益，为后续丰富医疗康复助残志愿服务项目提供了坚实基础。

2020年5月，全国第三十个助残日，中国康复研究中心回顾了建院30余年来的助残扶贫工作。中国康复研究中心以医疗康复为主业，大力助残脱贫，不断发展医疗康复新技术，助力科技脱贫；坚持教育为本，培育康复人才，率先在全国开设康复治疗专业，累计培养毕业生815人，其中本科542人，硕士217人，博士56人；深化对口支援，精准帮扶基层，相继派出专家骨干长期扎根西藏，支援藏区建设发展。在四川汶川、青海玉树、四川雅安、云南鲁甸发生地震灾害时，第一时间组建医疗队奔赴灾区，开展救援工作，为国家抗震救灾做出努力。中国康复研究中心在医疗康复助残志愿服务方面的经验值得推广。

残疾人的需求是多样化的，医疗康复助残志愿服务活动往往会根据残疾人的需求展开。残疾分为视力残疾、听力残疾、言语残疾、肢体残疾、智力残疾、精神残疾和多重残疾，每年的全国助残日均有明确的主题。近年来，医疗康复助残还与脱贫攻坚相结合，对残疾人进行精准帮扶。2020年5月17日是全国第三十个全国助残日，此次全国助残日主题为"助残脱贫 决胜小康"，呼吁社会各界共同加快推进残疾人脱贫攻坚，实现残疾人共奔小康的目标。结合当前新冠肺炎疫情防控实际，第三十个全国助残日期间的活动多线上远程进行，减少直接接触。主要内容包括普及疫情防控知识、保障贫困残疾人基本医疗需求和康复需求等。

2021年，《"十四五"残疾人康复服务实施方案》要求实施残疾人精准康复服务行动，包括修订残疾人基本康复服务目录，细化残疾人康复服务项目。目前，我国残疾人康复服务较多依托社区开展工作，依据不同残疾类别实施差异化的康复服务项目，服务包含从生理到心理、从职业康复到预防复发、从生活技能到社交技能等。

（四）医疗康复助残志愿服务模式的探索

我国自1986年开始进行社区康复的试点工作，《中华人民共和国残疾人保障法》规定"以残疾人家庭为依托，以社区康复为基础，以康复机构为骨干"开展社区康复工作。具体而言，以社区康复为基础是在"全面康复"理念指导下，将残疾视为个体和社会环境互动所形成的复合状态，认为残疾人社区康复比传统的寄宿制机构更能提高残疾人独立生活、工作、自我选择等与生活质量相关的能力；以残疾人家庭为依托则充分考量情感归属在残疾人康复中的重要性，主张家庭成员的支持有助于残疾人参与正常生活、重返社会；康复机构作为残疾人社区康复的重要承载者，在社区康复的发展过程中起到了关键性作用，以康复机构为骨干是促进康复服务市场化发展的重要体现。这种以政府为主导、以市场为补充的残疾人康复服务模式在一定程度

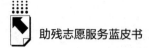

上可以避免政府失准的情况。总的来说，我国医疗康复助残志愿服务模式发展受到西方传统的寄宿制模式和日间活动服务机构模式的影响，形成了具有中国特色的"以残疾人家庭为依托，以社区康复为基础，以康复机构为骨干"的综合性康复服务模式。

2010 年 7 月 1 日，中央精神文明建设指导委员会办公室等 8 部门联合发布《关于加强志愿助残工作的实施意见》（以下简称《意见》），《意见》提出广泛开展形式多样的"志愿助残阳光行动"，包括"社区志愿助残阳光行动""青年志愿助残阳光行动""巾帼和家庭志愿助残阳光行动"等，这些形式均提到医疗康复助残，要发挥各部门优势，整合各种资源为残疾人提供实实在在的个性化服务。《意见》还规范了助残志愿工作机制，包括志愿者的招募与注册、培训与对接、评价与激励等。2022 年，北京冬奥会、冬残奥会顺利举办，中国康复研究中心 18 名保障队员圆满完成医疗保障任务，这是一种特殊的、新型的医疗康复助残志愿服务模式。近年来，全国各地残联及社会组织开展了形式多样的助残志愿服务活动，其中医疗康复助残志愿服务活动也是形式多样，包括为残疾人提供鼻炎筛查、康复保健敷贴、白内障筛查、听力障碍筛查、助听器验配、医疗盲人按摩培训等服务。

三 中国医疗康复助残志愿服务的问题分析

医疗康复助残志愿服务是一项为残疾人提供的特殊服务，通过医疗康复，可有效帮助残疾人群恢复正常生活。但由于医疗康复助残的特殊性，需要专业的人员才能有效实施，医疗资源的分布和配置决定了其存在一定的局限性。通过系统梳理中国医疗康复助残志愿服务的发展历程和发展现状发现，在探索发展医疗康复助残志愿服务的过程中，仍存在以下问题。

（一）医疗康复助残志愿服务内容与方式存在短板

我国医疗康复助残志愿服务的主要问题之一就是残疾人医疗卫生服务需求并没有得到有效满足。其原因主要有以下两点。一是残疾人和健全人相比，其自身医疗卫生服务需求明显高于健全人。残疾人由于机体功能障碍等原因，生活自理能力较差，活动范围受限，如此一来其心理健康也受到影响。残疾人的健康水平与其残疾程度息息相关，对于多重残疾人而言，其健康指标更加不容乐观。此外，大量对残疾人体检数据进行分析的研究发现残疾人群是一些慢性疾病的高发人群，进而导致残疾人的医疗康复需求明显高于健全人。当前残疾人医疗卫生服务可及性仍有待提升。二是由于残疾类型的不同，其对于医疗康复服务的需求也存在显著差异。通过第二次全国抽样调查残疾人对康复相关服务需求的数据可以了解到，由于身体功能的缺陷及障碍，医疗服务与救助成为残疾人的主要康复需求，此外对辅助器具的需要以及对于康复训练服务的需求也较大。通过分析发现，不同类型的残疾人对于医疗康复的需求的侧重点各有不同。例如，听力残疾者对于辅助器具的需求最高，言语残疾者对于辅助器具的需求却很低。除此之外，不同性别的残疾人在康复需求上也存在非常显著的差异，男性残疾人在医疗服务与救助、辅助器具、康复训练与服务等多方面的需求均高于女性，不同类型残疾人的个性化服务需求难以得到有效满足。

2019 年，中国残联、民政部、国家卫生健康委联合制定的《残疾人社区康复工作标准》中明确规定残疾人社区康复服务内容主要包括：康复需求和服务状况调查、基本医疗卫生服务、康复训练、辅助器具适配、支持性服务、转介服务等六方面。对于残疾人中存在的各种共同需求，社区助残志愿服务主要采取集中服务的方式。如社区内义诊、康复咨询、无障碍设施建设等较为集中的志愿服务。现行的医疗康复助残志愿服务并未根据残疾人的类型和残疾程度进行进一步的细化，缺乏针对性的康复志愿服务，使得大量残疾人的康复需求不能得到有效满足。且现代"互联网+""物联网""人工智能"等高新科学技术并未实现与医疗康复志愿服务的高效结合，科学化、个性化的医疗康复助残志愿服务的信息平台还有待进一步构建与完善，距实现"人人享有康复服务"的目标还很遥远。

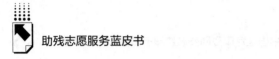

（二）医疗康复助残志愿服务体系长效机制有待优化

鉴于残疾人生理、心理方面的特殊性，其康复需求具有长期性、多样性、复杂性、专业性等诸多特点。其中长期性主要指由于残疾人的身心障碍的长期性，其对于康复的需求也是长期且普遍的；多样性则是指由于残疾类型的不同，其康复需求的类型也各有不同；复杂性即为残疾人在机构康复治疗中的康复的项目需求较为复杂；专业性是指残疾人康复工作涉及康复治疗、物理治疗、运动疗法等多样方法的专业性工作，需要依靠各种性质特殊的专业技术，借助专业人士的帮助，促进康复工作的有效实施。

2017年6月，《志愿服务条例》经国务院第175次常务会议审议通过，并于2017年12月1日起施行。《志愿服务条例》指出，志愿服务是指志愿者、志愿服务组织和其他组织自愿、无偿向社会或者他人提供的公益服务。志愿工作具有自愿性、无偿性、公益性、组织性四大特征。由于志愿服务遵循自主自愿的原则，如何将助残志愿服务与日常医务工作有效结合，还有待进一步考量。国家颁布的众多残疾人相关法律法规，大多是保障残疾人合法权益和规范残疾人医疗康复行为的，鲜有专门的法律法规或者政策针对助残行为，目前是以相关文件的倡导为主。医疗康复助残志愿活动该如何在法律法规的框架下进行，需要进一步探索。

社区医疗康复助残是残疾人康复的主要途径，但社区医疗康复助残人才队伍建设滞后、医疗康复助残经费投入不足、设施设备缺乏等诸多问题使得社区医疗康复助残服务能力不足。从管理体制上看，当前社区医疗康复助残志愿服务的主要推动力来自残联，而卫生、民政、就业和社会保障等相关部门介入较少，使得多部门协作的医疗康复助残志愿服务的长效机制难以形成。

（三）医疗康复助残志愿服务资源配置有待加强

我国幅员辽阔，各地的自然和经济条件也存在显著差异，康复医疗卫生服务也同样存在资源分布不均的问题。例如，经济发达的东部地区比经济相对欠发达的中部、西部地区拥有更为丰富的康复医疗卫生服务资源。同时受到城乡二元制经济的影响，城乡之间也存在显著差异，城市集中了大量优质的康复医疗卫生资源，而农村地区存在医疗卫生服务资源短缺的问题。优质的康复医疗卫生资源在三级医疗机构较为集中，而二级和一级医院的康复医疗资源却处于相对匮乏的状态。在资源相对匮乏的农村地区，其志愿服务也相对落后，难以为残疾人提供持续稳定的助残服务。近年来，我国不断鼓励社会资本投资兴办残疾人康复机构，发展残疾人事业，但在实践中仍存在缺乏配套制度、缺乏专业化配置、存在发展新障碍等问题，使得我国社会资本开展残疾人康复助残志愿服务力量相对薄弱，难以形成多元格局。部分地区虽有相关政策提出，但由于缺乏相应的配套制度支持，社会资本兴办康复机构的政策并不理想。

与其他助残志愿服务相比，医疗康复助残志愿服务具有较高的专业性。医务人员数量是医疗康复助残志愿服务的基本保障，在我国，每10万人口匹配医务人员的比例远低于发达国家或地区，国家卫生健康委发布的《2020年我国卫生健康事业发展统计公报》数据显示，2020年末，全国卫生人员总数为1347.5万人，占总人口的比重不足1%。在医疗卫生工作人员总体不足的情况下，我国的康复机构存在数量不足、质量不高、地区间康复工作人员配置不均衡等问题。[1] 2021年，国家卫生健康委、国家发展改革委等八部门发布的《关于加快推进康复医疗工作发展的意见》对康复医疗人力资源提出明确的目标，到2025年，每10万人口匹配的康复医师达到8人、康复治疗师达到12人。但目前康复医疗人力资源缺口还很大，以上海市2020年的一项关于康复医疗人力资源现状的调研为例，每10万人口匹配的康复医师、康复治疗师、康复护师分别为2.17人、11.11人、6.65人，仅为国际平均水平的1/5。[2]《关于加快推进康复医疗工作发展的意见》提

---

① 冯振宁等：《我国残疾人康复机构与人力资源现况及配置公平性研究》，《中国社会医学杂志》2022年第2期，第222~225页。

② 郑洁皎等：《上海市康复人力资源发展现状》，《中国康复理论与实践》2020年第12期，第1471~1476页。

出推动医疗资源丰富地区的部分一级、二级医院转型为康复医院。支持和引导社会力量举办规模化、连锁化的康复医疗中心。原则上，每个省会城市、常住人口超过 300 万的地级市至少设置 1 所二级及以上康复医院；常住人口超过 30 万的县至少有 1 所县级公立医院设置康复医学科；常住人口 30 万以下的县至少有 1 所县级公立医院设置康复医学科门诊。据调查，我国目前康复医学科床位数占医疗机构总床位数、三级综合医院占同级总床位数、二级综合医院占同级医疗机构总床位数均不足 10%。可见，医疗康复资源配置还有很长的路要走。《关于加快推进康复医疗工作发展的意见》鼓励有条件的医疗机构通过"互联网+"、家庭病床、上门巡诊等方式将机构内康复医疗服务延伸至社区和家庭。支持基层医疗机构丰富和创新康复医疗服务模式，优先为重度残疾人等有迫切康复医疗服务需求的人群提供居家康复医疗、日间康复训练、康复指导等服务。① 医疗资源的匮乏和分布不均，是阻碍医疗康复助残志愿服务活动发展的主要因素。

根据《2021 年中国残疾人事业统计年鉴》数据，分析 2020 年我国六类残疾人数量、康复从业人员（包括管理人员、专业技术人员和其他人员）及康复机构相关数据（见表1），可以发现，视力残疾每 100 人康复从业人员为 1.8 人，康复机构占比为 0.1%；听力残疾、言语残疾每 100 人康复从业人员为 2.1 人，康复机构占比为 0.2%；肢体残疾每 100 人康复从业人员为 1.7 人，康复机构占比为 0.08%；智力残疾每 100 人康复从业人员为 6.0 人，康复机构占比 0.4%；精神残疾每 100 人康复从业人员为 4.0 人，康复机构占比为 0.1%。由此可见，康复从业人员就业情况和康复机构设置情况仍不理想。

四 中国医疗康复助残志愿服务发展的思考与建议

医疗康复对提升残疾人生活质量至关重要，是残疾人合法权益的重要保

---

① 《关于加快推进康复医疗工作发展的意见》，中国政府网，2021 年 6 月 16 日，http：//www.nhc.gov.cn/yzygj/s7653pd/202106/c1053bb207f94415aeb8f393b8716b8e.shtml。

表1　2020年全国六类残疾人数量、康复从业人员数量及康复机构情况

类别	残疾人数量（人）	康复从业人员数量（人）	康复从业人员占比（%）	康复机构（个）	康复机构占比（%）
视力残疾	1146128	20302	1.8	1457	0.1
听力残疾、言语残疾	866886	18310	2.1	1819	0.2
肢体残疾	5428217	90170	1.7	4749	0.08
智力残疾	863966	51775	6.0	3974	0.4
精神残疾	1784527	71809	4.0	2109	0.1

资料来源：根据《2021年中国残疾人事业统计年鉴》数据，由作者整理计算所得。

障。但残疾人往往受各种因素的限制，医疗康复需求更多依赖助残志愿服务来实现。故建立医疗康复助残志愿服务长效机制，开展多元医疗康复助残志愿服务活动，是保障残疾人获得医疗康复服务的根本。为缓解当前出现的主要问题，医疗康复助残志愿服务应从以下几个方面做出优化。

（一）建立多元精准的医疗康复助残志愿服务长效机制

在过去的几十年中，经过各级残疾人联合会和医疗卫生人员的不懈努力，中国在医疗康复助残志愿服务方面取得了一定的经验。医疗康复助残志愿服务由于其专业化要求较高，几乎只能由医疗机构相关人员作为志愿者，但目前医疗机构的任务也较重，医疗资源相对短缺。在现有条件下，建立一个多元的、精准的医疗康复助残志愿服务的长效机制，可能是一种较好的方法。青海省残联组织的深入果洛州开展为残疾人送医送药送康复送健康志愿服务活动，做到了精心组织、精准服务，值得推广。[①] 首先，基于残疾人的需求，建立残疾人医疗康复需求库，可以借助家庭医生签约工作，对残疾人进行精准的评估，找出问题。其次，利用区域内的医疗资源，发展线上线下的医疗康复志愿者，开发线上助残渠道，可以对同类型残疾人进行集中指导，借鉴国外"同伴教育"的模式，建立线上、线下、团体辅导、同伴教

[①] 《青海省残联组织康复医疗服务队赴果洛州开展志愿服务活动》，青海省残疾人联合会官网，2022年7月19日，http://www.qhcl.org.cn/html/13/50266.html。

育等多元的服务模式。① 最后，疫情防控常态化下，借用现有科技手段，远程进行精准化的医疗康复指导，充分利用全国的资源，打破区域医疗康复资源的不平衡，破解疫情防控带来的难题。

充分利用区域医疗优势资源，建立精准对接助残服务。根据区域内残疾人的类别、需求，借鉴"精准脱贫"经验，医疗机构对口帮扶区域内残疾人，加大医疗康复助残志愿服务的宣传力度，鼓励医务人员积极参与，给予政策方面的支持，充分发挥医务人员的主观能动性。康复治疗师队伍是进入21世纪以来的年轻队伍，近年来，数量不断攀升，同时康复治疗是残疾人需求最大的服务项目之一，可在康复治疗队伍中大力宣传助残志愿服务理念，招募康复治疗师志愿者参与医疗康复助残志愿服务。

（二）推广和创新丰富的医疗康复助残志愿服务项目

一直以来，医疗康复助残聚焦"功能康复"。丰富的医疗康复助残志愿服务项目不断开展。大部分项目取得较好的效果，积累了丰富的经验，值得大力推广。但是，由于各地开展的项目没有统一的标准，导致项目多而不精。建议由残联或者志愿者协会梳理相关的项目，挑选精品项目，推广到全国各地，尤其是医疗康复资源相对贫乏的地区，选择什么样的助残志愿服务项目，需要因地制宜。另外，医疗康复助残志愿服务项目可结合乡村振兴、残疾人再就业、残疾人体育运动等项目，这是因为残疾往往带给人们的是功能障碍，从而导致就业能力下降，加重经济负担，甚至出现返贫的情况。康复医学的本质也是挖掘残疾人现有功能，促进再就业或提升生活自理能力，减轻家庭负担。2022年北京冬残奥会的成功召开，在一定程度上促进了残疾人参与体育运动，在医疗康复助残志愿服务项目中，可将运动康复的理念和方法结合起来，为残疾人体育运动助力，同时也鼓励每一个残疾人树立信心，尽可能参与体育项目，从而增强自身的体质，提高自身和家庭生活

---

① 葛芳芳：《做志愿者，残康人士也能行——从助残小组到助残志愿者队伍的蜕变》，《中国社会工作》2021年第6期，第30~31页。

质量。

结合自己的专业优势，创新发展医疗康复助残志愿服务项目。2021年12月，国务院办公厅印发了《国家残疾预防行动计划（2021～2025年）》，提出残疾预防是近年来国家残疾人事业的重要战略，医疗康复助残志愿服务活动可发挥自身专长，有效预防二次残疾或次生障碍的发生，在制定助残志愿服务活动时，可与残疾预防项目相结合，既能将残疾的发生降到最低，又符合国家的政策方针。系统推进，早期干预，早期宣教；针对各阶段主要致残因素采取综合干预措施，推进健康教育、健康促进，提供系统连续的筛查、诊断、治疗、康复一体化服务。① 此外《国家残疾预防行动计划（2021～2025年）》还明确了7项指标，包括康复医师人数、失能老人的健康服务率、残疾人基本康复服务覆盖率等。康复医疗机构对自身的服务对象进行定时随访，针对特定的人群，如慢病患者、儿童、老年人等，进行残疾的二次发生的宣教，减小残疾带来的影响。

（三）建立政府、医疗机构以及社会组织的协同发展机制

医疗康复助残志愿服务主体是医疗机构，但是需要政府、社会组织的支持。残联、民政等部门提供设备、场地等，组织相关残疾人在线上或线下参与相关活动，志愿者协会成立专业化程度较高的医疗康复志愿者分会，提供培训、宣教等，共同建立医疗康复助残志愿服务的体系。建立三者分工明确，协同发展的机制。一是政府部门主要负责搭建平台和提供资源。提供政策、法律法规的制度保障。二是医疗康复机构负责提供专业化、精准化的医疗康复服务。依托自身的技术平台，发挥自己的专业优势，树立志愿者服务理念。三是社会组织负责组织、策划、宣传等。尤其是助残志愿者协会，可充分吸收医疗康复志愿者，成立专门的二级协会，加强基层组织医疗康复志愿者的招募和培训，对活动进行策划，联络政府组织和医疗康复机构，宣传

---

① 《国务院办公厅关于印发国家残疾预防行动计划（2021～2025年）的通知》，中国政府网，2022年1月5日，http://www.gov.cn/zhengce/content/2022-01/05/content_ 5666521.htm。

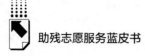

活动取得的实际效果，总结经验，推广成功的案例。三者充分利用各自的优势，团结协作。

　　社会组织还可深入相关专业学校，宣传和推动医疗康复助残志愿服务项目。加强医疗康复人才培养，大学生对志愿服务活动往往具有较高的积极性，大学生参与助残志愿服务可充分发挥大学生的优势，也可增加其社会实践的机会。中国残联、教育部及国家卫生健康委正在联合推动康复大学（筹）的建设，主要是推动医疗康复在助残事业的发展。相关组织可与学校协作，大力招募、培训医学生或相关专业学生作为志愿者，埋下志愿服务精神的种子。形成教育、社会实践相结合的医疗康复助残协作机制。相关教学医院的师资可作为负责人，负责带领和指导学生小组开展志愿服务活动，充分利用节假日，结合自身的专业，对残疾人进行精准帮助。

B.9
中国图书馆助残志愿服务发展报告（2022）

陈蓓琴　刘一繁*

摘　要： 助残志愿服务是新时代图书馆服务范畴的延伸，彰显着图书馆文化服务的社会责任。本报告采集公共图书馆、高校图书馆助残志愿服务基本数据，归纳分析中国图书馆助残志愿服务的发展现状和存在问题，并提出相应发展建议。研究发现，中国图书馆助残志愿服务相关法律体系、线上服务平台等建设尚处于起步阶段，阅读类助残服务发展较快，但也存在助残志愿服务的制度法规建设不健全；图书馆助残志愿服务发展不均衡不协调；被动型服务模式不能满足残障群体文化需要；服务内容趋于同质化、缺少特色助残服务品牌；志愿者招募和培训方式单一、缺乏行之有效的管理机制等问题。针对现有问题，报告提出完善相关法律法规、规范助残志愿行为；创新助残服务形式与内容、推进助残志愿活动常态化；健全志愿者管理制度、加强志愿者队伍建设；强化对残障用户信息需求调研、提升用户体验；加大宣传力度、扩大助残志愿服务影响力等对策。

关键词： 图书馆　残疾人　助残服务　志愿者

---

* 陈蓓琴，南京特殊教育师范学院科研处处长、研究员，研究方向为无障碍图书馆；刘一繁，任职于南京特殊教育师范学院图书馆，研究方向为图书馆残疾人服务。

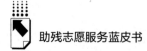

图书馆为社会提供公共文化服务，是开展公益性社会教育的重要机构。为弱势群体提供均等化的服务、保障弱势群体的文化权益是其职责之一。[①] 国务院《"十三五"加快残疾人小康进程规划纲要》明确指出"要有效开展志愿助残服务，促进志愿助残服务常态化、制度化、专业化和有效化，满足残疾人多层次、多样化需求。"[②]《"十四五"残疾人保障和发展规划》中也提到"加快培育助残社会组织和企业，吸引社会力量和市场主体参与残疾人服务。"[③] 作为社会力量的重要组成部分，图书馆有责任、有义务为残障人士提供均等、无障碍的公共文化服务。在此背景下，本报告全面梳理中国图书馆助残志愿服务发展现状，系统分析图书馆助残志愿服务存在的问题并提出相应对策，旨在能更好地满足残障人士的精神文化需求，提高为残障人士服务的水平，为保障残障人士文化权益、推进残障人士精神文化建设、助推残障人士文化事业高质量发展提供参考。

一 中国图书馆助残志愿服务的概念界定和发展历程

（一）概念界定

目前国内外对助残志愿服务的研究相对较少，也没有形成统一定义。结合志愿服务的相关概念，大致可以将其界定为助残志愿服务是指志愿者或志愿组织，不以获取报酬为目的，无偿为残障人士提供帮助的行为。图书馆助残志愿服务，则是指依托图书馆的组织和管理，借助图书馆资源，志愿者出于自身意愿，不以获取任何物质报酬为目的，无偿为各类残障人士提供的相关文化服务。其服务对象主要包括因先天或后天引发的肢体障

---

① 汪东芳、曹燕:《我国省级综合性公共图书馆视障读者服务研究》，《图书馆学研究》2018年第24期，第64~70页。

② 《"十三五"加快残疾人小康进程规划纲要》，中国政府网，2016年8月17日，http://www.gov.cn/xinwen/2016-08/17/content_5100176.htm。

③ 《"十四五"残疾人保障和发展规划》，中国政府网，2021年7月8日，http://www.gov.cn/gongbao/content/2021/content_5629604.htm。

碍者、视觉障碍者、听觉障碍者、精神障碍者等残障人士；其服务内容主要包括借阅服务类（送书上门、智能听书机借阅）、活动策划类（知识讲座、阅读分享、面对面朗读、电影绘本讲述、知识竞赛、其他特定节日活动）、教育培训类（生活就业技能培训、兴趣爱好培训、定向高级研修培训）等；其服务理念为扩充残障人士的知识获取渠道，保障他们的文化权利。

（二）发展历程

我国图书馆助残志愿服务始于 20 世纪 90 年代，大致可以分为以下三个阶段。

1. 初步发展阶段（1994~2010年）

我国图书馆助残志愿服务总体起步较晚，初步发展阶段以 1994 年 10 月中国盲文图书馆和 1994 年 12 月中国青年志愿者协会正式成立为标志。1994 年辽宁省营口市图书馆打造了"盲人引航"志愿服务品牌；1996 年河南省洛阳市图书馆成立"爱心助残"志愿服务小组。此阶段开展助残志愿服务的公共图书馆数量较少，服务类型单一。

2. 快速发展阶段（2011~2013年）

21 世纪 10 年代以来，助残志愿活动蓬勃发展，进入快速发展阶段。2011 年发布的《公共图书馆服务规范》，明确规定公共图书馆应导入志愿者服务机制，志愿服务有了纲领性的指导规范。2011 年，中国盲文图书馆启动了"文化助盲志愿服务项目"；2011 年 6 月 28 日，位于北京西城区的中国盲文图书馆新馆正式建成开馆。此阶段公共图书馆纷纷成立助残活动小组，开展助残志愿服务的公共图书馆数量逐渐增多。

3. 规范发展阶段（2014年至今）

2014 年 2 月 27 日，中央文明办下发《关于推进志愿服务制度化的意见》，对建立健全志愿服务制度、完善社会志愿服务体系提出进一步要求。2016 年 3 月 16 日，中华人民共和国第十二届全国人民代表大会第四次会议通过《中华人民共和国慈善法》，明确了志愿服务是慈善事业的重要组成部分，首次在法律层面对志愿服务进行了系统规范。2017 年 6 月 7 日，国务院第 175 次常务会议通过《志愿服务条例》，开创了志愿服务事业发展新局面。图书馆助残志愿服务进入制度化、规范化发展阶段。

二 中国图书馆助残志愿服务的发展现状

（一）中国盲文图书馆

中国盲文图书馆通过十余年的努力，突破了盲人纸质阅读的单一模式，创新和丰富一站式盲人公共文化服务的内容和形式，实现了从单一化向多元化的顺利转变，取得了良好的成效。

中国盲文图书馆"文化助盲志愿服务项目"于 2011 年启动，通过深入调研视障读者需求，精心设计项目内容，形成了包含 12 个门类服务项目（阅览区服务、视障读者到馆接送、公益文化活动和项目服务、有声读物制作、文案撰写整理及会务、音乐和朗诵等教育培训、读书和讲电影、邮寄和借送、国际资料搜集整理和翻译、录入校对、盲文读物和大字本读物出版等），近百个子项目的服务体系，塑造了"文化助盲"的公益品牌，同时联系指导 200 余家分支馆，联动开展文化助盲志愿服务活动。其中广受好评的"盲童兴趣小组"项目于 2016 年启动，根据盲童的年龄和需求分大小班，解决盲童课外补习班短缺等问题，包括英语、朗诵、音乐知识、科技积木补习班等。朗诵辅导班由中国传媒大学播音主持艺术学院的师生负责，从 2016 年开始坚持线上线下相结合教学；英语辅导班的负责人是有英语专长的学生，可以为盲童提供一对一辅导，这些补习班都深受盲童和家长们的喜爱。

截至 2022 年 8 月，通过建章立制、设计志愿服务项目、宣传招募、强化培训、服务管理、星级评定等多方面工作，中国盲文图书馆已实名注册文化助盲志愿者 5000 余名，平均每年参与文化助盲志愿服务 3000 余人次、服务视障读者 30000 余人次，每年平均服务 10000 余小时。听书工程、口述影像文化助盲行动、周末盲童兴趣小组等文化助盲志愿服务品牌得到中央电视台、新华社等多家主流媒体数百次首发报道，2017年文化助盲志愿服务项目荣获全国学雷锋志愿服务"四个100"最佳志愿服务项目称号。①

（二）各级公共图书馆

1.省级公共图书馆

本报告选取全国31家省级公共图书馆（除台湾、香港、澳门），针对助残志愿服务情况进行调查，调查时间为2022年5~7月，采用网络调查、电话咨询、文献调查等调查方式，调查内容包括助残志愿服务平台建设情况、服务内容情况、服务效果情况等。调查结果如下。

（1）基本概况

根据调查，当前全国31家省级公共图书馆中有23家开展了助残志愿服务，占比74%（见图1）。

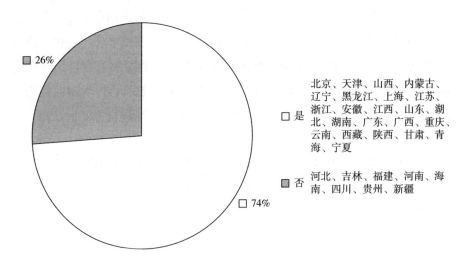

图1　2022年全国31家省级公共图书馆是否开展助残志愿服务情况

资料来源：根据各省公共图书馆在新浪微博、微信（公众号、服务号、视频号）、图书馆App、短视频平台上的相关数据，由作者整理所得。

① 根据中国盲文图书馆相关负责部门提供的数据，由作者整理所得。

（2）助残志愿服务平台建设情况

根据用户的主要需求和经常使用的线上平台的情况，对新浪微博、微信（公众号、服务号、视频号）、图书馆 App、短视频这四个平台的使用情况展开调查，23 家开展助残志愿服务的省级公共图书馆，助残志愿服务平台建设情况如表 1、图 1、图 2 所示。目前已开展助残志愿服务的 23 家省级公共图书馆中，有 21 家开通了微博，微博提供的与助残志愿服务相关的内容主要包括助残活动预告通知、助残活动实时直播、有声读物书单推送、在线互动等，但助残相关微博下的评论、转发量都较少，大部分活动受到的关注度不高。23 家省级公共图书馆都提供微信服务，其中 13 家开通了微信公众号、微信视频号、微信小程序，7 家仅开通了微信公众号和微信小程序。微信公众号倾向于为用户提供助残活动推送及活动报道、助残活动直播入口、书目推荐、有声电子图书资源、口述电影资源、教育培训课程资源等服务，微信视频号则推送一些视障人士朗诵、演唱作品，生活实用常识等内容，但大部分省级公共图书馆微信上的助残板块并不醒目，不能方便用户快速找到所需服务及资源。在图书馆 App 方面，13 家省级公共图书馆有自主开发的App。短视频平台方面，22 家省级公共图书馆有抖音账号，但发布助残相关内容较少，多为一些助残活动推送、残障人士表演作品欣赏等。

表1　2022 年全国 23 家省级公共图书馆助残志愿服务平台建设情况

省（区、市）	微博	微信（公众号/小程序/视频号）	App	短视频平台
北京	√	公众号、小程序、视频号	√	√
天津		公众号		√
山西	√	公众号、小程序、视频号	√	√
内蒙古	√	公众号、小程序		√
辽宁	√	公众号、小程序		√
黑龙江	√	公众号		√
上海	√	公众号、小程序、视频号	√	√
江苏	√	公众号、小程序		√
浙江	√	公众号、小程序、视频号	√	√
安徽	√	公众号	√	√

省(区、市)	微博	微信(公众号/小程序/视频号)	App	短视频类
江西	√	公众号、视频号	√	√
山东	√	公众号、小程序、视频号		√
湖北	√	公众号、小程序、视频号	√	√
湖南	√	公众号、小程序、视频号		
广东	√	公众号、小程序、视频号	√	√
广西	√	公众号、小程序	√	√
重庆	√	公众号、小程序、视频号	√	
云南	√	公众号、小程序、视频号		√
西藏		公众号、小程序、视频号		√
陕西	√	公众号、小程序、视频号	√	
甘肃	√	公众号、小程序		
青海	√	公众号、小程序、视频号	√	√
宁夏	√	公众号、小程序		√

资料来源：根据各省公共图书馆在新浪微博、微信（公众号、服务号、视频号）、图书馆App、短视频平台上的相关数据，由作者整理所得。

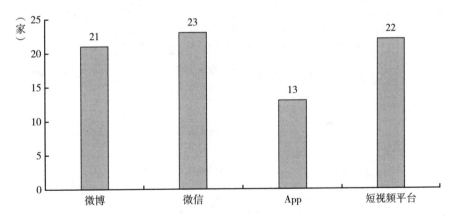

图2　2022年全国23家省级公共图书馆助残志愿服务平台建设情况统计

资料来源：根据各省公共图书馆在新浪微博、微信（公众号、服务号、视频号）、图书馆App、短视频平台上的相关数据，由作者整理所得。

总之，从当前23家开展助残志愿服务的省级公共图书馆的平台建设情况来看，91%的图书馆都使用微博、微信开展助残志愿服务，将近57%的图书馆通过自主开发App提供助残志愿服务。从各平台提供的助残志愿服务

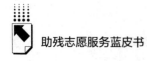

内容来看，多为助残活动预告及报道、有声读物资源、口述电影资源等较为基础的服务内容，未能较好地利用微博、微信等新媒体平台特点开展一些延伸性、特色化的助残志愿服务。

（3）助残志愿服务内容情况

在服务内容方面，主要通过网络调查、文献调查的方法，调查了23家省级公共图书馆举办过的大型助残志愿活动，和定期或主要开展的助残志愿服务项目。通过对23家省级公共图书馆助残志愿服务内容情况（见表2）的分析发现，图书馆助残志愿服务主要呈现以下特征。

表2　23家省级公共图书馆助残志愿服务内容情况

省（区、市）	服务项目/活动	服务对象	服务类型	支持单位
北京	1. "书香你我共享，快乐你我同行"全国助残日文化志愿活动	视障人士、听障人士	阅读类	北京市残疾人文化体育指导中心
	2. "心阅书香"助盲有声阅读志愿服务项目	视障人士	阅读类	
	3. "语阅书香"手语志愿服务项目	听障人士	阅读类	
	4. "五个一"文化助残系列活动	视障人士、听障人士	综合类	北京市残联
天津	"阳光音乐课堂"文化助残活动	视障人士	音乐类	
山西	1. "我是你的眼"文化助盲项目	视障人士	综合类	山西省残联
	2. "用爱心点亮你的世界"志愿者口述电影展播	视障人士	观影类	
	3. 智能听书机外借及培训	视障人士	教育培训	
	4. 为视障读者送书上门	视障人士	借阅服务	
内蒙古	1. "心之光——为盲人朋友讲电影"活动	视障人士	观影类	内蒙古残疾人工作委员会
	2. "全国助残日"主题文化活动	智障人士	综合类	
	3. "自强脱贫助残共享"第二十九次全国助残日残疾人文化周活动	视障人士	观影类	
	4. 2020年全国助残日主题活动"跨越障碍·不惧前行"文艺作品征集	各类残障人士	特定节日类	

续表

省（区、市）	服务项目/活动	服务对象	服务类型	支持单位
辽宁	1. 走在阳光下，文化润心田——第32个全国助残日系列活动	视障人士、听障人士	综合类	
	2. "对面朗读"公益文化活动	视障人士	阅读类	
	3. "为盲人讲电影"文化助盲品牌活动	视障人士	观影类	
	4. "录制有声读物"文化助盲品牌活动	视障人士	阅读类	
	5. "书香千里——为盲人送书上门"文化助盲品牌活动	视障人士	借阅服务	
	6. "手语世界"活动（教授通用手语）	听障人士	教育培训	
黑龙江	1. "文化助残声入人心"盲人数字阅读推广活动	视障人士	阅读类	黑龙江省残联
	2. "阅经典，咏诗文，贺百年辉煌"世界读书日视障读者诵读比赛	视障人士	阅读类	
	3. "手语阅世界"庆祝第60届国际聋人节活动	听障人士	特定节日类	
	4. "图书伴智障孩子遨游知识海洋"系列活动（工艺品制作表演、观看电影）	智障人士	综合类	
	5. "文化助残共享阳光"系列活动	各类残障人士	综合类	中共黑龙江省委宣传部
	6. "我是你的眼"公益助盲行动	视障人士	阅读类	
上海	1. 视障读者免费送书上门服务、盲文图书音像资料免费邮寄服务	视障人士	借阅服务	上海市残联
	2. 无障碍影视观摩活动	视障人士	观影类	
	3. "我读书，我快乐，我坚强""我读书，我阳光，我快乐"等一系列残疾人读书活动	各类残障人士	阅读类	
江苏	1. 第二十七届南京读书节暨"4·23世界读书日"文化助残数字阅读服务系列活动	各类残障人士	阅读类	南京市全民阅读办
	2. "全国助残日"听障儿童阅读推广活动	听障儿童	阅读类	江苏省儿童康复研究中心

223

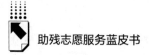
续表

省(区、市)	服务项目/活动	服务对象	服务类型	支持单位
浙江	1. 视障读者智能手机 App 线上培训	视障人士	教育培训	
	2. "全国助残日"特别活动——带领视障读者走入杭州大剧院	视障人士	特定节日类	
安徽	1. 第三十一次全国助残日志愿服务(为自闭症儿童提供基础认知、教育训练)	自闭症及心智障碍儿童	特定节日类	安徽省残联合肥市孤独症康复协会
	2. 残障人士读书文化日活动	听障读者	综合类	
	3. "精准助残,文化先行"的公益关爱活动	精神残障人士	综合类	
	4. 送书上门服务	视障人士	借阅服务	
江西	1. "声悦童心 我是你的眼"江西省公益诵读活动	视障儿童	阅读类	江西省残联、江西省文旅厅、江西广播电视台
	2. "聆听世界"文化助残志愿项目	视障人士	观影类	
	3. "与爱同行,帮助盲人朋友'看'电影"扶残助残文化服务活动	视障人士	观影类	南昌市盲人协会
山东	1. "送您一缕暖心阳光"文化助盲活动	视障人士	综合类	山东省盲协、山东建筑大学
湖北	1. "书香伴读·聆听你我"残疾人读书活动	各类残障人士	阅读类	湖北省残联
	2. "光明直播室"(录制短音频推荐图书,收集有声电子图书资源)	视障人士	阅读类	湖北省残联、湖北广播电视台
	3. "守望星空"公益音乐会	精神残障人士(自闭症)	音乐类	湖北经典音乐广播
湖南	1. 盲童故事会	视障人士	阅读类	长沙市盲协
	2. "我是你的眼——盲人看电影"	视障人士	观影类	
	3. "文化助盲,游园伴读"第31届国际盲人节活动	视障人士	特定节日类	
	4. "相约金秋文化助盲,保障权益促进融合"的第32届国际盲人节纪念活动	视障人士	特定节日类	
	5. "文化助盲,共享一片蓝天"为主题的文化助盲系列活动	视障人士	综合类	
	6. 上门送还书	视障人士	借阅服务	

续表

省(区、市)	服务项目/活动	服务对象	服务类型	支持单位
广东	1."为您读报"线上活动	视障人士	阅读类	广东省聋人协会、省手语协会
	2."心聆感影"无障碍电影	视障人士	观影类	
	3. 手语微课堂	听障人士	教育培训	
	4. 星光伴读(音乐、绘画等形式融合阅读)	精神残障人士(自闭症)	阅读类	广东省残联
	5."我的声音你的眼睛"口述影像文化志愿服务	视障人士	观影类	
	6."智阅书海 指读人生"盲人智能听书机数字阅读推广活动	视障人士	阅读类	
	7."免费邮政快递借还书"服务	视障人士	借阅服务	
广西	1."我和我的祖国"——2020 年国际盲人节主题活动	视障人士	综合类	广西残联、广西盲人协会
	2."学党史 颂党恩"视障读者"4·23 世界读书日"分享会	视障人士	阅读类	
重庆	1."红绿熊阅读助残"系列活动(心理辅导计划、阅读盲童故事会)	视障人士	综合类	重庆市残联、重庆市盲协
	2."阅读的力量"文化助残系列活动	视障人士	阅读类	
	3."爱随影动"——第二十六个"全国助残日"盲人观影活动	视障人士	观影类	
云南	1. 昆明市文化助盲影片巡回放映活动	视障人士	观影类	云南省文旅厅、云南省残联
	2."我是你的眼 带你看世界"文旅志愿者文化助盲志愿服务系列活动	视障人士	综合类	
	3."陪盲童读书"文化助盲志愿服务活动	视障人士	阅读类	
西藏	1."阅读还你光明"视障读者座谈会	视障人士	阅读类	西藏盲协
	2. 送书上门	视障人士	借阅服务	

续表

省(区、市)	服务项目/活动	服务对象	服务类型	支持单位
陕西	1. "奋进新征程 喜迎二十大"残疾人文化周无障碍观影活动	视障人士	观影类	陕西省残联
	2. "爱心影城"特色无障碍文化观影服务品牌	视障人士	观影类	
	3. "送书上门 文化助盲"党员主题实践活动	视障人士	借阅服务	
	4. 听声音 看世界"陕图文化助盲公益项目	视障人士	阅读类	
	5. "悦读筑梦"视障儿童文化服务项目	视障人士	综合类	
甘肃	1. 第三十二次全国助残日系列活动	各类残障人士	综合类	甘肃省残联
	2. "阳光影院"活动	视障人士	观影类	
	3. "用心聆听 让爱绽放"助盲志愿服务项目(阅读辅助、盲人电影等)	视障人士	综合类	
	4. "温暖牵手 共享阳光"——阳光助盲服务项目	视障人士	综合类	
青海	1. "我是你的眼"助盲阅读推广活动	视障人士	阅读类	青海省残联、青海省盲协
	2. "阳光听书机"免押金外借服务	视障人士	借阅服务	
宁夏	"黑眼睛看未来"公益阅读暨"4·23世界读书日"系列活动	视障人士	阅读类	宁夏残联

资料来源：根据各省公共图书馆官网相关数据及相关负责部门提供的数据，由作者整理所得。

一是有不同的活动类别，但多为阅读类活动。从助残活动类型来看，主要分为阅读类活动（各类讲座、阅读分享会、对面朗读、融合阅读、录制有声读物）、观影类活动（无障碍电影）、音乐类活动（音乐课堂、音乐会）、综合类活动、特定节日类活动（文艺演出、知识竞赛、朗诵创作）、借阅服务类活动（送书上门、听书机外借、盲文图书音像资料免费邮寄）、教育培训类活动（手语教学、生活就业技能培训）等（见图3）。其中大部

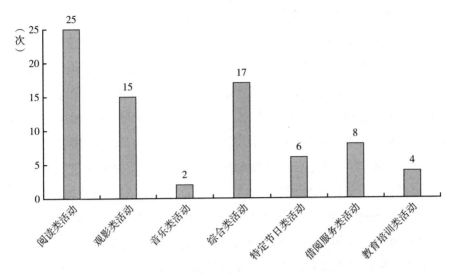

图3　2022年23家省级公共图书馆助残志愿服务活动类型

资料来源：根据各省公共图书馆在新浪微博、微信（公众号、服务号、视频号）、图书馆App、短视频平台上的相关数据，由作者整理所得。

分为阅读类助残活动，阅读类活动形式较为多样，内容较为丰富，有些能形成系列活动且延续时间长，如首都图书馆举办的"五个一"文化助残系列活动；上海图书馆举办的"我读书，我快乐，我坚强""说句话儿给党听"等一系列残疾人读书系列活动；辽宁省图书馆在打造助残服务品牌方面较为成熟，已经形成了"对面朗读""为盲人讲电影""录制有声读物""书香千里——为盲人送书上门"等六大文化助盲品牌活动，这些品牌在形式上互为补充，在内容上互相涵盖，已成为全国文化助盲优秀品牌活动。但也有很多助残活动只是围绕"国际盲人节""全国助残日"等特定节日而举办，并没有形成常态化机制，不能做到定期举办或根据本馆特色和优势打造助残服务品牌项目，因此不能满足残障人士日趋多样化、个性化的需求，没有进一步深化与延伸助残服务。另外，一些教育培训类服务内容亟须增加，如开展生活就业技能培训（信息技能、定向行走、按摩）、兴趣爱好培训、定向高级研修培训（作家、按摩师、画家）等，可以用来解决残障人士看书难、学习难、出行难等问题，帮助他们更好地适应社会、融入社会。

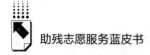

二是服务对象较为集中，主要聚焦于助盲服务。从服务对象来看，开展的助残志愿服务多是针对视障人士，针对其他残障类型的助残服务相对较少。助盲服务主要集中在无障碍电影讲述、对面朗读、录制有声读物书单、为视障读者送书上门、智能听书机外借及培训等；助听服务则多是手语教学及培训、才艺表演等；为精神残障人士提供的服务多是针对自闭症儿童，如为自闭症儿童提供全日制基础认知和教育训练，通过音乐、绘画、诵读等形式进行融合阅读，提高自闭症群体的理解能力，进行康复训练等。广东省立中山图书馆、黑龙江省图书馆在此方面做得较为突出，开展针对各类残障人士的活动且类型丰富。黑龙江省图书馆开展了针对各类残障人士的"文化助残共享阳光"系列活动（如无障碍电影讲述、残疾人画展），针对儿童的"图书伴智障孩子遨游知识海洋"系列活动（如工艺品制作表演、观看电影），针对视障人士的诵读比赛，针对听障人士的"手语阅世界"国际聋人节活动等。广东省立中山图书馆则开展了针对视障人士的"为您读报"线上活动、"心聆感影"无障碍电影讲述、"智阅书海 指读人生"盲人智能听书机数字阅读推广活动，针对听障人士的手语微课堂，针对自闭症群体的"星光伴读"等。

三是活动支持单位较单一，多为各省市残联或盲人协会。从图书馆助残志愿活动的支持及合作单位来看，大部分为各省市残联或盲协，少有社会企业或个人。可以看出运营资金大部分来自政府支持，外部捐助的较少，经费来源渠道较为狭窄。虽得到政府的支持，但也受到了相应的牵制和制约，可能会出现过多的行政干预，在一定程度上影响了活动组织的自主性和积极性，经费管理与实际需求之间会出现不匹配等问题，因此如何处理好自主发展与政府治理之间的关系，是必须面对的一个现实问题。图书馆助残志愿活动可以拓宽资金来源渠道，通过加强与当地优秀企业合作，共同开展助残志愿服务项目活动，企业在为图书馆助残志愿服务提供资金的同时，也能得到一定的宣传推广。

（4）助残志愿服务效果情况

在助残志愿服务效果方面，主要通过发放问卷、网络调研的方式，调研

23 家省级公立图书馆助残志愿服务近两年（2020 年、2021 年）覆盖人次、助残团队情况（有无建立专门助残服务团队）、获奖情况（省级及以上奖项）、主流媒体宣传情况以及用户反馈情况，共返回有效问卷 17 份，调研结果见表 3。

表 3　17 家省级公共图书馆助残志愿服务情况

省（区、市）	覆盖人次	助残团队情况	获奖情况	主流媒体宣传情况	用户反馈情况
北京	8500 余人	有	1. 2021 年"心阅美文"项目获首都精神文明建设委员会颁发的"首都最佳志愿服务项目" 2. 2020 年"心阅书香"项目在"五个一"先进典型活动中被评为"首都最佳志愿服务项目"	北京日报、北京电视台	服务形式、服务成果是否满意；相关建议
天津	8000	无	无	新华网	服务形式、活动满意度
山西	25000	有	1. "我是你的眼"在全国首届文化助盲志愿服务项目专项赛中荣获三等奖 2. 2016 年获中国盲文图书馆颁发的全国盲人阅读推广优秀单位	人民日报、新华社、中国文化报	活动后反馈
内蒙古	680	有	1. 2019 年获国务院颁发"全国助残先进集体"荣誉称号 2. "心之光——视障读者无障碍服务项目"获中国图书馆学会 2019 年阅读推广优秀项目 3. 第五届中国青年志愿服务项目大赛铜奖 4. "心之光——视障读者无障碍服务项目"获全国文化和旅游志愿服务项目线上大赛一等奖 5. 首届文化助盲志愿服务项目专项赛三等奖	中央电视台、新华网	无

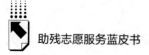

续表

省 (区、市)	覆盖人次	助残团队 情况	获奖情况	主流媒体 宣传情况	用户反馈 情况
辽宁	15000	有	1. 2009 年"全国扶残助残先进单位"荣誉称号 2. "手语世界"文化志愿服务项目被文化部评为 2014 年"文化志愿服务推进年"系列活动示范项目 3. "对面朗读"服务项目被中央宣传部等部门联合授予 2016 年全国学雷锋志愿服务"四个 100"先进典型活动"最佳志愿服务项目"荣誉称号 4. "对面朗读"项目获首届文化志愿服务项目专项赛二等奖	无	用户需求、服务方式
黑龙江	6793	有	1. "心幕影院"获 2017 年文化部全民阅读活动"阅读推广优秀项目"一等奖 2. 首届文化助盲志愿服务项目专项赛上,心幕影院、明盲儿童读书会获三等奖	人民网、中国青年网、新华网	服务态度、服务频率、数字资源获取是否方便
江苏	200	有	1. 2019 年中国图书馆学会学术论文和业务案例征集活动中提交的《关爱之旅,你我同行》入选二等案例	无	参加活动感受
浙江	7500	有	1. 2014~2017 年"触摸天堂——浙江图书馆文化助盲阅读项目"先后被共青团中央等 7 部委评为"第十一届中国青年志愿者优秀项目奖""第三届中国青年志愿服务项目大赛"金奖 2. 被文化部评为"2016 年基层文化志愿服务活动典型案例" 3. "2016 年浙江省青年社会组织志愿服务项目大赛"银奖 4. 被浙江省志愿服务工作委员会等评为"2014 年度浙江省杰出志愿服务集体""2014 年度浙江省优秀志愿服务项目" 5. 被文化部评为"2016 年文化志愿服务团队" 6. "触摸天堂——浙江图书馆文化助盲阅读项目"获首届文化助盲志愿服务项目专项赛一等奖	浙江卫视	活动内容、活动方式、活动频率等

续表

省 (区、市)	覆盖人次	助残团队 情况	获奖情况	主流媒体 宣传情况	用户反馈 情况
安徽	1000	有	1. "残障人士读书文化日"获2017年全国宣传推选全国学雷锋志愿服务"四个100"先进典型"最佳志愿服务项目"、安徽省2017年度"十佳志愿服务项目" 2. 被省政府授予安徽省"十一五"期间"扶残助残"先进集体称号 3. 2020年全国文化和旅游志愿服务线上大赛三等奖	安徽新闻联播	盲用智能听书机反馈、残障读者文化志愿服务调查
江西	1400	有	1. 首届文化助盲志愿服务项目专项赛三等奖 2. 2021年度江西省示范性重点志愿服务项目		服务感想
山东	近千人	有	1. 2014年被共青团中央和文化部联合授予"青少年维权岗"荣誉称号 2. 2018年获中国图书馆学"童心喜悦"残健共读案例评选一等奖 3. 2021年被中共山东省委宣传部等14部门联合推选为山东省2020年度全国学雷锋志愿服务"四个100"最佳志愿服务项目	中国文化报、图书馆报	服务活动频次、服务形式、活动内容等
湖北	8000	有	1. "光明直播室"在第一届中国公共图书馆创新创意作品征集推广活动中获"最佳创新奖" 2. "光明直播室"项目获首届文化志愿服务项目专项赛一等奖 3. 2019年获湖北省残联成立30周年特殊贡献奖等 4. 中国图书馆学会学术论文及业务案例征集活动一等案例	央视频、央广网	用户实际需求、用户满意度、用户意见与建议

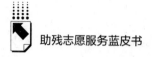

续表

省 (区、市)	覆盖人次	助残团队 情况	获奖情况	主流媒体 宣传情况	用户反馈 情况
广东	978035	有	1."听·爱"系列视障文化志愿服务被文化和旅游部评为2016年基层文化志愿服务活动典型案例 2."我的声音、你的眼睛——口述影像志愿者培训项目"被共青团广东省委员会等单位评为2019年益苗计划"省级示范项目" 3."我的声音、你的眼睛——口述影像志愿者培训项目"获第五届中国青年志愿服务项目大赛银奖、首届文化助盲志愿服务项目专项赛一等奖、最佳组织奖	中国新闻网、新华网	服务对象的评价和满意度、服务需求、服务频次、服务内容等
广西	600	有	2019年获"五星级文化助盲志愿服务团队"荣誉	无	视障读者服务需求
西藏	200	有	2018年获中宣部命名的第四批全国学雷锋活动示范点称号	西藏日报	通过QQ、微信、面对面回访
陕西	5000	无	1."文化助残"视障文化观影服务获"最佳志愿服务项目" 2.2021年中国盲文图书馆首届文化助盲志愿服务项目专项赛全国二、三等奖 3.2021年文旅部学雷锋志愿服务先进典型"最佳志愿服务项目"	人民日报、新华网	活动参与感受
宁夏	46	有	1.2021年获首届文化助盲志愿服务项目专项赛优秀组织奖 2.助盲阅读服务项目获首届文化助盲志愿服务项目专项赛优秀奖	新华网、中国残疾人网	调查问卷、读者座谈会形式

资料来源：根据各省公共图书馆相关负责部门提供的数据，由作者整理所得。

受新冠肺炎疫情影响，各省图书馆开展线下助残志愿服务活动频率有所降低，服务覆盖人次也相应减少，其中广东省立中山图书馆、辽宁省图书馆、山西省图书馆举办助残活动相对较多，覆盖人次均过万。23家省级公立图书馆中大部分（14家）建立了专门的助残志愿服务团队，对助残服务较为重视。但还须从追求志愿团队的"大而全"向"精而专"努力，可以在某类特殊人群的需求基础上，设计建队方案和项目方案，根据项目需求招募、培训专业的志愿者等。

获奖情况方面，主要调研助残服务所获得的省级以上奖项，其中内蒙古图书馆、辽宁省图书馆、浙江省图书馆、山东省图书馆、湖北省图书馆获奖数量较多，尤其是辽宁省图书馆"对面朗读"服务项目、浙江省图书馆"触摸天堂——浙江图书馆文化助盲阅读项目"、湖北省图书馆"光明直播室"项目、广东省立图书馆"我的声音、你的眼睛——口述影像志愿者培训项目"等均获得过较有含金量的奖项，已成为专业化、具有一定影响力的助残服务品牌。浙江省"触摸天堂——浙江图书馆文化助盲阅读项目"获得过第三届中国青年志愿服务项目大赛金奖、首届文化助盲志愿服务项目专项赛一等奖，广东省立图书馆"我的声音、你的眼睛——口述影像志愿者培训项目"获得过第五届中国青年志愿服务项目大赛银奖、首届文化助盲志愿服务项目专项赛一等奖，辽宁省图书馆"对面朗读"服务项目曾被中央宣传部等部门联合授予2016年全国学雷锋志愿服务"四个100"先进典型活动"最佳志愿服务项目"荣誉称号。

媒体宣传情况方面，主要有人民日报、新华社、新华网、央视频、中央电视台等主流媒体对助残服务进行过宣传介绍，其中湖北省图书馆"光明直播室"项目、山西省图书馆"我是你的眼"助盲志愿服务项目、黑龙江省图书馆"心幕影院"获得过较多报道。

反馈情况方面，大部分省级图书馆都对助残服务做过用户反馈调查。主要集中在了解助残服务形式、服务内容、服务频率、服务感受等方面，但缺乏比较详细的评价指标以及系统的反馈体系。评价形式也需要丰富，可以对服务进行打星评价，发表图文结合的评论，并支持转发到微博、微信朋友圈等新媒体平台，使图书馆及时了解用户的具体需求，也可以扩大助残志愿活动的影响力。

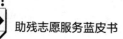

2. 部分市、区/县级公共图书馆

（1）金陵图书馆——"朗读者"公益助盲项目

"朗读者"公益助盲项目由江苏省南京市的金陵图书馆联合南京新闻广播，于2012年共同发起，通过招募朗读志愿者，将授权图书录制成有声读物，通过实体光盘和数字化的网络平台进行传播分享，并通过艺术团、盲人剧场和读书会等活动形式为盲人提供文化阅读服务。

"朗读者"公益助盲项目一季一个主题，向作家和出版单位取得图书的公益朗读授权，并公开招募志愿者，进行有序培训、组织、管理，开展音频采集、整理和出版等工作，通过借阅、赠送、邮寄、网络传输等方式将作品成果惠及全国各地。总结"朗读者"公益助盲项目的成功经验，金陵图书馆于2020年开展新的服务——"黑暗两刻钟——触摸未知，守护爱与光明"视障体验活动，活动内容包括场景式黑暗体验和视障知识普及等，引导儿童触摸式体验视障群体生活场景，集中学习助盲知识。

从2012年项目开展至今，"朗读者"公益助盲项目累计招募志愿者近1.1万人，服务江苏省全龄段盲人读者3万余人次，共录制书籍100种，总时长超过300小时。① 在2021年度全国学雷锋志愿服务"四个100"先进典型评选中，金陵图书馆"朗读者"公益助盲志愿项目被评为最佳志愿服务项目。

（2）深圳南山区图书馆——"星星点灯"自闭儿童读书会

"星星点灯"自闭儿童读书会于2012年7月创办，由深圳南山图书馆主办，南山区义工联、星光康复中心协办。读书会于上午闭馆时间段在南山图书馆亲子阅览室举办。每场活动会给自闭儿童讲述一个绘本故事，辅以儿歌、手工、自由阅读等延伸活动，努力让自闭儿童适应环境，放松情绪，感受亲情友情，学会表达和交流，学会基本行为规范及生活常识。读书会每月举办一次，每场活动的主题、绘本书目、手工活动内容都会配合季节、节庆

---

① 《金陵图书馆"朗读者"项目："文化盲道"铺到"最后一公里"》，中国文化传媒集团有限公司官方账号，2021年12月13日，https://baijiahao.baidu.com/s?id=1719012028148057868&wfr=spider&for=pc。

精心地选择，争取能够触动自闭儿童的内心，协助自闭儿童康复。项目坚持专业化发展，开展"自闭症儿童的阅读疗法研究与图书馆服务探索"课题研究，自主研发适读书目、读书会程序、志愿者培训资料、参与儿童情况评估表、绘本讲述和延伸游戏模本等服务标准，形成了可复制推广的活动样本。截至 2022 年 8 月，"星星点灯"自闭儿童读书会已经举办了 80 多场，累计服务逾 2000 人次。

以阅读和绘本故事协助自闭儿童的康复，是一次以专业方式帮助自闭儿童的尝试，是图书馆员和志愿者对自闭儿童爱的关注，他们努力为星星的孩子点亮一盏心灯，为自闭儿童搭建一条通往正常社会的桥梁。①

三 中国图书馆助残志愿服务的问题分析

（一）图书馆助残志愿服务的制度法规建设不健全

我国目前关于图书馆助残志愿服务的立法层次低、数量少、可操作性不强，至今还未出台专门的图书馆助残志愿服务相关政策法规，一些地方图书馆制度仅是提及，未制定详尽的服务条例。相关法律法规的缺乏导致图书馆助残志愿服务组织在发展过程中具有很大的随意性和盲目性，缺乏行业自律意识。因此要进一步健全图书馆助残志愿服务的政策体系，从国家、行业及图书馆三个层面予以完善，在这些政策法规的指导下促进图书馆助残志愿服务质量的提升。图书馆内部也可以结合自身实际情况制定相应的服务规章制度，提高政策体系的可操作性，保证残疾人服务顺利持久进行。

（二）图书馆助残志愿服务发展不均衡不协调

当前中国图书馆助残志愿服务发展总体呈现不均衡不协调的特点，表现在以下三个方面。

---

① 《志愿服务项目》，深圳南山图书馆官网，2021 年 8 月 13 日，https：//www.nsli b.cn/information/30938。

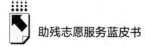

第一，区域发展不均衡。从地区分布上看，开展图书馆助残志愿服务情况较好的图书馆主要集中在辽宁、浙江、广东、湖北等地。各地区之间发展差异大，区域发展不协调。

第二，馆际类别不均衡。从图书馆类别上看，目前开展助残志愿服务的图书馆大部分都是省级公共图书馆，地方图书馆次之，高校图书馆助残志愿服务发展较为滞后，少有开展较为成熟的助残志愿服务品牌或项目，各类图书馆之间发展不均衡。

第三，服务受众不均衡。当前图书馆助残志愿服务多集中在助盲服务，其次是针对听障人士的助残志愿服务，针对其他残障人士的服务较少，服务对象集中、单一。

（三）被动型服务模式不能满足残障群体文化需要

目前，公共图书馆为到馆的残障群体提供的助残志愿服务主要有当面朗读、录制有声读物、口述电影、生活技能培训等；上门助残志愿服务种类少、形式单一，主要为上门送还书、送还智能听书机服务等。同时图书馆对外合作较少，服务形式上还是以用户到馆进行服务为主。残障群体因自身原因出行不便，加之现有的无障碍环境建设并不完善，到馆阅读相对困难，这就意味着图书馆需要转变传统"等"用户上门的服务思维，选择主动出击，提供更为主动的助残志愿服务。如，可以通过电话或网络调研方式提前了解用户阅读喜好与需求，协调好志愿者上门提供助残志愿服务，现场协助阅读或精准提供阅读书目等，丰富上门文化助残志愿服务的内容和形式，有针对性、持续性地满足出行困难、不能到馆残障用户的阅读需求。

（四）服务内容趋于同质化，缺少特色助残服务品牌

我国公共图书馆提供的助残志愿服务大致包括：一是基本服务，即利用馆藏文献资源协助开展查询、借阅、参考咨询等；二是扩展服务，包括送书上门，提供各类教育培训、对面朗读等服务；三是特色服务，如举办各类讲座、阅读分享会，无障碍电影讲述等。从调查结果来看，多数公共图书馆提

供的大部分助残志愿服务仍是基础服务，助残志愿服务的内容和形式较为单一，特色活动举办没有形成常态化机制，活动的外在形式和内在理念均缺乏创新，活动内容趋于同质化，少有开发具有本馆特色的助残志愿服务品牌。且有些助残活动较流于形式，未考虑到用户对活动形式和活动内容的真正需求，导致用户参与活动的积极性不高，不利于助残志愿服务的长久可持续发展。①

（五）志愿者招募和培训方式单一，缺乏行之有效的管理机制

当前图书馆助残志愿服务仍有管理不规范、岗位设置不明确等现象，多数公共图书馆没有成型的助残岗位工作守则，缺少健全的管理机制。也没有固定的组织管理部门，助残志愿服务可能隶属多个部门管理，造成工作不规范、不完善的状况。在助残志愿者招募和培训方面，公共图书馆普遍在馆内宣传栏、图书馆官网上，宣传招募助残志愿者，志愿者的来源途径较为单一，难以招募到合适人选。另外，助残志愿者参与的图书馆助残志愿服务项目，大部分都集中在协助开展查询借阅、送书上门等基础常规服务上，对于特色化、专业化助残志愿服务较少涉足，这对于来自各行各业的助残志愿者来说，可能并未完全发挥其自身优势，容易降低其服务积极性。

四 中国图书馆助残志愿服务发展的对策建议

（一）完善相关法律法规，规范助残志愿行为

助残志愿服务制度建设最终应落实到法律层面上来，靠法律法规规范助残志愿服务行为。我国目前还没有全国性的法律规范助残志愿服务，多为各

---

① 谢海华、文红峰：《省级公共图书馆文化志愿服务调查分析》，《图书馆工作与研究》2015年第5期，第92~95、112页。

级地方的法律法规，存在多头管理及不合理、不合法等现象。针对这些问题，可以借鉴国外做法，进行国家立法，明确助残志愿服务的概念、定位、服务范围、服务方式等，明确志愿者的权利、岗位职责等。通过法律约束，规范助残志愿组织的发展，以此规范助残志愿服务行为。各图书馆也可以根据自身情况制定明确可行的规章制度，为图书馆助残志愿服务提出细化的操作规范和行为标准，为志愿者招募、培训、管理等提供参考依据。[①]

（二）创新助残服务形式与内容，推进助残志愿活动常态化

目前，我国大多数公共图书馆提供的助残志愿服务主要是较为基础的服务，如举办讲座、无障碍电影讲述、进行对面朗读等。要想真正地吸引残障用户，就需要创新服务形式与内容，如推进助残志愿服务活动常态化举办，打造特色助残志愿服务品牌，从而提升图书馆助残志愿服务的质量。也可以结合本地区的社会需求开展特色服务，如手工艺培训、亲子活动等，不断拓展助残志愿服务活动类型与范围，不局限于开展阅读相关类活动。另外可以借鉴国外的做法，美国公共图书馆提供包括图书馆基本服务、教育服务和社区服务在内的3种助残志愿服务，针对不同的志愿服务内容设置专门的志愿者岗位，志愿者根据个人兴趣爱好、技能等选择合适的志愿者岗位，为各个年龄段的残障人士提供多样化同时又有针对性的服务。[②]

（三）健全志愿者管理制度，加强志愿者队伍建设

图书馆在招募和管理志愿者时，应制定切实可行的招募流程和方案，完善相应的规章制度。规范招募流程有助于提高招募效率，也有利于图书馆快速对助残志愿者进行了解和筛选，招募到较为合适的志愿者人选。因此有必要细化图书馆助残志愿服务岗位，完善志愿者招募、注册、登记、奖励等各种制度，设置专门的志愿者管理部门，形成规范长效可持续发展的管理模

---

① 陈莉莉：《公共图书馆助残志愿服务探析》，《图书馆研究》2019年第04期，第42~47页。
② 唐义、杨洋：《美国公共图书馆志愿服务现状调查及启示》，《图书馆理论与实践》2021年第5期，第45~51页。

式，使更多的社会爱心人士积极参与图书馆助残志愿服务，同时对助残志愿者进行综合系统的培训，提高志愿者队伍整体素质和服务水平，提高其服务积极性。

（四）强化对残障用户信息需求调研，提升用户体验

图书馆助残志愿服务最终要落到实际成效上，因此，了解残障用户的信息需求是图书馆开展相关服务的重要依据。为此，应加大对实际情况的调研力度，从用户角度来分析和评估图书馆助残志愿服务如何才能更贴合残疾人需求。此外，应加强对图书馆开展的助残志愿服务质量和效果的专门评估体系建设，以便监测图书馆所开展服务的有效性。一是可以增设更细化的评价指标。评价内容可以包括对服务人员的满意度（如服务态度、服务过程规范度、解决问题程度等），对服务内容的满意度（如获取服务是否便利、服务内容是否丰富、是否有针对性等），硬件设施满意度等。二是可以丰富对服务的评价形式。可以借鉴淘宝、大众点评等做法，对助残志愿服务进行打星评价，发表图文结合的评论，使图书馆及时了解到用户对助残志愿服务的满意度，以便优化用户后续服务体验。

（五）加大宣传力度，扩大助残志愿服务影响力

美国大部分公共图书馆都会在其官网设置专门的志愿者版块，详细介绍其志愿服务，一定程度上体现了美国公共图书馆对志愿活动宣传的重视。[1]而我国绝大多数公共图书馆都没有在官网上设置专门的志愿者版块或专题，对助残志愿服务活动的宣传力度不够，导致很多用户接触不到相关信息。因此，图书馆应尽量将助残志愿服务活动信息放在官网突出位置，方便用户查询和了解图书馆的志愿活动。也可以利用微博、微信、直播平台等新媒体扩大助残志愿服务活动影响力，如举办活动前在微博、微信公众号、视频号等

---

① 唐义、杨洋：《美国公共图书馆志愿服务现状调查及启示》，《图书馆理论与实践》2021年第5期，第45~51页。

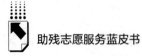

平台上进行宣传，做好活动预热工作；活动过程采用直播形式进行展现，满足用户参与活动不受时空限制的需求，扩大用户参与数量，并且提供回看、实时弹幕功能，能极大地调动用户参与活动的积极性；活动后可以建立微信群、QQ 群等以进行后续交流，了解用户对活动的感想，接收用户反馈，以便及时调整后续相关服务。

案例篇

Case Studies

B.10

大型残疾人体育赛事助残志愿者
培训项目的实践探索

韩润峰　李泽慧　林　达*

摘　要： 历次国际、国内大型残疾人体育赛事活动，主办方都要对赛会志愿者进行岗前培训。2008 年之前，志愿者助残培训没有形成完整的培训体系，国际上也没有适合中国国情的可供借鉴的模式。亟须一套系统、完整、规范、有效的助残志愿者培训模式，并着眼助残服务的长远发展，立足国际视野，为今后大型残疾人体育赛事的相关工作提供借鉴。北京奥组委会同残联组织和特教高校

* 韩润峰，中国助残志愿者协会副秘书长，中国助残志愿者协会培训工作委员会主任委员，北京奥运会、残奥会志愿者培训专家，北京冬奥会、冬残奥会志愿者培训专家，广州亚洲残疾人运动会志愿者培训专家，广州志愿者学院客座教授，主要研究方向为志愿公益服务、残疾人奥林匹克、残疾人工作；李泽慧，南京特殊教育师范学院教授，中国助残志愿者协会培训工作委员会专家，北京奥运会、残奥会志愿者培训专家，主要研究方向为残疾人教育、助残服务等；林达，中国助残志愿者协会常务理事，中国助残志愿者协会培训工作委员会专家，北京奥运会、残奥会志愿者培训专家，北京冬奥会、冬残奥会志愿者培训专家，广州亚洲残疾人运动会志愿者培训专家，广州志愿者学院客座教授，主要研究方向为助残服务、礼仪、残疾人工作。

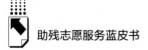

共同组织专家学者汇集、提炼国内外助残志愿服务的经验和理论成果，确立了一套针对助残志愿者培训的理论体系、一套培训教材、一套课程模式、一套评估机制，并在 2008 年赛会的培训实践中获得了成功。这些经验，又经过 2010 年亚运会和亚残运会、2022 年冬奥会和冬残奥会助残志愿者培训活动加以丰富和完善，形成具有中国特色、国际水平的残疾人体育赛事助残志愿者的培训体系，奠定了残疾人体育赛事助残志愿者培训专业化、标准化、系统化发展的理论与实践基础。

关键词：　残疾人体育赛事　助残志愿者培训　助残志愿服务

服务大型残疾人体育赛事的志愿者都需要进行培训，既往业内缺乏针对赛会助残志愿者培训的体系。2006 年开始，由北京奥组委统一组织，汇集了一批国内外的高水平专家、学者，与残联、特殊教育高校等协作，以 2008 年残奥会志愿者服务为切入点，在确保服务好奥运会和残奥会的前提下，着眼助残志愿服务的长远发展，立足国际视野，汇集、提炼国内外助残志愿服务的经验和理论成果，再经过赛会志愿者培训的实践，最终确立了一套针对助残志愿服务的理论体系、一套培训教材、一套课程模式、一套评估机制，并积累了成功的培训经验。被国际残奥委时任主席克雷文称赞"具有里程碑意义"。

2010 年亚洲残疾人运动会借鉴 2008 年助残志愿者培训的经验，组委会聘请了数位参与奥运会的专家，按照奥运会标准和模式，制定了培训方案和课程，专门编写了教材，设立了培训基地。2022 年，北京冬奥会、冬残奥会仍然沿用 2008 年奥运会专家团队的思路，因为新冠肺炎疫情防控的要求，绝大多数课程安排在线上进行，组委会专门录制了助残志愿者培训的理论和技能课程，修订了助残教材，丰富了培训方式。

一 大型残疾人体育赛事助残志愿者培训的需求分析

2008 年，奥运举办史上第一次以协议的方式确定由一个组委会举办奥运会和残奥会，使得健全人的大型体育赛事和残疾人的体育赛事同城、同地开展，体现了社会融合、残健平等的理念。

两个赛会志愿者的培训和使用，由组委会统一安排。虽然残奥会沿用了大部分奥运会的志愿者，但是两个赛会具有许多的不同，服务残疾人赛会需要学习了解掌握的内容更多，培训的内容和安排更加复杂。

（一）残疾人体育赛事具有特殊性

1. 对赛事组织、社会环境、公共设施和市民素质提出新要求

大型残疾人体育赛事以视力、肢体（包括脑瘫）残疾人为主要参与者，参与组织工作的官员、观众、媒体记者、赞助商、合作伙伴等人员之中也有各类残疾人，在生活服务、竞赛保障、无障碍出行、观赛、采访等方面有特殊需求，在沟通交流、定向行走、安保服务、心理支持、残疾人特殊用品维护等方面，需要赛事组织者提供相应的无障碍环境和特别的协助，志愿者和工作人员应当掌握一定的专业知识和技能，甚至市民也有必要了解助残的基本知识。

2. 在场地器材、比赛规则、辅助支持、观众服务方面有特殊要求

大型残疾人体育赛事的一些项目在场地器材、比赛规则、辅助支持、观众服务等方面与健全人的比赛有所不同；广大观众对残疾人比赛项目、竞赛规则不太熟悉；社会对残疾人运动员了解不多；对于听力残疾、智力残疾、情绪和行为障碍等类型的残疾观众，还需要进行专门的服务等。

3. 组织形式对助残服务有较高的专业要求

大型残疾人体育赛事的志愿者中，大学生占比较高。青年热情度高，但是普遍缺乏志愿服务的经历，更缺乏接触和服务残疾人的实践，存在服务知识和专业技能不足的问题。

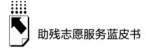

赛会期间，需要接受服务的残疾人不仅人数众多、残疾类别广泛，而且需求多样，助残培训的对象不应该仅限于志愿者，还应包括所有赛会工作人员甚至赛事观众。

培训不仅是理论知识的讲授，还应当创造条件，提供服务残疾人的实践机会。

（二）残疾人体育赛事的志愿服务具有转变观念、促进文明的重要作用

举办大型体育赛会特别强调要留下"遗产"，而最为珍贵、最有价值的遗产是"人们素质得到提升和社会观念得到改变"。志愿者在服务赛会的过程中，不仅仅是奉献，同时也收获了快乐和成长，既学习了知识，还增长了才干，既提升了能力，还改变了思想观念，在之后的生活之中，将持续传递奉献精神，最大化地发挥"遗产"价值。这更突出了培训的关键作用，不仅要进行赛会的一般性的专题培训，还必须有针对性地增加助残专业培训；不仅要面向残疾人赛会志愿者，也要面向健全人赛会的志愿者、工作人员、赞助商、合作伙伴，还需涉及城市志愿者、社会志愿者以及普通居民。培训的内容不仅要有一般性的知识、技能，还要融入助残观念。

二 大型残疾人体育赛事助残培训方案

（一）核心理念

首先，"现代文明社会的残疾人观"是助残服务活动的核心，大型残疾人体育赛事的志愿者应当树立"平等、尊重"的意识，把握"残疾人是正常人"、协助要"以残疾人为主"、服务要坚持"最少最必要的协助"、明确"环境的最大便利，才是助残最佳的方式"、"有效的服务是不断递减"等原则。

其次，要深入、全面、完整地传达志愿精神，弘扬"赠人玫瑰，手留

余香""助人自助""自我成长"等志愿服务理念。

上述理念需要以学员喜闻乐见的方式融入助残知识和技能的培训课程，增进受训人员对"残疾人"和"残疾"问题的理解。

（二）总体目标

培训要服务赛会的总体目标，坚持理论联系实际，统筹计划，因地、因时制宜，科学扎实地推进，以此确保赛会圆满成功，为城市的可持续发展服务，促进志愿者事业长远发展。

1. 形成助残志愿者队伍

通过系统培训，形成一支具有专业助残知识和技能的志愿者队伍，为赛会提供高效、优质、得体的服务，保证赛事的圆满成功，实现残、健赛事同样精彩的目标。

2. 普及助残知识和技能

通过助残培训和相关的活动，不仅要使助残志愿者掌握助残知识和技能，也要提升其乐于助人的基本意识和善于助人的基本能力。

3. 相互激励促进成长

普及"用生命影响生命"的志愿理念。

通过助残培训和相关活动，用残疾人身残志坚、自强不息的精神，激励助残志愿者形成珍惜生命、热爱生活、积极进取的价值理念；用无私奉献的志愿精神感染残疾人克服自身障碍，自强自立，发挥潜能，积极为社会做贡献。

4. 提升助残志愿者的思想素养和道德情怀

通过助残培训和相关活动，使得参与者在思想境界、专业水平、社会意识等方面有所提升，服务赛会之后，仍然能够发挥弘扬志愿精神、传播助残理念、促进社会和谐的作用，成为赛会留下的最为可贵的人文遗产。

（三）培训课程的内容框架——以2008年残奥会助残志愿者培训为例

2006年，北京奥组委邀请专业机构进行了专业的社会调查。通过在线问卷调查（定量调查）和小组座谈会、个别访谈（定性调查）相结合的方式，对北京市民和志愿者潜在群体进行调查。其中在线问卷调查实际回收样本总数为 2024 个，有效样本数为 2015 个，样本有效率为 99.56%。

潜在志愿者认为，需要服务技能的培训，希望侧重"对不同类别的残疾人特殊需求的服务""突发事件中对残疾人的帮助知识""残疾人独特心理特点"等方面的培训。

潜在志愿者建议，助残培训应邀请残疾人朋友参与。

残疾人和运动员代表建议，赛场内的志愿者不仅要熟悉相关赛事项目的知识，还应该懂得把握分寸，服务恰到好处。

之后，奥组委邀请了 200 多名专家学者、残疾人运动员、教练员和工作人员，进行了七轮座谈会，根据赛会服务的实际需要，制定了助残培训的核心框架。初步确定了助残志愿者培训课程的内容（见表 1）。

表 1　2008 年残奥会助残志愿者培训课程主要内容

序号	课程名称	教学要点
1	现代文明社会的残疾人观	残疾人运动发展状况 关于残疾人观的理论观点 我国残疾人事业发展状况 残疾人事迹专题讲座
2	残疾人体育基本知识	残疾人体育的历史 残疾人体育运动的理念和社会价值 项目竞赛安排、分级、竞赛规则等
3	残疾人的心理特点以及沟通技巧	残疾人的心理特点 与盲人、肢体（脑瘫）残疾人沟通的技巧与注意事项 语言、体态表达的运用与注意事项
4	做合格的助残志愿者	志愿精神解读 团队建设和抗压、抗挫折活动 助残志愿者心理准备
5	与残疾人交往的基本礼仪	礼仪基础知识 与残疾人交往的特殊礼仪 残疾人运动会赛场礼仪

序号	课程名称	教学要点
6	助残服务知识与技能	定向行走知识和技能 其他导盲知识与技能 轮椅服务基本技术 服务其他类别残疾人的基本知识与技能 助残实践活动
7	残疾人特殊用品、用具的知识	残疾人常用的生活用品和用具介绍 部分用品、用具的保管和维护方法
8	无障碍理念及基本知识	无障碍理念介绍 无障碍设施及标识 无障碍设施的使用简介

资料来源：北京奥组委志愿者部编著《2008 残奥会志愿者培训理论与实践研究》，华夏出版社，2009。

三 大型残疾人体育赛事助残志愿者培训的实施

（一）专家团队

1. 组建培训专家团队

专家团队的人选主要根据培训的实际需要，由组织推荐，社会遴选产生，并随着培训进展进行调整。在制定整体方案之前，主要以在京的残疾人工作专家和特殊教育界学者为主。在深入调研和试点培训中，邀请了华东师范大学和南京特殊教育师范学院等京外相关专家参与。随着培训工作需求越来越具体，本着有实际经验、在学术界和工作领域有造诣和影响力、单位和本人有参与热情等原则，组委会以签约的形式，正式聘请了 18 位国内外相关领域的专家，组成专家顾问团。之后相继聘请了上海特奥会、云南残运会志愿者部的领导，并邀请进程间通信战略发展主任 Apostolos Rigas、IPC 无障碍专家 Nick Morris 作为残奥会志愿者工作顾问。

这些专家学术背景深厚，团队中大部分成员年富力强，不仅具有专业学识和能力，还具有青年人的活力和热情，与年轻志愿者的交流十分融洽。

专家团队指导参与了试点培训、志愿者师资和骨干培训、部分场馆团队培训，以及针对城市运行、社会服务志愿者的各种类型的培训工作。持续开展调查研究，及时总结经验，为助残志愿者培训工作出谋划策；负责设计助残志愿者培训课程体系，编写培训教材；负责选定各个课程的主讲教师；指导培训过程，负责考核，撰写评估报告；负责选定志愿者助残实践培训基地等，在赛会培训的全过程中发挥着智囊、教学、督导的作用。

2. 卓有成效的工作方式

组织者注意发挥专家团队作用，既完成赛会各项任务，又不影响专家本职工作，采取了卓有成效的工作方式。

（1）集中与分组工作相结合

根据培训任务和需要的不同，专家团队采用集体工作和分组教学相结合的方法。专家团队全体成员参加的活动主要有：试点培训、志愿者师资和骨干培训、志愿者实践基地考察、重要工作研讨等。当残奥会志愿者培训以场馆为培训点时，则按场馆需求派遣部分专家前往，使得培训具有针对性，充分发挥专家所长，提高培训效率。

（2）常任培训师资与特聘专家师资相结合

培训课程由8个专题构成基本框架，撰写各专题教材的专家成为常任教师参与相关培训。同时也根据任务要求，在需要增加培训内容时，临时聘请老师。

（3）培训工作与学术研究相结合

为了达到培训目的，每个班都安排对学员进行专门的测试，分为"前测"和"后测"，重点了解培训对象的气质类型和心理倾向、学习前与学习后的态度改变，借以评估培训效果。专家们对一些测试赛志愿者的服务活动还会现场跟踪考察，了解岗位对志愿者的特殊要求以及志愿者的志愿服务经验，便于及时调整后续培训的内容和方式，对全面开展培训起到借鉴作用。此外，还通过专业调查公司进行了两次社会调查，及时了解赛事助残志愿服务的动态。这些学术活动为赛事培训工作的决策提供了科学依据。

（4）感情凝聚，特长发挥，待遇鼓励，合同管理

专家团队是临时性志愿者团队，需要不断巩固团队的凝聚力，使每位成员在团队中有所收获。组委会和志愿者部领导多次专程前往培训现场看望，每次培训结束后，志愿者部"一对一"地向每一位参与活动的专家表达感谢，以表尊重。根据专家的特长安排活动，使其充分发挥各自的作用。创造机会，宣传专家的奉献精神，请顾问参与录制讲座视频，委托专家接受新闻媒体采访，担任节目嘉宾。将专家纳入北京奥组委专家名录，北京奥组委领导多次听取专家意见，在许多重大决策中也多次参考了专家的建议。这些措施不仅是对专家价值的认可，也起到了激励作用。同时，按照奥运会管理规定，与专家签订协议，明确双方责权。

（二）建设志愿者培训的师资团队

面对数量众多的志愿者，需要一定数量的师资志愿者参与赛会培训工作。在全面展开培训前，举办了五期师资培训班，共460人参训，学员来自场馆、高校、残联系统、民间培训机构等（见图1）。这些人员接受培训和考核之后，具体承担场馆、高校、社区等的培训任务，成为普及宣传助残志愿服务的骨干力量。

参加师资培训的学员分为辅助教学教师、社区教学教师。辅助教学教师可以独立承担某一专题课程的讲授，或者配合专家的教学工作，由北京奥组委志愿者部颁发证书。社区教学教师则立足于所在街道、社区、村镇，配合开展全民性的助残教育活动。通过培训和考核，遴选出一批素质较高的志愿者培训教师。其中10%的学员为残疾人，他们身体力行地展现了自强不息的生活态度和无私奉献的志愿精神，具有强烈的感染力和震撼力，发挥了无法替代的示范作用。

（三）编写具有特色的培训教材

教材由专家团队负责起草，经过教学实践检验，并在听取国内外读者意见后，反复修订完善后正式出版。与其他助残志愿服务的知识读本、学习资

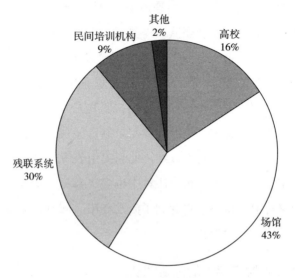

图1　培训师资来源分布

资料来源：北京奥组委志愿者部编著《2008残奥会志愿者培训理论与实践研究》，华夏出版社，2009。

料所不同的是在内容架构、编排形式方面有所创新，将残疾人体育运动的发展与现代文明社会残疾人观的历史演变、残疾人体育运动与志愿者事业的发展相联系，使残疾人体育、残疾人、助残志愿者理念有机融合，将知识讲授、技能培训、理念传导和情感培育融为一体。2010年亚洲残疾人运动会期间，又对教材进行了完善。

1. 体现残疾人事业的新理论、新成果

教材以2006年12月联合国通过的《残疾人权利公约》的理念为核心，以社会模式、权利模式的助残观念为助残志愿服务的基本依据，全方位融入助残志愿者学习的知识、技能体系。

2. 突出残疾人赛会的特点

教材重点围绕服务视力残疾、肢体残疾（包括脑瘫）的知识与技能，介绍了国际认同的方式、方法，还增加了具有中国特色的残疾人事业及体育运动发展和现代文明社会残疾人观的基本要素，突出了中国助残志愿者应该具有的国际视野、民族精神、文化底蕴、心理素质。

3. 兼顾教学双方

教材编写没有局限于赛会培训，而是努力使它成为面向社会公众，具有助残专业性、权威性、可读性的普及读本。在编排上图文并茂，并附有100道自测题以及"残疾人体育中英文术语对照表"，便于志愿者及社会公众学习、理解和掌握。

（四）培训的实施

助残志愿者培训的第一要素是在"平等尊重"的基础上，培养接纳包容的心态，即在学习并掌握助残知识和技能的同时，着力提升志愿精神和助残理念。

通过前期社会调查了解到：近六成的被访者认为志愿者的培训应该采取实践性的模拟培训方式。据此，专家建议加入外语交流、残疾人心理理论等方面的内容，采用集中式的课堂培训模式；对残奥会赛事相关方面的知识，采用发放小册子的方式来进行培训。助残技能和礼仪课程以互动、现场交流为主，并安排残疾人参与，使学员在实践操作中提升技能，换位思考，深刻体会残疾人的困难、需求和心理。

1. 明确培训原则

第一，以激发志愿者情感和提升现代文明社会的残疾人观为主导。

从试点培训开始，助残志愿者培训始终坚持以激发情感、提升理念为根本，受训学员都要参加以"走近残疾人"为主旨的专题讲座及系列互动、实践活动，参与"用生命影响生命"志愿观念的讨论。

第二，把握助残志愿服务特殊需求，使残疾人有尊严地得到支持，坚持"需求为导向"原则，服务做到人性化、个性化，力求做到服务过程双方舒服、自然。助残志愿者培训要将这些内容纳入重点。

第三，行政工作与科研工作相结合。鉴于赛事志愿者人数众多、组成结构复杂，面临很多前所未有的挑战，不仅要利用组织和行政手段推进，还要引入科学方法，确保培训工作切实有效，发挥应有的作用。专家特别关注志愿者高强度学习前后心理变化的情况，制作问卷，回收数据，并将其作为组织和调整培训工作强度的重要依据之一，向组织方提出具有科学性和前瞻性的建议，使助残志愿者培训更加以人为本。

第四，立足志愿者长远发展，促进社会进步。培训活动从设计到实施，都着眼于促进志愿者自我完善、促进城市和谐建设、促进志愿者事业可持续发展。不论是现代文明社会的残疾人观的传授，还是助残知识技能的学习和掌握，对志愿者而言都具有增长才干、提高自身素质的作用。同时，鼓励志愿者赛会之后身体力行地传播助残知识和技能，宣传助残理念，影响社会形成扶残助残的良好风气，完善无障碍环境，支持残疾人平等参与社会生活，将志愿精神逐渐渗透到社会的各个层次。这是大型残疾人体育赛事助残志愿者培训蕴含的根本意义。

2. 有效的培训方法

根据需要，采取弹性教学。赛会志愿者以在校学生为主，在业余时间接受培训，课程安排在1~2天内集中完成讲授和演练，密度高、强度大。还要择机安排助残实践活动，巩固培训成果。

城市志愿者和社会志愿者，则以"菜单式"培训为主要方式，学生选课程，教师按需教学，培训地点、时间，由培训主办单位协调落实。

突出直观，强化体验。多数志愿者服务残疾人机会较少，初次接触，难免会有心理阻抗，需尽可能融入体验学习，深化对残疾人的了解，消除心理负担。体验学习包括聆听残疾人先进人物和运动员的事迹报告，观看残疾人演出和影视作品，参观残疾人机构和残疾人运动队训练等。加深志愿者对残疾和残疾人的了解。

参与活动，实践学习。针对志愿者青年人居多，易于感动的特点，在培训过程中开展一系列动之以情、丰富多彩的趣味活动和互动实践，促进培训内容的内省内化。一是志愿者团队自我建设活动。在每次培训前，让来自不同单位的志愿者自然组建团队，设计标识、口号和活动目标，培育团队意识和协作精神。二是助残实践学习活动。对于导盲、推轮椅等课程，主要采取小组教学和个人实操的方式进行，每个志愿者参加不少于1课时的实际演练，在实践操作活动中，体验残疾人的困扰和不便，提升服务意识和能力。三是参与社区助残实践活动。集中培训课之后，各高校、场馆团队组织志愿者，分批前往残疾人集中的场所（助残培训基地），进行扶助残疾人的实践训练。

拓展资源，提供保障。为了便于学员自学，为各单位培训和社会宣传提供资源。以系列教材为蓝本，拍摄了《残疾人与心理与沟通》《与残疾人交往的礼仪与助残技能》等专题片，广泛播放。

考察点评，深化成果。对拟担任基层培训师的志愿者，采取个人试讲、专家逐一点评的方式进行考察选拔。专家从教学态度、教学准备、教学内容、教学重点、教学过程、教学方法、教学语言、教学仪表、教学设备、教学效果等十个方面予以评分和点评。通过考核点评，这些志愿者可以更好地理解和把握教材，胜任基层的教学，从而进一步深入扩展助残志愿者培训成果。

3. 创新培训工作模式

经过实践探索，借鉴创新，逐步形成了大型残疾人体育赛事志愿者培训的工作模式，可以概括为分段分层推进、建立实践平台、广泛巡回指导。

（1）分段分层推进

大型残疾人体育赛事志愿者培训工作，在实际运作时大致分为以下四个阶段。

开赛前两年为准备阶段，主要工作是撰写培训教材，进行培训工作调研和试点，完善培训方案。

开赛前一年为推进阶段，主要工作是进行志愿者培训基地和实践基地的遴选、城市志愿者和社会志愿者的培训。

开赛前半年为普及阶段，主要工作是进行志愿者师资培训，骨干志愿者、赛会志愿者的培训。

赛会开幕之后为总结阶段，主要工作是深入现场，调查研究，督促指导，了解信息和情况，对培训的理论与实践进行总结，撰写总结报告。

大型残疾人体育赛事志愿者培训遵循"先试点，再展开""先讲师，再骨干，后全员"的分层次推进原则，突出重点。

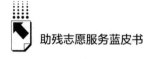

（2）建立实践平台

在理论、知识培训的基础上，还需要组织者为学员创造"走近残疾人、服务残疾人"的机会，消除志愿者对残疾人的刻板印象，减轻自己的心理负担，服务时切实做到"平等、尊重"。

2008年残奥会、2010年亚残运会志愿者培训都做出了类似安排。由专家团队提出助残志愿者培训实践基地标准，并在当地残联、民政等部门的推荐下，组织专家实地考察，最后选定满足助残志愿者培训的助残培训实践基地，可以分为以下三类。

第一类，志愿者综合培训基地，包括残疾人体育训练与职业技能培训中心、残疾人特殊教育学院。基地设施完备，可同时接纳上百人食宿、培训，并有残疾人常驻，可以配合培训的各项安排，适于开展集中培训。

第二类，志愿者考察培训基地，包括残疾人康复中心、盲人按摩医院、特殊教育机构等。机构平时为肢残、脑瘫、视力障碍残疾人等开展服务，为赛会骨干志愿者提供考察观摩、见习实践机会。

第三类，志愿者实践培训基地，主要遍布城市基层社区、温馨家园、残疾人活动中心等。直接服务所在地区的残疾人，数量较多，每天开放，接待灵活，可就近便利安排志愿者开展助残志愿活动，最适宜作为残奥会骨干志愿者、通用志愿者进行实践学习的基地。志愿者不仅可以直接感受常态下残疾人生活、劳动、康复训练、文娱活动的状况，还可以运用自己学到的助残技能为残疾人服务。在赛会之后，这些机构可以成为志愿者助残教育、实践服务的永久实践基地。

（3）广泛巡回指导

专家顾问发挥督导职能，分若干组深入到各个场馆，根据实际需求，开展巡回培训，时间安排灵活，专家组成员按需授课，结合志愿者和服务岗位的需求和出现的具体问题进行答疑和辅导，有针对性地现场教学，解决志愿者的实际工作问题。

2022年北京冬奥会、冬残奥会筹备期间，因为受新冠肺炎疫情影响，难以举办大型的助残志愿者培训班，有六个场馆的志愿者培训采用此类形式，志愿者普遍反映效率高、针对性强。

四 大型残疾人体育赛事助残志愿者培训的效果评价

大型残疾人体育赛事助残志愿者培训的效果评价工作与培训同时展开，同步进行，在培训前、培训中和培训后的三个时间节点，采用科学可行的评估方法对培训工作的过程和效果进行了全程跟踪与评估。

（一）培训教学的效果评价

对于教学的评价分为过程性评价和总结性评价。过程性评价主要用于试点培训，侧重检验培训课程、教材、教学方法和组织管理；总结性评价则用于正式培训，主要用来检验培训的教学效果。

1.过程性评价

以专家组对北京奥运会、残奥会助残志愿者试点培训的评估为例，目的是检验培训目标设定的合理性、培训程序的科学性，检验培训组织工作体制和运行机制及软硬件设施情况，检验有关课程、讲义、考核标准的可行性、可靠性、针对性和实用性，检验培训师资队伍的教学水平和指导能力，检验培训模式的可行性。

评估结果表明，学员不仅在知识和技能方面有所收获，在助残态度方面也有积极改变；学员对培训教材结构和内容给予了较高评价；学员对教学的总体评价很高。

此次培训的评估为教材的修订和完善、教学安排和培训形式的改进、组织和管理等提供了有益的建议。特别是试点培训及评估指出的大型赛事志愿者的心理准备问题，引起了培训专家和组织者对志愿者的心理支持和激励机制的重视。

2.总结性评价

总结性评价用以检验学员对助残知识、技能的掌握和助残态度的变化。

在师资培训的评价方面，除了考察知识、技能和态度以外，还重点考察他们对教学内容和教学技能的掌握程度。每个师资候选人都必须进行试讲，

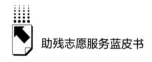

并通过专家考评。

骨干志愿者培训的评价重点在教学结束以后，每个志愿者接受知识和技能测试，并通过测试后方可成为合格的骨干志愿者。

（二）助残志愿服务的效果评价

1.来自服务对象的评价

服务对象对志愿者的评价是对培训效果最好的检验。2008年残奥会，运动员、教练员、工作人员、技术官员、媒体记者和观众等各类志愿者服务对象对助残志愿者的服务评价结果显示，志愿者以近乎完美的表现获得了各类服务对象的高度认可。志愿者的沟通能力、服务态度、服务效率、岗位技能、服务理念、应变能力、重要作用，以及总体服务均得到服务对象的高度认同（见表2）。

2.志愿者的自我评价

志愿者在服务过程中的自我评价，能反映志愿者对培训工作的价值感受。评价结果显示，志愿者自我评价积极，收获丰富、体验深刻，并认同培训可作为一种有效的激励方式。

首先，绝大部分志愿者对自己的服务工作具有较高的认同和较深的感悟体会，超九成的志愿者表示"今后我会更加积极地参与志愿服务""今后我会更多地关注、帮助残疾人""志愿者服务增强了我的沟通能力""我掌握的知识和技能可以满足岗位的需要"（见表3）。

表2　服务对象对2008年残奥会志愿者的认同度

单位：%

序号	项目	认同度
1	志愿者的沟通能力	98.2
2	志愿者的服务态度	98.8
3	志愿者的服务效率	98.8
4	志愿者的岗位技能	98.2
5	志愿者的服务理念	98.2

序号	项目	认同度
6	志愿者的应变能力	97.0
7	志愿者的重要作用	98.2
8	志愿者的总体服务	99.4

资料来源：北京奥组委志愿者部编著《2008 残奥会志愿者培训理论与实践研究》，华夏出版社，2009。

表3　志愿者对 2008 年残奥会志愿服务工作的理解和体会

单位：%

序号	项目	同意
1	今后我会更加积极地参与志愿服务	97.4
2	今后我会更多地关注、帮助残疾人	97.3
3	志愿者服务增强了我的沟通能力	92.6
4	我掌握的知识和技能可以满足岗位的需要	91.3
5	运动员积极乐观的人生态度对我影响很大	90.4
6	志愿者服务使我对团队合作有了深刻的理解	89.5
7	今后遇到困难和挫折时，我会更加坚强和乐观	88.7
8	我对自己的志愿者服务感到满意	87.7
9	我做的志愿者工作很重要	86.9
10	我能够应付意外情况	85.6
11	做残奥会志愿者我很快乐	81.6
12	残奥会志愿者培训对我帮助很大	79.9

资料来源：北京奥组委志愿者部编著《2008 残奥会志愿者培训理论与实践研究》，华夏出版社，2009。

其中"残奥会志愿者培训对我帮助很大"一项的认同度为 79.9%，偏低的主要原因是，1/3 以上场馆的残奥志愿者培训是在两个奥运的转换期匆忙举行的，主要采取看视频和听讲座的授课方式，培训不系统，缺乏针对性。而那些经过系统培训和实践培训的志愿者，经过面谈和小组座谈反馈，一致认为助残志愿者培训非常有价值。

其次，志愿者在赛事助残服务中的收获丰富。志愿者在残奥会服务中的收获从高到低依次是"丰富人生阅历""实现自身价值""实现自我完善""履行社会责任""实现精神追求"和"掌握知识技能"（见表4）。从不同工作场馆的志愿者收获来看，竞赛场馆与非竞赛场馆志愿者存在较大差异的选项主要是"实现精神追求""掌握知识技能""实现自我完善"，其中，竞赛场馆的占比都要显著高于非竞赛场馆。相当数量的竞赛场馆、非竞赛场馆服务的志愿者认为助残服务的收获是"履行社会责任""丰富人生阅历""实现自我价值"。

表4　志愿者参加2008年残奥会志愿服务的收获

单位：%

选项	竞赛场馆的志愿者认同度	非竞赛场馆的志愿者认同度	总体认同度
实现精神追求	52.6	38.9	49.3
履行社会责任	55.3	55.6	54.6
掌握知识技能	52.0	27.8	46.7
丰富人生阅历	84.2	81.5	82.5
实现自我完善	63.2	50.0	60.7
实现自身价值	61.2	61.1	62.0

资料来源：北京奥组委志愿者部编著《2008残奥会志愿者培训理论与实践研究》，华夏出版社，2009。

最后，培训也是一项有效的激励措施。调查发现31.4%的志愿者认同"接受培训"是有效激励方式（见表5）。一是和志愿者在知识、技能方面的获得感有关；二是在志愿者培训中团队建设和心理支持活动发挥了一定的作用。培训团队以人为本的理念，培训老师的身体力行，对学员的充分尊重与细心呵护，师生之间形成的坦诚相待、情感互动的教学关系，对参与培训的人员起到了非常积极乐观的正面影响。

"接受培训"是激励措施的认知非常有意义，提示我们不论是在大型活动中还是在日常的志愿服务活动中，培训不可或缺，并且需要精心安排。

表5 志愿者参加2008年残奥会志愿服务受到的主要激励

单位：%

选项	竞赛场馆的志愿者认同度	非竞赛场馆的志愿者认同度	总体认同度
领导关怀	30.3	45.4	32.9
社会赞誉	42.6	61.1	27.8
接受培训	33.2	50.7	31.4
团队合作	69.1	59.3	68.1
服务对象认可	69.7	63.0	67.2
心理支持	50.0	42.6	48.0

资料来源：北京奥组委志愿者部编著《2008残奥会志愿者培训理论与实践研究》，华夏出版社，2009。

（三）助残培训的社会影响

大型残疾人体育赛事助残志愿者培训的社会影响主要体现在宣传社会助残理念、普及助残知识和技能、扩大助残专业队伍。以北京残奥会为例，助残志愿者培训的社会影响主要有以下三点。

第一，培训对实践人文奥运和提升助残意识产生了积极影响。助残志愿者和大众通过学习助残知识和技能，更加理解残疾人的问题和困难，助残服务更加专业；残疾人工作者通过培训，增强了做好本职工作的自信心和责任感；残疾人通过学习，焕发自强不息精神，积极提升素质，为社会做贡献。

第二，助残知识和技能在社区得到普及。广大社会志愿者、城市志愿者接受助残志愿者培训，使志愿者精神和助残行动在时间维度上得以延续，在空间维度上得以拓展，持续影响更多的人关注残疾人，为残疾人提供专业的服务。

第三，大型残疾人体育赛事助残志愿者培训促进了志愿者培训专业队伍的形成。通过赛会志愿者培训，组建一支权威的专家队伍，深入全面地研究助残服务专题，形成培训体系；培养一批高水平的师资队伍，不仅赛事期间

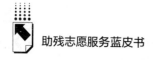
承担了志愿者培训的任务，也为将来在全社会宣传助残理念，传授助残知识和技能，留下了骨干力量。

（四）助残志愿者的专业化发展

通过大型残疾人体育赛事助残志愿者培训，直接培养、形成了一支较为专业的助残志愿者队伍，不仅能够服务赛会，也为今后全社会助残志愿服务的专业化发展奠定了基础。残疾人体育赛事助残志愿者专业培训对志愿者的作用体现在树立现代文明社会残疾人观，把握助残的核心理念；了解残疾人体育基本知识，加深对残疾人体育运动价值的理解；了解无障碍理念，关注、创建便利所有人的社会环境；理解残疾人的身心特点，掌握实用、安全、专业的助残技能等四个方面。

五　大型残疾人体育赛事助残志愿者培训工作的思考与经验

接受助残志愿者培训的志愿者圆满地完成了赛会的各项服务任务，获得赞誉。专家团队对助残培训的理论、培训需求、实践过程、培训效果、反思进行全面而深入的研讨，认为在获得成功经验的同时，也要看到许多值得总结和反思的问题。

（一）要将"平等、参与、共享"的融合理念贯穿始终

奥林匹克运动究其实质，是以体育为载体的社会文化活动。残疾人体育运动发展的过程就是反对一切歧视，倡导平等与尊严，追求和谐融合的美好世界的过程。残疾人体育赛事与健全人体育赛事越来越融合，不仅使赛事更具有广泛代表性和影响力，也使人类大家庭更加和谐。残疾人赛事与健全人赛事同城、同地、同期进行，标志着人类彼此尊重、平等相处、共同发展的文明进程更进了一步，这是奥运人文精神的精髓所在。

志愿者已经逐渐被认可为大型赛会的"第二主角"，集中体现人文精神

和奉献意识。残疾人体育赛事志愿者的专业性，是将"平等、参与、共享"的融合理念贯穿助残服务的各个环节。赛事助残志愿者培训的成功，不但体现在顺利、圆满地完成了赛事服务，更体现在留下了可以持久惠及所有参与者的珍贵的物质与精神财富，特别是使广大青年一代在观念上理解认同助残理念的深刻含义，而且能够在未来自觉地将这种精神化作生动而持久的社会实践。使"平等、参与、共享"的融合思想不仅在赛会期间大放光芒，更能持久照耀志愿者的未来，促进助残志愿服务事业的发展。

志愿精神的养成一方面来自志愿服务的实践活动，另一方面有赖于高质量的培训。有目的的培训可以提升志愿者的理论素养，使其对志愿者、志愿服务的性质、作用、意义有更深的了解，从而将志愿精神和志愿行为内化为个人的自觉意识、助人态度和行动准则。

（二）提升助残意识和专业能力是助残志愿者培训的重点

在传统文化的影响下，人们普遍拥有关怀照顾他人的爱心，愿意为残疾人排忧解难。但是对"残疾问题"的认识相对有限，并且缺乏助残知识和技能。通过助残志愿者培训，使助残观念、助残知识和技能得到宣传和普及，这是影响社会的大举措，促进了助残志愿服务专业化发展。助残不仅要有爱心和热情，还要有合适的态度、专业知识与能力。提升助残意识和专业能力，应该成为今后助残志愿者培训工作的方向。

（三）残疾人的平等参与不可或缺

残疾人有能力、有愿望成为志愿者。在每次大型残疾人体育赛事中，都有残疾人作为正式注册的志愿者参与服务，更有大批残疾人以不同的方式为赛事的成功举办贡献着才智和力量。志愿者培训工作中吸纳残疾人参与，可以发挥其独特的作用，能激发全体参训人员的爱心，使培训更有温度，从而提高培训质量。

（四）志愿者需要爱护和心理支持

调查显示，为志愿者提供支持和保障往往是大型活动中的薄弱环节。

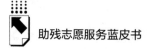

志愿者因被误解未能得到团队和伙伴的支持和帮助，是志愿者最不愿意遇到的情形之一。不少志愿者表示，参与服务所求的并不是物质，而是得到尊重、支持与呵护。

北京奥运会、残奥会期间，首次在全过程关注志愿者的心理需要与健康，并采取了三项具体措施。第一是在志愿培训中设置专门讲座，以案例方式提示服务中可能遇到的困难、挫折，甚至危险，以便于记忆的顺口溜语句讲解如何通过团队合作来妥善控制和调适不良情绪、行为反应，让志愿者在心理上有所准备。第二是在赛会期间，专为志愿者设立电话咨询和网络服务平台，由专家值守，帮助志愿者排解紧张、焦虑等不良心理反应，并及时解答或向有关方面转达志愿者提出的问题。第三是在赛事结束志愿者再次转换角色之际，给予其心理疏导，避免高度紧张工作后产生身心疲劳、懈怠等情况，帮助其尽快从赛会忙碌的状态转为平常的生活学习状态。

（五）大规模的助残志愿者培训要加强组织管理

北京残奥会志愿者培训模式，为今后全社会助残服务培训提供了范本和经验，也存在一些不足与遗憾。

大型活动的志愿者培训计划，应当事先纳入各场馆、各高校和各部门的培训计划，避免因时间所限临时安排培训，导致质量受到影响。将助残志愿者培训安排在转换期的做法，大多得不到完美的落实。比如，残奥会、亚残运会、世界军人运动会、全国残疾人运动会都出现过临时挤时间安排助残志愿者培训的情况。

通过培训选拔的师资和骨干，要充分、持续发挥作用，也离不开培训计划的安排。

（六）助残志愿者培训的成功经验需得到推广

通过2008年奥运会、残奥会，2010年亚运会、亚残运会，2022年冬奥会、冬残奥会的举办，助残志愿者培训的体系已较为完善，相关经验有待推广。

专业培训的师资缺乏。近年来，社会上助残培训的需求越来越迫切，但因为师资有限，难以满足助残培训需求。一些大型残疾人体育赛事只能邀请个别专家或者残疾人运动员，以做报告的方式对志愿者进行简单培训，或者干脆省去面授培训，沿用奥运会培训教材和视频，又或者从网上下载资料供志愿者学习，难以达到培训效果。

授课方式需要创新，大型赛事的志愿者多为年轻人，为了贴近年轻人，一些专家提出授课模式需要创新，尽量将助残的知识、技能分解融入一个个现实的场景，采取互动学习方式，使助残志愿的知识、技能在游戏互动中充分呈现，以"嵌入式"教学模式增加课堂的活跃度，经过高水平老师点评，传达正确的助残服务知识和理念，让学员在实际操作中学习助残知识和技能。这一尝试在冬奥会志愿者培训中得到验证，创新的授课方式提高了培训成效，受到了学员的欢迎。

助残志愿者培训活动在大型残疾人体育赛事举办、助残志愿者队伍建设中，都具有举足轻重的作用。大型残疾人体育赛事助残志愿者培训工作的经验，能为未来的助残志愿服务模式的形成奠定基础，提供借鉴，使我国残疾人事业和志愿者事业既继承我国尊老爱幼、扶残济困的优良传统，又具有新的时代特征，在构建"平等、参与、共享"的融合社会中迈出更加扎实的步伐。

B.11
南京特殊教育师范学院
青年助残志愿服务报告

谭 忠 薛皓洁 王 超*

摘 要： 高校青年志愿服务是"实践育人"的重要环节。南京特殊教育师范学院因其培养特殊教育和残疾人事业专门人才的办学定位，助残志愿服务在人才培养过程中具有尤为关键的地位，学院特色助残志愿服务项目实践有力证明了其对青年学生成才的支持作用，充分发挥了志愿服务项目助人、育人双重功能。报告梳理了学院助残志愿服务发展历程，具体展示了学院六类特色助残志愿服务项目，系统总结了学院助残志愿服务取得的成效及项目在全员参与、传承创新、丰富内容、回归原旨等方面取得的宝贵经验，并得出了高校青年助残志愿服务的启示及建议。

关键词： 高等教育院校 青年 助残志愿服务

步入大学阶段的青年，正值世界观、人生观、价值观定型和发展的关键期，同时也正处于学习、探索、实践、创新创造的黄金期。以广大高校大学生为主体而开展的各种社会服务活动，一直是青年学生积极遵循党的教育方针，外塑形象，内强素质，实现健康成才的重要途径。自共青团中央于20

---

* 谭忠，南京特殊教育师范学院党委副书记、副教授，研究方向为高校学生教育管理、大学生创新创业；薛皓洁，文学博士，南京特殊教育师范学院副研究员，研究方向为中国现当代文学、高等教育；王超，南京特殊教育师范学院团委书记，研究方向为高校共青团工作研究。本报告各案例由吴冠磊、郝晓川、王奕、樊琬、朱玉飞等整理。

世纪 80 年代初期号召全国大学生开展暑期"三下乡"社会实践活动以及
1993 年底决定实施中国青年志愿者行动以来，全国高校青年志愿服务活动
进一步蓬勃发展，其服务领域、受众范围、参与规模、项目种类、服务效益
等都得到了不断扩展和提升。

在此背景下，南京特殊教育师范学院（以下简称南京特师）作为全国
唯一一所以培养特殊教育师资和残疾人事业专门人才为主的高等院校，始终
恪守"立德树人"根本任务，弘扬"博爱塑魂"办学理念，紧扣自身办学
定位和人才培养特色，数十年来奋斗不辍，在青年助残志愿服务领域独树一
帜，取得了丰硕成绩，获得了良好反响。

一　南京特师青年助残志愿服务的发展历程

南京特师坐落于"博爱之都"南京，是全国唯一一所独立设置，以培
养特殊教育师资为主，兼及残疾人高等教育、残疾人事业管理与服务专门人
才培养的普通本科高校。建校 40 年，学校从中师、大专、本科一路走来，
始终恪守为中国特殊教育和残疾人事业服务的办学宗旨，筚路蓝缕，开拓创
新，逐步探索出一条独具特色的特殊教育师资培养新路，为全国特殊教育学
校及残疾人管理与服务机构培养了数万名专门人才，被誉为"中国特殊教
育师资培养的摇篮"。

自建校伊始，南京特师青年助残志愿服务就开始生根发芽，与学校的专
业人才培养进程同行共进，"围绕特殊教育、服务特殊人群"成为南京特师
青年助残志愿者的志愿服务方针。40 年来，南京特师青年助残志愿服务不
断发展，在展现当代青年精神风貌，推动社会进步和文明建设方面，做出了
积极的贡献。其发展进程，大致可以分为以下三个阶段。

（一）形成发展期（1982~2012年）

在这个时期，学校已经从最初的中等师范学校发展为江苏省属高等职业
院校，并成为中国残疾人联合会、江苏省人民政府共建单位，正向着中国第

一所特殊教育师范本科高校的建设目标努力奋斗。在此期间，南京特师青年助残志愿服务紧密结合专业教学实践要求，及早地确定了志愿服务与专业人才培养紧密结合的成长方向，一方面逐步形成以校团委统筹指导、校学生会志愿者工作部专司负责的组织结构，另一方面将青年助残志愿服务活动深植于各专业、各教学班级，覆盖教学实训、社会实践、毕业实习等，特别是由此锻造了面向全国特殊教育基层一线的服务传统，形成了扎实的群众基础、专业特色和社会认同，叫响了"太阳花志愿者"的称号。这一切，都为南京特师青年助残志愿服务的更好发展打下了深厚根基。

（二）品牌建设期（2013~2018年）

这一时期正值学校升本冲刺期和升本之后的最初发展期，2013年3月13日，南京特师青年志愿者协会成立，标志着我校青年志愿服务特别是青年助残志愿服务在原有的专业性基础上，进一步走向体系化、品牌化发展的自觉道路。在此期间，南京特师青年助残志愿服务更加紧密地结合本科人才培养新形势新要求，工作视野得到了进一步的拓展。一批优秀助残志愿服务项目走出了随机响应、散点开展的初级阶段，逐步走向探索标准化供给、品牌化推广的新路。以2017年共青团中央确定在南京特师设立特殊教育精准支持"西部计划"专项，以及学校在中国青年志愿服务项目大赛上连续夺得一个金奖、两个银奖为标志，南京特师青年助残志愿服务项目在全国的示范影响力跃升上了一个新台阶。

（三）创新提质期（2019年至今）

紧扣实现全面建成小康社会的奋斗目标以及"十四五"时期建设发展新要求和学校高质量发展新任务，南京特师青年助残志愿服务工作在这一阶段体现出了更多的系统思维、整合布局和创新举措。青年助残志愿服务项目在全校班团组织、学生社团、创新创业实践、校企校社合作等平台进一步得到丰富，青年助残志愿者的常量规模达到6000人以上，占全校各类志愿者总量的88%，融合教育推广、艺术疗愈、手语盲文信息服务、残疾人就业技能培训等的助残志愿服务项目越来越成为南京特师青年助残志愿服务新的重要内容，一批成熟的优秀项目初显社会公益组织化运作雏形。"开展时间长、参与人数多、覆盖范围广、活动内容丰、创新项目好"的南京特师青年助残志愿服务，正在走向更新更好的明天。

尤其值得一提的是，南京特师青年助残志愿服务史上还书写着一篇跨越20年的特殊华章。自2002年起，教育部批准南京特师面向全国以单独招生考试方式招收残疾大学生。20年来，学校招生层次从专科到本科；招生类型从听障到视障、高功能障碍；招生专业从单一的服装与服饰设计到特殊教育、音乐学、应用心理学、计算机科学与技术、公共管理、视觉传达设计；培养方式从独立编班到残健融合，共有一千多名残疾学生先后在这里完成学业，实现自立。他们在校学习的全程中，除得到学校教学、管理、服务等部门的全力支持外，学生工作处、团委等组织的青年助残志愿服务活动更给予了他们全方位的帮扶和助力。针对残疾大学生的学习生活实际，青年助残志愿服务独辟蹊径，坚持朋辈互助、共同成长的原则，以"要特别，不要特殊"的信念激励残疾学生锻炼能力，展示自我，充满自信地生活。在专业学习、文体活动、社会工作、特长培育等方面，残疾大学生得以与周围的同学共同体验、共同分享、共同竞技、共同进步，共度精彩的大学时光。他们中间涌现出江苏省大学生职业规划大赛特等奖组、全国残运会聋人篮球冠军、全国优秀共青团员等一批先进集体和个人，三名残疾大学生先后荣获"江苏省大学生年度人物"光荣称号，多名残疾大学生凭借优秀成绩考上硕士研究生。在这批大学生身上所体现的助残服务形态和效果，更加彰显了南京特师青年助残志愿服务的广度和厚度。

二　南京特师青年助残志愿服务的特色项目

南京特师青年助残志愿服务的发展，是一个从顶层设计到有序构建的一致性过程，也是一个从夯实基础到不断丰厚、高峰迭现的叠加性过程。经过长期发展和不断完善，一批定位准、服务优、影响大、示范性强的特色项

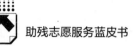

目，从多个角度充分显示了南京特师青年助残志愿服务的内生价值和典型特征，成为诠释南京特师助残志愿服务理念和实践历程的典型案例。

（一）高校助残志愿服务公益化的萌芽——"暖阳"融合教育公益推广项目

暖阳公益全称暖阳融合教育公益发展中心，经过长达 9 个月的筹备，正式成立于 2012 年，是由全国唯一一所独立设置的特殊教育师范院校——南京特殊教育师范学院的大学生自发组织的致力于推广融合教育的公益组织。

随着人们平等人文意识的逐渐增强，国家对于残障人士的政策关怀日益完善，社会涌现了一大批致力于维护特殊儿童权益的专家和学者，推动着助残时代的到来。我们发现传统助残项目呈现周期短、受众少、程度浅等特点，并缺乏相应目标性评估措施，导致项目难以深入开展。根据此问题，南京特师暖阳公益团队将传统助残模式与学科专业特色相融合，项目设计上着力于有效性的科学化探究，灌入阶段性项目诊断思路，使项目持续处于一种"研究、分析、设计"相互制约且平行推进的状态，避免了盲目执行在助残项目中所产生的不可弥补的不良后果。并且持续对现有助残模式的转型进行探索，提供有力的决策依据，推动助残服务的专业化转型。

暖阳公益的"暖阳"融合教育公益推广项目主要面向特殊教育发展缓慢的地区，以"倡导残健融合、共享发展成果"为服务目标，通过开展形式各异的融合教育推广活动，传播特教知识和平等科学的残健融合理念，为当地特殊儿童争取更好的受教育机会。该项目的团队部门设置、制度建立、项目周期设定、项目评估与反馈、项目推广宣传、筹资等均以标准非政府组织（NGO）的模式运营，开启了高校助残志愿服务公益化之路。

"暖阳"融合教育公益推广项目现有暖阳融合教育乡村夏令营、融合教育冬令营、融合教育社团课、融合助残体验日、"看不见的盒子"沉浸式视障体验、融合教育云益课堂 6 个子项目。项目通过前期调研，根据经济欠发达地区特殊儿童不能接受平等教育，无法与社会融合；经济较发达地区虽已实现部分特殊儿童的随班就读，但缺少专业支持，与社会融合程度不理想等

相关情况，选取特殊教育和融合教育发展欠发达地区作为项目点，通过
"认知、体验、交往"三大主题课程，让特殊儿童和健全儿童在同一课堂共
同学习，向普通小学宣传正确的特殊教育和融合教育理念；对当地特殊儿童
和其家庭进行先进技能的训练，搭建随班就读平台。项目单期执行周期为
10~15 日，每个项目点完整周期为三年，三年期满后将再次进行考察评选。
通过各子项目的相互配合，传播健康平等的残疾人观，建设无障碍融合的社
会环境。"暖阳"融合教育公益推广项目运行模式详见图 1。

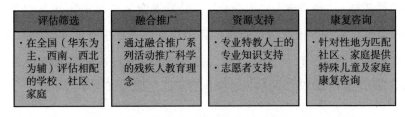

图 1　"暖阳"融合教育公益推广项目运行模式

资料来源：根据"暖阳"融合教育公益推广项目运行模式，作者整理所得。

该项目最大的特色在于通过项目经验，探索新型助残体系构建模式，打
破了传统助残志愿服务项目的服务理念，开辟了大学生助残的新模式，结合
其专业知识与行业素养，以"助残服务转型者"进行角色定位，实现由传
统型助残志愿服务项目向专业性助残志愿服务项目的发展。打造周期完整、
执行科学、内容标准、可复制推广的新型助残志愿服务项目模式。并通过适
度的宣传，让一个人做影响一群人；把对一个特殊人士服务变为让更多人接
受正确的残疾人观，让这种平等对待的态度成为我们的下意识，让特殊人群
真正融入社会成为可能。

暖阳公益团队收集一线调研数据（调研问卷）4000 余份，并参考特殊
教育领域专家与全国多省市在职一线特殊教育教师地域性建议（在实际教
学过程中总结的因地域经济、文化、社会环境等差异带来的不同问题建
议），整理总结出关于项目地的，关于残疾人价值观、融合教育的推广以及
残疾人安置状况等方面的报告 20 余篇。截至 2021 年，参与暖阳宣讲会、体

验日、夏令营等融合教育系列活动的普通小学生 3320 余人次,特殊儿童 260 余人次,小学教师 170 余人次,参与暖阳调研与宣讲的普通居民达到 4400 余人次,为当地特殊儿童提供入户支持 42 次。① 项目于 2012~2021 年在我国西部经济欠发达地区的 13 所学校开展了 21 次融合教育乡村夏令营,项目筹集资金 43 万余元,为千余名乡村儿童提供了服务,服务时长 5095 小时。②

因成效突出、示范性强,该团队于 2012~2021 年连续 9 年获评江苏省大中专学生志愿者暑期文化科学卫生"三下乡"社会实践活动优秀团队;还在"挑战杯""创青春""志交会""助梦青春·益起来"江苏省青少年公益项目创投大赛等国家级、省级的各类比赛、表彰中获奖 40 余次。特别是"暖阳融合教育乡村夏令营"和"看不见的盒子"沉浸式视障体验项目分别于 2018 年和 2019 年两次入选全国青年志愿服务优秀项目库。

(二)长效助残志愿服务的表率——"殊博汇"阳光助残志愿服务项目

"殊博汇"阳光助残志愿服务项目成立于 2011 年,以"医教结合,扶残助残"为服务宗旨。11 年来,6000 多人次"殊博汇"志愿者奔赴新沂、宝应、泗阳、大丰等地,服务脑瘫、自闭症、智障等特殊儿童 13600 多人次,为特殊儿童家庭提供专业支持和贴心服务,助力江苏农村地区特殊儿童康复事业发展。

"殊博汇"阳光助残志愿服务坚持项目化运作,项目由"殊博汇·追光行动""殊博汇·慧聪""殊博汇·星星之火"等组成,现已形成制度化、常态化的服务机制。"殊博汇"志愿者在学校专业老师的指导下定期深入特殊教育学校、康复中心、社区及残疾人家庭开展康复服务,在助残日、孤独症日等特定节日赴社区开展志愿服务。根据个性化的需求,"殊博汇"志愿者在专业老师的指导下,定期为孤独症、脑瘫等特殊儿童及其家庭提供支持

---

① 来源于暖阳公益内部资料。
② 来源于暖阳公益内部资料。

和服务，帮助特殊儿童提高生活自理能力、社会交往能力、学习能力，为家长减负，缓解家庭养育的压力，促进形成较好的家庭氛围，提升家庭成员幸福感和生活质量。

"殊博汇"阳光助残志愿服务志愿者多数是来自康复治疗学、教育康复学、特殊教育等专业学习成绩良好、专业基础扎实、专业技能娴熟的学生。志愿者通过扮演影子老师，帮助孤独症儿童解决学习和生活难题。充分利用新媒体技术，开展各类线上助残志愿服务活动。

"殊博汇"阳光助残志愿服务为特殊儿童建立档案，评估特殊儿童情况，为其提供学习辅导、日常照料服务，缓解家庭压力。为家长提供家庭康复指导，开展心理疏导服务，缓解其负面情绪。2016年起，开展对江苏农村残疾人康复现状的调研，为地方特殊儿童等提供康复训练、讲座宣传、心理咨询等服务。"殊博汇"阳光助残志愿服务组织每周开展志愿服务不少于12次，每周三下午和周六定期到南京乐平等康复中心开展助残志愿服务。每年寒暑假组织"殊博汇"小分队奔赴徐州新沂、盐城大丰、扬州宝应等地的康复中心、特殊教育学校开展社会实践活动。

"殊博汇"阳光助残志愿服务项目曾获2014年全国首届青年志愿服务项目大赛银奖、2015年江苏省青年公益项目大赛三等奖；2019年，"殊博汇"孤独症儿童家庭支持服务项目获2019年江苏省青年志愿服务项目大赛一等奖。2022年，"殊博汇"阳光助残志愿服务项目被评为江苏省十佳青年志愿服务项目。

"殊博汇"阳光助残志愿服务项目多次被省市级电视台、中国青年报等媒体报道。2020年8月20日，江苏劳技网以《线上助残支教，这个暑假，他们为特殊儿童开设"第二课堂"》为题报道了"殊博汇"阳光助残志愿服务项目。

（三）系统精准助残志愿服务的样板——"特殊教育精准服务西部计划"专项

"特殊教育精准服务西部计划"专项是在"西部计划"全国项目办的支

持下，由南京特师依托学校学科特色和学生专业特长，开展的"西部计划"子项目。2017年暑期，共青团中央相关领导同志到南京特师调研青年志愿服务工作，指出学校青年志愿服务工作应当依托学科专业特色，在全国助残志愿服务工作中体现鲜明特色，就"特殊教育精准服务西部计划"做好调研，提出精准服务方案。2017年11月，南京特师就"特殊教育精准服务西部计划"工作，选取新疆维吾尔自治区伊犁州和克州进行调研，共青团中央联合自治区相关市"西部计划"项目办，开放端口直接由南京特师与伊犁州和克州的相关特殊教育学校进行精准对接，选派优秀毕业生前往两地特殊教育学校开展志愿支教服务，正式启动了"特殊教育精准服务西部计划"专项。

南京特师高度重视青年学生的助残志愿服务工作，积极组织开展全国大学生助残志愿服务"西部计划"，将其作为人才培养的重要平台和服务社会的重要窗口。学校通过专项的开展，着力健全组织、完善机制，加强宣传力度，规范志愿者招募工作，每年招募一定数量的应届毕业生，以特殊教育志愿服务的方式到新疆从事为期1~3年的支教工作。2018年以来，学校共选送27名志愿者作为"特殊教育精准服务西部计划"志愿者到新疆维吾尔自治区伊犁州和克州开展特殊教育精准支教工作，为当地特殊教育发展做出了积极贡献，获得"西部计划"全国项目办、当地州委和教育主管部门的一致好评。

项目的实施得到了学校党委的高度重视，将其纳入年度党政工作要点，强化责任落实，出台相应政策支持在伊犁州、克州两地开展特殊教育支教服务；设置专项资金，为在服务期内的志愿者每月发放400元生活补贴；做好志愿者在岗履职情况随访，梳理运行中出现的问题，加强专业指导，提高服务水平；在服务学校建立实习实践基地，动员新疆籍学生到校顶岗实习；每年暑期派遣由专家和优秀教师带队组成的专题大学生暑期支教团赴两地开展培训和支教活动。

项目的实施也得到了上级组织的关心与支持，江苏省援疆指挥部设置特殊教育援疆专项经费，进一步推进专项工作提质发展。借助江苏省对口援建伊犁州和克州平台，学校项目办主动对接江苏省援伊前方指挥部，积极争取各方资源支持，大力推进全方位、多层次、宽领域的交流合作，促成第一个特殊教育柔性援疆项目，选派 2 名专业教师在伊犁州特殊教育学校开展柔性援疆工作；协调伊犁州教育局选派特殊教育学校管理、教学和科研骨干教师参加江苏省特殊教育师资培训中心相关培训工作，开辟了教育援疆新平台，进一步提升了专项工作的内涵质量。

2018 年以来，南京特师"特殊教育精准服务西部计划"专项工作获得上级部门的高度认可，学校项目办获评"优秀"等次，参与专项计划的志愿者得到当地用人单位一致好评，涌现出李俊扬等一批先进典型，新疆当地相关特殊教育学校的教学质量得到了有效提升，专项工作赢得了较好的社会声誉。

（四）社会需求下专业助残志愿服务的代表——"袋鼠妈妈绘本角"特殊需要儿童阅读疗愈项目

"袋鼠妈妈绘本角"特殊需要儿童阅读疗愈项目于 2016 年由南京特师发起，志愿者由学校特教、康复等专业在校大学生，关心特殊需要儿童成长的特殊教育专任教师、学者以及社会爱心人士组成。项目旨在以绘本为媒介，促进残疾儿童全面成长；鼓励亲子阅读，倡导以家庭为中心的儿童康复。通过创办阅读角、开展公益阅读活动、提供家庭阅读指导、定制个性化的阅读疗愈方案等形式开展助残志愿服务。目前参与服务的志愿者有 200 多人，受益的特殊需要儿童家庭有上千个。

"袋鼠妈妈绘本角"的服务内容分为 5 项。一是在康复中心建设绘本角，营造特殊需要儿童友好的公共阅读氛围；二是组织周期性公益故事会，激发特殊需要儿童阅读兴趣；三是为特殊需要儿童家长提供亲子共读指导，进一步提高有效陪伴；四是为特殊需要儿童定制个性化阅读疗愈方案，深化阅读效果；五是开展阅读治疗师培训，以点带面，提高服务效能。

目前，"袋鼠妈妈绘本角"已与南京市鼓楼区欧皮孤独症儿童康复托养中心、江苏省听力语言康复中心等多家康复机构达成服务协议，在这些机构中设立绘本角,举办公益故事会,帮助特殊需要儿童认识自我、管理情绪、理解环境;同时给特殊需要儿童家庭提供社会支持,为特殊需要儿童家长提供亲子共读指导、为特殊需要儿童提供个性化阅读治疗方案等。

项目开展以来已在南京建设了 7 个合作点,捐赠了 2000 多册绘本及家长读物,举办了 50 场公益故事会,提供线上线下家长培训课程 100 个学时,直接服务特殊需要儿童 1000 多人次。① 此外,项目组还编撰了《0~6 岁听障儿童绘本阅读治疗指导手册》《自闭症儿童阅读书目》供家长参考。为使阅读效果可评估可检测,志愿者为疗愈对象建立档案,每年对特殊需要儿童进行评估,以及时调整治疗方案。

新冠肺炎疫情期间,袋鼠妈妈团队也没有停下脚步,志愿者利用微信群举办线上故事会、线上讲座,并在专线音频分享平台——"喜马拉雅"上开通有声故事频道,录制绘本故事 50 多篇,截至 2022 年收听人数已达 5000 人次。此外,袋鼠妈妈团队还与南京图书馆联动,在全省公共图书馆推广自主研发的阅读测量尺,用可视化的方式为特殊儿童以及全省的儿童做家庭阅读指导。

项目主要有三个特色亮点。一是让助残志愿服务富有时代性,尊重每一个人的生存和发展权利,符合时代主题;二是让助残志愿服务更加专业,该项目获得多位海内外专家的指导,紧紧围绕阅读疗愈这一新鲜课题,以国家社科基金项目、省社科基金项目、国家新闻出版广电总局开放课题为依托,合作研发专业的培训课程、行之有效的治疗方案以及评估体系,具有非常强的专业性和可推广性;三是让助残志愿服务实现多边"共赢",不仅残疾儿童及家庭可以从中获益、志愿者也能获得一定的职业帮助和人生历练,社会看待残疾人会更加积极与宽容,阅读疗愈的大量田野案例也为学者的科学研究提供了素材,为特殊需要儿童研究的科学发展提供帮助。

6 年来袋鼠妈妈团队深入南京各大儿童康复机构,带给孩子们无数个美妙的阅读时光。从台账记录来看,90%参与项目的特殊需要儿童的语言和社交能力得到了不同程度的改观。阅读治疗得到特殊需要儿童及家长的认可。

---

① 来源于"袋鼠妈妈绘本角"特殊需要儿童阅读疗愈项目内部资料。

不少家长发来感谢信，分享了与孩子共读的照片和阅读心得。2018 年，"袋鼠妈妈绘本角"荣获第四届中国青年志愿服务项目大赛金奖，2019 年，"袋鼠妈妈绘本角"被评为第十二届中国青年志愿者优秀项目。江苏卫视、南京电视台等十多家媒体对"袋鼠妈妈绘本角"项目进行了报道。

（五）高校助残志愿服务公益创业的范例——"桔灯创益"残疾人文创就业创业助推器项目

"桔灯创益"残疾人文创就业创业助推器项目源于 2017 年成立的"小桔灯"志愿服务团队，2021 年 12 月升级为益桔文化创意有限公司。该项目秉持"'益'起创，共同赢，做有温度的设计"理念，针对残疾人手工艺品滞销、劳动价值低、残疾人服务组织造血能力不足等问题，为残疾人和残疾人服务组织提供文创产品设计、包装设计、品牌构建等服务。

项目将服务设计思维融入整个调研、设计、包装、宣传的过程，用技术与艺术赋能残疾人劳动和残疾人服务组织发展，聚合残疾人、顾客和公司人员，共同参与产品的设计、生产。在提升残疾人服务组织造血能力的同时，提高残疾人劳动价值，促进残健融合。

在产品设计和包装设计方面，项目对重度精神障碍残疾人的日常绘画涂鸦进行二次创作（部分设计由听障大学生完成），设计出立足于残疾人服务组织自身文化、迎合不同群体市场需求、兼顾美观性与实用性的文创产品，并交由有相应劳动能力的残疾人进行生产制作。其中一部分产品由残疾人服务组织自行售卖，另一部分由公司利用自身丰富的资源网络以及互联网向社会大众进行宣传推广和售卖。

在品牌构建服务方面，项目解读重度精神障碍残疾人的绘画作品并提取其中元素进行二次创作，使其成为构建品牌 IP 的核心元素并以品牌 IP 为中心，扩展服务内容，树立机构品牌形象，扩大宣传推广，建立良好口碑。

"桔灯创益"突破了残疾人参与生产的文创制品技术手段单一、产品类型有限、商品附加值低等局限，能够为市场提供独具个性、富有特色、种类多样的文创产品。

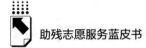

项目充分整合各行业专家资源，着力提升残疾人文创产品商业附加值。产品设计人员以在校大学生为主，由专业授课教师、行业专家、企业专职设计师提供业务指导，残疾人原创者全程参与决策。连接利用各类资源，充分发挥专家团队优势，能够有效保证产品设计的专业性与艺术性。

此外，项目积极拓展消费者参与设计渠道，联动开发符合顾客品味的个性化产品。"桔灯创益"通过吸纳客户参与产品设计过程，能够有效激发消费者的积极性，增强产品的顾客黏性，实现产销间的有益联动。

项目综合利用各种线上线下销售渠道，有效保障设计与销售信息的双向互补。"桔灯创益"项目中，设计师参与产品销售，可以充分展现产品的设计理念与风格，增进消费者的商品认知；销售者参与产品设计，可以有效利用大众消费品位与偏好，促使产品更接地气。全员参与设计与销售，能够实现不同信息在各环节的充分共享，促进产品多元化开发。

截至 2022 年 5 月，项目已为残疾人服务组织设计生产了 11 个系列共 326 件产品，完成 6 套 VIS（视觉识别）视觉设计的服务，获得设计专利 22 项；得到了南京市人力资源和社会保障局、栖霞区残联、江苏省教育厅等政府机关共计 20 万元的项目资金支持；与 15 家残疾人服务组织、7 家企业签订了涉及 9 个子项目的协议；服务的残疾人每月同比增收 60%，5 年间营业额累计达 30 余万元，总产值超 60 万元，成功带动 327 位残疾人辅助性就业；线上线下结合，举办各类活动 230 余场，获得网易、新浪、荔枝新闻等多家媒体报道，形成了 12 万字调研报告和设计方案；获省级立项 10 项；曾获全国挑战杯创业计划竞赛、江苏省"互联网+"大学生创新创业大赛、江苏省社会实践大赛等国家、省、市级荣誉 30 余项。

（六）高校助残志愿项目服务地方的典型——"太阳花手语推广计划"项目

南京特师"太阳花手语推广计划"项目成立于 2013 年 6 月，依托南京特师的专业特色，连续多年利用暑期组织相关专业学生，在全国各地学习和收集地方手语，推广手语文化，促进社会残健共融。项目团队始终秉承南京特师"博爱塑魂"的理念，弘扬奉献、友爱、互助、进步的志愿精神，倡导时代新风正气，大力开展志愿服务活动，进行专业特色实践，在实践中成长，服务残疾人事业发展。

2015年，中国残联发布了《国家手语和盲文规范化行动计划（2015~2020）》，助推通用手语的研究，南京特师成为试点单位。2017年初修订后的《残疾人教育条例》倡导政府、学校、社会、家庭应为残疾人充分、平等地参与社会生活创造条件。2018年5月，《国家通用手语常用词表》作为语言文字规范发布，规定了通用手语常用词汇的规范动作。"太阳花手语推广计划"项目团队依托南京特师手语翻译专业的学科专业特色和专业师资资源，秉持着奉献、友爱、互助、进步的志愿精神，常态化开展手语推广志愿服务，为通用手语的规范化推广做出了自己的贡献。

成立至今，项目已开展多项手语的推广服务工作。完成多省市地方手语调查与整理，形成地方手语录和手语故事集，促进手语文化交流；响应国家关于建设中华经典资源库的要求，帮助残障人士学习中华经典，编写《中华经典读本》手语版；推广手语文化，展现手语风采，提高主流大众对听障人士的关注度，使其更加重视残疾人和助残事业；聚焦前沿的特殊教育理念和手语翻译职业化情况，开展专业实践，实现了人才培养质量在社会实践中的不断提升；结合区域文化特色，弘扬正能量，通过宣传推广聋人文化，引发社会对听障人士群体关注，搭建起听障人士与健听人沟通的桥梁，提高人们对手语的认知与认同感。

在开展手语推广的9年多中，项目也对学校手语专业的发展实现了反哺。一是结合地方特色进行手语收集整理及视频录制整理，收集保存了地方自然手语，为后续研究提供了丰富的语料支持；二是丰富了手语资料库，提高了相关专业学生的专业水平，培养并提高了学生的调查能力、分析解决问题能力以及与听障人士间的沟通能力。

自2013年以来，项目团队每年新建一个实践基地，编撰一本地方手语录，制作一本实用手语册，结合地方特色进行手语收集整理及视频录制整理，推进手语语料库建设。目前已制作出南京、徐州、扬州、宁波、西安、株洲、

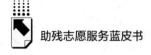
盐城等地方自然手语录，医疗及警务法律等方面的手语册；并录制了反映听障人士文化及生活的视频《听说》系列听障儿童手语故事集。

项目团队连续多年被评为校级暑期社会实践重点团队及校级优秀团队，2017年、2018年被评为江苏省大中专学生志愿者暑期文化科技卫生"三下乡"社会实践活动优秀团队，2018年被评为全国"三下乡"社会实践"千校千项"最具影响力好项目。

三 南京特师青年助残志愿服务的成效和经验

通过上述考察分析可以发现，青年助残志愿服务之所以能在南京特师常抓常新，不断凸显示范作用，并一直保持着可持续发展的态势，最根本的原因在于青年助残志愿服务全面契合了学校"立德树人，博爱塑魂"的办学理念，已经成为学校人才培养体系的内在重要环节。从南京特师的助残实践看，这一活动的内涵实质与南京特师的学科专业设置和发展目标高度呼应，并在实践过程中将社会责任、职业情怀、知识运用、能力拓展、团队意识、奉献精神以及创新创业教育等人生成长诸要素有机融合，直接而深入地体现了南京特师专业人才培养的规格要求，与身处大学阶段的青年学生理实结合、知行合一的成才愿望和成长路径相吻合。因此，在南京特师所呈现的助残志愿服务，较为罕见也更为鲜明地实现了广泛的群众基础、充足的专业资源和多方的助残服务需求的高度统一，具体来说，其成效和经验可以概括为以下四个方面。

（一）全员参与，巩固和承传常态开展助残志愿服务活动

南京特师长期恪守的"博爱塑魂"校训，已经成为全体师生的一种精神铭刻，这使助残志愿服务活动基于每个个体的认识统一和实践强化，最终上升为一种大学文化现象，成为大学精神的具象表现。目前在南京特师，以助残志愿服务为宗旨的学生社团组织有19个，但在具体考察中发现，几乎每一个学生班级、社团的活动大都曾经或正在开展明确的助残志愿服务活

动。与此同时，越来越多的专任教师不仅在教学实习和就业实习环节，更在多种形式和内容的社会实践、社区服务等活动中与学生志愿者共同从事具体的助残志愿服务工作。

（二）传承创新，追求并认同"做专业的助残志愿者"

从学校办学早期即形成的专业化助残思想得到了很好的继承，成为众多助残志愿服务项目进一步走向品牌化、标准化和创新发展的核心支柱。以暖阳公益案例来看，其专业化上的成熟度，就早已不单单体现为每个具体项目的实施均以事先开发的课程和活动体系为依托，而是不断在实现自我超越。考察其最近一个年度的工作安排可以发现，在对象评估、人员招募、团建培训、实践磨合等方面所投入的时间和资源，均达到或接近全年工作总量的2/3。可以认为，这是一个组织、一个项目从专业化不断走向品牌化、标准化和创新发展的重要信号。而更多类似的助残志愿服务项目，在南京特师不断得到培育和壮大。

（三）丰富内容，建设并加强活动长效平台的持续支撑力结构

南京特师团委与江苏省青少年发展基金会、江苏省励志阳光助学基金会在服务中西部地区"希望工程"活动中建立了常年的合作关系，每年选派一批优秀的助残志愿服务项目团队参与其中，取得了很好的服务效果和社会影响。南京特师学生工作处将接受江苏省陶欣伯基金会、瑞华慈善基金会资助的贫困大学生（其中包括相当比例的残疾学生）组织起来，以"受助，自助，助人"为团队理念，鼓励他们参与包括助残志愿服务在内的各种实践活动，起到了很好的资助育人效果。特别是，南京特师通过持续拓展校地、校企等多方合作关系，激发了各方各界对残疾人、对助残事业的关注和理解，助残志愿服务已经不仅限于对残疾人群体，更对全社会助残观念的科学树立、助残资源的集聚整合，以及助残综合效应的进一步体现等发挥着重要的作用。

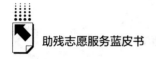

（四）回归原旨，实现"助人+育人"的教育双功能作用

对学生个体而言，在南京特师的助残志愿服务经历，有效串联了专业学习、实践锻炼、就业选择、职业发展等一系列人生发展规划。对学校本身而言，通过一届届青年学生朋辈之间的交流、共为和传续，助残志愿服务的价值和行动谱系同样得以不断地凝练和健全，进而成为学校落实"立德树人"根本任务重要的教育渠道之一。

四　启示和建议

在全国数千所高校中，南京特师无疑是青年助残志愿服务活动的一块神奇热土。固然，这与该校本身的办学定位、服务面向和学科专业分布等存在紧密的关联，其实践的许多做法和经验也因此具有较强烈的个性特点，但是我们依然认为，南京特师青年助残志愿服务绝不应该仅仅被看作是一个特例。对全国众多高校，以及从事残疾人事业的机构或组织而言，南京特师能给予的最重要的启示，恰恰是这些做法和经验绝不只能一校自为，而是要在更广阔的范围得到借鉴、推广并进一步发展和创新。但如何真正做到将"一体之自为"发展成为"全体之共为"，我们认为就高校青年助残志愿服务而言，以下两个方面值得重视并予以积极应对。

（一）重构并阐释青年助残志愿服务的价值定位和行动话语

目前在许多高校有一种认识是，青年助残志愿服务的组织难度不大，投入成本不高，随时因势可做，随时见效可收。以此对比科技学术、创新创业等各校常抓重抓狠抓的学生实践活动情状，不难看出，高校总体上对青年助残志愿服务就青年人生成长、社会文明进步所具有的意义和价值，在认识上和实施上存在明显反差。事实上，助残志愿服务最重要的价值属性在于，它能够促进不同群体之间的理解和支持，能够促进无障碍共识的探索和达成，能够促进社会文明更高水平的逐次体现。无论对服务者还是对服务对象而言，服务活动的终极价值都在于人的发展，社会的发展，作为承担着"立德树人"根本任务的高校，要对此做出更加准确的回答。

（二）依托并对标青年助残志愿服务的专业要求和服务标准

助残志愿服务对象因其生理、心理和人际社会关系的特殊性，能够有效施加并为其接受的服务，必然包含着教育学、心理学、康复医学以及其他专门领域知识在内的专业元素。仅凭服务者的爱心和热情，以及人力、物力和财力等纯外部给予的支持，无法真正达成助残志愿服务的应有目标。因此我们认为，对助残志愿服务者的专业要求和专业培训，是开展助残志愿服务活动不可忽略的前提和准备。由于各类助残志愿服务者数量巨大，背景繁杂，志愿服务内容又极其丰富，一个相对统一、权威的助残志愿服务专业标准的创设和推广势在必行。但同时我们也注意到，这样一个标准的建设应是适度可为的。它可以表现为全国或区域性的效力，也可以体现为某一行业或领域的要求；它应该审慎地限制于专业技术标准的范畴，而不能任性地扩大为对助残志愿服务活动的组织、工作流程的限定，否则必然会对内生具有的丰富性、生动性、创造性的志愿服务形成约束和压制。

B.12

专业践初心　志愿暖人心

——"甘雨公益服务站"助残志愿服务实践报告

朱一敏*

摘　要： 新时代的特殊需要儿童康复事业，迫切需要建立儿童筛查、诊断、康复、教育有效衔接的工作机制，需要为特殊儿童及其家庭提供符合需求的专业服务和资源支持。无锡市特殊需要儿童早期干预中心作为一家残联自主兴办的专业儿童康复机构，在巨大的社会需求前奋勇担当，坚持创新，于 2017 年挂牌成立"公益服务站"，开启了为地区新发现特殊需要儿童及其家庭提供志愿服务的先河。服务站以"专业、非营利、公益性"为宗旨，从成立初期的单一咨询业务，不断发展形成集"早期筛查、专业咨询、政策宣传、技能培训、心理支持"于一体的服务体系，并借助公益平台吸纳了 23 家社会爱心单位组建公益联盟，整合社会资源，形成了多方联动的助残志愿新格局。

关键词： 特殊需要儿童　儿童康复领域　志愿服务

一　绪论

（一）新发现特殊需要儿童及其家庭的服务需求迫切

现代生物-心理-社会医学模式下的特殊需要儿童早期干预，应当抓住

---

* 朱一敏，无锡市特殊需要儿童早期干预中心原主任，研究方向为学前康复，融合教育。

特殊需要儿童发展关键期，根据其成长和发展需要，提供包括早期发现、早期诊断、医药治疗、早期康复和教育、健康照顾、家庭支持等系列综合性的专业支持，促进身心和谐发展，降低生理发育障碍对其未来融入社会生活的不利影响。因此，全方位提供"以特殊需要儿童的发展需要"为核心的支持与服务，有利于最大限度地增加他们未来成功的可能性。

国家十分重视并大力支持残疾儿童康复事业，相关政策保障越来越充分，随着《残疾预防和残疾人康复条例》《关于建立残疾儿童康复救助制度的意见》等一系列政策和措施的出台，残疾儿童康复事业蓬勃发展。但是相较于社会快速发展和残疾儿童及其家庭的需求，各类服务还处于探索和萌芽阶段。

我国第二次全国残疾人抽样调查显示，0~14 岁残疾人口为 387 万，6~14 岁的残疾人口为 246 万，[①] 据此推算目前我国 6 岁以下残疾儿童总数约为 141 万。根据《2020 年度儿童发展障碍康复行业报告》推算，我国 2~8 岁患有孤独症谱系障碍、注意力缺陷多动障碍和言语语言障碍的特殊需要儿童总数分别高达 100 万、700 万和 500 万。[②] 丁若溪等人的研究显示，残疾儿童对卫生服务的利用率较低（44.35%），但需求很高（98.26%），医疗服务与救助、康复训练与服务、贫困残疾人救助与扶持是残疾儿童利用最多，同时也是需求最多的服务。[③] 目前我国参与残疾儿童志愿服务的组织主要围绕文娱建设、贫困救助、托养及康复训练等助残主题开展活动，且以文娱建设为主，[④] 涉及的社会组织主要包括社会团体（如义工联盟、家长联盟等）、基金会和民办非企业单位（学校、医院、康复机构等）三类。[⑤]

[①] 第二次全国残疾人抽样调查办公室编《第二次全国残疾人抽样调查主要数据手册》，华夏出版社，2007。
[②] 《〈2020 年度儿童发展障碍康复行业报告〉全文下载》，北大医疗脑健康官网，2021 年 4 月 7 日，http://pkucarenjk.com/news-family/2303.html。
[③] 丁若溪、程云飞、郑晓瑛：《我国精神残疾儿童卫生服务利用与需求状况分析》，《中国康复理论与实践》2021 年第 2 期，第 243~248 页。
[④] 吕晶：《社会组织参与残疾人社会福利服务研究——以徐州市为例》，中国矿业大学硕士学位论文，2016。
[⑤] 吴霞：《非政府组织建设对残疾儿童救助的支持和对策》，《学理论》2016 年第 8 期，第 108~109 页。

（二）公益服务站的志愿服务内容和意义

新时代的特殊需要儿童康复事业，迫切需要建立儿童筛查、诊断、康复、教育有效衔接的工作机制，需要为特殊需要儿童及其家庭提供满足儿童发展全过程的多专业支持与服务，需要更多社会资源的跨界整合。

"甘雨公益服务站"的成立，是江苏省无锡市特殊需要儿童早期干预中心在多年特殊需要儿童康复实践中，持续关注并研究特殊需要儿童家庭需求，充分体现公办机构公益性，利用自身专业优势而主动作为的使命之举、创新之举。该服务站通过系列针对性的专业服务，将早期发现和早期康复有效衔接，向新发现的特殊需要儿童家长普及儿童发育基础知识，帮助其明晰自己孩子发育障碍的表现及类别特征，减少对孩子发病的徘徊和疑虑；传递现代特殊需要儿童观和康复观，提倡家长抓住最佳康复期，坚定康复信心；帮助家长了解政府救助政策及办理方法，减轻家庭经济压力；帮助家长习得居家康复技术，使其既能配合专业机构增强康复成效，也能积极投身于孩子的康复和教育，重新拾起生活的希望。

（三）公益服务站志愿服务的专业基础

无锡市特殊需要儿童早期干预中心（以下简称中心）创办于1987年11月，为无锡市残疾人联合会（以下简称无锡市残联）下属全民事业单位，是承担无锡市听障、孤独症、脑瘫、智障、发育迟缓、基因异常和多重残疾等各类特殊需要儿童康复训练与学前教育的公益性专业服务机构。2019年取得学前教育资质，业务由无锡市教育局和无锡市残联双重管理。2021年，在无锡市事业单位改革中，与无锡市残联下属的两家残疾人服务机构合并成立"无锡市残疾人综合服务中心"，保留无锡市特殊需要儿童早期干预中心牌子。

该中心始终秉承"创造特殊需要儿童未来更加美好的生存和发展空间"的办学宗旨，不断拓展服务范围和内容，形成了特殊需要儿童及其家庭早期发现、早期康复、学前融合的完整学前支持和服务链，形成了"以特殊需要儿童发展需求为导向，以学前教育为基础，以各类障碍专项技术为支撑"的全面康复体系。坚持走专业化发展的道路，把对特殊需要儿童的爱，体现在专业服务的能力和水平上，44名管理人员和教师中，84%以上具备教育、医疗从业资质，90%以上具有专业技术证书。2010年，该中心被评定为首批全国人工耳蜗定点康复机构；2015年，被评定为无锡市唯一一家省级听力、孤独症三级儿童康复机构和脑瘫二级儿童康复机构；2009年，荣获国务院残工委"残疾人之家"称号；2011年，荣获"全国听力语言康复工作先进集体"称号。2012~2022年，经过中心的康复训练，485名各类特殊需要儿童进入普幼、普小就读，良好的康复成效获得了专家、同行、特殊需要儿童家庭和社会各界的高度评价。

长期发展中建立起的强烈社会责任感和使命感，驱使中心团队勇于探索，无私奉献，全心全意服务特殊需要儿童及其家庭。

二　发展历程

"甘雨公益服务站"的发展经历了从个人行为到单位行为，再到多方联动，从单一咨询到多维服务的发展过程（见图1）。

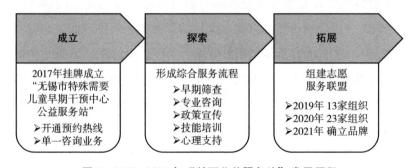

图1　2017~2021年"甘雨公益服务站"发展历程

资料来源：根据无锡市残联"甘雨公益服务站"相关资料，作者整理所得。

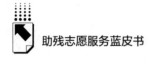

（一）成立

无锡市于 2008 年实施 0~6 岁残疾儿童康复训练补助政策，且补助标准远高于全国大多数城市，加上中心良好的康复成效和社会形象，虽然已充分挖掘收生潜力接受更多的孩子，如与两个区残联合作开设分中心，但是由于空间及教师数量的限制，还是出现了需要排队候训二、三年的情况。

家长因为传统观念、社会歧视及缺少相关知识等原因，导致孩子错失最佳康复期的状况时有发生。看到家长们悔不当初、痛苦不堪的样子，中心主任朱一敏无法置身事外，每当有家长来到中心寻求帮助，她都挤出时间，结合自身多年从事儿童康复的专业知识和管理经验，为家长们提供建议。良好的咨询成效和强烈的社会责任感，让朱一敏和她的团队开始思考并研究帮助更多家长和孩子的适宜方式和途径。

在无锡市残联的支持下，2017 年 4 月，"无锡市特殊需要儿童早期干预中心公益服务站"（以下简称公益服务站）挂牌成立，并向社会公开了预约咨询热线，正式面向社会提供公益性服务。

公益服务站明确服务对象为"无锡地区 0~14 岁各类发育障碍儿童及其家长，有特殊需要儿童康复专业及融合教育需求的普通幼儿园和小学、社区"，定位为"由无锡市特殊需要儿童早期干预中心提供专业、非营利、公益性的服务"。服务内容具体包括向全社会宣传正确的发育障碍儿童观和各类发育障碍儿童的基本知识，增强社会理解和关爱，推动特殊需要儿童的社会融合；介绍国家、省和市的残疾儿童康复救助政策和优惠措施，为发育障碍儿童及其家长获得合法资源和支持提供建议；为各类疑似发育障碍儿童的家长，提供诊断、评估的方向和选择相关专业医疗机构的建议，以使家长尽快明确诊断，避免盲目奔走，延误最佳康复时期；为已明确诊断的发育障碍儿童及其家长，提供康复建议、专业指导及心理支持；为各类发育障碍儿童的家长和就读学校，提供融合教育中的康复专业指导；为社区提供发育障碍儿童康复专业技术指导。

（二）探索

2017 年，公益服务站成立的 6 个月内，以中心主任朱一敏为首的服务团队为 109 名特殊需要儿童的 183 名家长提供了咨询服务，其中 120 名家长免费参加了中心首次举办的"一整天公益性居家康复知识和技能培训"。咨询建议服务主要是帮助特殊需要儿童家长了解孩子障碍情况及其对孩子未来发展可能造成的影响、诊断途径、政府救助政策和办理办法，介绍当前家庭训练的简单方法，并提供心理辅导；家庭康复技能培训和入户指导主要是帮助家长习得基本的家庭康复方法，使其在等候入训期间也能为孩子提供有效训练。服务团队内的志愿者，全部是中心的管理人员和骨干教师，他们利用工作之余规划服务方案、设计培训课程、开展培训和服务。公益服务站服务内容主要为咨询建议、居家康复技能培训和入户指导等，服务流程和形式逐渐被完善并被固定下来。

（三）拓展

2019 年，正值全党范围内开展"不忘初心、牢记使命"主题教育之际，中心主动将公益服务站打造成了党建与业务有机融合的志愿者服务特色品牌。中心全体党员、预备党员等发挥先锋模范作用，牢记服务之本，将公益服务站作为体现党和政府关心特殊群体的窗口，作为党员服务社会、服务特殊需要儿童及其家长的平台，全年参加公益服务站各类服务达510 人次。

随着党员主题教育活动的深入，各级党组织推行党员志愿服务，鼓励和引导党员为群众办实事做好事解难事，中心敏锐地抓住这个契机为特殊需要儿童和家庭争取更多资源，引领社会爱心力量，激活社会潜能。2019 年10 月，中心发起并组织了 13 家来自 12 个行业的党组织，以公益服务站为平台建立"甘雨·爱力量"党建公益联盟，以党建为引领，本着"资源共享、优势互补、注重实效"的原则，围绕组织建设互促、党员干部互动、扶残帮困互助、优势资源互补等内容，扩大"党建+公益"的品牌影响力，

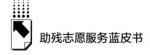

凝聚和调动社会资源，共同推动特殊需要儿童康复事业的发展。2020 年，联盟单位发展到 23 家。2021 年上半年，公益服务站更名为"甘雨公益服务站"。

从成立到 2022 年 6 月，"甘雨公益服务站"开展公益咨询 142 次，受益儿童家长 1977 人次；开展家长培训 18 次，受益 1003 人次；开展社会融合活动 54 次，受益儿童和家长 1193 人次；开展教师培训 16 次，受益 2969 人次；开展入园指导 102 次，受益儿童 1590 人次；开展入户指导服务 8 次，受益家长 651 人次；开展家长工作坊 2 次，受益家长 30 人次；志愿者参加以上服务达 3237 人次。

"甘雨公益服务站"是在新时代我国社会经济和文明程度快速提升、残疾人事业得到高度关注、志愿服务越来越深入人心的大背景之下建立和发展起来的。中心的这一支热爱儿童康复事业、具有丰富专业知识和实践能力、勇于开拓创新、艰苦奋斗、无私奉献的优秀团队潜心研究特殊需要儿童及其家庭的需求，发挥自身优势，审时度势，顺势而为，争取一切可争取的力量，为了特殊需要儿童的未来不遗余力。"甘雨公益服务站"的志愿服务理念、模式和做法，弥补了地区新发现特殊需要儿童家庭服务的空白，也反映了当代助残志愿者的服务精神内涵，具有可推广的实践价值。

三　特色与创新

作为以专业服务为特色的志愿组织，"甘雨公益服务站"通过探索与实践，形成了"满足特殊需要儿童及其家庭发展需求为核心，志愿服务专业化为特色，多元化社会力量共同参与"的儿童康复志愿服务模式。

（一）初心可鉴，坚持创新满足需求缺口

"甘雨公益服务站"作为中心服务社会的平台，始终将满足特殊需要儿童及其家庭的需求为己任，克服服务经费和人力不足，拓展社会资源，倡导社会大众参与，不断提升服务质量和服务水平，体现了热爱特殊需要儿童、

践行公益事业、承担社会责任的初心。特别是咨询建议的实效性、培训和指导的专业性，解了家长的燃眉之急，极大缓解了家长的精神压力和痛苦，赢得了政府和社会各界的称赞。

"甘雨公益服务站"的志愿者，既有多年从事儿童康复事业的管理者、骨干教师，也有不断加入进来的新员工；既有党员、预备党员，也有共青团员，还有普通群众。虽然"甘雨公益服务站"自身因为多种原因长期为人员、经费不足所困扰，但在志愿服务中，志愿者同心协力，无怨无悔，在服务中体现出强烈的责任感，在服务中追求儿童康复工作者的人生价值。

（二）笃行致远，坚持专业与服务的深度融合

特殊需要儿童家长在新发现孩子发育异常，寻医过程中会因认识不足，对孩子症状表现的反映缺乏客观性和真实性，造成误诊、漏诊；即使在已有明确诊断的前提下，也心存侥幸，观望和期待孩子"某一天突然变好"；心态急切，盲目奔走在各大城市的医院之间或尝试各种得到或未得到认可的治疗手段，消耗大量时间和金钱；在孩子是否异常上摇摆或陷入五花八门的训练方法中无所适从等。由于医疗资源的紧缺和诊断理念、水平的差异，家长较少能得到专业的分析、具体的指导和建议，加上长期以来社会上存在的对残疾的偏见和歧视，家长往往独自悲伤，不愿主动向周边亲朋好友倾诉并寻求帮助；而且处于打击初始阶段的家长心理压力最大、最痛苦、最迷茫，也最需要帮助。

通过问卷调查对过往经验进行总结，分析此阶段家长的现状和需求后，"甘雨公益服务站"把志愿服务重点放在了帮助家长"建立特殊需要儿童观""了解儿童发育基础知识""构建居家康复技能"等方面。咨询建议服务帮助家长观察孩子的症状、表现，分析诊断结果，教授当前家庭训练的内容和方法，介绍政府救助申请的办理办法，对家长进行心理辅导，引导家庭成员营造良好氛围。整天的家长初级基础知识培训和居家康复技能提升培训，包括"特殊需要儿童观及早期干预""儿童发育基础知识""儿童语言发展及构音训练""孤独症儿童、听障儿童、发育迟缓儿童基础知识及居家

生活干预策略""游戏化教学中的教玩具使用""一日居家活动设计"等系列培训，既有观念和理论讲解，也有实操技术和运用培训。入户指导服务，一是现场指导家庭康复和教育环境的创设，二是解答家长疑问，强化家长培训内容。家长工作坊积极引导新发现家长减轻心理负担，学习康复知识和技能，使其投入孩子的康复训练。

"甘雨公益服务站"的专业服务深受家长的欢迎。参加培训的家长来自全国各地，一系列的专业服务，帮助家长们在最短时间内将精力投入到孩子的康复中，同时，专业服务极大地缓解了家长们的心理压力。经数据对比，得到"甘雨公益服务站"帮助的家长，从孩子被发现病情到去申请政府康复救助的平均时间仅为1个月零3天（国内研究数据显示，此项时间平均为一年半[①]），这一成效也极大地鼓舞了志愿者的服务热情。同时"甘雨公益服务站"还将统计的相关需求信息和服务数据提供给政府，在规划地区儿童康复规模和服务模式时成为重要的参考依据，将易地扩建中的干预中心建设总面积，从1万平方米扩大到2.3万平方米，服务儿童数量扩大了一倍，能够向更多的特殊需要儿童及其家庭提供优质康复服务。

（三）凝心聚力，坚持社会化方式整合资源

特殊需要儿童及其家庭群体的特殊性、需求的阶段性和复杂性，要求其被提供的服务具有广泛性和多样性，需要精神的关爱、理解、包容和接纳，也需要物质的帮助；需要专业技术和方法帮助，也需要心理辅导和支持；需要特殊的环境和辅具用品，也需要与社会融合，因此"甘雨公益服务站"自成立起就将争取社会资源服务于特殊需要儿童及其家庭作为重要工作目标，以服务站为平台，将公办儿童康复机构的公信力、党组织和企事业单位资源、媒体的传播力、志愿者的热情和专业，以及社会大众的爱心善意有机结合，构建多元化服务。

---

① 苏雪云、郭家俊：《上海市自闭谱系障碍儿童早期干预现状调查》，《幼儿教育·教育科学》2011年第18期，第47~50页。

除了过去积累的资源，中心充分利用元旦、六一、全国助残日等各种节日开展宣传活动，倡导更多的社会大众通过"甘雨公益服务站"平台扶残助残。特别是中心多年打造的在无锡具有品牌宣传影响力的"国际孤独症日""因爱有你"系列创意宣传，更发挥了广泛而良好的社会效应，如通过宣传活动，2018年创办的幼小衔接试验班，不仅招募数位普小教师加入"甘雨公益服务站"志愿服务孩子幼小衔接的学习，还募集到11万元用于试验班的运行。"甘雨公益服务站"的"甘雨·爱力量"党建公益联盟在推动各支部互学互促、交流共建的同时，纷纷组织党员为特殊需要儿童及其家长提供助残服务，设立的助残项目达24个。博威集团党支部每年为中心儿童提供免费游泳课程，某部队党委每年向200名中心儿童捐赠春秋和夏季二套校服，平安产险无锡分公司党委组织党员为入户指导服务提供车辆保障，无锡市广播电视集团新媒体中心第一支部多年参与并共同开展宣传倡导活动，无锡商业职业技术学院会计金融学院学生党支部组织学生党员提供各种志愿服务，云崖律师事务所党支部为家长们提供免费法律服务，通德桥实验幼儿园、古运河实验幼儿园、南长中心幼儿园、江南艺术幼儿园等学前机构党支部的党员服务融合教育儿童，以及各党组织共同在各类公益活动中提供人力和物资保障，开展节假日送温暖活动等，党建公益联盟让"爱心雪球"越滚越大。人民日报客户端以《将初心和使命写在特殊需要儿童及家长的心里》为题，报道了"甘雨公益服务站"发挥党建资源优势，全心全意服务特殊群体的事迹，称"甘雨公益服务站"为特殊需要儿童及家长们的"解忧站"。

四 未来展望

党的二十大指出，前进道路上必须"坚持以人民为中心"，强调"高质量发展是全面建设社会主义现代化国家的首要任务"。[1] 党和政府历来重视

---

[1]《习近平：高举中国特色社会主义伟大旗帜，为全面建设社会主义现代化国家而团结奋斗——在中国共产党第二十次全国代表大会上的报告》，中国政府网，2022年10月25日，http：//www.gov.cn/xinwen/2022-10/25/content_ 5721685. htm。

残疾人事业，残疾人社会保障和服务体系逐渐建立和完善，志愿服务在特殊需要儿童康复事业中大有可为。

（一）切准需求，把握儿童康复志愿服务方向

"甘雨公益服务站"紧紧围绕新发现特殊需要儿童及其家庭的需求，充分利用自身优势开展志愿服务，受到家长和社会的欢迎。随着社会经济、政治、文化的进步，特殊需要儿童及其家庭的需求也将呈现多样性、层次性和递增性的态势。特殊需要儿童康复服务志愿工作，需要将调查和研究特殊需要儿童及其家庭的需求作为开展服务的首要环节，精准识别和把握他们的新需要、新诉求、新问题、新期待，因需施策、有的放矢，不断丰富、完善和发展志愿服务的形式与内容，切实提高特殊需要儿童及家长的获得感。

（二）常态长效，完善儿童康复志愿服务机制

"甘雨公益服务站"作为公办机构主动作为，利用专业优势服务特殊群体，体现党和政府的关怀，但基于儿童康复领域公办机构占比小的现状，需要建立常态长效的志愿服务机制，引导更多专业机构加入志愿服务的行列。政府为志愿者组织的发展和运作体系建设创设条件，指导儿童康复志愿服务稳定有序开展。志愿者组织科学定位，不断强化和完善在儿童康复服务中的职责，同时可以采取企业化运作模式提供有偿服务，以自身的良好运行，保障提供更多优质的社会服务。

（三）培育文化，拓展儿童康复志愿服务资源

儿童康复志愿服务的高质量发展，不仅需要专业力量，还需要更广泛的社会力量提供更多、更优质的服务，因此需要营造良好氛围，创建一个有利于儿童康复志愿服务的社会环境。充分发挥新媒体作用，开展丰富多彩的知识讲座、行业联盟活动等，宣传特殊需要儿童的现代观念、各类障

碍基础知识等，引导社会大众从了解到理解到包容，再到愿意参与儿童康复志愿服务，扩大志愿者队伍，挖掘和培育服务资源和空间，让志愿服务助力特殊需要儿童康复事业的发展，让志愿精神在助残扶残的高质量发展中绽放光芒。

B.13
广州市"志愿在康园"助残志愿服务计划发展报告

钟　良　李小娜　吴冬华*

摘　要： 残疾人事业的发展水平是城市文明程度的重要标志。本报告选取广州市"志愿在康园"助残志愿服务计划为研究对象，对志愿服务组织参与助残的运作过程和机制进行分析。本报告发现，广州市"志愿在康园"助残志愿服务计划经过 11 年的发展，实现了队伍专业化、项目多元化、经验体系化，营造了"志愿助残·阳光微笑"志愿服务氛围，促进了残疾人就业创业、体能康复、社会融入。同时本报告发现，新时期广州市"志愿在康园"助残志愿服务计划工作仍存在供给与需求不匹配、服务覆盖面有限、资源服务较单薄等问题。报告强调广州市"志愿在康园"助残志愿服务计划需要注意需求导向，提高服务精度；合理规划，拓展服务维度；专业为本，提升服务深度；整合资源，拓展服务广度。

关键词： 志愿服务　助残　广州

2011 年，共青团广州市委联合广州市残联推出"志愿在康园"助残志

---

* 钟良，广州市团校（广州志愿者学院）副校长、副教授，研究方向为青年发展、志愿者成长；李小娜，广州市团校（广州志愿者学院）讲师，研究方向为青年生命教育、志愿者成长；吴冬华，广州市团校（广州志愿者学院）志愿者工作部部长、助理研究员、讲师，研究方向为志愿文化、参与及培训体系。

愿服务计划（以下简称"志愿在康园计划"），由广州市志愿者行动指导中心统筹管理，各区团委、各区"志愿在康园"核心团队具体实施。"志愿在康园计划"主要辅助康园工疗站的学员（以精神病康复者、智力残疾者为主）学习生活技能，使其尽快适应并融入社会。"志愿在康园计划"秉承"一站一队伍，一站一课表，一站一平台"的理念广泛动员助残志愿者走进康园工疗站，为康园工疗站的精神康复者和智力残疾人提供康体运动课程、生活技能课程、安全守护课程、音乐艺术课程、文化知识课程、实践感知课程等六大类助残基础课程，以及心理辅导课程、文艺课程、技能课程、社交礼仪课程、义诊康体等五大类特色课程，为学员提供实际帮助。

一 广州市"志愿在康园"助残志愿服务计划的
发展历程

（一）初步探索期（1985~2012年）

1985年，广州市诞生了全国第一所民办智力障碍儿童特殊教育学校——广州至灵学校。1989年，广州市残疾人联合会成立。广州市在20世纪80年代就已成为我国第一批残疾人社区康复试点城市，是全国率先开展残疾人社区康复服务工作的地区之一，在长期实践中积累了丰富的助残经验并不断进行创新。

广州市残联一直把残疾人康复作为工作主题，不断加强和完善自身系统内康复机构和场所建设。2007年3月，经广州市民政局核准，广州市康园工疗站服务中心成为民非企（法人）单位，专门负责统筹、协调和指导广州市康园工疗机构的业务运作。

截至2010年8月底，广州市共成立12个区（县级市）康园工疗站服务中心，同时建成152个街（镇）康园工疗站。[①] 康园工疗站主要为16~60周

---

① 范阳东：《广州市残疾人社区康复服务研究》，暨南大学出版社，2018，第58页。

岁精神康复者、智力残疾人及其他类型残疾人提供日间托养、过渡性康复训练和庇护性就业等服务，让残疾人通过工疗康复重新融入社会。康园工疗站共接纳 4200 多名精神或智力残疾人，为他们开展康复训练并提供辅助性就业服务，同时提供了 400 多个社区公益性就业岗位，产生了不错的社会效益和社会效果。

2011 年 12 月，共青团广州市委联合广州市残联推出"志愿在康园计划"，由广州市志愿者行动指导中心统筹管理，各区团委、各区"志愿在康园"核心团队具体实施，在全市 188 个康园工疗站为精神康复者和智力残疾人开展常态化助残志愿服务，辅助工疗站学员（以精神病康复者、智力障碍者为主）学习生活的技能，使其尽快适应并融入社会。

2012 年，广州市志愿者行动指导中心与广州志愿者学院合作培训康园志愿者，研发课程并共同编写《广州市"志愿在康园计划"志愿者通用培训教材》，为"康园志愿课程"开展提供支撑，为全市助残志愿者开展助残志愿服务提供规范指引。

（二）快速发展期（2013~2018年）

2013 年，在广州市"志愿在康园计划"基础上，共青团广州市委依托广州市志愿者行动指导中心成立了广州助残志愿服务联盟。2015 年广州市"志愿在康园计划"把服务阵地从康园工疗站推广到盲校、聋校等特殊教育学校，以关注残疾人最关键的需要为着眼点，以学员需求为导向，开拓了"康园烘焙工作坊""行走的助残盒子""康园聪明学堂""宝宝街舞团"等多个品牌项目，以项目化的形式充分调动社会力量开展各类助残志愿服务活动。

为提升助残志愿服务水平，"志愿在康园计划"广州助残志愿服务联盟通过"招标""合同制"的方式选取了 12 个区（县级市）的核心助残志愿服务团队，通过定期召开助残志愿服务组织工作会议，畅通志愿者与助残志愿服务组织的诉求表达渠道，落实季度激励和年度激励制度，不断提高助残志愿者的活动积极性。

广州市"志愿在康园计划"按照"一站一队伍，一站一课表，一站一平台"的理念为康园学员量身定做"康园志愿课程",针对康园工疗站学员开展康体运动课程、生活技能课程、安全守护课程、音乐艺术课程、文化知识课程、实践感知课程等六大类助残基础课程,以及心理辅导课程、文艺课程、技能课程、社交礼仪课程、义诊康体等五大类特色课程,为学员提供实际有效的帮助。

广州市"志愿在康园计划"自实施以来,依托有形的教科书籍、教具套装等载体传播广州精准助残服务理念,连续五年摘得中国青年志愿服务项目大赛金奖等十项国家级别奖项(见表1)。

表1　2014~2018年广州市"志愿在康园计划"获奖情况

序号	获奖时间	获奖项目	奖项内容
1	2014年5月	"志愿在康园计划"	入选中国青年志愿者助残"阳光行动"首批示范性项目
2	2014年12月	康园聪明学堂	首届中国青年志愿服务项目大赛金奖
3	2015年10月	康园烘焙工作坊	中国志愿服务联合会2015年"邻里守望"志愿服务成果征集活动"优秀实践成果奖"
4	2015年12月	行走的助残盒子——助残志愿服务标准化课程推广计划	第二届中国青年志愿服务项目大赛金奖
5	2016年2月	"志愿在康园计划"	中国志愿服务"四个100"先进典型活动"最佳志愿服务项目"称号
6	2016年12月	充电宝——广州特殊青少年充电一小时计划	第三届中国青年志愿服务项目大赛金奖
7	2017年12月	行走的助残盒子——助残志愿服务标准化课程推广计划	第四届中国青年志愿服务示范项目创建提名奖
8	2017年12月	康园聪明学堂	第四届中国青年志愿服务示范项目创建提名奖
9	2018年11月	行走的助残盒子——助残志愿服务标准化课程推广计划	全国青年志愿服务优秀项目
10	2018年11月	康园聪明学堂	全国青年志愿服务优秀项目

资料来源:根据广州残联、广东志愿者、广州市青年志愿者协会等公众号推文内容,由作者整理所得。

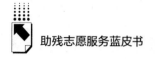

（三）转型升级期（2019年至今）

从 2019 年开始，广州市"志愿在康园计划"从心理康复、技能提升、社会融入、就业创业、自我保护等五大领域出发，定期为残疾人提供义检、康复知识科普、法律援助、就业指导、小家电修理，烹饪、插花、美容、编织培训等服务，同时也开展"一助一"长期结对服务，服务对象涵盖残疾人及其家庭，继续推动广州助残志愿服务的专业化发展。

广州市"志愿在康园计划"也在打造"爱传递"项目，组织助残志愿者指导残疾人制作各类手工作品、烘焙作品，并带领残疾人亲手将手工制作成果赠送给社区星光老人之家的老人、社区环卫工人等群体，通过爱的传递，提升残疾人的自信，促进残疾人的社会融入。

广州市"志愿在康园计划"以全市 186 间康园工疗站、77 间志愿驿站、特殊学校为服务阵地，通过定时召开项目推介会、在社区举办宣传推广活动以及在"志愿时"平台发布消息等方式，不断发展壮大助残志愿者队伍。目前共招募了 115 支助残志愿服务队伍，其中包括 30 支高校队伍，54 支社会团体和社会自组织队伍，10 支志愿驿站队伍，21 支社区家庭综合服务中心队伍。

"志愿在康园计划"发展至今，通过引入"专业助残力量+志愿者"模式，组建凝聚助残志愿服务组织，完善"助残志愿服务课程"，同时建立社区助残"连锁门店"，不断探索助残志愿服务品牌项目，服务对象包括视力、听力、肢体、智力、言语、精神和多重障碍等七大类工疗站特殊学员，助残志愿者为他们提供规范化和专业化的助残志愿服务。

同时为了提高助残志愿者的服务技能，保障"志愿在康园计划"的运转模式体系化，广州助残志愿服务联盟每年定期开展助残志愿督促工作并定期开展特色助残培训，编写助残培训教材、助残案例集 5 本以上，其中包含了《助残志愿服务督导——以广州为例》《广州市"志愿在康园"计划漫画教材》等，不断提升助残志愿者的助残服务专业能力。

2021 年，共青团广州市委、广州市志愿者行动指导中心发布助残志愿服务纪录片《携手》。该纪录片讲述了"志愿在康园计划"走过的十年，

《携手》纪录片被广州市国家档案馆收录。

经统计,"志愿在康园计划"每年累计开展助残志愿服务课程近 2800 场次,每年累计助残志愿服务近 3 万小时,近 7000 名残疾人在"志愿在康园计划"的守护之下逐渐融入社会。[①]

二 广州市"志愿在康园"助残志愿服务计划的典型案例

(一)"发型培训就业课程"——残疾人就业创业项目

我国一直十分注重残疾人就业创业项目。习近平总书记在 2014 年 3 月的致中国残疾人福利基金会的贺信中指出"让广大残疾人安居乐业、衣食无忧,过上幸福美好的生活,是我们党全心全意为人民服务宗旨的重要体现,是我国社会主义制度的必然要求。"[②] 2015 年 1 月 20 日,国务院发布《国务院关于加快推进残疾人小康进程的意见》,提出"要充分发挥社会力量和市场机制作用,为残疾人就业增收和融合发展创造更好环境"。新时代下,如何实现残疾人对于就业的渴望,让其在康园工疗站参与职业训练并实现就业,是不断满足残疾人对美好生活向往的重要课题。

番禺区 19 个康园工疗站的"康园志愿课程"专门设计发型培训就业课程,主要融合了理论、实操及实践训练三种培训形式。学员在发型师志愿者手把手多次培训指导下,掌握了理发基本功和要领。

第一环节是理发技巧,发型师志愿者耐心为学员讲解理发的每一个步骤,示范如何拿剪刀、拿梳子等;第二环节是发型设计,发型师志愿者教会学员掌握如何设计造型,利用发蜡和定型喷雾设计一个时尚的发型。学员在发型师志愿者的指导下,会独立完成理发任务。工疗站学员学习接受

---

① 《各级共青团、青年志愿者组织持续开展助残阳光行动》,中国青年志愿者网,2021 年 9 月 28 日,http://zgzyz.cyol.com/content/2021-09/28/content_19017421.htm。

② 《这个 8500 万人的群体,总书记一直牵挂心中》,求是网,2022 年 3 月 5 日,https://mp.weixin.qq.com/s/XQI_wHuvNFX6VTMDfaWl2g。

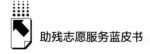

能力较差，在对其进行教学的时候需要理论讲解与模拟练习相结合，边讲边实操，还需要开展延伸训练和巩固训练，不断温故而知新，巩固早期学习的知识。

钟村街康园工疗站是番禺区级示范站点，钟村街康园工疗站站长陈倩茹目前已累计推荐6名学员成功就业，回归社会。陈倩茹表示，美发作为民生类服务行业，是人们日常生活必不可少的需求，而且理发工作门槛低、时间灵活，较适合作为残疾人回归社会的工作契机。发型培训就业课程为残疾人搭建了一个提升自身技能素质的平台，掌握理发技能增强了他们创业的能力与信心，为自主就业或创业打下了基础。

（二）"康园伴跑团"——残疾人体能康复项目

体育活动是残疾人在康复训练过程中的重要一环，在全民健身时代，如何促进残疾人体育的发展也成为助残志愿者关注的焦点。

很多残疾人由于身体条件的限制，出行方面的机会不是特别多，外出跑步的机会更少。"康园伴跑团"项目定期组织康园志愿者伴跑残疾人，开展助残快乐跑活动，帮助残疾人强身健体，疏解情绪，以更积极、更乐观的态度融入社会。

虽然残疾人身有残疾，但同样有着健全、独立和渴望得到尊重的灵魂，也同样有权利享受社会文明进步带来的成果。"康园伴跑团"推广的意义正在于这只是一个开始，通过志愿者陪跑，跑出家庭、跑出工疗站、跑出社区，让更多人理解残疾人群体，并接纳他们，而不是用同情的眼光看待他们，让更多人明白他们只是用不同的方式感受这个世界。

广州助残志愿服务联盟的骨干志愿者区泳强是伴跑志愿者，已有十多年的助残志愿服务经验，他希望以志愿者伴跑的形式，为残疾人提供更多关怀。

（三）"游读广州暨圆梦之旅"——残疾人社会融入项目

助残扶残是社会文明进步的重要标志。习近平总书记指出，残疾人是一个特殊困难的群体,需要格外关心、格外关注。① 残疾人作为社会特殊群体,能否真正地融入社会并得到全面发展是构建和谐社会不容忽视的重要课题。

在调研中,我们发现很多残疾人目前与外界接触少,生活比较单调,平时除了在家里和康园工疗站活动,很少再有其他的外出活动。家人觉得带残疾人外出是一件很困难的事情,出行困难不仅包括外出的交通不便,还需要面对很多异样的眼光,这成为残疾人外出的最主要的阻碍。

"游读广州暨圆梦之旅"项目通过游玩与教育相结合的方式,定期组织助残志愿者开展户外游玩活动,帮助残疾人走出家门,让他们感受广州花城之美,有效提升了残疾人的社交适应能力,助力推动社会残健共融文化的不断发展,以创新精神推动了公益事业的发展。

"游读广州暨圆梦之旅"项目的难点是如何缓解残疾人自身面对外出时的心理压力和家属的照顾压力。广州市"志愿在康园计划"黄埔区核心团队负责人李桂泉多年来一直从事助残志愿服务,他表示,"'游读广州暨圆梦之旅'项目一般需要提前十多天做好准备,需要安排有车的志愿者帮忙接送,确定出行的时间、线路,力求做到最好。毕竟残疾人出门一趟不容易,所以尽可能带他们多看看,让他们感受一下广州花城的美。"②

在"游读广州暨圆梦之旅"活动中,康园工疗站学员和助残志愿者在宜人的环境中舒展身心、互相交流,大大增强了彼此间的凝聚力,也有利于增进残疾人与健全人之间的相互理解、帮助残疾人更好地融入社会、推动助残扶残事业健康发展。

---

① 《这个 8500 万人的群体,总书记一直牵挂心中》,求是网,2022 年 3 月 5 日,https://mp. weixin.qq.com/s/XQI_ wHuvNFX6VTMDfaWl2g。
② 《"圆梦之旅"》,广州市黄埔区惠民社会服务中心,2018 年 9 月 3 日,https://mp. weixin.qq.com/s/wu86XqhUzqOH-tDagJ3pWA。

三 广州市"志愿在康园"助残志愿服务计划的主要经验

（一）组建联盟，凝聚助残志愿服务专业力量

广州助残志愿服务联盟于 2013 年 5 月成立，在共青团广州市委、广州市残联、爱心企业、残疾人家长和助残志愿者的大力支持，在社会各界的积极参与下形成了强大合力，推动了助残志愿服务的规范化发展，培育了越来越多助残示范性品牌项目。

广州助残志愿服务联盟是一个善于积累和创新的专业志愿者组织。该志愿者团队近年来致力于助残志愿服务的社会化与专业化，通过"志愿在康园计划"探索建立长期性、可持续性的助残志愿者力量；通过开发标准化课程、标准化流程，帮助助残志愿者更便捷易行地提供服务。

2015 年，广州助残志愿服务联盟重点项目"志愿在康园计划"着力推广"社工+志愿者"互助模式，30 名心理咨询师、社会工作师、助残志愿者骨干等不同领域成员组建了广州助残志愿服务联盟督导团，并编写了《助残志愿服务督导——以广州为例》，为助残志愿服务工作的督导服务提供指南，不断充实助残志愿服务专业力量。

2018 年，广州助残志愿服务联盟在夯实"讲师+教材+教具"三位一体精准助残教学模式基础上，引进第三方评估，监测联盟的服务成效，并为联盟的发展出谋划策。

广州助残志愿服务联盟网络系统依托广州"志愿时"综合管理系统，由项目库、导师库、团队库、学员库、教材库、互动平台、"志愿在康园"课程网络服务等 7 个模块组成，"志愿在康园"课程网络服务创建了"线上搜集需求—线下设计课程服务"的 O2O（Online to Offline）工作方法，切实做到了"引领志愿者、凝聚志愿者、服务志愿者"。参与"志愿在康园"计划的助残志愿者可以根据"点击服务时间及区域—在线选课—课程记录—督导建议—信息共享"工作流程享受"志愿在康园"课程网络服务。广州助残志愿服务联盟网络系统是助残志愿服务的线上"枢纽",实现助残志愿服务信息共享,志愿者可以自由点击查看其他助残类项目服务内容及形式,实现了同步互动交流,更重要的作用是将广州市残疾人服务的具体需求上线发布,连接了更多社会爱心力量更有效地帮助他们。

(二)多管齐下,打造多层面课程体系

广州市"志愿在康园计划"在项目开始时对广州市工疗站站长、工作人员、工疗站学员进行了一次全面的调研。根据调研结果设计了康体运动、生活技能、安全守护、音乐艺术、文化知识、实践感知等六大类"康园课程"1.0模式。之后,总结三年的服务经验并进一步精准了解残疾人需求后,设计"康园课程"2.0模式,以提升就业康复能力为核心,深化设计助残志愿服务课程。针对残疾人的综合能力、思维方式改进课程内容,助残志愿者注意使用"实践性强、重复性高"的教学方法,进一步提升残疾人就业能力。

为提高助残志愿课程的互动性,广州市"志愿在康园计划"根据康园志愿课程的六大类基础课程,印制了六大课程漫画教材并制作了课程资源——"康园盒子",即"行走的助残盒子"——助残志愿服务标准化课程推广计划。"行走的助残盒子"根据课程中所涉及的知识内容,包含残疾人的生存、康复、教育等不同需求,详细列出教学道具、教学方法、教学目标和教学内容,教授志愿者如何开展课程教学。助残志愿者通过课程标准化指引,将"康园盒子"的教学实物一一呈现在学员面前,教会残疾人掌握基础生活技能,提高他们融入社会的能力。此外,"志愿在康园计划"还开发了掌上康园App,志愿者可以利用碎片时间进入康园App学习助残专业知识,了解助残动态。

广州市"志愿在康园计划"依托市级、区级两级康园工疗站示范站,为"康园宝宝"开展"康园聪明学堂"。志愿者每周定期一次为"康园宝宝"提供"聪明学堂"教导相关知识技能;利用"聪明学分制"检验学员学习课程情况,同时以此作为激励制度,鼓励学员不断进步;向学员派发

"康园聪明书包"，加强助残志愿者一对一帮扶力度，助残志愿者以体验式互动的学习方式定期教导康园工疗站学员居家、安全等相关知识技能，以"专业社工+助残志愿者"结对探访的形式，把助残志愿服务输送到残疾人家里，不断提升助残志愿服务的专业水平，推动"志愿在康园"计划常态化发展。

（三）协同治理，多维度服务残疾人

广州市"志愿在康园计划"联合各职能部门、慈善组织、科研机构之力，着力整合"政府+残联+公益性社会组织"资源，打造社会化助残服务体系。广州助残志愿服务联盟调查各康园工疗站残疾人的不同需求，设计相匹配的康复、就业课程，以"专业社工+助残志愿者"模式组建助残服务队，由社工带领助残志愿者与工疗站"康园宝宝"进行一对一精准对接，针对性开展课程教学。

同时，广州市"志愿在康园计划"依托共青团广州市委和广州市残联的资源力量，搭建起"青年志愿者+社区志愿者+专业志愿者+康园工作人员"融合互动的机制，面向社会招募具有医学康复、社会工作、心理辅导等专业技能的志愿者，联系广州志愿者学院、利康精神病康复中心等专家为志愿者进行助残专业知识培训，实现资源有效对接，推动助残志愿服务社会化、常态化、制度化发展。

新冠肺炎疫情期间康园工疗站暂停开放，助残志愿者协助越秀区康园工疗站积极开展抗疫"爱·倾听"服务工作。助残志愿者与越秀区康园工疗站全体学员密切对接，每天以电话或微信的方式与工疗站学员联系，了解其居家和身体健康情况，同时助残志愿者还密切留意工疗站学员的心理状况。在查访过程中若发现工疗站学员有情绪波动或其他表现异常的情况，助残志愿者会及时告知工作人员、心理咨询师，必要时会进行入户家访，为他们提供专业的心理疏导，向他们宣传疫情防控知识，帮助他们预防和减轻因长期在家无法外出所带来的心理问题，学会用积极乐观态度面对未来与挑战。

四 广州市"志愿在康园"助残志愿服务计划存在的不足

尽管广州市"志愿在康园计划"作为广州市志愿之城建设的一大亮点，曾一直是国内其他城市学习的典范。但在新时期，广州市"志愿在康园计划"工作仍存在一些问题。

（一）供给与需求不匹配

康园工疗站主要为 16~60 周岁精神康复者、智力残疾人及其他类型残疾人提供日间托养、过渡性康复训练和庇护性就业等服务，让残疾人通过工疗康复重新回归社会。在调研中我们发现，老年残疾人成为残疾人主体和残疾人口增长主体已是事实，而青年残疾人通过工疗康复重新回归社会的不多，"志愿在康园"项目的康复课程内容比例也不算大，同时家人对残疾人康复知识的匮乏，残疾人康复需求由粗放型向精细型发展给未来残疾人康复服务带来了更大挑战。

我们也发现，工疗站中会有一批适应能力强的残疾人，他们已完全适应工疗站的环境，也可以独立完成工疗站的订单式管理的多种工序。残疾人个人及其家人有明显就业需求，期望通过社会就业获得更多的劳动报酬实现社会价值，但若残疾人长期只是在工疗站训练，不走出家门不走出社区，走进社会，他们将很难融入社会，实现快速就业对于他们来说就是一个很大的难题。

（二）服务覆盖面有限

2021 年，广州市"志愿在康园计划"累计服务残疾人约 4000 人，[1] 但广州市残疾人已超过 60 万人，[2] 这表明康园工疗站及"志愿在康园计划"项目帮助残疾人人数有限，只能帮扶小部分街道残疾人，更多的残疾人在医疗

---

[1] 《爱在康园，情系志愿——2021 年"志愿在康园"计划硕果累累》，广州青年志愿者协会微信公众号，2022 年 1 月 31 日，https：//mp.weixin.qq.com/s/tGY8wlnafc7S-G2sUMuF5w。

[2] 《创新丨广州首发"居家康复操"，助残服务实现"送教上门"》，广州青年微信公众号，2014 年 5 月 13 日，https：//mp.weixin.qq.com/s/Zen-w0_ 198NvbshVkax34Q。

康复、文化教育、就业工作、心理疏导等多个方面急需社会的帮助与支持。

新冠肺炎疫情期间，康园工疗站停止对外开放。调研发现，其间很多工疗站的志愿服务也都处于停摆状态。"志愿在康园计划"项目的可持续性发展因为疫情受到挑战，但残疾人的服务需求不会因为疫情而停止，因此"志愿在康园计划"项目服务形式的创新迫在眉睫，要转变为"线下+线上"相结合的志愿服务方式。

此外，广州市"志愿在康园计划"项目服务对象只是工疗站残疾人，没有考虑残疾人家人也是需要关爱和帮助的。经了解，残疾人家人普遍存在经济压力大、精神压力大、照顾和工作难以兼顾等困难，家人的就业、家人对残疾人的接纳、家人缓解心理压力等需求是值得助残志愿者去关注的。

（三）资源服务较单薄

广州市"志愿在康园计划"项目由共青团广州市委和广州市残联联合推动，未能建立强有力的联动机制，大多数康园工疗站都是常态性开展助残志愿服务，广州助残志愿服务联盟链接的资源也比较有限，专业志愿者不多，助残讲师缺乏，志愿者流动性大，稳定性差，服务内容比较单一。

广州市"志愿在康园计划"项目开展过居家助残计划之居家康复操、为"康园宝宝"改造旧居等项目，但是因为资源服务较单薄，这些项目只是在少数几个康园工疗站推行，没有得到全面推广。

同时，"志愿在康园计划"项目经费有限，现行标准为基础经费每年2500元/间，每季度星级评选激励经费最多5000元/间，一年最多投放经费22500元/间。在经费投入不足情况下，"志愿在康园计划"项目整体运营效果不理想，未能充分发挥其助残服务功能。

五 广州市"志愿在康园"助残志愿服务计划的发展建议

（一）需求导向，提高服务精度

残疾人与健全人的服务需求相比，具有特殊性和复杂性。助残志愿服务是以残疾人需求为出发点，因此完善残疾人需求评估制度和需求评估体系，是有效开展助残志愿服务的第一步。

只有了解残疾人的康复需求、就业需求、社会融入需求等，我们才能与服务对象一对一精准对接，助残志愿服务才可以由粗放型向精细型发展，有效提升助残志愿服务的质量和效果。

在开展助残志愿服务过程中，志愿者应该改变服务理念，可由原来的"输血式服务"转变为"造血式服务"，实现残疾人服务对象的助人自助。例如我们可以创新机制与服务模式，按照"1 名助残志愿者+1 名服务对象+1 名助教"的结对方式进行分组，在获得社会支持的基础上，帮助残疾人找到适合其本人的发展道路，让其找到自己的社会角色，充分发挥自己的主观能动性，回归家庭与社区，走向企业和社会。

（二）合理规划，拓展服务维度

目前，在服务群体量上存在覆盖有限的问题，在助残志愿服务的质上需要全方位的提升。因此，在助残志愿服务过程中，我们应以服务残疾人个人为主，同时涉及家庭及社区。

家人是残疾人的长期伙伴，是影响残疾人病情的重要因素，更是需要支持的人。在照顾残疾人的过程中，家属往往会面临着各种各样的问题，长期处于焦虑、内疚、无助状态，而其面临的问题一直被忽视，未受到关注。因此，拓展家庭服务时，助残志愿服务可以"送教上门"，了解残疾人家人的需求，把情感互动与支持融入家庭关爱服务，教导残疾人家人相关的残疾知识、正确的照料技巧，同时开展残疾人家人培训，针对残疾人家人面临的各种压力和缺乏的照料技巧开展相关的系列培训，为残疾人家人提供"喘息服务"，减轻残疾人家人的负担和压力。

由于居民参与残疾人社区志愿服务的积极性不高，拓展社区服务时，亟须将社区康复宣传教育作为一项重点工程来打造，构建宣传阵地，强化宣传教育普及，促进居民对残疾人的正确认识并培养其对残疾人的良好接纳态度，促使其广泛参与残疾人社区志愿服务工作。在社区中倡导无障碍关注，

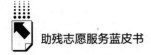

使社区生活氛围和环境变得更美好，让残疾人更愿意且更方便出门，让他们感受到尊重和接纳。

通过系列外界活动，带残疾人走出去，让他们以自信、自强的风貌逐渐走进社会群体的视野，向社会展示区别于以往传统的残疾人形象，让社会转变传统认知偏差，提升残疾人群体被社会的接纳度，逐渐实现社会残健融合。

（三）专业为本，提升服务深度

助残服务涉及教育、医疗、心理各个领域，专业的服务可以使助残服务更有效。因此要制定人才培养和发展规划，定期开展培训。

针对助残志愿者，通过定期培训交流，让他们成为专业的助残志愿者，对服务对象有更多的认识和了解，掌握助残服务技巧和注意事项，提供精准、有效的助残志愿服务，完善服务方式，拓展服务内容，学会依托"互联网+"服务模式，创新助残志愿服务项目"点单式"服务，着力打通服务残疾人的"最后一公里"。

针对助残督导员，需要通过教育培训提升助残督导员的专业化督导水平，通过同辈督导、书面督导、康园工疗站现场督导等形式，培养一批专业助残志愿服务人才管理队伍。

广州助残志愿服务联盟是支持性枢纽型志愿机构，通过定期举办能力提升培训、沙龙分享、经验交流等活动，提升联盟成员在项目设计、项目评估、咨询、资源链接等方面的能力，积极盘活社区志愿服务资源，吸纳有影响、有活力、有专业特长的爱心人士加入联盟，大胆创新变革，逐步打造出助残社会服务新生态系统。

（四）整合资源，拓展服务广度

党的十九大报告指出，打造共建、共治、共享的社会治理格局。加强社会治理制度建设，完善党委领导、政府负责、社会协同、公众参与、法治保障的社会治理体制，提高社会治理社会化、法治化、智能化、专业化水平。

　　残疾人服务是一项复杂的跨学科、多专业、综合性的，需要多部门、多主体参与的社会化工程，需要专业组织，全面动员社会广泛参与。社会层面着重搭建平台，加强与相关部门的沟通与协作，构建多元互动的信息无障碍支持体系。残疾人社区康复服务是其中的一项。例如在推动残疾人就业时，可采用"康园机构工作人员+社工+助残志愿者+企业+其他专业力量"服务模式，汇聚专业的力量，探索社会就业的"多方协同"，活化政府帮扶资源，撬动个人、家庭、居民团体、企业、政府等力量，运用个案管理模式进行服务介入，激发残疾人就业动机，培养提升残疾人职业基础素养，让残疾人本身的就业技能能够准确匹配岗位的真实需求，形成个案辅导、小组就业设计、社区实践实战帮扶三大模块，以及朋辈、家庭、社区三大支持系统，营造接纳包容残疾人发展的社会环境，推动残疾人全面发展。

参考文献

　　韩江风：《社会排斥视角下残疾人就业困境及帮扶路径研究》，《社会福利：理论版》2019 年第 4 期。

　　孔凡飞、王仿：《社会工作介入残疾人服务的理论框架与实践思考——基于残疾人需求的视角》，《党政干部学刊》2021 年第 2 期。

　　张承蒙、周林刚、牛原：《内涵式增权与外生性赋能：社会资本视角下的残疾人社会支持网络构建》，《残疾人研究》2020 年第 1 期。

　　张莉萍：《助残志愿服务督导的角色、特点及问题——以广州市"志愿在康园"志愿服务督导为例》，《中国社会工作》2017 年第 16 期。

　　范阳东：《广州市残疾人社区康复服务研究》，暨南大学出版社，2018。

　　高晓平：《残疾人发展理论研究》，南京大学出版社，2017。

　　尹银：《残疾人服务政策研究：以家庭为中心》，中国人民大学出版社，2015。

B.14
南京市企业助残志愿服务
发展报告（2022）

周海花　赵　彤*

摘　要： 企业助残志愿服务是企业履行社会责任的重要方式。本报告从企业助残志愿服务制度、平台、服务内容、模范企业打造等方面系统梳理了南京市企业助残志愿服务的发展现状，同时从服务层次、服务内容、服务形式、专业水平、评估机制、智慧运营等方面出发对企业助残志愿服务发展面临的问题进行深入剖析，最后从企业助残志愿服务的规范化、专业化、精准化、多样化等方面提出南京市企业助残志愿服务的对策建议，并以焦点科技等公司为例介绍了企业助残志愿服务的发展。本报告可为促进南京市企业助残志愿服务发展，推进文明典范城市创建提供参考借鉴。

关键词： 企业助残　志愿服务　南京

一　企业助残志愿服务简况

国务院《"十四五"残疾人保障和发展规划》强调，将于 2025 年实现残疾人家庭人均收入年均增长同步国内生产总值增长，实现人民的共

---

* 周海花，博士，南京晓庄学院副教授，研究方向为教育资源绩效评价、科技评价；赵彤，南京晓庄学院教授，研究方向为区域经济学。本报告得到了南京晓庄学院商学院大学生创新创业小组茆腊梅、刘缘原、颜雨涵、陈师宏、柏兰五位同学的协助，特此感谢。

同富裕。① 在此背景下，多数企业聚焦助残事业，不断优化"有爱无碍"的社会环境与助残氛围。故而了解企业助残志愿服务相关现状，对物质援助、精神服务、法律援助、爱心服务等精准帮扶残疾人工作有着重要价值。

企业助残志愿服务由企业发起、统一组织并提供相关支持，鼓励并允许员工参加助残志愿服务活动，是企业参与公益、帮助解决社会问题的重要方式。换句话说，企业是企业助残志愿服务的组织者和资源提供方，员工利用时间、资源和技能开展服务，是企业助残志愿服务的主要实施方。企业助残志愿服务是以企业为载体，以员工为主体，带动身边人群共同参与，以履行企业社会责任、实现企业目标和员工个人追求的助残志愿服务形式。这一定义将企业助残志愿服务的主体拓展至企业员工以外的人，并且强调了企业助残志愿服务结合了个人价值、企业价值以及社会价值，是企业履行企业社会责任的重要方式。

企业助残志愿服务作为企业志愿服务的一个分支，既具有志愿服务的一般特征，如非营利性、公益性、无偿性、利他性等，也具有自身特殊性，如企业的鼓励支持、员工的自愿参与等。作为志愿服务领域的重要分支和新生力量，企业助残志愿服务在微观层次上具有企业员工作为志愿者的个体价值实现的作用，在中观层次上具有提升组织内部凝聚力、提升工作绩效和塑造组织文化的作用，在宏观层次上具有回馈社会、承担企业社会责任和实现企业社会价值的作用，彼此相互交融、影响，能够发挥更深远的价值联动效益。

本报告以南京市企业为研究对象，系统地梳理南京市企业助残志愿服务的现状，对南京市企业助残志愿服务参与情况进行分析，涉及企业包括焦点科技股份有限公司、饿了么"筑梦餐厅"、南京理工出版信息技术有限公司等。同时对南京市企业关于残疾人就业制度规范、南京市企业助残志愿服务

---

① 《国务院关于印发"十四五"残疾人保障和发展规划的通知》，中国政府网，2021 年 7 月 21 日，http://www.gov.cn/zhengce/content/2021-07/21/content_ 5626391. htm。

参与情况、南京市企业助残志愿服务依托平台、南京市企业助残志愿服务的项目内容和南京市企业助残志愿服务典型案例进行专业划分，深入剖析南京市企业助残志愿服务的状况。基于南京市企业助残服务现状从服务意识、志愿服务专业化程度、评估机制、运营等方面对存在问题进行分析。并从企业、政府、志愿者等多元社会主体的角度出发，探讨了如何优化企业助残志愿服务的途径，以促进残疾人志愿服务专业化、精准化、常态化、领域化和多样化发展。

二 南京市企业助残志愿服务的现状分析

近年来，南京以建设"志愿之城"为目标，大力倡导"学习雷锋、奉献他人、提升自己"志愿服务理念，广泛组织开展以"关爱他人、关爱社会、关爱自然"为主题的各类助残志愿服务活动。2005年5月，南京市第十三届人民代表大会常务委员会第十六次会议制定了《南京市志愿服务条例》拉开了南京市企业志愿服务的序幕。2012年4月，南京市委制定下发了《深入开展学雷锋活动、拓展社会志愿服务、建设志愿之城的意见》，公布了《南京市建设志愿之城指标体系》，规范了企业开展助残志愿服务的具体行动指南，为南京市提供助残志愿服务的企业提供了非常有力的制度性支持与政策性鼓舞，确保了企业助残志愿服务行动更长远、更持续的发展。[1] 2021年1月15日，江苏省第十三届人民代表大会常务委员会第二十次会议修订通过的《江苏省志愿服务条例》是推进南京市企业助残志愿服务创新法制化的有力举措，《江苏省志愿服务条例》鼓励企业依托线下实践中心（所、站）与新时代数字化经济相结合的传媒方式，开展个性化的残疾人帮扶行动、组织专业化的残疾人培训工作、丰富残疾人的精神文化生活、倡导残疾人积极向上的生活方式等助残志愿活动，普及企业助残志愿服务的科学

---

[1] 曹劲松等：《深入推进南京志愿服务制度化建设》，《中共南京市委党校学报》2014年第2期，第93~97页。

理念，弘扬企业助残志愿服务的伟大精神。南京市企业助残志愿服务组织的体系被不断完善，企业助残志愿服务的组织规模进一步扩大，企业助残志愿服务的发展愈加成熟，南京市企业助残志愿服务已成为南京市城市文明建设的又一道明亮多彩的风景线。

（一）南京市企业助残志愿服务制度不断加强

南京市企业助残志愿服务统筹协调体系逐步形成，由南京市文明委、南京市文明办牵头统筹，南京市残联、各区（市）县等共同配合合力发展，在企业助残志愿服务的组织规范、相关制度的完善等方面在全国处于领先地位。南京市企业在南京市的不同地区开展了形式多样的助残志愿服务项目，在面对不同的残疾人群体时，积累了大量的助残实践经验，同时依托政府提供的基础设施，与各大志愿组织相互配合，自发地形成了一套独特的助残志愿服务运行机制，为企业助残志愿服务的制度化建设夯实了基础。南京市文明办将企业助残志愿服务纳入整个文明城市创建水平提升体系。2012年，《深入开展学雷锋活动、拓展社会志愿服务、建设志愿之城的意见》《南京市建设志愿之城指标体系》明确了推进企业助残志愿服务事业发展的工作任务、运行机制和具体指标。2021年《江苏省志愿服务条例》的颁发是推进南京市助残志愿服务创新实践经验法治化的有力举措，完善了南京市企业助残志愿服务的相关嘉许激励制度，在全国率先将"志愿服务回馈制度"法定化。

（二）南京市企业助残志愿服务平台不断拓展

南京市企业助残志愿服务平台不断拓展。一是基础层面的构架不断拓展。南京市残联深入落实《江苏省志愿服务条例》，以街道志愿者服务站为平台，宣传残疾人事业、助残志愿者工作特点和服务范围，邀请志愿者集体和个人开展实名制注册工作，系统化、规范化地掌握助残志愿者信息，将动态更新掌握的残疾人助残需求以及志愿者所提供的服务更快捷、准确地进行对接。截至2022年7月，南京市各区残联系统已登记注册助残志愿者总数超过了 7800 人，注册助残志愿者组织 74 个。[1]

二是助残志愿服务平台的创新拓展。依托线上线下结合的服务平台，合理使用社会助残资源，创建运营模式规范化、组织行为标准化的志愿服务平台。南京市依托"南京志愿者"App 面向全市参与助残志愿服务的企业开展注册登记、服务记录、星级评定、供需对接、激励保障等工作。"南京志愿者"App 是企业助残志愿服务咨询对接窗口，进一步畅通了企业参与助残志愿服务的供需渠道。

（三）南京市企业助残志愿服务内容不断丰富

南京市文明办、南京市残联统筹协调全市企业志愿者队伍有重点、有针对性地开展形式多样的助残志愿服务活动。

1. 开展精准化的助残志愿服务

组织企业与各大志愿组织及政府相关部门协调工作，对区域内的残疾人进行走访调查，记录企业服务内容，建立社区残疾人档案，使企业在助残志愿活动中明确残疾人的相关需求，并为残疾人提供相关服务，做到助残志愿服务精准化。南京市残联、南京市律协联合开展的"关爱残疾人 送爱进家门"助残志愿服务活动由百名律师为残疾人提供"1 对 1"志愿服务；由南京市律协组织律师事务所于每月的 18 日，到南京市残联推荐的街道助残服务机构开设专场法律咨询活动，为残疾人及其亲友提供法律咨询及相关政策解答服务。广泛开展法律宣讲和普法活动，针对南京市残联的工作需要，南京市律协组织专业律师对残疾人重大、敏感维权个案进行研讨。2022 年，南京市残联和南京市律协协商将"1 对 1"志愿服务升级为 2.0 版本，即为"1 对 1"帮扶残疾人创业或安置残疾人多的企业提供法律方面的志愿服务。

2. 开展各类残疾人辅助工作

通过对残疾人需求的精准化定位，为残疾人开设专业的康复教程、提供满足社会及个人需求的工作岗位、开展形式多样的社交活动，帮助残疾人重

---

[1]　根据南京市残联相关资料，由作者整理所得。

建信心，丰富残疾人的精神文化生活。企业和社区充分发挥紫金书画室、夕阳红合唱团和侨联之家等社会团体优势，积极邀请残疾人共同开展"我们的节日""'疫'路有你""文化助残，墨香送福""忆峥嵘岁月，享小康幸福"等丰富多彩的文体活动，充实残疾人的业余生活。

3. 开展残疾人义诊服务

以赞助、合作、结对帮扶等形式，为残疾人提供专业的治疗设备、康复训练器材和残疾人生活必需品，开展部分残疾人所需的庇护性服务；为企业助残志愿服务活动提供相关活动策划、场地等方面的帮助和支持，提升企业助残志愿服务的软硬件水平，打造残疾人服务企业品牌，为残疾人提供更多、更好、更专业的服务。

4. 开展残疾人公益服务

为各类残疾人提供相关志愿服务，积极参与志愿组织举办的大型助残志愿服务活动。在每年的"江苏省志愿者日"，开展社区慰问、志愿者义务劳动、专家义诊等形式多样的助残志愿服务活动。

（四）南京市企业助残志愿服务注重打造模范企业

在推进南京市企业助残志愿服务项目的建设过程中，南京市政府注重打造模范企业，重塑企业助残就业生态、积极探索残疾人就业路径，拓展残疾人的就业渠道，从各类新兴经济产业、经济模式中挖掘残疾人就业潜力。以南京市栖霞区残疾人数字化就业创业基地为例，依托 5G 数字经济产业，发挥区位资源优势，实行"政府职能化指导，企业市场化运营"。由南京自立自强网络科技有限公司负责运营管理，实行"线下培训+线上云就业"相结合的残疾人数字化就业模式，现已开展数据标注、电话外呼、视频截图审核等就业项目，目前基地有线下集中就业的残疾人 15 人，线上居家就业的残疾人 50 余人；孵化的残疾人大学生创业项目"彩虹之光"播客，获 2021年联合国"青年创客马拉松"比赛国际最高奖项。[①]

---

① 《栖霞区残疾人数字化就业创业基地启动》，《南京晨报》2022 年 5 月 16 日。

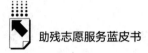

近年来，南京市各企业在坚持弘扬社会主义核心价值观、大力倡导爱心奉献志愿服务精神、积极营造助残扶残社会氛围中，健全完善各类助残志愿服务工作机制，深入推进助残志愿服务项目常态化。以下三个公司是南京市企业助残志愿服务的典型。

1. 焦点科技股份有限公司

焦点科技股份有限公司（以下简称焦点科技）是国内领先的综合型第三方 B2B 电子商务平台运营商，专注服务于全球贸易领域，同时还致力于给予残疾人平等的就业机会，打造残疾人职业岗位，规划残疾人职工福利，并能积极践行心理助残和技能助残，帮扶残疾员工就业的同时注重提升员工的工作能力水平和业绩效果，和普通员工一样按劳分配，为工作能力强，表现突出的残疾员工提供清晰的职业晋升通道，增强残疾人群体的企业归属感和对自身劳动价值的认同感。努力实现心理助残和技能助残结合的多元助残，部分残疾员工已经走上了管理岗位，在各自工作岗位上绽放光彩。焦点科技是南京市助力残疾人高质量就业，助其实现人生价值的典型范例。目前，焦点科技还在探索业务外包形式，给更多的残疾人提供灵活就业的机会。焦点科技企业助残志愿服务项目不断创新，服务拓展至残疾人的家庭，内容从生活照料、出行引导等硬性服务，拓展到心理辅导、文化培育等软性服务范畴。

2. 饿了么"筑梦餐厅"

2021 年 9 月 28 日，南京市江宁区残联与饿了么共同发布"筑梦餐厅"标准，标准在对餐厅的经营合规性以及食品安全提出相应要求的同时，也为残疾人提供了必要劳动条件和劳动关怀等。而对于授牌"筑梦餐厅"的商家，饿了么也将为其提供费率优惠、人才培训、流量支持等工作激励，在全国率先将"志愿服务回馈制度"规范化。"筑梦餐厅"打造残疾人职工岗位，建立自己的助残志愿服务组织，为组织内的志愿者提供专业培训，帮助他们提高志愿服务专业性，从企业内部营造良好的志愿服务文化氛围，从技能助残方面提升助残志愿服务层次，实现对弱势群体的可持续化帮扶，并通过不断完善助残志愿服务制度推动南京助残志愿服务事业的可持续发展。企业充分利用残疾人文体艺展能中心的资源优势，专门开辟康复体育站，引进专业的社会组织，帮助残疾人精准康复。和社区志愿服务结合，设置理发室、血压测量点、阅读点、助老助残休息室等，为残疾人提供各类生活服务。向残疾人开放社区舞蹈室、书画创作室等，以残疾人优先为原则开展活动与服务。

3. 南京理工出版信息技术有限公司

南京理工出版信息技术有限公司是一家专业从事印前技术加工的企业，是中国印前技术的著名品牌。该公司成立至今二十余年间，专业从事印前技术工作，长期为中国大陆、中国香港、新加坡的出版界服务，享有盛誉，是中国印前技术的叫好品牌。但很少有人知道，该公司超过三成的员工是聋哑人。二十多年以来，公司始终保持创新，年年更新经营思想，及时更新软硬件设备；坚持追求卓越、尊重个人，有正直感和责任感、严谨的商业道德标准；创建完整而独特的质量监控体系，使公司的页面组合、图形处理质量在业内保持相对优势。

2007 年，南京理工出版信息技术有限公司领导感动于央视春晚舞蹈节目"千手观音"，立志为残疾人贡献自身力量。他们与特教学院联系，安排了 10 余名聋哑学生到公司实习。新时代印刷行业科技含量较高，公司特意聘请了专业指导老师对聋哑实习生进行岗前培训，经过几个月的实习培训，这 10 余名聋哑实习生掌握了图像处理技能，大多转正成正式员工。近年来，公司对近百名聋哑学生开展了图文处理和计算机操作等方面的培训和定向培养，先后有 40 余名聋哑学生与公司签订了劳动合同，占公司职工总数的32%，其中大部分已成为业务骨干。

近年来，在南京市政府广泛号召下，南京市各大企业与社会力量共同推动南京慈善事业发展，构建共建、共治、共享的社会治理格局。上述优秀企业为南京助残事业发展提供了正向激励，传递了经验，营造了良好企业形象，不仅扩大了企业的社会影响，而且对于弘扬志愿服务精神、推动文明城市建设、引领更多的企业加入助残志愿服务队伍，让企业助残志愿服务惠及更多残疾人具有重要的意义，也必将为促进残疾人全面发展和实现共同富裕添砖加瓦。

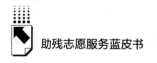

三　南京市企业助残志愿服务的问题分析

（一）企业助残志愿服务的深入程度不够

企业开展一系列的助残志愿服务活动是其作为社会治理主体参与社会事务管理的生动体现，一定程度上填补了政府与其他社会组织工作的缝隙与空白，是社会主义市场经济条件下充分整合企业资源优势以改变社会弱势群体生存现状、促进社会治理创新发展的积极尝试。近年来，随着社会大众对残疾人群体的广泛关注，南京市诸多企业在助残领域崭露头角，一般认为，社会企业在助残方面的发展程度具有明显差异，存在着高层次和低层次混杂的情况。社会企业助残志愿服务发展到较高层次，则其助残成果应达到"授人以渔"的效果。在企业助残就业方面，高层次社会企业应当为残疾人提供再就业技能培训及工作介绍，而非仅提供基本生存补助，这种为残疾人提供基本生存补助的行为仍然体现着"授人以鱼"的传统慈善福利机构性质。[1]具体来说，从南京市目前的企业助残整体发展状况来看，多数企业倾向于对残疾人群体提供物质上的救济与帮扶，也会通过购买一定的服务为残疾人群体提供义诊、心理疏导等服务，但是对于就业岗位的提供与相关技能的培训、教育帮扶、权益维护、社会保障以及无障碍建设等层次的助残志愿服务仍然缺少关注。整体上而言，大多数企业采取的粗犷式、一次性救助方式难以真正解决残疾人现实生活中面临的具体问题，能够对弱势群体进行可持续化帮扶真正实现源头治理并且构建出自身助残特色项目深度服务的社会企业仍占少数。

（二）企业助残志愿服务的专业化程度不够

欧盟国家大多建立了完善的志愿服务培训机制，公民从小就要接受相关

---

① 周超玥：《社会企业参与社会治理的运作模式与促进机制研究》，浙江理工大学硕士学位论文，2016，第16页。

专业训练，使其具备从事志愿服务的基本技能，法国还分层分级设定了志愿服务必修课程和认证体系。而我国当前志愿服务的文化氛围仍然不浓，社会公众大多缺乏相应的社会工作与服务常识。南京市现有的助残企业中多数员工缺乏甚至没有相关的社会工作、社会服务的教育背景与实践经历，少数企业提供的志愿者培训也呈现了专业程度不高、覆盖群体有限、志愿服务培训体系的系统性与针对性不强等特征，同时助残企业的员工对助残志愿服务的认知不足以及较低的专业化水平一定程度上造成了管理的弱势，而这也将会导致企业助残志愿服务的低效甚至无序化。故而，企业在参与助残志愿服务的过程中，具备社会工作领域实践经验的专家、学者、学术团队的智囊提供也是十分重要的。归根结底，专业人才的缺失是阻碍当前企业助残志愿服务高质量发展的一大因素。

（三）企业助残志愿服务形式单一且缺乏特色

当前，南京市企业积极响应政府政策号召开展助残志愿服务项目，但其还未形成地域亮点与品牌特色。通过对南京市助残志愿服务的研究发现，目前助残志愿服务的模式还是以政府引导、社区配合为主，南京市江北新区太阳花残疾人互助乐园、南京市鼓楼区小市街道东井亭社区助残志愿服务等社区助残志愿服务结构是目前南京市助残志愿服务的亮点，企业特色与亮点有待进一步凸显。企业助残志愿服务还停留在传统助残服务形式上，即企业进行一定形式的捐赠，企业员工到残疾人家中进行慰问等。但残疾人的心理、家庭、社会融入机制、发展性权力、无障碍环境建设以及残疾人群体成功就业后后期发展等并未受到助残企业的广泛关注，心理助残、技能助残、法律助残、文化助残、科技助残等企业多元助残志愿服务仍存有较大的发展空间。

（四）企业助残志愿服务缺乏一定的评估机制

通过对南京市助残企业的调查发现，多数企业的社会化助残志愿服务项目缺乏权威有效的监管评估。首先，企业对于所服务的残疾人群体往往缺乏持续性的关注，同时由于社工人才的缺失，导致助残企业无法有效收集评估助残效果的第一手资料，以致后续的救助往往难以激励企业助残志愿服务的持续性优化升级。其次，多数企业尚未成功构建社会化助残项目评估指标。多数企业对其助残志愿社会服务质量效果的评估往往局限于资金投入的增减，对助残项目需求调研、项目设计、管理程序、经费使用、人员调配、风险防范、宣传沟通、资源链接、效果评估等诸多要素缺乏系统化的考量，对于服务项目的评估难以达到科学化、具体化。此外，具有独立性、专业性、客观性的第三方评估机构往往由于企业追求经济效益的价值取向而被排斥在助残志愿服务项目的评估体系之外，因而难以构建多渠道、多层次、多角度的企业助残志愿服务评价与监督机制。

（五）企业助残志愿服务的智慧运营存在不足

南京市于第三十二个全国助残日当天发布全国首个智慧广电助残服务平台——网上残疾人之家，该平台致力于通过线上及线下资源的有效整合来宣传助残政策和公益举措，聚合助残、扶残、惠残优质服务资源，为残疾人提供法律援助、特殊教育、托养等基础服务和综合性信息化服务，在常态化疫情防控条件下更好地满足广大残疾人多元化、多层次、多方位的服务需求。通过调查发现，在深化互联网思维的同时，南京市企业助残志愿服务中还存在以下问题，利用互联网技术统筹和对接供需资源能力不足；普遍缺乏较大范围的统一互联网系统，无法实现有效的数据对接、资源共享、协作共事、参与交流；智慧运营水平相对滞后，专业化水平不高；在助残志愿服务组织管理和项目策划等方面智慧化信息平台运作待加强。

四　南京市企业助残志愿服务的对策建议

（一）通过健全制度促进助残志愿服务规范化

近年来，南京市残联坚持弘扬社会主义核心价值观、大力倡导爱心奉献志愿服务精神、积极营造助残扶残社会氛围，健全完善各类助残志愿服务工作机制，深入推进助残志愿服务项目常态化。助残志愿服务已经发展成为促进社会发展的一支重要力量，对助残志愿服务制度建设的研究越来越受到人们的重视。与助残志愿服务发展较早的发达国家相比，我国助残志愿服务在制度建设方面的研究工作开展较晚，发展相对落后。美国在助残志愿服务制度建设方面的经验主要有发动公众广泛参与、制定制度有力保障权益、利用雄厚财政支持志愿服务等，德国在助残志愿服务制度建设方面主要是完善立法体系、壮大青年力量、明确权利义务等，新加坡在助残志愿服务制度建设方面主要是完善管理制度、稳定服务队伍、形成激励机制等。借鉴美国、德国和新加坡等国助残志愿服务的经验，本报告提出以下建议。

1. 完善助残志愿服务的培训制度

助残志愿服务影响力的大小关键在于助残志愿服务主体综合素质的高低，这就需要企业制定并实施完善的培训制度，对助残志愿者进行专门培训，增强志愿者的服务意识、提升志愿者的服务能力，为志愿服务的高效运行提供高质量的力量支撑。完善助残志愿服务的培训制度主要从以下两个方面进行：多样化助残志愿服务的培训内容和创新化助残志愿服务的服务方式。助残志愿服务活动服务对象的差异性、服务过程的复杂性等决定了助残志愿服务主体应具备较高的综合素质，因此助残志愿者的培训必须增加培训内容的多样性和综合性，除了理论知识及专业技能的培训外，一些西方国家正在逐步提高助残志愿者培训内容的层次，例如加强对助残志愿者责任心、爱心等方面的培训等。在创新化助残志愿服务的服务方式方面，可以采用多种培训相结合的方式，如专家讲座、经验交流会、课程讲授、专题活动、实地考察、社会实践、户外拓展、实践活动演练、内部民主活动等培训方式。

2. 完善助残志愿服务的激励制度

在企业助残志愿服务的激励制度建设过程中，要把物质激励与精神激励相结合，更好地完善助残志愿服务激励制度的建设。企业加大对助残志愿服务的推广和资金支持力度，为助残志愿服务提供资金支持。一方面在企业内部进行有目的性的志愿服务文化、志愿服务精神的传播，提高内部员工的志愿服务意识和奉献精神，并且以各种途径为员工的志愿服务行为提供便利的条件，以此激发企业员工的助残志愿服务积极性；另一方面企业应在资金方面对助残志愿服务给予大力支持，如设立公益捐助基金支持志愿团体的服务项目等，为助残志愿服务活动提供必要的资金援助。[1]

（二）强化培训督导促进助残志愿服务精准化

通过企业内部员工培训和针对社会残疾人的相关培训，提高企业的助残志愿服务的精准化程度。

1. 对企业内的工作人员进行培训，促进助残志愿服务工作的全面管理，提升助残志愿服务工作的准确性

以单位为主体，鼓励员工参与相关助残志愿服务。建立与区（街道）志愿服务组织的沟通平台，面对困难残疾人家庭，动员全体员工献爱心，采取捐款、捐物资的方式，按照"一团队一社区"的方式进行困难救助、医疗救护、法律援助、社会保障等服务。分组进行管理，建立志愿者时间积分制、星级评定等制度，每年年底对积分第一名的团队进行奖励，调动志愿者的服务积极性。发挥助残志愿服务组织的枢纽作用，紧密结合南京市残联措施，推进助残志愿服务工作迈上新台阶，为南京市评选"国家文明示范城市"做出贡献。

2. 多方位举办培训和合作活动，为残疾人提供相关的训练

俗话说"授人以鱼不如授人以渔"，钱财、物资资助虽然能解燃眉之急，对于残疾人却不是长久之计，他们更需要长远性的救助服务，比如拥有一份稳定的收入，具备一项可以帮助他们获得薪酬的技能等。企业可以培训残疾人获得一项新的技能，如苏宁控股集团有限公司为残疾人提供电商培训、阿里巴巴集团控股有限公司为残疾人提供"云客服"培训等。企业还

---

[1] 苟颖超：《我国志愿服务制度建设的问题及对策》，青岛科技大学硕士学位论文，2016，第37~44页。

可以和大学进行合作，随着大学志愿资源的加入，企业提供的助残志愿服务也更加具有多样性及创新性，残疾人也能得到更加专业的服务。

（三）发挥企业专长促进助残志愿服务专业化

企业所拥有的资源是企业专长的基础，在过去、现在以及未来企业都会在一个清晰具体的业务范畴进行大量的投入，在一个特殊的市场区域获取并发展竞争优势。面对不同行业环境，根据企业自身业务特点和企业发展优势促进助残志愿服务领域化。

1. 不同的企业提供不同的培训知识和培训技能

由于企业所处的行业不同，业务方向不一样，所需要的职业技能也大不相同，面对残疾人就业问题可以提供不同的知识和技能培训。残疾人群体可以对培训进行多样化的培训方式选择。比如销售企业培训的是员工的沟通与表达能力、员工的心态和外表；制造企业培训的是员工的吃苦耐劳和一丝不苟的精神以及操作机器的能力；互联网销售行业公司培训的是员工使用电子产品、网上销售的沟通与交流能力。

2. 企业利用专业优势为助残提供差异化的志愿服务

志愿服务一般可以分为基础志愿服务、技能志愿服务和专业志愿服务。企业专业志愿服务是指用企业的知识和经验帮助公益组织开展独立的发展项目，提供咨询、培训和教练服务。比如为公益组织提供市场营销解决方案，为社区服务管理提供软件开发服务，为公益组织的薪资与考核体系设计实施方案等，对于志愿者的技能提出了较高的要求。与普通志愿者相比，企业志愿者需要拥有更强的专业技能和更丰富的资源，充分发挥企业的专业化优势，使企业志愿服务与普通志愿服务实现差别化发展，有效地补齐目前助残志愿服务发展的短板。处于不同行业的企业所拥有的核心专长不同，加强助残志愿服务内容和分工的专业化匹配，利用专业优势对残疾人群体进行不同领域的助残志愿服务，发挥企业助残志愿者自身的专业能力，对现代企业助残志愿服务发展具有重大意义。

（四）开展全方位合作促进宣传渠道的多元化

南京市残联近年来坚持把开展助残志愿服务活动作为对外宣传关注残疾人这一特殊困难群体、宣扬平等、关爱、融合、共享助残理念的重要途径。一是与本地主流媒体进行长期合作；开辟残疾人自己的"关爱"专栏宣传，在南京电视台新闻综合频道、南京广播电台和"紫金山"新闻客户端等媒体平台推出残疾人专题系列报道。二是充分运用新媒体平台宣传；在微信、微博、抖音、残联官方网站和公众号积极宣传助残志愿服务活动，及时将大型助残志愿服务活动现场图片上传分享，激发助残志愿者的积极性与荣誉感。三是全面开展社会宣传；南京市残联会同南京地铁在地铁1号线张府园站，打造"助残主题地铁站"，张贴弘扬助残志愿服务的宣传画，改造无障碍设施，使扶残助残志愿服务理念深入人心，营造了较好的社会舆论氛围。

（五）不断创新服务形式促进服务的多样化

企业通过加深与政府合作，完善残疾人的社会保障和专岗特训，提供高科技辅具、智能化服务等推动了南京市助残志愿服务的发展。

一是企业与南京市残联合作成立手语志愿服务队，企业手语志愿服务队为困难聋人提供全程手语翻译服务，为残疾人提供劳动纠纷法律咨询服务，为残疾人提供情感支持服务等。二是企业与南京市智协合作举办亲子活动，残疾儿童及其家长在企业志愿者帮助下，自编自演文艺节目，载歌载舞，开展互动游戏，让智障儿童乐在其中，让这个特殊的群体感受快乐和温暖。三是企业与南京市残联、图书馆共同打造图书角活动，通过建设绘本角、举办公益故事会、举办亲子阅读培训班、提供特殊需要儿童个性化阅读治疗方案等服务，向特殊需要儿童家长传播以家庭为中心的康复理念，促进残疾儿童全面成长。

B.15

大爱连心　残健共融

——大连市助残志愿服务四十年

张嘉树　燕卫　王荔　姚楠*

摘　要： 大连是全国最早开展助残志愿服务的城市之一。大连的助残志愿
服务从 20 世纪 80 年代初兴起，经历了兴起发展、蓬勃发展、壮
大发展三个阶段。四十年的助残志愿服务发展历程，生动展现了
大连助残志愿服务"大爱连心，残健共融"的鲜明特征。经过
持之以恒的努力，大连助残志愿服务取得了显著成效，助残志愿
组织与志愿者队伍不断壮大，助残志愿服务内容不断丰富，助残
服务品牌项目不断推陈出新，助残志愿服务活动凝聚力和品牌影
响力日益增强。大连已建立了参与广泛、形式多样、活动常态的
助残志愿服务体系。未来，大连市助残志愿服务将进一步完善政
策、强化管理，通过顶层设计推动助残志愿服务健康发展；要分
析数据，满足需求，通过大数据和智能化推动助残志愿服务科学
发展；要整合资源，搭建平台，通过线上线下互动推动助残志愿
服务融合发展，推动新时代文明实践活动在大连落地生根、开花
结果。

关键词： 助残志愿服务　残健融合　文化助残　大连

---

* 张嘉树，中国足协执委，大连市民间文艺家协会主席，大连市文化产业协会秘书长，研究方
向为新闻传播；燕卫，中级社工师，大连市肢残人协会副会长，研究方向为社会工作；王
荔，高级职业指导师，大连市残联党组成员、专职理事，研究方向为残疾人就业及职业发
展；姚楠，大连市残疾人联合会宣传文体部部长，研究方向为残疾人事业宣传工作等。

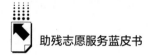

1983 年，中国首个残疾青年协会组织——大连市残疾青年协会成立。随之，在媒体广泛宣传下，大连残疾青年的生活、就业、文化需求得到社会的广泛关注，大连市助残志愿从此开始，先后经历了兴起发展、蓬勃发展和壮大发展三个阶段。

在这座城市里，助残志愿服务不仅仅是爱心人士的自觉行动，也是整个社会的优良风尚，更是文明建设的重要内容。大连的助残志愿服务具有鲜明的时代特征和持续的活动能量，许多方面在全国处于领先地位，许多经验在全国得到认可和推广。

四十年来，大连市助残志愿服务的系统性、专业性和群众性可圈可点，涌现了众多的先进人物、先进集体，形成了独具特色的亮点。助残志愿服务在大连成为一种风气、一种习惯、一种精神，即"大爱连心，残健共融"。

一　大连市助残志愿服务发展历程

随着中国改革开放和经济发展的不断推进，广大残疾人在物质生活和精神生活方面的需求与健全人一样亟须得到满足。为残疾人提供助残志愿服务不仅是人道主义的呼唤，而且是文明建设的要求。在大连市委、市政府的高度重视下，在大连市残联和诸多社会团体的指导支持下，大连的群众性助残志愿服务应运而生，方兴未艾，不断发展壮大。1987 年 8 月，时任中共大连市委副书记于学祥在《自强·集锦》序中写道："大连市残疾青年协会成立的四年，是自强精神播撒、发芽、开花、结果的四年，是残青事业和残疾人福利事业在我市不断发展并越来越引人注目的四年，是健全人和残疾人相互理解、尊重、关心和帮助这一良好风气逐步形成的四年。"

（一）兴起发展期

从 1983 年大连市残疾青年协会成立到 1988 年大连市残疾人联合会成立，是大连助残志愿服务的兴起发展阶段。1983 年 8 月 13 日，国内首个残疾青年协会组织——大连市残疾青年协会正式成立，它的成立让残疾青年有了自己的家园，也引发了社会各界对残疾人群体的普遍关注。

大连市残疾青年协会成立之初，就喊出了"废字与我们无缘，强音做我们主旋"的响亮口号，得到各级领导的赞赏，引起市民共鸣。大连最早的助残志愿服务，源于他们发自内心的道义和精神支持。

大连市残疾青年协会的诞生是大连残疾青年顽强拼搏的结果，也是大连各级领导和各界人士热情支持的结果。大连市残疾青年协会成立后，共青团中央宣传部，辽宁省政府，大连市委市政府、市人大、市政协领导普遍给予好评，表达支持。1984年春天，大连市残疾青年协会6名会员组成"自强考察团"，骑自行车行程1286千米到达北京，这个全国首创的残疾人自强活动，得到时任中央办公厅主任王兆国的高度评价。1986年9月，时任中国残疾人福利基金会理事长的邓朴方为大连市残疾青年协会题词"时代造就了我们，我们努力创造时代"。这些支持，经过媒体报道，产生了极大影响，为大连的早期助残志愿服务奠定了意识基础。

大连市残疾青年协会的成立令大连残疾青年得到了各级媒体的广泛关注和热心报道，这不仅是对残疾青年的直接帮助，也是对整个社会的深情呼唤。在大连市残疾青年协会成立之前，《大连日报》刊登长篇通讯《踏尽崎岖路自通》，讲述"雷锋式好青年"吕世明的感人事迹。《辽宁日报》编发了优秀残疾人李扬的自述文章《峰高无坦途，我当自奋力》。大连市残疾青年协会成立后，《中国青年报》《中国青年》《中国日报》《光明日报》《三月风》《大连日报》《棒槌岛周报》对大连市残疾青年协会和大连残疾青年的自强精神做了大量的宣传报道。特别是大连电视台摄制的反映大连市残疾青年协会和大连各界助残精英的专题片《强音》，在中央台进行了多次播放。这些宣传营造了浓厚的助残氛围，也直接推动了全市群众性的助残志愿服务的形成与发展。

大连社会各界用多种形式向大连市残疾青年协会提供爱心帮助，早期助残志愿服务体现了"大爱连心"的温暖情怀。从1983年开始，几年时间里，大连市残疾青年协会受到了来自社会各界的无私捐助和热心帮助。这其中，有大学讲师义务授课；有个体劳动者慷慨捐款；有首届大连市青年文化节为大连市残疾青年协会"强音"艺术团开设专场等。大连市书法家协会

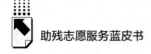

和大连星海书画社组织 20 多位书画家展开义卖活动，将所收入的 2500 元善款，全部捐赠协会，这在当时引起极大反响。

"红领巾助残"是在大连诞生的助残志愿服务项目。1987 年 9 月，国家教委、团中央、全国妇联、中国残疾人福利基金会在大连召开关于在少年儿童中进行社会主义人道主义教育的协调工作会议。对大连市盲聋学校、育红小学、群英小学和黄河路小学开展的"红领巾助残"活动给予高度评价，并向全国推广经验。

（二）蓬勃发展期

从 1988 年大连市残疾人联合会成立至 2012 年底党的十八大召开，是大连助残志愿服务的蓬勃发展期。这个时期，残疾人的政治地位、社会地位得到提升，助残志愿服务蔚成风气。

1988 年 6 月 14 日，大连市残疾人联合会成立。这是全国第一个挂牌的地市级残疾人联合会。吕世明、李扬等 5 名残疾青年骨干进入残联，担任副理事长、办公室主任等职。让残疾人担任残联领导职务，本身就是一个在政治上助残的重大举措。

热心扶持和竭力帮助有才华的残疾青年少走弯路、尽快成才、脱颖而出、实现梦想，是这个时期大连助残志愿服务的明显特点。三十几年里，在社会各界的积极支持下，涌现了众多优秀残疾青年，谢延红成为世界上第一位成功横渡英吉利海峡的重度肢体残疾人；王琦在大连音乐界和新闻界爱心人士的培养与推荐下，进入中国残疾人艺术团成为盲人首席萨克斯演奏家；大连聋人鲍庆玲、张欢迎参加世界聋人小姐大赛，分别获得世界聋人小姐和最佳魅力小姐。纪斌、韩怡、孔浦、陈玫、丛鸣等一大批重度残疾人在文化、体育等多方面，获得国际国内大奖，取得了令人瞩目的成绩。

大连助残志愿服务形成注重实效、追求质量、更切实际的全新局面。这个时期，大连助残志愿服务先后有两个高潮。一是 1996 年，大连承办第四届全国残疾人运动会，大连市政府为筹备这届运动会做了大量的投入，社会各界给予了积极支持。赛场内外，由共青团大连市委组织的"小红帽"志愿者多达 6800 余人，彰显了大连助残志愿服务的风采，让来自全国各地的 1200 多名运动员切身感受到了"大爱连心"的城市情怀。[①] 二是 2008 年，北京残奥会火炬接力，在大连路段有 70 名火炬手，其中，助残志愿者占 70%。[②] 这两次国家级的活动，在社会上引起极大反响，大大推进了大连助残志愿服务的发展。

这一时期，大连高校助残更加深入扎实。2004 年 9 月，东北财经大学网络教育学院开设"海燕班"，20 名残疾人学员免费入学。2006 年 5 月，内陆地区第一家导盲犬培训基地——中国导盲犬大连培训基地在大连医科大学正式成立。2008 年 9 月，大连广播电视大学成立残疾人学院，专门招收残疾人学员。

这一时期，助残志愿服务的新鲜事层出不穷。双盛园餐饮集团向残奥冠军李强捐赠了面积近百平方米的新房；顾庆泰"爱心的士"率先在全国为残疾人提供免费服务；狮子会爱心人士王海滨主动承担盲人刘振河女儿的大学学费；爱心企业家关昌喜赞助残疾青年作家刘海英撰写自传体小说；大连万达足球俱乐部和大连市球迷协会帮助滕玉涛成立了全国第一家聋人球迷协会，并常年为其免费提供球票等。凡此种种，无不折射出"大爱连心"的灿烂光芒。

以残助残，残健融合，成为助残志愿服务的崭新模式。1996 年，残疾青年韩伟创建了"大连市心连心志愿者服务中心"。1999 年，残疾青年孙树明创办公益性个人网站——爱心网。2009 年，残疾人王杰夫发起创办中国无障碍促进网。2011 年，大连市无障碍建设促进会成功注册。在这些新生事物的成长过程中，有一个鲜明特点：残疾人自强不息感动健全人，健全人和残疾人心灵融合，携手共建，将助残志愿服务引向新的境界。

残健融合的一个重要标志性的社团组织——大连市助残志愿者协会于 2002 年 5 月成立。至 2011 年，拥有志愿者万余名，成为"大连市十佳志愿服务组织"。

---

① 作者根据助残志愿服务调研项目数据整理所得。
② 作者根据 2008 年北京残奥会大连火炬手名单统计所得。

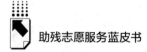

正是这些富有创新色彩、真诚内涵和扎实效果的助残志愿服务，使得"大爱连心"的城市美名四海传扬。2010~2015年，大连市残联被中央文明办、民政部、中国残联选定为"全国志愿助残示范基地"。

（三）壮大发展期

2012年底，党的十八大召开，助残志愿服务进入新的历史时期。残疾人不仅需要物质上的满足，更需要精神文化生活的满足、权利和尊严的保障、自我价值的实现。在这些方面，各界同心协力打造升级版助残志愿服务，大连的助残志愿服务有了高质量的发展。

助残志愿服务努力满足广大残疾人在精神文化方面的需求。大连是一个闻名全国的足球城，拥有200万球迷，其中包括很多残疾人球迷。2013年以前，在比赛现场，残疾人的座席问题是被忽略的。2013年3月，大连阿尔滨足球俱乐部与大连华菱合作，在主场——金州体育场专门设立了两个无障碍看台，设置10个轮椅位，12个盲人位，这件事情有着十分重要的标志性意义。此后，在许多大型社会文化活动中，主办方都会考虑给残疾人一席之地。2016年8月，第10届中国品牌节在大连举行，组委会特意邀请大连市残联举办残疾人行业品牌、创业品牌、公益品牌发布活动。2017年6月，世界达沃斯经济论坛在大连举办"市民代表竞评活动"，东北之窗杂志社等主办单位，特意决定在七位候选市民代表名额中留一席位给残疾人，时任残疾青年协会主席吴喆当选。

王培全是一位常年热心助残的爱心人士。2017年，他为185名自闭症儿童免费提供4000多平方米的康复活动场所，被孩子们亲切地称为"王爸爸"。2017年，大连市无障碍建设促进会以承接政府购买服务的方式，分别对景区、商区、交通枢纽、市政道路等进行考察，形成调研报告反馈给相关部门和单位。2019年开始，大连市无障碍建设促进会对全市主要公共场所开展无障碍抽样调查，定期向市住建局报送无障碍检查清单。些外，社会各界也通过不同形式为残疾人献爱心，例如大连市总工会组织、引导驾驶员开展爱心助残义务出车活动，免费为残疾人提供预约用车服务。

　　残健融合，深度参与公益活动，为城市争得荣誉。中国著名画家崔静海年轻时曾在海军大连旅顺基地服役，转业后在北京工作。2013 年，他与大连脑瘫画家刘超合作《卧虎图》，捐给中国肢残人协会"重塑未来"公益活动。9 年之后，他回到大连举办画展。在磐翔机电和中国供销南海中心的支持下，与刘超再度联手，创作《冰雪虎跃图》。同时，崔静海与张嘉树、张胜九合作，创作《导盲犬爱心使者图》，一并献礼北京冬残奥会，接受中国助残志愿者协会颁赠的鸣谢证书。这件事情经新华社、中国日报等数十家中央级媒体报道，展示了大连助残志愿服务的美好形象。

二　大连市助残志愿服务经验及典型

　　大连市助残志愿服务有社会基础，也有传统渊源。"大爱连心"是大连市助残志愿服务的一个滚烫的口号，一面飘扬的旗帜。"大爱连心"，是大连城市的爱心，也是大爱情怀连着众人的心。大连市一直致力于打造"信仰之城、首善之城、幸福之城、魅力之城、共享之城"，从 2005 年开始，连续六届获评全国文明城市，助残志愿服务既是文明城市的生动内容，又是文明城市的重要标志，已经成为大连市民的自觉行动。政府重视，残联引领，名人带头，各界参与，形成推动残疾人事业发展的强大合力。

（一）建设城市文明，打造助残品牌

　　中国导盲犬大连培训基地是助残志愿服务的一大城市品牌，成立于 2006 年 5 月，由中国残联批准，大连市残联和大连医科大学共同组建。经过王靖宇教授和团队的艰苦努力，16 年来，共培训毕业 288 只导盲犬，送至全国 26 个省市服役。[①] 最值得骄傲的一幕是，2008 年 9 月 6 日，北京残奥会开幕式上，中国导盲犬第一次登上世界舞台，导盲犬 Star 引领残奥冠军李端走在运动员队伍里，导盲犬 Lucky 引领残奥冠军平亚丽完成火炬倒数第

---

　　① 作者根据中国导盲犬大连培训基地提供数据整理所得。

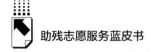

二棒的传递。王靖宇教授和中国导盲犬大连培训基地分别获得"全国扶残助残先进个人"和"全国扶残助残先进集体"荣誉称号。2021年，以导盲犬基地故事为原型拍摄的故事片《快乐密码》，获得北京国际电影节·第29届大学生电影节"优秀影片奖"。

中国无障碍促进网也是大连助残志愿服务的一个品牌。作为国家级的综合性公益服务网站，创建和发展过程中得到大连社会各界的热心帮助。秉承"心灵无障碍，道路有通途"的宗旨，推动残健沟通交流，促进无障碍建设，推动残疾人事业。截至2022年9月，在全国各地设立10个分站，注册会员7万多人。2013年，被联合国教科文组织驻华代表处、中国互联网协会和中国残疾人福利基金会授予"中国信息无障碍建设示范单位"荣誉称号。

大连无障碍环境建设起步早、成效大、意识强、标准高，2005年获称"全国首批无障碍设施建设示范城市"，2010年获称"全国无障碍建设先进城市"，这些荣誉凝结着助残志愿者的心血。在大连，"无障碍"三个字深入人心，见诸行动，众多工程建设在设计施工过程中就认真讲求无障碍标准。大连梭鱼湾足球场就是一个无障碍建设的经典品牌，该足球场是为迎接亚洲杯而建设的国际高标准专业足球场，配备6.3万个座位。采用螺旋式上升进馆通道，2.2千米的坡道充分考虑了残疾人观光观赛的客观需求。作为建设单位，大连市土地发展集团有限公司在高标准建设无障碍设施的基础上，邀请中国助残志愿者协会无障碍环境促进委员会相关工作人员现场指导，组织国家无障碍专家为足球场无障碍环境整体的提升优化提供智力支持，并为该项目进入中国无障碍环境展示馆展陈，打造示范成果做好储备。

（二）坚持多方互动，形成有效合力

由助残志愿的个体行为，发展到众多爱心人士伸出援手，再到政府出面购买服务，形成合力，打造长效机制的助残志愿服务品牌。这个模式，在大连屡见不鲜。赵燕萍创办"憨宝工坊"就是一个典型的例子。日本留学归来，她于2017年创办"憨宝工坊"，将心智障碍者组织起来，鼓励他们通过自己的辛勤劳动，制造精美的工艺品。社会团体、爱心组织和各方人士被她感动，纷纷出面，为"憨宝"提供义卖、培训、宣传、陪伴等多方位服务。桂林社区、中山区政府、大连市残联先后为其提供活动场地。2021年，中国残联授予"憨宝工坊""中国残疾人文化创意产业基地"称号。2022年，"憨宝工坊"项目获得第五届中国青年志愿服务公益创业银奖。

大连市慈善总会、中国狮子联会大连代表处和大连市残疾人福利基金会是大连助残志愿服务的三大慈善组织，它们既致力于各自的救助行动，又经常携手，合力助残。对助残志愿服务的健康发展起到积极作用。

大连市慈善总会以资金救助形式开展"让肢残者站起来"、"让肢残者走向社会"、"让失聪儿唱起来"、"盲聋儿童康复援助"、精神残疾人运动会等项目，投入善款近600万元，帮助数百名贫困残疾人实现了"站起来""听见了"的梦想。同时以义工服务形式开展多种项目活动，截至2021年注册义工8万多人，有6800多人受益。荣获"全国助残先进集体"称号。①

中国狮子联会大连代表处成立于2006年，注册志愿者人数为2294人。连续8年元旦春节期间走访慰问贫困残疾人，累计送去慰问金105.9万元。精准对接残疾人和残疾人服务机构，重点打造温馨工程品牌助残项目，保障服务的长久性和稳固性。截至2021年，受助残疾人达40万余人次，助残经费支出2437.5万元。②

大连市残疾人福利基金会成立于1986年，2012年取得了4A级社会组织等级证书。2006~2021年募捐总额5480万元，平均每年募捐总额342.5万元。③ 在残疾人扶贫、教育、文化、无障碍建设等方面做出了积极贡献。

值得一提的是，2013年，大连市慈善总会、中国狮子联会大连代表处和大连市残疾人福利基金会各出资20万元，共60万元，为大连100多家盲人按摩院所统一更换门头牌匾，支持盲人创业就业。

---

① 来源于大连市慈善总会内部资料。
② 来源于中国狮子联合会大连代表处内部资料。
③ 来源于大连市残疾人福利基金会内部资料。

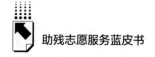

（三）扫除心灵障碍，残健携手融合

"心灵无障碍、道路有通途"是大连市助残志愿服务的共识。残健融合是大连助残志愿服务的一大特色。残疾人感动健全人，健全人理解残疾人，"一家人手拉手，都是真感情"。在心灵沟通的前提下，形成合力，融合助残。与之同时，残疾人与残疾人之间的相互帮助，也同样体现了"大爱连心"的美好情怀。

残疾人李扬曾参与筹建大连市残疾青年协会和大连市残疾人联合会。2001年，他担任大连市残联理事长后，为助残志愿服务做了大量工作。特别是2006年创建中国狮子联会大连代表处，担任创会会长，提出"把爱传递，让心快乐""一切为了残疾人的幸福"的理念，团结各方共同做好助残志愿服务。2013年，成为全国第一个市人大常委会担任副秘书长的轮椅人士。2018年退休后，李扬应邀担任辽宁省残联副主席兼辽宁省肢协主席，持续发挥余热，用撰写稿件等形式持之以恒地奉献爱心，促进残健融合，推动助残志愿服务。

韩伟是一位高位截瘫的重度残疾人，他身残志坚，于1996年发起成立了"大连市心连心志愿者服务中心"。20多年来，韩伟和他的志愿者伙伴们秉承着"奉献、友爱、互助、进步"的志愿精神，喊响"爱心献社会、真情暖人心"的爱心口号，影响、带动了30.5万名志愿者帮扶了老、幼、病、残等弱势困难群众28.8万人次，组织了大大小小的爱心公益活动10万余次，获得"全国志愿者助残先进个人"等荣誉称号。①

2011年，拥有万余名志愿者的大连市助残志愿者协会被推选为"大连市十佳志愿服务组织"。大连市残联协会办主任、"独臂女侠"王荔，就是大连市助残志愿者协会爱心团队的发起者和实践人物。作为身有残疾的残疾工作者，王荔把助残志愿服务贯穿于自己的工作之中，无论是组织成百上千的助残志愿者服务于徒步大会上的残疾人朋友，还是组织一对一为残疾人及

---

① 来源于大连市心连心志愿者服务中心内部资料。

其子女进行家教服务、陪伴孤独症儿童，给家长喘息的时间，都将残疾人的需求和助残志愿者的愿望有效地连接起来。在她的带领下，助残志愿者队伍不断壮大，助残理念不断深化，服务领域不断拓宽。王荔被评为"全国残疾人专门协会工作先进个人"。骨干助残志愿者滕云，当选为中国志愿者协会常务理事。

大连市肢残人协会"希望之家"脊髓损伤者生活能力重建项目，是一个以残助残的典型案例。其主要实施手段是同侪指导，即由有自理能力和经验的脊髓损伤者指导其他脊髓损伤者，其核心是以残助残，也包括带动社会力量助残。2020年，中国肢协将全国脊髓损伤者关爱联盟的会旗授予大连市残联。

四肢三残的孙树明于2009年创办大连易尚阳光科技有限公司，以呼叫接听和数据录入为主业，开辟了一条残疾人就业的新门路，让残疾人坐在家里就能抢单接活，解决了近200名残疾人的就业问题。他本人获得"中国最佳呼叫中心产业发展杰出领袖"荣誉称号。

大连市爱纳孤独症障碍者综合服务中心是两位同为大学教授的孤独症障碍者的母亲张嫚和刘淑清联手创办的。截至2021年，组织持续吸纳上万人次参与志愿服务活动，在大连市直接服务的孤独症障碍者及更广泛的心智障碍者家庭亲友达2000多人。为解决孤独症障碍者的就业问题，"爱纳"积极为有就业能力的孤独症障碍者搭建各种实践平台。2022年8月，在家长及爱心志愿者的扶助下，爱纳星悦融合烘焙坊开业，处于就业年龄段内的17位孤独症障碍者实现就业。[①]

（四）重视文化助残，满足精神需求

文化助残，是大连助残志愿服务颇具特色、长期坚持的城市现象，也是一项大连文明建设中最有温度、最有力度的爱心行动。如果说早期的著名学者于植元教授是长者的引领和名人的感召，随"自强考察团"六勇士进京采访的著名作家杨道立是母爱的陪伴和文字的传播，那么资深媒体人张嘉树

---

① 来源于大连市爱纳孤独症障碍者综合服务中心内部资料。

四十年如一日的文化助残坚守就是一个深度共融的大爱义举。从 1982 年创办《大连日报·青春》采访吕世明、李扬开始到退休之后策划各种活动，他一直把残疾人当作自己的兄弟姐妹，有求必应，感同身受地帮助他们。残疾人也把他当作亲人，大事小情都爱找他。不管在什么岗位上，他都想方设法为残疾人开绿灯、献爱心、办实事。他撰写发表助残稿件 200 余篇，策划、导演、主持大型助残活动 20 余场，并创作《全国脊髓损伤者关爱联盟主题歌》等助残歌曲 16 首。他为热爱朗诵的盲人修改诗歌，为英年早逝的聋人撰写悼词，为优秀残疾人主持婚礼，为重疾残疾人发起募捐……他把大连"憨宝工坊"制作的工艺品赠给达沃斯论坛主席施瓦布，他陪残疾画家带着巨幅导盲犬图进京添彩北京冬残奥会。他在《中国残疾人》发表的《像海迪那样微笑面对人生》一文中写道："在他们面前，我们高大的身躯一下子变得矮小了许多。"张嘉树是辽宁省新闻界唯一的北京残奥会火炬手，获得中华志愿助残阳光奖章。

多年来，大连文化界热心助残，蔚成风气。大连《星海词报》首任主编丛者甲经常热心辅导残疾青年写作歌词。他到北京工作后，依然不忘助残。2011 年他作为北京中视远图影视传媒有限公司的艺术总监，带领电影《吴运铎》团队在大连摄制宣传并举办首映活动，在全市放映百余场，在全国有 35 万人次观看影片，该片获得中宣部"五个一工程"优秀作品奖。① 已故中国著名足球教练迟尚斌常年热心助残，他帮残疾青年推轮椅的画面感动了无数人。已故知名书法家矫红本在病重期间依然热心帮助筹建中国无障碍促进网，并亲笔写下"爱无障碍"印在蓝色 T 恤上，赠送给全国各地的残疾人朋友。大连市语言艺术学会残疾人分会成立于 2008 年，截至 2021 年，累计会员达200 人，在会长王誉霖的爱心培育下，广大残疾人朗诵爱好者提高技艺，陶冶情操，实现了梦想。中华慈善人物、著名主持人张迪，坚持常年为残疾人志愿服务，主持晚会及各种活动，他作词作曲的《你是如此善良》被选为大连

---

① 《第十二届精神文明建设"五个一工程"（2009~2012）获奖名单》，共产党员网，2012 年 9 月 25 日，https://news.12371.cn/2012/09/25/ARTI1348567209300711.shtml。

志愿者之歌。40 年来，大连多次举办残疾人文学爱好者笔会，邓刚、素素、徐铎等著名作家都义务为残疾人讲课。2011 年，世界海洋日大型文艺晚会在大连举行并进行电视录播，晚会导演特意安排手语翻译，推动文化助残。

（五）做好专业助残，提升自强能量

授人以渔，专业助残，是大连助残志愿服务的又一个鲜明特点。40 年来，全市涌现了许多这方面的助残志愿服务典型。

大连刘宁钢琴学校坚持义务培训盲童、孤独症儿童 15 年。多位学员在国际钢琴比赛中获得大奖。2022 年 9 月，在校盲童和孤独症儿童共 10 名。第一名盲人学员姜明明在北京上大学，毕业后将回到刘宁钢琴学校做调律师。

宋彩凤是一位爱心企业家，投巨资建成东北最大的民营精神专科医院——瓦房店第四医院，先后为 2000 多名城乡贫困家庭重度残疾人患者提供免费用药和义诊服务，为 800 多名农村贫困家庭的重症残疾人患者提供了免费救助住院治疗，合计为患者减免费用近千万元。[①]

大连大学附属中山医院自 2010 年起，开展"心系星童·爱在中山——关爱孤独症儿童及家庭"志愿活动。共完成 8 万余名儿童的孤独症儿童筛查任务，建立 5673 名孤独症儿童及家庭健康档案。[②] 医学博士于晓辉引进日本先进技术，进行孤独症儿童康复训练、治疗和就业培训。

海之星跑团成立于 2015 年，截至 2022 年，注册团友 6257 人。海之星跑团与大连市爱纳孤独症障碍者综合服务中心结缘，积极参与爱纳各项志愿服务活动。无论风霜雨雪，每周日都会坚持"大手拉着小手，爱心伴随奔跑"。从蹒跚前行到脚步铿锵，孩子们的健康身影见证了大连助残服务的前进与成长。

（六）着眼具体小事，提供个性服务

对于残疾人来说，许多看似简单的小事往往会成为羁绊他的大问题。从

---

① 来源于瓦房店第四医院内部资料。
② 来源于大连大学附属中山医院内部资料。

小事入手，为残疾人排忧解难，是大连助残志愿服务最感人的生动内涵。

1980年代，自谋职业的个体劳动者辛福强，对残疾人群体特别关爱，情同兄弟，在走街串巷为百姓镶玻璃的辛苦经营劳动中，他给自己定了一条雷打不动的规矩：为残疾人服务一律免费。他常常骑自行车跑十几里路为残疾人镶装一块玻璃，帮助残疾人买菜买煤。辛福强去世时年仅20岁，被誉为"大连最早的助残模范"。2009年，大连电视台《文明的感动》颁奖词这样评价他："他以无私奉献的高尚情怀融化了偏见的坚冰。"

辛福强倒下了，他的精神被更多人传承下来，为残疾人继续办好事做实事。大连市心连心365志愿者工作站创新"量体裁衣"助残模式。针对残疾人特殊需求进行个性化服务。针对双盲人、聋人家庭的健全人子女，工作站联系各高校志愿者，根据住址、学生情况、志愿者优势等，开展一对一志愿服务活动。建设银行大连市分行与大连市文明办、大连市残联等相关部门共同启动了"传承雷锋精神，助残阳光行动"志愿者服务项目，成立了大连市也是辽宁省第一支行业助残志愿者队伍，推出了"为残疾人提供优先、优待服务""所有网点实现无障碍设施建设""组织青年志愿者为残疾人提供银行业务知识讲解、上门开户、指导使用电子银行"等关爱服务措施。

大连市文明城市的窗口单位，为大连的助残志愿服务做了很多具体的工作。大连周水子国际机场是大连的门户，外地的残疾人朋友来到大连，首先感受到的就是大连机场对特殊旅客无微不至的服务。机场旅客服务部还特意邀请大连市肢协就如何服务好轮椅旅客进行专业培训，取得了良好的效果。大连火车站从2003年起就组建了"小云志愿者服务队"，帮助残疾人出行。2015年，又组建了"馨驰半服务团队"，每年帮助残疾人旅客15000多人次。① 大连公交客运集团的无障碍公交车是肢体残疾人进行户外活动的首选，每逢外出，无障碍公交会成为残疾人的最佳选择。大连地铁为有特殊需要的残疾人提供预约服务，各车站联动、各岗位衔接，协助行动不便的残疾

_____

① 来源于大连火车站内部资料。

乘客进出站。大连地铁各车站每座车站均配备"轮椅渡板和轮椅"，且提供预约服务。

（七）大连市助残志愿服务个人和集体获得荣誉情况

在大连市四十年的助残志愿服务发展历程中，涌现了许多先进的组织和优秀的志愿者，他们默默耕耘、无私奉献，为推进助残志愿服务的发展做出了卓越的贡献。1983~2022年大连市助残志愿服务个人或集体获得荣誉统计（部分）如表1所示。

表1 1983~2022年大连市助残志愿服务个人或集体荣誉统计（部分）

序号	获奖时间	获奖名称	获奖个人或集体	颁发单位
1	1983年	全国先进个体劳动者	辛福强	劳动部、全国妇联、团中央等六部门
2	1996年	全国学习雷锋志愿服务先进个人 中国十大杰出志愿者 全国志愿者助残先进个人	韩伟	中宣部、中央文明办、共青团中央、中国残联等
3	1997年	全国杰出志愿者	梁郁	
4	2003年	全国扶残助残先进个人	戈捷	国务院残工委等
5	2005年	全国无障碍设施建设示范城（区）	大连市	建设部、民政部、全国老龄委、中国残联
6	2005年	助残志愿者协会先进集体	大连市残联	团中央、中国残联
7	2009年	全国扶残助残先进个人	王靖宇	国务院残工委等
8	2012年	全国无障碍建设先进城市	大连市	住建部等四部门
9	2011年	"十一五"全国残联专门协会工作先进个人	王荔	中国残联
10	2011年	呼叫中心最佳管理团队	大连易尚阳光科技有限公司	工信部等
11		全国助残先进集体、中华慈善奖	大连慈善总会	国务院残工委等
12	2012年	第十二届精神文明建设"五个一工程"奖	大连市残联·电影《吴运铎》	中宣部
13	2013年	中华志愿助残阳光团队	东北之窗杂志社	中国残联等

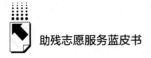

续表

序号	获奖时间	获奖名称	获奖个人及集体	颁发单位
14	2013 年	中国信息无障碍建设示范单位	中国无障碍促进网	联合国教科文组织驻华代表处、中国互联网协会和中国残疾人福利基金会
15	2013 年	中华志愿助残阳光奖章	张嘉树	中国残联等
16	2014 年	全国助残先进个人	宋彩凤	国务院残工委等
17	2015 年	2010~2015 年度"全国志愿助残示范基地"	大连市残联	中央文明办、民政部、中国残联
18	2018 年	第四届中国青年志愿服务项目大赛银奖	"大连心智障碍者普特融合实践基地"项目	团中央、国家文明办
19	2019 年	东北示范基地	大连市肢残人协会"希望之家"脊髓损伤者生活能力重建项目	中国肢残人协会
20	2019 年	全国助残先进集体	瓦房店第四医院有限公司	国务院残工委等
21	2021 年	中国残疾人文化创意产业基地	大连多元智能教育研究中心	中国残联
22	2022 年	第五届中国青年志愿服务公益创业银奖	心智障碍者辅助性就业基地——憨宝工坊	共青团中央、中央文明办、民政部、文旅部等部门

资料来源：作者根据各部委表彰文件通知、媒体公开宣传报道整理所得。

三 大连市助残志愿服务存在的问题和对策

从一个全国文明城市、全国残疾人工作示范城市和全国无障碍建设示范城市这个高度去要求和审视大连的助残志愿服务，其显然存在许多不足之处，与兄弟城市相比，也存在不小差距。助残志愿服务是一项社会工作、系统工程，涉及各行各业，千家万户，需要从思想上、组织上、措施上综合考量，融合策划，协力实施。随着互联网经济的发展，许多问题的解决需要创新思维。

（一）进一步加强助残志愿服务系统性和规范性

目前大连市助残志愿者协会还没有完成注册，在运作上缺乏独立性、权威性和系统性。下一步有必要完成注册，完善健全组织机构，协调好与各社团和广大会员的关系，充分调动各方面的积极性，形成一个完整的、科学的、有效的助残志愿体系，统领助残工作的协调配合和大型活动的开展，并落实和监督各具体项目。要发挥协会作用，协调政府各有关部门和社会各界，扎实有效开展工作。同时收集整理近40年助残志愿服务活动的文字、图片和视频资料，建立助残模范和先进团体档案。

（二）进一步加强兼备互联网特点的志愿宣传工作

在助残志愿服务总结过程中发现，宣传与传播手段存在老化和落伍问题。缺少视频等新型传播形式的运用，没有充分利用好互联网信息传播速度快、形式多样、趣味性强的特点。要早日适应互联网经济和高科技的发展和需求，做好助残志愿服务网站建设，培养助残志愿服务的宣传人员。要紧跟时代发展步伐，充分利用互联网时代的传播手段，增强助残志愿服务事业的生命力、权威性并扩大其影响力，从而推动助残志愿服务的高质量发展。

（三）进一步加强助残志愿服务品牌的升级建设

发掘、帮助和推广更多像大连导盲犬基地这样的常青项目，是大连助残志愿服务能够持续发展的一个重要抓手和有效路径。大连应该不断发现和培育新的品牌，适应新时代，打造升级版，提升生命力。在这方面，一是要深入实际，做好调研，集思广益，出谋划策。二是要经常学习和借鉴外地好的经验。三是对已有的典型要精雕细刻，精益求精，使之在新的历史时期具有更强的生命力。

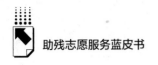
四 大连助残志愿服务的未来展望

（一）完善政策，强化管理，通过顶层设计推动助残志愿服务健康发展

大连市委、市政府历届领导都高度重视助残志愿服务，随着新时代对助残志愿服务工作的新要求，亟待出台一个综合性、权威性、指导性的文件，指导整体工作，协调各个方面，使助残志愿服务系统工程切实做到有目标、有路径、有政策、有奖罚，形成一个完整的管理体系。可以在《大连市志愿服务条例》的基础上，对助残志愿服务的特殊性进行细化，研究立法。

通过顶层设计，健全和完善助残志愿服务制度，特别是制定奖励制度和无障碍环境建设制度。建立长效机制，将"红领巾助残"等大连助残志愿服务品牌，不断发扬光大，推动助残志愿服务持续健康发展。

（二）分析数据，满足需求，通过大数据和智能化推动助残志愿服务科学发展

配合残联系统第三代残疾人证的更新换代，加快助残志愿服务的智能化建设，在现有的多点开花的服务前提下，有针对性地推广残疾人的智能化服务。例如精神陪伴、信息服务、文艺赏析、文化授课，提倡爱心企业和个人为残疾人提供智能化服务设备，推动残疾人社会服务的智能化。开发聋人、盲人交通旅游无障碍指南，旅游场所的无障碍导游，残疾人工作环境的特殊智能化服务等。通过这些高科技的普及使用，不断造福残疾人，同时也让助残志愿服务的内涵和外延都得到延伸和扩展。

推进助残志愿服务"智能化"进程，逐步实现助残志愿服务的便利化、精准化和信息化，助推助残志愿服务事业的科学发展。充分发挥大数据的精准、便捷服务功能，建立大连市助残志愿服务大数据库。对各类需要服务的残疾人分门别类，建立档案，实现与全市助残志愿者档案的对接，使助残志

愿服务实现高质量、快节奏、多功能的发展。让助残志愿者知道残疾人的需求，让残疾人找到能提供服务的志愿者。

（三）整合资源，搭建平台，通过线上线下互动推动助残志愿服务融合发展

虽然在资源整合方面，大连已经取得了很多成绩，积累了不少经验，但是系统化、综合性仍然有待完善。在新的历史发展时期，应通过大连市助残志愿者协会等社会团体的统一协调，共同整合优势资源、合力搭建服务平台、联动提升助残志愿服务效能，给残疾人制造更多的展示才华、读书就业、恋爱婚姻、立功获奖的机会。让残疾人当中的佼佼者脱颖而出，促使他们自尊、自信、自强、自立。通过残健融合，让残疾人感受到大爱连心、残健共融的城市温暖。同时，充分利用互联网的便利，开展线上线下信息联通互动，实时掌握、了解、满足残疾人特殊需要、个性化需求，实现从供给服务向需求服务的转变，让更多的残疾人从中获益。

结 语

大连有常住人口 745.4 万，其中有残疾人 35.4 万。[①] 助残志愿服务，是大连这座城市的亮丽名片，它不仅体现了广大市民"大爱连心"的高尚情操，也展示了全城各界残健共融的城市精神。40 年来，在它不断丰富、不断发展、不断融合的实践中，形成了具有温度、力度和高度的时代潮流。到2022 年，全市注册志愿者有 127.9 万，其中 50 岁以下的占 52.1%。[②] 助残志愿服务，不仅帮助了残疾人的生活和工作，而且对大连社会风气、人文环境和文明建设，起到了重要的推动作用。在党的二十大精神引领下，在实现第二个百年奋斗目标的新的历史发展时期，牢记习近平总书记公益志愿殷殷

---

① 2006 年第二次全国残疾人抽样调查，按 2020 年大连市人口统计数字比例调整。
② 《志愿者队伍日益壮大，大连现有注册志愿者 127.9 万人》，《半岛晨报》2022 年 3 月 4 日。

嘱托，在中国助残志愿者协会的指导下，大连助残志愿服务必将百尺竿头更进一步，虚心学习各地的先进经验，不断丰富自己的工作实践，解放思想，大胆开拓，为推进大连助残志愿服务的高质量发展，建设"大爱连心"的文明城市做出不懈努力。

参考文献

邓朴方：《人道主义的呼唤选编》，华夏出版社，2016。

大连市残疾人联合会、大连市残疾青年协会编《同行七千三百里》，辽宁人民出版社，2003。

大连市残疾人联合会、大连市残疾青年协会编《海的梦 我的梦》，辽宁人民出版社，2013。

借鉴篇

Experience and Lessons

B.16

美国助残志愿服务发展报告

华 娟[*]

摘 要： 得益于残疾人权利运动的推动，美国的助残志愿服务成绩斐然。本报告分析了美国助残志愿服务事业的理论背景，梳理了美国助残志愿服务事业的发展阶段，剖析了美国助残志愿服务的法律政策及典型案例，认为美国的助残志愿服务是以联邦政府为主导，社会团体积极参与的项目化运作活动；社区作为助残志愿服务活动的主阵地，为残疾人提供多领域与个性化的服务；政府通过立法保障助残志愿活动双方的权利，并连同社会各界为助残志愿服务提供资金等多方面的支持；在终身志愿服务理念的激励下，老年人和残疾人成为重要的助残服务志愿者群体；美国的助残志愿服务具有明确的就业导向，主张残疾人生活自立；信息化的平台、系统的理论研究成果都在一定程度上促进了美国助残志愿服务质量的提升。

---

[*] 华娟，南京特殊教育师范学院讲师，研究方向为教育管理、大学生思想政治教育。

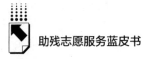
关键词：　助残志愿服务　助残志愿服务组织　美国

美国国家与社区服务机构（Corporation for National and Community Service，CNCS）于 2021 年 12 月发布的数据显示，2019 年，约有 30% 的美国人（77949981 人）参加过志愿服务活动，总服务时长为 58 亿小时，创造了 1470 亿美元的经济价值。① 志愿服务活动已成为美国民众参与社会公共治理的一种普遍表达方式。

在全民志愿服务的浪潮和残疾人权利运动的双重推动下，在联邦政府的主导和全社会的支持下，美国的助残志愿服务事业发展至今，不仅使残障人士享有了多维度、综合性和专业化的服务，而且突破了单向的人道主义济困和施舍模式，为残障人士实现自身价值提供机会和途径，基本实现了残障人士的"机会平等、全面参与、生活独立和经济自立"，值得我们探讨和借鉴。

一　美国助残志愿服务的理论背景

（一）宗教精神

美国的志愿服务最早源于宗教慈善事业，宗教精神与美国志愿文化紧密相连，一脉相承。美国志愿者的宗教信仰和实践可以追溯到 18 世纪的卫理公会改革和复兴运动，以及 19 世纪和 20 世纪初的社会福音运动。更直接地说，许多志愿者组织就是救世主义的产物。如当前美国最大的慈善服务机构之一的美国志愿者协会（Volunteers of America）就源于 1878 年福音派卫理

---

① Laura Hanson Schlachter, "Key Findings from the 2019 Current Population Survey," Civic Engagement and Volunteering Supplement, AmeriCorps, Office of Research and Evaluation, December 2022, https://americorps.gov/sites/default/files/document/2019%20CPS%20CEV%20findings%20report%20CLEAN_10Dec2021_508.pdf.

公会牧师威廉·布斯（William Booth）创立的慈善组织。[1] 而天主教志愿者网络（Catholic Volunteer Network）则是 1963 年由天主教大主教管区的神父乔治·马德（George Mader）创立的一个跨教派组织，影响遍布美国 45 个州。[2] 在 2020 年美国志愿服务组织类型构成中，宗教类组织以 32% 的占比位居第一。[3]

美国民众大多信仰基督教，基督教倡导的博爱精神包含着人对于自己同类的伦理关怀，他们认为做善事是净化自我、拯救灵魂的重要方式。因此，很多志愿者在"为了上帝和国家"的口号下奉献自己的时间和精力，将自己的信仰付诸扶弱助困的行动，"通过服务他人来服务上帝"。

（二）志愿服务精神

志愿服务精神是美国民族文化的基石。17 世纪，第一批欧洲移民到达美洲，随之建立起来的除了契约精神，还有互帮互助的志愿精神，正是这种无私、团结的精神使得他们在逆境中生存下来。在此后的许多重大灾难或者危机中，志愿者都发挥了重要作用。如在新冠肺炎疫情期间，大量的志愿者或捐款捐物，或参与到抗疫一线，对弱势群体施以援助。

目前，美国有两个全国服务日。"马丁·路德·金服务日"是每年一月的第三个星期一，是唯一一个被指定为全国服务日的联邦假日，以鼓励所有美国人改善他们的社区。"9·11 服务纪念日"则要求全国各地的美国人于 9 月 11 日当天在社区做志愿者，向在袭击中受伤和丧生的人、第一响应者以及许多为捍卫自由而服役的人表示敬意。此外，历届总统也不遗余力地推广志愿服务，制定法律，发出倡议，并且设立了"总统志愿服务奖"，获奖者将获得定制的别针、硬币或奖章以及由总统签署的个人成就证书和信函。从事志愿

---

[1] Volunteers of America, "125th Commemorative Gazette Issue," https：//d2ngl0nkh8z0ib. cloud front. net/uploads/pdf_ file/file/4230/VOA_ Gazette_ 125thLowRes. pdf.

[2] Catholic Volunteer Network, "Who We Are," https：//catholicvolunteernetwork. org/who - we - are/identity/.

[3] 张一蝶：《当代美国志愿服务文化研究》，温州大学硕士学位论文，2021，第 30~31 页。

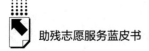

服务还可以得到各种奖励和福利，并成为升学、求职、晋升的重要评价指标。

这种对于志愿服务行为的高度认可和褒奖，使得成千上万的个人和组织将志愿服务融入他们的生活，每年通过服务对当地社区产生不可估量的积极影响。

（三）公平正义理论

约翰·罗尔斯（John Rawls，1921-2002），被公认为 20 世纪西方世界最具影响力的政治哲学家之一，致力于人类的公平、正义问题研究，其著作《正义论》成书于 20 世纪 70 年代美国民权运动高涨时期，提出了"公平正义理论"。该理论认为受政治经济、社会条件的限制，人们出生即具有不平等的社会地位和自然禀赋，这是个人无法选择的，因此要通过两个正义原则来缩小出发点方面的差距。

第一个原则是平等自由的原则，即所有人都应有平等的基本自由；第二个原则是机会的公正平等原则和差别原则的结合。要求所有人都应有平等的机会，但是允许对"最少受惠者"，即那些出身和天赋较低的人予以某种补偿或再分配，缩小以至拉平他与出身和天赋较高的人之间的差距，以这种差别原则实现最大限度的平等和均富。[①]

值得一提的是，与欧洲相比，美国的残疾人福利保障水平并非处于高位，美国的传统观念认为高福利会产生一个士气低落的下层社会，因此他们崇尚自由和个人奋斗，认为独立生活是一个人的宝贵权利，而非义务。他们建设无障碍环境，对残疾人进行生活支持、技能培训、就业帮扶，通过这种差别化的调整实现残疾人对社会生活的全面参与和机会平等。

二 美国助残志愿服务的发展阶段

美国社会对于残疾人的态度也经历了一个由歧视到尊重，由隔离到接纳的过程，助残志愿服务事业的发展亦非一帆风顺，一蹴而就。

---

① 约翰·罗尔斯：《正义论》，何怀宏等译，中国社会科学出版社，2009，第 5~23 页。

（一）萌芽阶段（1620~1776年）

1620年，由威廉·布拉德福德（William Bradford）率领的英国清教徒在现在美国的马萨诸塞州普利茅斯（Plymouth）定居，开启了殖民时代。在这一时期，家庭为残疾人提供照料。然而，随着欧洲殖民者的数量越来越多，照顾弱势群体就成了每个村庄和城镇的责任，如马萨诸塞州1694年的一项法令规定，每个社区都有责任有效地照顾、救济、支持残疾人并保障残疾人的安全，但仍然存在社区把残疾人偷偷送到其他地方以减轻负担的情况。

大量出现的救济院满足了许多社区的需要，为贫穷的残疾人提供了容身之所。1725年在罗德岛、1736年在纽约、1752年在宾夕法尼亚州都出现了类似的机构。1773年，弗吉尼亚州开设了第一家专门收容精神和认知残障人士的收容所。①

但这一阶段的助残志愿服务基本上是针对认知障碍和心理障碍人群，几乎不关注肢体残疾人群，这种情况一直持续到美国独立战争时期。这些活动也带有人道主义救助的特点，主要面向贫穷的残疾人，如果残疾人来自富裕家庭，社区则基本上不会主动过问。由于认知的限制，救济院对于残疾人更多的是照顾或监禁，而不是诊断和治疗，某种程度上它们还充当了惩教机构。

（二）快速扩张阶段（1777~1865年）

美国独立战争结束至19世纪上半叶，私人和公共助残机构迅速扩张，出现了许多疯人院、社区医院，聋哑人、盲人、智力残疾人士学校，残疾人公共教育迅速发展。它们都有一个共同的基本假设，即人类行为可以通过专业手段来干预、管理和改变，试图把"有问题的公民"改造成"合格公民"。

此外，宗教改革运动也强调行善和人类救赎的必要性。1817年，洛

---

① Nielsen, Kim E. A., *Disability History of the United States*（Beacon Press, 2012）, p. 111.

朗·克莱克和托马斯·霍普金斯·加劳德特建立了美国第一个残疾专门机构——美国聋人收容所。该收容所和其他许多机构的建立大都是 19 世纪初席卷美国的福音派新教浪潮的一部分，他们的使命是通过手语传播基督教。到 19 世纪 50 年代，聋人教会、出版业、倡导组织、运动队、文学社团和寄宿学校促进了聋人社区和文化的繁荣发展。1864 年，美国国会授权并正式承认了国家聋哑学院（1894 年更名为加劳德特学院）。19 世纪，随着聋人学校和社区的扩大，聋人的识字率、受教育率和经济成功率都有了显著提高。

医生和废奴主义者塞缪尔·格里德利·豪帮助建立了波士顿的帕金斯盲人学校，并说服了马萨诸塞州议会于 1849 年成立了智力低下儿童和青少年学校。同样，来自康涅狄格聋哑教育收容所的学生在全国各地建立了其他类似机构，通过这种制度化的方式促进残障人士融入社区。

然而，并不是每个残疾人都有资源或机会离开家进入教育机构。南方各州机构较少，而且与北方相比，质量也较低。但由于政治等其他原因，南方许多聋哑和失明儿童的白人精英父母往往不愿把孩子送到北方。因此，这一时期助残志愿服务的发展也呈现不平衡的状态。

（三）调整巩固阶段（1866~1927 年）

从 19 世纪 60 年代的南北战争到 20 世纪 20 年代早期，为残疾人服务的机构数量和种类都在不断增加，但是受种族主义影响，其中很多实行了种族隔离。

康复和职业培训项目以及为残疾人举办的民权演讲大量出现，但不面向非退伍军人。可以看出，这一时期的残疾人救助带有明显的道德评判色彩，只有退伍军人这类"值得帮助的残疾人"才可以获得政府福利救助，其他"不值得帮助的残疾人"依然无法获得国家和政府的帮助。

19 世纪 90 年代以后，工业化迅速增加了美国残疾工薪工人的数量。1920 年，美国国会制定了《国家康复法》（*National Rehabilitation Act*），规定所有残疾人，不仅仅是退伍军人，都有获得职业康复的权利，这也是美国第一部专门针对所有残疾人权益的法律。

从南北战争到19世纪90年代是美国残疾人事业日益制度化的时期，对残疾人的管理日益成为国家结构的一部分。但所谓制度化并不代表对残疾个体的关怀，它服务于更高的意识形态目的，即收容这些"不正常"的人，管制他们的行为，以免对社会产生不良影响。

（四）全面发展阶段（1928~1968年）

20世纪30年代，经济危机爆发，美国政府开始承担起自身在公共福利和社会保障方面的重担，通过颁布和修订《社会保障法》（*The Social Security Act*），极大地促进了残疾人福利事业的发展。

罗斯福总统本身就是一名因小儿麻痹症而腰部以下瘫痪的残疾人，他建立了著名的脊髓灰质炎康复中心——罗斯福温泉康复研究所，并于1938年成立了全国小儿麻痹症基金会，为脊髓灰质炎的预防和治疗研究筹集了大量资金，支持脊髓灰质炎疫苗的开发。基金会还为残疾人提供支架、轮椅、铁肺和其他辅助设备。罗斯福在乔治亚州温泉镇设计的部分设施建立在现在被称为通用设计原则的基础上，方便轮椅使用者通行，这也是早期无障碍建筑的缩影。

从1929年大萧条开始到20世纪60年代末，跨残疾组织和联盟、宗教机构、工会开始关注残疾公民的权利和诉求，丰富了助残志愿服务的内涵。

在整个20世纪早期，有组织的聋人文化团体变得越来越强大。以美国手语使用者为中心建立的聋人俱乐部蓬勃发展，戏剧、诗歌、野餐、宗教服务和体育项目丰富了聋人的社区生活。在这些优势的基础上，国家聋人协会（成立于1880年）和国家聋人联谊会（成立于1901年）积极应对保险歧视、工作歧视、驾驶限制、职业培训缺乏以及其他聋人群体认为至关重要的问题。

1940年成立的美国肢体残疾人联合会（AFPH）是第一个全国性的跨残疾活动家组织，它的大部分资金来自工会，该组织接纳各类残疾人，为他们举行活动，如野餐、体育赛事、纸牌派对等，它还敦促政府制定无障碍政策，并通过改善工人安全和公共卫生来更好地预防残疾。此外，许多残障儿童家长也纷纷组成志愿团体，为残障人士正名和维权。如1952年成立的全国智力障碍儿童协会，到1964年，他们的会员超过了10万人。[①]

残疾公民的就业在这一阶段成为重要议题。二战期间，战时工业需求呈指数级增长，政府和私人机构开始鼓励残疾人就业。如1942年，俄亥俄州克利夫兰残疾儿童协会就为残疾人提供了就业安置服务。政府也推出了许多与残疾人相关的就业项目，如全国残疾人就业周等。

人们意识到，有薪就业是保障残疾人及其家庭生活质量的最佳手段之一，也是残障人士的一项权利，要实现这个目标，就必须改变社会和雇主的态度。

（五）完善提升阶段（1969年至今）

这一时期，残疾人权利运动受到全国其他民权运动的激励，并与之相重叠，对于权利、公民身份、公民生活参与的追求将助残志愿服务活动推向一个新的高度。

其中一个重要的助残机构是独立生活中心（Independent-living Centers），由加州大学伯克利分校一名残障学生创立，在20世纪七八十年代，他们致力于消除建筑和交通障碍，为残疾人提供支持和服务，使他们能够独立生活。这些服务包括轮椅维修、随行护理、同伴咨询、法律援助、适应性设备提供、自我倡导方面的培训等，并提供安全的社区空间。在20世纪70年代，由于媒体曝光、诉讼和立法的影响，"去机构化"运动兴起，它反对将残疾人隔离在机构中，提倡他们与社会融合。公共庇护机构不再收留残疾人，并将他们转移至社区。独立生活中心连同社区精神健康中心、社区集体之家收容和安置了部分残疾人。

20世纪70年代后半叶，在众多的助残组织里，残疾人联合会（The United Handicapped Federation，UHF）尤为活跃，并得到了宗教组织（包括

---

① Nielsen, Kim E. A., *Disability History of the United States*（Beacon Press, 2012），p. 257.

天主教和路德教）和工会的财政支持，残疾人联合会为残疾人打造了支持性的住房项目；普及电传打字（TTY）技术，使聋人可以使用电话，在残疾劳工庇护工厂中成立工会，为遭受性侵的残疾女性提供无障碍服务和援助。通过集体努力，残疾人及其盟友建立了社区，扩大了影响力，争取了更多的权利，制定了政策，改善了自己和其他人的生活。

在这一阶段，联邦政府相继出台了二十五项有关残疾人权益保护的法律，包括 1990 年的《美国残疾人法》（*American Disabled Act*，ADA）。这一系列法律重构了美国社会对于残疾人以及残疾人权利的认识，地方政府以及社会组织的助残志愿活动也开始致力于保障残疾人在社会生活的诸多领域和其他社会成员一样，享有平等权利。这也标志着联邦政府正式开始主导助残志愿服务事业的发展。

进入 21 世纪，为了全面推进残疾人参与社会，2002 年，美国国会提出"新自由行动计划"（New Freedom Initiative），为残疾人排除就业障碍，提供就业培训和服务。

三　美国助残志愿服务的法律政策

美国目前并未有专门针对助残志愿服务的法律，但是助残志愿服务作为志愿服务的重要组成部分，必然受到志愿服务相关法律的约束，在具体法条中也会有所涉及，因此我们可以对美国的志愿服务法律政策进行梳理。

（一）美国志愿服务法律政策的内容

当前，美国的志愿服务法律可以分为两类，一类是对具体项目进行管理，构建联邦志愿服务体系的法律，如表 1 所示。另一类则是对志愿者权益进行保障的专门性立法，如 1997 年的《联邦志愿者保护法》（见表 2）。

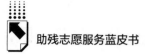

表1 美国志愿服务项目管理类法案一览（部分）

颁布年份	法案名称	法案主要内容	授权管理机构	意义
1961年	《和平队法案》（Peace Corps Act of 1961）	首次以法案的形式对美国第一个海外志愿服务计划——和平队项目进行管理、授权、拨款和保障	成立了主管和平队计划的联邦机构	鼓励青年志愿者到海外或发展中国家从事教育、卫生方面的援助工作，树立了良好的国家形象
1973年	《国内志愿服务法》（Domestic Volunteer Service Act of 1973）	为当时已有的联邦志愿服务计划（如"服务美国志愿队"和老年志愿者计划）确定了涉及定义、目标、管理、执行、拨款、志愿者权利等方面事宜的法律依据；建立新的志愿服务项目，如"在职经理服务队"（Active Corps of Executives）和"退休经理服务队"（Service Corps of Retired Executives）	授权设立运作（ACTION）机构对联邦志愿服务项目进行管理，同时建立了国家志愿服务顾问委员会（National Voluntary Service Advisory Council）	美国政府为全国性的志愿服务工作所制定联邦层面的第一部比较系统的法规；成立了统一管理所有联邦志愿服务计划的机构和委员会，为日后独立联邦志愿服务管理机构的设立奠定了制度基础
1990年	《国家与社区服务法》（National and Community Service Act of 1990）	首次提出了"服务学习"（Service-learning）的概念，新发起若干青少年志愿服务计划，详细规定了专职和兼职志愿者的工作时间、年龄、报酬和培训要求；首次授权联邦政府选定并资助一家民办非营利基金会以便执行服务志愿者、传播志愿精神的"光点计划"（Points of Light Initiative）	建立了新的联邦独立机构国家与社区服务委员会（Commission on National and Community Service）负责领导协调四个大类的志愿服务项目	引导青少年积极参与志愿服务活动，在全体人民中弘扬志愿者精神，引导志愿服务深入基层社区解决实际问题

续表

颁布年份	法案名称	法案主要内容	授权管理机构	意义
1993 年	《国家与社区服务信任法》（National and Community Service Trust Act of 1993）	修正了 1990 年立法中的项目,建立新的联邦志愿服务机构——国家与社区服务机构（Corporation for National and CommunityService, CNCS）;调整了有关志愿者年龄、服务时限、奖励机制等规定的细节,提出了在各州组建志愿服务委员会的要求;将"退休老年人志愿者计划"重新命名,把大批没有退休的老年人纳入该计划范围	授权"国家与社区服务机构",合并了此前"ACTION"和"国家与社区服务委员会"的全部职能,统管了所有国内的联邦志愿服务计划	创立"国家与社区服务机构",实现了制度上的重要创新
2009 年	《爱德华肯尼迪服务美国法》（Edward M. Kenedy Serve America Act of 2009）	对相关法律进行修订,对现有的联邦志愿服务项目做出拓展,从而达到为所有年龄阶段的美国人提供志愿服务机会的目的;增设了社会创新基金（Social Innovation Fund）和志愿服务促进基金（Volunteer Generation Fund）两个重要基金项目,支持志愿服务项目创新,支持非营利机构的发展	通过一系列新的授权和制度创新进一步发挥"国家与社区服务机构"的主导作用	是联邦政府在这一领域的最新立法,也是奥巴马"百日新政"期间一个具有重大现实意义和深远影响的举措,动员和吸引了更多的美国人特别是青少年投入志愿服务

资料来源:徐彤武:《联邦政府与美国志愿服务的兴盛》,《美国研究》2009 年第 3 期,第 3~4、25~45 页;邓国胜、辛华:《美国志愿服务的制度设计及启示》,《社会科学辑刊》2017 年第 1 期,第 79~85 页;马悦:《美国联邦志愿服务制定法立法研究》,大连海事大学硕士学位论文,2014,第 3~13 页。

表2　美国志愿服务权益保障类法案一览（部分）

颁布年份	法案名称	法案主要内容	授权管理机构	意义
1997年	《联邦志愿者保护法》（Volunteer Protection Act of 1997）	对志愿服务中的侵权责任承担和责任限制作出规定，主要为四个方面。一是限制志愿者承担法律责任的情况，二是责任限制的例外，三是对志愿者行为进行惩罚性赔偿的限制，四是对志愿者承担非经济损失责任的限制	联邦政府	一部专门针对志愿者保护的立法，通过为助残志愿者及组织提供责任豁免，保障了助残志愿机构的人力资源供应
2000年	《志愿者组织安全法案》（The Volunteer Organization Safety Act）	在获得志愿者的指纹资料前，暂时授权给联邦调查局进行姓名调查，尤其是在儿童、老人、残疾人等弱势机构服务的志愿者	授权给联邦调查局进行相关调查	通过对志愿者组织的志愿者进行背景调查，保障了受助对象尤其是残障人士的利益和安全

资料来源：徐彤武：《联邦政府与美国志愿服务的兴盛》，《美国研究》2009年第3期，第3~4、25~45页；邓国胜、辛华：《美国志愿服务的制度设计及启示》，《社会科学辑刊》2017年第1期，第79~85页；马悦：《美国联邦志愿服务制定法立法研究》，大连海事大学硕士学位论文，2014，第3~13页。

（二）美国志愿服务法律政策的特点

1. 回应社会需求，解决实际问题

美国法系深受实用主义的影响，因此几乎每一部志愿服务立法都是为了回应社会需求，解决特定的社会问题。为了回应老龄化等社会问题，制定了《国内志愿服务法》，发挥老年人的潜力；为了激发青少年的志愿服务热情，制定了《国家和社区服务法》，倡导"服务学习"理念，将学习与社区活动相融合；为了避免大量的志愿者侵权责任诉讼案件影响公众的志愿服务热情，制定了《联邦志愿者保护法》。

2. 以推广具体项目为内容，操作性强

美国的志愿服务法重实务，见长于运作能力。法案的绝大部分篇幅是以项目管理为主，一部法案几乎就是一份具体的项目管理细则，对志愿者的年龄、工作时长、培训、福利甚至是不同项目下津贴的发放范围、时间和具体金额都有规定。同时法案还有专门的部分对相关名词术语进行解释，并对本法与其他法律之间的关系进行说明，如联邦立法与州法产生冲突时该如何进行选择和适用等，2009 年的《爱德华肯尼迪服务美国法》就长达 1600 多页，其细致可见一斑。

3. 授权机构进行统一管理

每一部法案都会授权特定的机构对项目进行管理，从最开始的 ACTION 到后来的 CNCS，功能不断整合，形式不断创新。机构对特定项目进行资金拨付、过程管理、绩效评估，形成一个计划—执行—改进—推广的闭环，大大提高了项目在其他组织和社区中的可复制性。机构还通过基金会向州和非营利组织提供赠款，以招募、管理和支持志愿者，并加强志愿服务组织的基础设施建设。

4. 具有较强的延续性和创新性

美国法律的实用性还反映在不断创新上。通过梳理发现，联邦的志愿服务法案之间具有很强的衔接性和延续性，几乎每一部法案都会针对实践过程出现的问题对上一部法案进行调整、修正甚至是废止，[1] 同时推出新的项目，以适应时代的需求，在继承的基础上进行创新，不断为志愿服务活动提供保障。

5. 宣传志愿服务理念，激发助残志愿服务热情

美国人信奉法律至上，法案对志愿者管理、激励都做出了详细的规定，将志愿者的权利、义务、奖励和福利以法律的形式确定下来，免去了志愿者的后顾之忧。通过立法将助残志愿服务上升到国家战略层面，体现了对弱势群体极度关注的国家意志和行为，大大激发了公众的助残志愿服务热情，汇聚了丰富的人力资源，与政府功能形成互补，调和了社会矛盾。

---

[1] 马悦：《美国联邦志愿服务制定法立法研究》，大连海事大学硕士学位论文，2014，第 3~13 页。

四 美国助残志愿服务典型案例

（一）美国志愿者协会（Volunteers of America）

1. 组织架构

美国志愿者协会由社会改革家巴林顿和莫德·布斯于1896年创立，至今已有126年的历史。美国志愿者协会一直致力于为弱势群体服务，目前它已成为美国最大、最全面的人类服务慈善机构之一，拥有16000名带薪专业人士，在46个州、哥伦比亚特区及波多黎各运营着30家分支机构，覆盖全美400个社区，每年为近150万人提供支持。①

2. 组织运作模式

美国志愿者协会是一个以信仰为基础的全国性的非营利组织，但每个分支机构都由当地管理并根据各自社区的需求运行。

总部设有董事会及行政领导团队。董事会由各分支机构负责人及来自高校、医疗服务、银行、建筑等行业的专家组成，设总裁兼首席执行官、主席、副主席、财务主管、秘书等职务。行政领导团队有9人，设总裁兼首席执行官1名，副总裁7名，分管不同事务；作为一个信仰组织，它还设立了首席牧师1名。各分支机构也下设董事会和行政团队。

总部和各州分支机构都有网站，残障人士登录网站输入邮编或者拨打电话，即可找到离自己最近的机构寻求帮助。所有的网站都遵守1990年《美国残疾人法案》和1973年《康复法案》提供无障碍网站服务，可供不同类型的残疾人登录和使用，如果碰到问题还可以通过邮件联系专门的人员请求无障碍援助和技术支持。

---

① Volunteers of America, "We Help 1.5 Million People a Year and Counting," https://www.voa.org/about-us.

3. 组织服务内容

美国志愿者协会的助残志愿服务总体来说集中于以下几个方面。

（1）提供经济适用房

自 1896 年成立以来，美国志愿者协会就认为拥有安全稳定的住所是独立生活的基础。它目前已经是美国最大的经济适用房非营利性供应商之一，在 40 个州和波多黎拥有 484 处房产，共计 19426 个单元，包括大型城市综合体、小型乡村开发项目、老年住房、多户住宅和残疾人住房，每年惠及近 25000 人。[①]

（2）支持性住宿服务

为智力障碍人士提供能获得照料的全天候住所，既有单人公寓，也有容纳 3~4 人的集体住宅。所有的房屋都位于社区内，靠近家人和朋友。每个支持性生活住所都通过了各州相关机构的许可和认证，并根据医疗补助指南运作。这是一项长期的住宿服务项目，在其间居住长达 30 多年的残障人士并非少数。

（3）居家支持服务

居家支持服务主要为与家人同住的残疾儿童、残疾成年人以及独立生活的残疾成年人提供帮助。这些服务都是根据个人的支持计划而定，为残疾成年人提供的服务包括休闲郊游、个人辅助护理、资金管理和就业等。此外，他们还倡导社区融合，并帮助人们尽可能独立地生活。在为残疾儿童提供家庭支持时，则主要侧重于生理照护和一些专业疗法。

（4）个性化定制服务

美国志愿者协会是一家提供综合服务的机构，因此也经常为残疾人提供个性化的专门服务，如对普拉德-威利综合征（Prader-Willi）患者的支持、对有大量医疗需求的人进行医疗监督、针对有发育障碍的人开发项目，以及为患有自闭症的儿童和成人提供的服务等（见表 3）。美国志愿者协会凭借着在智力障碍服务领域多年的经验开发了许多专业项目，并利用自身在其他

---

① Volunteers of America, "About OurAffordable Housing," https：//www.voa.org/housing.

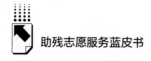

领域（例如护理、药物滥用治疗和家庭支持等）的专业知识，确保这些专业计划能满足个人的差异化需求。

表3 美国志愿者协会在各州（地区）的助残志愿服务项目一览（部分）

机构名称	助残服务项目内容
切萨皮克和卡罗来纳州志愿者（Volunteers of America Chesapeake & Carolinas）	智力和发育障碍（I/DD）计划：为智力、发育障碍人士提供支持性住宿服务、个人护理生活技能培训； 永久的支持性住房服务：为残疾人提供永久性的住房，并对其进行评估，确定需求，与社区内的机构和组织合作，提供生活技能、课后辅导、医疗保健、福利保障、职业培训等方面的帮助以及药物滥用和心理健康治疗的转介
科罗拉多州志愿者（Volunteers of America Colorado）	为残疾人提供住房、社交、健康和医疗保健、交通和个案管理等方面的服务，以鼓励独立； 为60岁及以上的居家居民提供送免费餐服务； 开展杂工计划为老年人和残疾成年人提供简单的安全维修和小型家庭维护，以降低因滑倒、绊倒和跌倒而受伤的风险
达科他州志愿者（Volunteers of America, Dakotas）	为因母亲被监禁而受困的家庭提供咨询和个案管理；为智力和发育障碍人士及其家庭提供服务和经济援助
大纽约地区志愿者（Volunteers of America-Greater New York）	提供住房服务； 布朗克斯早期学习中心（BELC）开展学前特殊教育计划，为2.9～5岁有发育迟缓或残疾的儿童提供服务，包括自闭症谱系儿童；为需要此类干预的儿童提供专业的治疗以及咨询服务；为患有各种智力和发育障碍的成年人提供服务，包括自闭症、后天性脑损伤以及视力、听力和语言障碍人士
伊利诺伊州志愿者（Volunteers of America Illinois）	致力于为残疾老年人和成年人提供优质、负担得起的住房；每个社区都为居民提供独特的综合支持系统，具有独特的兼容性，可以满足所有残疾人独立生活的特定需求和挑战，如为听力受损人士配备独特的天气警报和照明系统等
密歇根州志愿者（Volunteers of America Michigan）	为残疾人提供住房及支持性服务
中部州志愿者（Volunteers of America Mid-States）	为有发育障碍的人提供住房、医疗保健协调、交通、全天候护理、支持性就业和其他专业服务
明尼苏达和威斯康星州志愿者（Volunteers of America Minnesota and Wisconsin）	提供安全、优质、经济适用的住房，个性化护理计划，为残疾人提供心理健康支持、人际交往和沟通技巧指导，巩固与家人、朋友和社区的联系
北路易斯安那州志愿者（Volunteers of America North Louisiana）	是该州首批为残疾人开设集体之家的组织之一，服务对象包括发育障碍、身体残疾和慢性精神疾病患者，开展支持性独立生活计划，配备能满足服务对象日常需求的个人护理服务员

续表

机构名称	助残服务项目内容
北落基山脉志愿者 （Volunteers of America Northern Rockies）	针对酒精、毒品或赌博成瘾的人提供服务治疗
俄亥俄州和印第安纳州志愿者 （Volunteers of America Ohio & Indiana）	为残疾人提供临时住房以及经济适用房
俄克拉荷马州志愿者 （Volunteers of America Oklahoma）	为智力或发育障碍人士提供全天候的住宿支持，由专业人员根据个人需要提供护理；为普拉德-威利综合征患者提供专业住宿护理；开展"收款人服务"（Payee Services）计划为接受社会保障和其他政府福利的残疾人提供资金管理服务；为其他身体或精神残疾的单身无家可归者提供住房和个案管理，必要时进行转介
宾夕法尼亚州志愿者 （Volunteers of America Pennsylvania）	"拨号司机服务"（Dial-A-Driver）计划：配备专门的穿梭车为老年人和残疾人提供点对点交通服务，以便进行医疗预约、购物，前往老年中心及其他生活目的地； 家庭和社区支持计划为残疾人提供社区资源、财务、学习、营养、医疗等方面的指导和技能培训
东南路易斯安那州志愿者 （Volunteers of America Southeast Louisiana）	由专业人员为有智力和发育障碍、脑瘫、癫痫的成人和儿童提供 24 小时支持和监督，并通过社区联系、教育、培训和自主服务计划帮助居民实现独立生活
华盛顿东部和爱达荷州北部志愿者 （Volunteers of America Eastern Washington & Northern Idaho）	为长期无家可归的残疾成年人提供永久的支持性住房及一对一的支持和服务
得克萨斯州志愿者 （Volunteers of America Texas）	"家庭和社区服务"（HCS）、"得克萨斯家庭生活"（TxHmL）和"多重残疾失明盲人"（DBMD）计划：由专业医护人员对成年人和残疾儿童提供个性化医疗服务和治疗，如专业的聋盲人服务团队提供解决复杂的感官、行动、智力障碍所需的个性化支持；提供全天候居家服务支持；职业机会和培训服务：为残疾人包括多重残疾的聋哑盲人提供技能培训和支持性就业
纽约州北部志愿者 （Volunteers of America Upstate New York）	为 6~12 岁的儿童提供专注于儿童早期发展和入学准备的教育计划，为有特殊需要的儿童提供残障支持
华盛顿西部志愿者 （Volunteers of America Western Washington）	为有社会保障福利的发育和智力障碍人士人制定福利预算，以支付食物、住所、衣物和医疗费用，并提供支持性住房和就业福利

资料来源：作者根据美国志愿者协会及其分支机构网站整理所得。

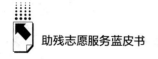

（二）国家与社区服务机构（Corporation for National and Community Service，CNCS）

1. 组织架构

与美国志愿者协会非营利性组织的性质不同，国家与社区服务机构是一个联邦机构，也是目前美国最大的志愿者服务机构。它最早于 1993 年依托《国家与社区服务信任法》而创立，统管国内所有的联邦助残志愿服务计划，而《爱德华肯尼迪服务美国法》又通过一系列新的授权和制度创新进一步发挥了它在助残志愿服务中的主导作用。2020 年 9 月，国家与社区服务机构更新了品牌战略和架构，正式将美国志愿队（AmeriCorps）作为其运营名称。

国家与社区服务机构作为一个覆盖全国的大型服务系统，招收 16 岁及以上的专职或兼职志愿者，工作重点是为社会公共领域（教育、经济、灾害服务、环境管理、健康）、退伍军人和军人家属提供志愿服务，合作伙伴包括各州公立机构和民间组织。

组织下设董事会和行政团队。董事会由包括主席在内的 4 名成员构成，均由总统提名。董事会负责为组织制定政策和方向。行政团队则由首席执行官、办公室主任、战略合作高级顾问、首席风险官、首席运营官、首席财务官、首席信息官、首席人力资本官以及各项目运营总监在内的 25 人组成。

2. 组织运作模式

国家与社区服务机构主要是在志愿者和各级各类助残志愿服务组织之间建立联系，进行供需匹配，并提供资金和技术支持。总结起来，主要有三大职能。

（1）统筹管理六个全国性志愿服务项目

国家与社区服务机构招募、培训志愿者并将他们派遣到各地方项目中去，对项目进行资金拨付、过程管理、绩效评估和问责。需要相关服务的地方机构只需在一个名为 eGrants 的在线系统中按程序申请，就可以实现整个拨款和项目管理流程的自动化。

（2）对助残志愿服务项目进行培育

利用联邦政府拨款以及下设的志愿服务促进基金（Volunteer Generation Fund）为中小型非营利组织提供发展援助，支持助残志愿服务项目创新。除了联邦政府主管的项目，助残志愿服务组织可以自行设计符合政府需求的项目，使用 eGrants 提交申请，填报组织信息、项目说明、预算信息、绩效指标等，审核通过之后，即可获得资助。

（3）沟通协调

发挥桥梁作用，加强联邦政府与各州、地方政府的联系，统筹协调项目开展，并与私人企业、基金会和高等教育机构等建立战略合作伙伴关系。

每年，国家与社区服务机构向非营利组织、宗教组织和社区组织提供超过 8 亿美元的资金和超过 250000 名志愿者。

3. 组织服务内容

目前，国家与社区服务机构管理着两个全国性的助残服务计划，即养祖父母计划（AmeriCorps Seniors Foster Grandparent Program）和老年伴侣计划（AmeriCorps Seniors Senior Companion Program）。

（1）养祖父母计划

养祖父母计划向助残志愿服务组织提供赠款，以吸引 55 岁及以上的低收入美国人为有特殊需要的儿童提供一对一的指导和学习支持，以改善他们的学业、社交或情感状况。该计划的志愿者帮助孩子们学习、阅读并提供一对一的辅导；辅导问题青少年和年轻的母亲；照顾早产儿或残疾儿童；帮助受到虐待的儿童。

（2）老年伴侣计划

老年伴侣计划向助残志愿服务组织提供赠款，让 55 岁及以上的人，特别是收入有限的人参与志愿服务为老年受助者提供服务，以满足社区的关键需求；并提供高质量的生活体验服务，丰富受助者的生活。该计划中的老年人志愿者为受助者提供支持性的个性化服务，以帮助有特殊需要的老年人保持尊严和独立。

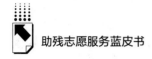

此外，还有几个项目也直接惠及包括残疾人在内的所有弱势群体。

（1）州和全国计划（AmeriCorps State&National）

这主要是一个复杂的分层拨款计划，旨在资助各地公共机构、非营利组织、学校和其他组织吸收各种背景的美国人参与志愿服务。

（2）退休人员和老年人志愿者计划（Retired and Senior Volunteer Program, RSVP）

退休人员和老年人志愿者计划向志愿服务组织提供赠款，让55岁及以上的美国人参与辅导和指导青年、应对自然灾害、支持退伍军人及其家人，并满足社区的其他关键需求。这也是该机构最灵活的拨款计划之一，只要项目属于国家与社区服务机构的六个重点服务领域之一即可获得拨款。

（3）美国军团VISTA（Volunteers in Service to America）

美国军团VISTA将志愿者与非营利组织、公共机构和地方政府联系起来，帮助地方组织在教育、公共卫生、气候、福利等领域实现持续性变革，以减轻贫困带来的影响。

（4）美国军团NCCC（National Civilian Community Corps）

这是一个志愿者为18~26岁青年的全日制、团队驻地服务项目，志愿者接受专业的培训之后以小组为单位被派往各地完成各种社区服务项目，满足节能、基础设施改善、自然和其他灾害服务以及城乡发展领域的各种社区需求，服务周期通常为3~13周。

（5）志愿服务促进基金（Volunteer Generation Fund）

志愿服务促进基金专注于对志愿者管理实践的投资、志愿者的招募和保留。

此外，国家与社区服务机构还负责组织"马丁·路德·金服务日"和"9·11服务纪念日"等两个全国性的活动。

五　美国助残志愿服务的经验借鉴

（一）政府主导，社团参与，项目化运作

从以上典型案例可以看出，美国的助残志愿服务是以联邦政府为主导，

地方政府、非营利组织等社会团体紧密配合、彼此分工协作的体系。服务活动多以项目化形式运作。

20世纪60年代以后，联邦政府责无旁贷地承担起助残志愿服务的推广、促进工作，通过立法、拨款等方式主导着助残志愿服务的走向，确定重点服务领域。社会组织则根据自身特点设计项目，从联邦政府获得助残志愿者、资金和技术支持，灵活地开展贴合社区实际需求的项目，并进行创新。

联邦政府通过专门设立的项目管理机构掌握项目在地方的运行状况，统筹协调、整合资源，地方组织也在这个过程中获得了发展壮大所必需的人力和财力，积极性大大提高。

（二）以社区为主阵地，多领域服务与个人定制相结合

通过立法以及投入重金改造，美国的无障碍环境建设成效显著，公共出行已不是制约残疾人融入社会的障碍。当前美国的助残志愿服务多在社区中开展，社区是人与人的关系最为密切的场所之一，是活动的主阵地。几乎所有志愿组织的网站上，都会醒目地提到个人的参与会为社区带来何种好处。他们坚信，通过在当地社区提供服务，可以为更广泛的变革铺平道路。每个人的努力不需要很大——这里一点点改变，那里几个小时的付出，也很快会带来真正的改变。

将残障人士安置在社区中并提供配套的综合性服务。服务不仅包括衣食住行，还有医疗保健、资金管理、福利援助、心理健康、生活技能训练、职业培训、就业援助、休闲娱乐、法律服务、托儿服务、学前特殊教育计划、青少年课后辅导等。这些服务都是一对一的，由团队对服务对象进行评估并量身定制方案，必要时转介到专门的机构。此外，残障人士也能根据自身需求定制相应的服务。

（三）制定法律，保护助残志愿活动双方权利

《联邦志愿者保护法》是一部针对志愿者保护的专门性立法，对志愿者提供服务的责任风险予以确认和限制，意在平衡和维护志愿活动双方的利

益。主要规定了四个方面。一是志愿者责任豁免的条件，二是责任豁免的例外情况，三是对志愿者处以惩罚性赔偿的限制，四是对志愿者承担非经济损失责任的限制。

对侵权者处以赔偿性惩罚是美国侵权法的鲜明特色之一，但《联邦志愿者保护法》规定，对于志愿者行为引起的侵权可以裁决其不承担惩罚性赔偿，除非有确凿证据证明此行为是其恶意为之。① 这样就将志愿者的责任风险和可能承受的经济损失降低到一定范围内。此外，很多志愿者组织也非常注重对志愿者的安全保护，如国家与社区服务机构在培训时就会告知志愿者，如果你觉得服务环境不安全、受到威胁、遭遇性侵、骚扰或歧视，并且不愿意与项目负责人、赞助商或当地执法官员讨论此事，可以拨打全国性的服务热线寻求帮助。

在受助者利益保护方面，志愿者机构会对志愿者尤其是为儿童、老人、残疾人等弱势群体服务的志愿者进行严格筛选，完成背景审查、面试、犯罪记录调查和入职培训，并采集志愿者的指纹。志愿者探访也必须按照事先和服务对象商定好的时间进行。

（四）资金充足，社会多方支持

高质量的服务离不开充足、稳定的资金支持。政府拨款、基金会和慈善组织的项目经费、企业及个人的捐赠都是美国志愿服务的重要资金来源。②

2022年3月，拜登政府为国家与社区服务机构提供了13.4亿美元的预算，比当年公布的预算增加了16%以上，以支持该机构及州和地方合作伙伴加强社区建设，促进公民参与。③ 美国志愿者协会在2020年接受的政府

---

① 王立武：《美国〈联邦志愿者保护法〉述评》，《工会论坛（山东省工会管理干部学院学报）》，2010年第16期，第80~82页。
② 张一蝶：《当代美国志愿服务文化研究》，温州大学硕士学位论文，2021，第22~23页。
③ Americorps, "Fiscal Year 2023 Budget," July 25, 2022, https: //www.americorps.gov/about/agency-overview/budget-performance-plans.

资助约为 9.7 亿美元，各类组织以及个人捐款约为 1.2 亿美元，加上其他的收入总计 14 亿美元。[①]

美国深受基督教文化影响，认为富人有罪，而将乐善好施视为美德，如《圣经》第 23 卷以赛亚书中就写道：把你的面包分给饥饿的人，把无家可归的穷人带到你家里。在这种博爱精神的感召下，很多组织、机构和个人通过各种方式为志愿服务提供支持。志愿者组织的网站上都有接受捐赠的板块，捐赠方式也多种多样，除了钱，还可以捐赠食物、衣服、车辆，每年还有数以百万计的美国人通过捐赠礼物来支持慈善事业。一些购物网站也会选择将一定比例的消费金额捐赠给顾客选择的慈善组织。

此外，一些受助者在接受服务之后也会向组织捐款，而志愿者在从事志愿服务的同时也会向志愿者组织捐款。

（五）倡导终身志愿服务，发挥老年人志愿服务潜力

政府极力倡导终身志愿服务理念，并通过一系列法律构建了一套全民志愿服务的体系。如针对 18~26 岁青年开发了美国军团 NCCC 计划，有些项目甚至只要满 16 岁就可以申请，参与该计划还可以为志愿者的大学本科课程提供学分。

为了发挥老年人的助残潜力，推出了"退休人员和老年人志愿者计划""养祖父母计划""老年伴侣计划"。其中"退休人员和老年人志愿者计划"原名"退休老年人志愿者计划"，为了将大批没有退休的老年人纳入该计划而在《国家与社区服务机构法》中修改了名称，体现了政府对于老年志愿服务群体的重视。

调查显示，很多老人在从事志愿服务之后，焦虑、抑郁和孤独感有所减轻。84% 的志愿者在服务一年后表示健康状况稳定或有所改善，88% 的志

[①] Volunteers of America, "2020 Annual Report," July 25, 2022, https：//voa-production. s3. amazonaws. com/uploads/pdf_ file/file/4515/VOA_ AnnualReport2020v26-compressed. pdf.

愿者表示孤立感减少，并且得到了自我提升。在实际工作中，老年志愿者常常能利用自己丰富的经验和智慧，为服务活动提供新的方向。[①]

（六）助人自助，残疾人助残活动方兴未艾

在助残志愿服务活动中，残疾人不仅仅是接受者，同时也是给予者。

早在1999年，美国学者 Bogdan 和 Taylor 就提出，残疾人不仅要身处社区，而且要成为社区的一部分。后者意味着残疾人有机会与其他社区成员互动并建立联系，不仅通过就业，还通过志愿服务为社区做贡献。他们对此做出了至关重要的解释，即如果要为残疾人建立与社区的联系，互惠是必不可少的。[②] 2002年，美国学者 Kimberly D. 等首次对智力和发育障碍人士的志愿服务活动进行了实证研究，认为参与服务活动对残疾人有诸多益处，这也是第一个针对残疾人志愿服务活动开展的研究。[③] 此后的众多研究成果都表明，残疾人参与助残服务有助于增强社会联系、实现自我价值，残障志愿者更能感同身受地了解残疾人的需求，也更受残疾人欢迎。作为就业前的过渡阶段，志愿活动还是他们获得职业技能、积累社会资本、增加就业机会的重要途径。

联邦政府明文规定，残疾人可以平等地申请助残志愿服务机会，相关部门还应为他们开展服务提供合理便利。

（七）就业导向，为残疾人增能赋权

助残服务的终极目标应该是帮助残疾人突破限制和障碍，进入劳动力市场，实现生活独立和经济自立。因此，很多地方的助残服务都有明确的就业导向。得克萨斯州面向残疾人开展的职业机会和培训服务计划尤为全面，值

---

① Americorps, "AmeriCorps Seniors benefits," https：//americorps. gov/serve/americorps-seniors。
② Bogdan R., Taylor S. J., "Building stronger communities for all：Thoughts about community participation for people with developmental disabilities," Paper presented at the meeting of the President's Committee on Mental Retardation's Forgotten Generations Conference, February. (Washington, 1999).
③ Kimberly D. et al., "Inclusive volunteering：Benefits to participants and community," *THERAPEUTIC RECREATION JOURNAL*, no. 3 (2002)：247-259.

得借鉴，包括以下四个方面。一是对残疾人进行生活技能及其他在社区中独立生活所必需的技能培训，并提供技能培训实验室；二是就业援助，帮助残疾人寻找与个人偏好、技能和要求相适应的潜在就业机会；三是协助完成工作申请，教授残疾人简历制作、面试技巧等；四是工作技能培训，教授和加强残疾人工作技能，提高个人的独立性以满足雇主的需求。此外，他们还将残疾人安置在社区的企业或组织中，承担短期（最多 12 周）的兼职工作，以习得可供未来长期就业的经验和技能。

通过个性化的服务，帮助残疾人匹配到合适的岗位，持续提供长期支持以维持就业，即使不同残疾程度的个体也有权利进入有竞争力的就业市场。这种帮扶的意义在于不仅使残疾人摆脱了环境的压制和自我负向评价，减少了无力感，更赋予了他们对生活的掌控权。

（八）搭建平台，拓展服务项目纵深发展空间

高度信息化的志愿服务平台是美国助残志愿服务发展的加速器，所有的助残组织都很重视网络平台的建设。国家与社区服务机构的网站就是一个高度集成、高度分享、高度自动化的应用平台，实现了人、财、物、信息之间的数据集成。只需要在志愿者搜索界面输入邮政编码，并选择服务地点距离、服务领域、个人特长、服务群体的年龄等信息，就可以自动筛选出适合自己的岗位，提供数据的包括 AmeriCorps、Idealist、MENTOR、JustServe、Catholic Volunteer Network、Volunteer. gov（由美国国家公园管理局提供志愿服务岗位）、California Volunteers Office of the Governor、Volunteer Match 等美国最大的几家网络志愿服务组织，囊括了绝大部分的助残志愿服务岗位，实现了一站式的检索。通过 eGrants，联邦政府可以实现对其管辖的上百个助残志愿服务项目的资助、管理和评估。

（九）重视研究，理论成果反哺助残志愿服务

有研究者对 2009~2019 年 Web of Science 核心集数据库中的文献进行分析得出，在当前的国际志愿服务研究中，美国依然处于中心地带，不论是发

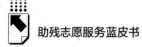

文量还是影响力都处于领先地位，这从侧面说明了志愿服务的理论研究和实践活动是相互促进的。[①] 美国有着一支专业且稳定的助残志愿服务队伍，这离不开研究者的大量实证分析。他们对助残志愿服务的影响、志愿者的人口统计学特征、个人心理特质等都进行了细致的考察，对志愿者的招募、管理、培训、激励等提出了科学的建议。

2002 年，联邦政府部门开发了美国公民参与志愿服务的纵向数据，即当前人口调查（CPS），并从 2017 年开始，每两年发布一次公民参与志愿服务（CEV）报告，从中我们可以了解全美、各州和主要大都市地区的志愿者率、排名、趋势和人口统计数据。国家与社区服务机构下设研究与评估办公室对国民服务、社会创新、志愿服务进行研究，并设立研究补助金对高等教育机构提供研究资助，促进研究方法创新。

这些研究成果为助残志愿服务的开展提供了智力支持和科学指导，成为服务质量不断提升的不竭动力。

参考文献

金放、杨旭：《残疾人权益的法律保障——国内外比较研究》，中国社会科学出版社，2013。

---

① 王佳桐等：《国际志愿服务研究现状、热点及趋势——基于 Web of Science 核心集的 VOSviewer 分析》，《青少年研究与实践》2020 年第 3 期，第 5~14、53 页。

英国助残志愿服务发展报告

刘 洁 李筱菁*

摘 要： 经历了前福利国家和福利国家时期，英国的助残志愿服务逐渐完善，服务水平专业化，服务内容多样化，甚至有志愿组织已经开始向政府提供建议。为保障残疾人的相关权益，政府为助残志愿组织提供资金保障，这有效保证了残疾人能够获得高质量的助残志愿服务。英国助残志愿服务的内容包括就业志愿服务、康复志愿服务、教育志愿服务和体育志愿服务。本报告通过分析英国助残志愿服务的情况，得到健全我国助残志愿服务法规政策，扩大我国助残志愿服务的类型与范围，加大助残志愿服务的资金支持力度，提升我国助残志愿服务的专业支持等有益启示。

关键词： 助残志愿服务 志愿组织 英国

助残志愿服务是指为残障人士志愿提供服务的公益性行为，一般由志愿组织提供。关于助残志愿服务，英国学界早有研究，助残志愿服务涵盖了多个学科，如教育学、社会学、心理学等，经过长期发展，取得了丰富的理论和实践成果。

助残志愿服务主要由残疾人志愿组织提供，英国的许多残疾人志愿组织由残疾人群体创建，此外，由于老年人身体机能下降，生活存在一定的障碍，也是残疾人志愿服务的对象之一。但本报告讨论的助残志愿服务，主要

---

* 刘洁，博士，南京特殊教育师范学院讲师，研究方向为盲文研究；李筱菁，博士，南京特殊教育师范学院讲师，研究方向为残障统计。

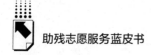
是指为残疾人提供的服务。

关于残疾人的定义，1995 年，英国颁布了《反残疾歧视法》，其中指出"残疾"指个人生理或精神方面的损伤且会对个人进行日常活动的能力产生实质性的、长期的不利影响。需要注意，其中"实质性影响"指该影响不是不重要的或者很微小的影响；"长期"是指损伤的影响已经或者将要持续至少 12 个月（对复发和反复波动的情况有特殊条款进行规定）；"日常活动"包括每日进行的活动，如吃饭、梳洗、走路以及购物等。2005 年，新的《反残疾歧视法》通过，艾滋病、癌症和多发性硬化症患者也被纳入"残疾人"范畴。

一　英国助残志愿服务的发展历程

（一）前福利国家时期

16 世纪以前，助残志愿服务并未在英国得到重视，主要由教会慈善组织、家庭、社区等提供有限的助残志愿服务。16 世纪伊始，伊丽莎白一世颁布了《济贫法》，标志着国家开始正式承担照顾残疾人群体的责任。《济贫法》规定，设立专门的济贫院，给孤儿和弃婴、孤寡老人、残疾人提供住所，所在教区为其提供基本的日常服务或赡养护理。济贫院为残疾人提供的生活环境令人担忧，人们混居在一起，甚至不分性别，饮食方面也只提供少量的食物，此外几乎没有任何其他服务。19 世纪 60 年代，迫于社会压力，英国政府决定改革济贫院，对济贫院的环境进行改善，把院内的人们按照年龄和身心条件进行分类，并建立专门的机构集中照顾。

19 世纪，助残志愿组织开始发展。以助盲志愿组织为例，18 世纪末，英国仅有 4 个助盲志愿组织较为知名，到 19 世纪末，登记在册的助盲志愿组织有 154 个。① 在助残志愿服务发展的起步阶段，英国政府最初关注到的

---

① Madeline, Rooff, *Voluntary Societies and social Policy*, p. 177.

是残疾人的教育问题，先后颁布了盲、聋儿童初等教育相关法律。1920年，英国政府开始组织盲人注册登记，并为登记的盲人提供一定的服务，但针对听障及其他类型残疾人的服务却有些滞后。20世纪上半叶，助残志愿服务开始快速发展，更多志愿服务组织开始出现，如1911年，一名听障人士成立了The National Bureau for Promoting the General Welface of the deaf（全国听障者福利促进会），它主要为听障人士提供助残志愿服务，为他们提供助听器等，也号召人们保护自己的听力。

第一次世界大战直接推动了针对视障、听障人士的助残志愿服务的发展，因战争而致盲、致聋的士兵数量飞速增长，此时的助残志愿服务主要是为他们提供康复治疗服务和技能培训课程，帮助他们适应残疾后的独立生活。

在英国建设福利国家前，由于助残志愿服务与政府提供的公共服务尚未分清，志愿组织有较大的独立自主性，在为残疾人提供志愿服务方面起到了不可替代的作用，当时的助残志愿服务主要包括就业服务、康复服务和支持性服务等，他们关注残疾人的身心健康和生活，帮助残疾人真正独立，融入社会。

（二）福利国家时期

二战后，英国开始建立福利型国家，这一阶段，残疾人志愿服务组织的发展受到了政府的较大影响。在福利国家建设初期，英国政府对志愿组织态度强硬。此时执政的工党崇尚国家集权，政府提供的健康服务体系，实质上是将志愿医院国有化，对于志愿组织中的业余志愿者，他们也派专业的服务人员取而代之。

工党政府出台了《国民救济法》《国民健康服务法》《儿童法》等，这些法律都指出地方政府应向助残志愿服务组织提供财政支持，由这些组织为残疾人提供专业的服务。但遗憾的是，相关的法律政策在实施过程中却不尽如人意，助残志愿服务组织的发展陷入困境。1949年，"鼓励志愿行动促进社会进步的必要性"动议发起，辩论由此开启。该动议的发起者萨缪尔认为，志愿组织是现代文明社会结构的重要组成部分，志愿组织的存在是社会健康发展的重要标志。虽然辩论的结果是敦促工党政府进一步详细、系统地阐明关于志愿组织的政策，但仍旧未付诸行动。

这种情况在保守党政府上台后发生了改变。保守党对志愿组织的认识建立在自由主义思想的基础上，他们认为政府应尽量减少对社会生活的干预和管理，仅为贫困和没有能力的人提供基本的生活保障。19世纪后期，新自由主义思想出现，保守党开始巩固福利性国家，对志愿组织有了新认识，他们反对国家控制，转而实行混合福利的政策，主张由政府主导混合福利经济，鼓励政府通过志愿组织改善国家的社会服务，逐渐形成了关于志愿组织的基本政策。就助残志愿服务而言，保守党认为专业的志愿组织所提供的助残志愿服务更具专业性、灵活性，能够为政府公共服务起到补充作用。

1956年，保守党在一份关于助残志愿服务的调查报告中阐明了对助残志愿服务的基本政策，该报告指出，"残疾人志愿组织在专业化要求高的部分残疾人领域和国家服务因其性质不能充分接触到的领域中变得更有价值"[1]。政府应支持助残志愿服务组织的活动，并利用他们可以提供的专业服务。

1964年以后，英国政治、经济的发展变化使福利国家危机逐渐显现，英国政府对志愿组织的认识和政策渐趋统一，1978年，沃尔芬登委员会发表《关于志愿组织的未来》报告，为志愿组织的发展创造了新的机遇。[2]

二　英国助残志愿服务的现状与特点

（一）政策支持

20世纪70年代，撒切尔政府大力改革"从摇篮到坟墓"的福利制度，

---

[1] Report of the Committee of Inquiry on the Rehabilitation, *Training and Resettlement of Disabled Persons*, Cmd. 9883, 1956, p. 332.

[2] Report of Wolfenden Committee, *The Future of Voluntary Organization*.

使非营利部门逐渐成为提供社会福利和公共服务的主角，但在政策层面上，撒切尔政府并没有为非营利组织提供足够的支持，只是把非营利组织作为政府的"外包公司"，这一度导致政府与非营利组织的关系紧张，这种情况在布莱尔政府掌权后有所改善。

1997 年，工党布莱尔政府推出新的服务模式，通过政府和公民社会的合作、由地方政府主导的社区重建以及推进非营利组织的发展，实现多元化、包容性的社会建构。1998 年，英国中央政府和全英志愿组织签署了《政府与志愿者及社区组织关系协定》（The Compact on Relations between Government and the Voluntary and Community Sector，COMPACT）。COMPACT 作为英国和志愿组织之间的一项指导性协议，虽然不具法律约束力，但它充分肯定民间公益组织在英国社会的巨大作用，强调政府与民间公益组织在价值观上的一致性和功能上的互补性和合作性，因此被用作来指导英国政府各部门及各级地方政府在制定和实施公共政策过程中与民间公益组织之间的合作关系。

（二）资金来源

二战前，英国助残志愿服务组织的经费主要来源于捐赠，因此当时的助残志愿服务组织最重要的工作内容之一就是募捐。二战后，福利国家中各项服务的实现需要依靠公民所缴纳的税收等，为了建立福利国家，英国政府实施高税收财政政策，这直接影响了公民的捐款意愿，导致了捐款的减少，助残志愿服务组织开始依赖于政府的财政拨款。1955 年，英国政府曾就残疾人的康复和就业问题，对相关的助残志愿服务组织展开调研，调研结果也显示，随着国家社会服务的发展，志愿组织的资金来源受到严重影响。[1]

即使相关法律规定政府要给助残志愿服务组织提供财政支持，但是政府

---

① *Report of the Committee of Inquiry on the Rehabilitation*, Training and Resettlement of Disabled Persons, Cmd. 9893, 1956, para. 331.

并未真正施行。1949 年，政府建立了"共同利益基金"，利用社会中分散的
闲置资金来帮助助残志愿服务组织等志愿组织的发展。1968 年，西博姆委
员会的相关报告发布，成为政府开始对志愿组织提供财政支持的重要标
志，① 此后，政府资助逐渐成为助残志愿服务组织的最重要的资金来源，如
1973 年英国全国自闭症儿童协会来自政府资助的收入占比高达 64%（见
表 1）。

表 1　1973 年英国伦敦志愿组织收入情况（部分）

残疾人志愿组织	收入（美元）	来自政府资助的收入比例(%)	员工人数（人）
脊柱分裂和脑积水协会	234436	9	27
英国听力障碍者协会	28875	0	1
英国小儿麻痹症友好	324365	27	21
英国风湿病和关节炎	746926	0	80
柴郡之家	9038873	60	2017
心胸协会	234436	1	25
残疾儿童救助协会	918427	57	245
犹太盲人协会	1609549	22	65
大英多发性硬化协会	2333917	0	19
全国耳聋儿童协会	172843	0	6
大英肌肉萎缩团体	1520960	0	20
全国自闭症儿童协会	545171	64	7
全国癌症救助协会	3537573	0	40
全国精神残疾儿童协会	2504179	31	343
皇家聋哑人救助协会	499928	0	58
皇家国家盲人协会	15079341	27	1525
皇家国家耳聋者协会	2061511	40	40

① *Report of the Committee on Local Authority and Allied Personal Social Services*, Cmnd. 3703, London：HMSO，1968.

残疾人志愿组织	收入 （美元）	来自政府资助的 收入比例(%)	员工人数 （人）
沙夫茨伯里协会	1597929	74	340
痉挛协会	17632000	29	1874
脊髓损伤协会	38657	0	2

资料来源：马红利《英国福利国家进程中志愿组织的转型研究》，南京大学硕士学位论文，2015。转引自 Ralph. M . Kramer，*Voluntary Agencies in the Welfare State*，University of California Press，1981，p. 296.

（三）主要特点

1. 专业性

由于残疾人群体的特殊性和复杂性，英国的助残志愿服务组织具有强烈的专业性、针对性。由于残疾人致残原因不同，个人经历有差异，这就要求志愿服务的高度专业性。在前福利国家时期，英国许多助残志愿服务组织在多样的志愿活动中积累了丰富的经验，因此大大提升了助残志愿服务的专业水平。二战以后，英国不仅残疾人数量增加，而且残疾类型的划分也开始变得复杂，如癫痫、痉挛、自闭症、多发性硬化等。政府及时意识到其提供的公共服务并不能满足残疾人的特殊需要，因此，针对不同类型残疾人的助残志愿服务组织纷纷建立，如脊髓损伤协会、痉挛协会、自闭症儿童救助协会、癫痫病协会、多发性硬化协会等，这些专门性的协会为残疾人提供有针对性的专业服务。

2. 多样性

英国的助残志愿服务，除了为残疾人直接提供所需的生活服务外，还为他们提供咨询服务。在日常生活交流中，听障者信息沟通存在很大的障碍，这导致他们很容易在商业活动中比如选择辅助电子设备时受到不公平对待甚至受到欺骗。对此，皇家国家耳聋者协会为听障者提供咨询服务，给他们真实、专业的信息和建议，帮助他们选择物美价廉的产品。

3. 引导性

助残志愿服务的引导性特点从 20 世纪 60 年代开始体现。早在《国民救济法》、《国民健康服务法》和《儿童法》等法律制定过程中，就有志愿组织向政府提出专业建议。不仅有助残志愿服务组织开始向政府提出建议，还有一类向政府提建议的志愿组织出现，如残疾人联盟、英国听力障碍者协会（见表 2），开始逐渐发挥它们的引导性作用，致力于提高公众对残障人士的认识，并采取措施影响政府的政策制定。助残志愿服务组织希望通过对政府提出意见，获得资金支持，改善政府服务，影响政府立法，最终实现为残疾人争取利益的目标。①

表 2　英国助残非营利组织举例

非营利组织	简介
皇家国家盲人协会［The Royal National Insititute of Blind People(RNIB)］	1868 年由托马斯·洛兹·阿米蒂奇成立，原为"改善英国和外国盲人浮凸文书协会"（British and Foreign for Improving Embossed Literature for the Blind），后改名为"英国和外国人盲人协会"Brtish and Foreign Blind Association），1953 年得到皇家资助后更名为"皇家国家盲人协会"
英国聋哑协会（British Deaf and Dumb Association）	1880 年由听障人士法兰西斯·马吉建立，起因是教育国际大会（米兰会议）决定聋哑人教育采用口语教学方法，放弃使用手语，为了维护英国聋哑人权利，马吉建立志愿组织并鼓励聋哑人使用英国手语
英国听力障碍者协会（British Association of the Hard of Hearing）	成立于一战后，最初是为战争致聋的士兵提供福利服务和支持性服务，二战期间持续为听障士兵提供服务，二战结束后，其服务对象扩大至所有的听障人士，1972 年更名为"关怀听力联系"（Hearing Concern Link），2011 年更名为"听力联系"（Hearing Link）
残疾人联盟（Disability Alliance）	1974 年由 50 个残疾人志愿组织共同联合成立的联盟组织，它是一个专门的倡议类志愿组织，宗旨是通过游说政府提高残疾人津贴

资料来源：马红利《英国福利国家进程中志愿组织的转型研究》，南京大学硕士学位论文，2015。转引自 Ralph. M . Kramer, *Voluntary Agencies in the Welfare State*, University of California Press, 1981, p. 296.

---

① Ralph. M . Kramer, *Voluntary Agencies in the Welfare State*, University of California Press, 1981, p. 214.

三　英国助残志愿服务的内容

在政府支持下，各类助残志愿服务组织开展了残疾人服务工作。英国政府针对助残志愿服务组织的基本情况建立了完善的评估体系，用于评估这些机构的服务效果和服务价值，使不同类别和程度的残疾人享受到的服务都能够得到科学的评估。

1. 就业志愿服务

实现就业是英国残疾人服务评估体系中考核评估的前提和完成服务项目的标志。在政府引导下，大量的残疾人服务机构参与其中。英国助残志愿服务组织的核心理念和服务内容是帮助残疾人营造平等的社会理念和氛围，让残疾人最大限度地挖掘自身潜能。基于 ICF（关于功能、残疾和健康的国际分类）视角的残障模型理论，残疾人在就业中受到的障碍与歧视并不应该被视为由残疾人自身的疾病、伤残或生理健康情况所致，而是一项社会性问题。[1] 要帮助残疾人解决这些障碍，需要从社会层面消除障碍。助残志愿服务组织要为残疾人提供全面的无障碍服务，在全社会营造良好的助残理念，让残疾人真正感受到平等与融合。

在残疾人就业支持方面，较有代表性的志愿组织有以网络化服务著称的伦纳德·切希尔残疾人基金会。因与政府长期合作，已发展成为英国最大的残疾人就业服务组织，其分支机构分布在英国各个城市。此外，还有白金汉郡残疾人组织（Buckinghamshire Disability Service，BuDS），目前已吸纳了 150 多名专业助残志愿者，为 41000 多名残疾人提供了就业支持。[2] BuDS 机构的服务以"消除障碍"为核心，通过帮助残疾人找到切实可行的、可持续的、易于承担的方式，消除物理和社会意识方面的障碍，使残

---

① 肖日葵、郝玉玲：《残疾人社会保障策略优化：弥合收入支持与就业融入的结构性张力》，《南京社会科学》2022 年第 2 期，第 71~79 页。

② 白金汉郡残疾人组织官网，https：//buds. org. uk/about-buds/。

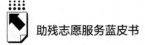

疾人最大限度地发挥作用。类似的还有 SCOPE 组织颁布的"每日平等"计划（Everyday Equalty），核心都是帮助残疾人营造良好的社会环境和氛围。

2. 康复志愿服务

英国的康复护理机构一般受到社会关怀监察委员会的管理监督，同时，残疾人家庭护理的相关人员也受到护理机构的检查与监督，以此保护残疾人的切身利益。如果生理残疾人要获得相应的社区护理和服务，当地政府及社会机构的卫生医疗部门会对其需求进行评估。一旦通过评估，生理残疾人将被指派一名专业治疗师。专业治疗师在得到护理任务后，先需要与申请人沟通个人需要，以便在其需要时提供正确、适当的服务，包括卫生保健、获取医疗设备、居家照料等。通过这一阶段的工作，当地政府和卫生医疗部门可以确定申请者所面临的情况和最急需的服务；再与申请人进一步协商，以确定其所需要的服务，进一步制定服务计划方案。如果精神残疾人选择在社区接受进一步的康复治疗，当地政府和社会机构的卫生医疗部门将成立一支专业社区精神健康小组，来为精神残疾人提供日常护理或必要性医疗帮助。专业社区精神健康小组成员中的全科医生负责跟进残疾人的健康状况并进行相关治疗，在特殊情况发生时将其转给其他专家。护理联络人负责残疾人和其他小组成员之间的沟通交流，并为精神残疾人制定护理计划。

英国残疾人的社区护理属于服务型社会救助，主要目的是给予残疾人和老年人人文关怀，帮助他们过正常的生活，使他们感受到社会的关心与温暖，以促使他们能够摆脱悲观、自暴自弃、自卑等负面心理状态，用乐观的心态积极面对生活、拥抱美好的人生。

目前，英国有许多民间机构为残疾人康复服务提供支持，如已经形成网络化服务的 SCOPE、Bobath 中心及其分中心、引导式教育中心及其分中心等。以最大民间服务组织 SCOPE 为例，该组织的康复服务具体包括帮助残疾人寻找适合自身的辅具、与专业医疗机构联系制定康复计划、普及辅具和无障碍技术相关知识以及为残疾人提供康复辅具设备的买卖平台等。SCOPE组织通过庞大的分支机构网络，组织形成残疾人社区，残疾人可以通过其线上论坛交流康复辅具相关信息，如购买或租借轮椅、助听器、读屏软件、智能音箱等。表现出色的 SCOPE 组织志愿者将被授予爱丁堡杜克（DofE）奖。精神康复志愿服务机构以 Bobath 中心为代表。Bobath 中心是英国脑性瘫痪及其他神经发育障碍儿童的专门服务机构。该机构成立了全国培训中心，提供康复治疗相关课程，为培训神经发育障碍专业治疗人员提供平台。

3. 教育志愿服务

英国特殊儿童的教育并不详细区分残疾学生的残疾类型和等级，而是统称为"学习障碍"，以有效弱化残障学生的残疾身份。英国政府面向残疾儿童推出了"过渡计划①"，由教育部门组织，残障儿童及其监护者共同讨论制定有关该儿童成长的各个方面。英国基础特殊教育的基本原则是满足残疾学生的特殊教育需求，确保他们受到平等的教育。为保证"过渡计划"的有效实施，所有为残疾儿童成长提供服务的相关人员或单位都需要参加，其中就包括为残障儿童提供服务的社会服务部门和志愿者。

规模较大的儿童特殊教育志愿服务协会以 Bernado 儿童关爱协会为代表。目前，该机构的发展历史已经超过 150 年，主要目的是关爱和帮助残疾儿童。该机构在英国 29 个地区提供独立的服务，具体包括详细了解儿童的特殊需求，确保照看者清楚了解儿童的需求和观点，帮助解读相关文件和建议，为教育、健康和关爱计划（EHC）提供必要支持。每个志愿者都由 Bernado 儿童关爱协会专门培训，针对每个儿童的支持期大约为 15~20 周。

4. 体育志愿服务

英国残疾人的公共体育事务很大程度上也依赖于志愿服务等社会力量。目前，英国各地区都有区域性残疾人体育组织，总数多达上万个，其中较有代表性的残疾人志愿体育组织有数十个。② 目前，这些志愿组织运行的主要资金来源于慈善、信托机构，组织的工作模式标准也参照慈善委员会或该项目的专门协会要求。较有代表性的机构有英格兰残疾人运动联合会

---

① 在残疾儿童 9 岁时，由教育部门组织，邀请残疾儿童及家长共同讨论、制定涵盖教育、就业、住房、医疗、交通、娱乐等各方面的计划，每学年要举行会议进行修订。

② harity Choice – the UK's leading charity directory, http://www.charitychoice.co.uk.

（EFDS）、英国可行动残疾人文体基金会（BADSAF）、威尔顿残疾人骑行协会（Wilton RDA）等。

四　英国助残志愿服务对我国的启示与借鉴

（一）健全我国助残志愿服务法规政策

目前，关于助残志愿服务，我国《中华人民共和国残疾人保障法》其中设立了"社会保障"一章，阐述了与为残疾人提供福利保障有关的内容。但没有专门针对残疾人助残志愿服务的法律。《中华人民共和国残疾人保障法》过于宏观，缺乏具体的、可操作的规定。在中国现行的有关残疾人法律法规中，有很多概括性表述，比如责任主体是"国家"和"政府"，难以真正大范围、全类型地为残疾人提供志愿服务，不能从法律层面规定志愿者的专业性，也无法保障志愿者的权利，这都与助残志愿服务的质量有直接关系。中国要促进相关法律法规的制定，明确助残志愿服务组织的职责，保障助残志愿服务工作者的权利，从而保证残疾人能够得到专业的助残志愿服务。

（二）扩大我国助残志愿服务的类型与范围

助残志愿服务是实现残疾人福利的重要途径之一。相较于英国政府主导、多元供给的模式，中国的助残志愿服务供给模式不够多元。助残志愿服务是一种社会资源，在资源配置过程中，如果由政府单方主导，很大程度上会限制助残志愿服务的类型和范围，不利于助残志愿服务的发展。因此，提供助残服务的第三方应运而生，即政府购买模式。在政府购买助残志愿服务的模式下，努力实现助残志愿服务多样化。从发展基础来看，物质基础的薄弱是贫穷残疾人产生心理问题的重要原因，[①] 各种心理问题则会对他们的学

---

① 罗叶丹：《一般与特殊相结合：残疾人精神生活共同富裕初探》，《残疾人研究》2022年第3期，第11~19页。

习、工作、生活、人际关系等产生负面影响，进而对个人的成长和发展造成阻碍。助残志愿服务应扩大服务业务范围，拓宽服务渠道，为残疾人提供物质服务之外的精神文化志愿服务，帮助参与者树立积极的观念，积极乐观地面对生活。

（三）加大助残志愿服务的资金支持力度

英国助残志愿服务发展离不开资金支持，充足的资金能够保障志愿者的权利，也能从根本上提升助残志愿服务的质量。目前，我国助残志愿服务资金支持的来源主要有政府支持和慈善捐款，受市场经济的影响，慈善捐款不够稳定，政府支持力度不够。因此，一方面，政府应该加大资金投入，为助残志愿服务提供资金支持，保障助残志愿者的权利，加强助残志愿者的专业培训，提高助残志愿服务的质量。另一方面，政府应引导我国助残志愿服务模式多元化转变，探索与市场经济体制相适应的助残运作方式，提高助残志愿服务的水平。

（四）提升我国助残志愿服务的专业支持

专业人员的技术支持是英国助残志愿服务发展的重要基础。我国残疾人服务工作目前仍存在专业性有待提高、高级人才缺乏等问题，因而机构对残疾人提供专业化服务的能力有限。这一方面归因有些相关服务机构管理者缺乏有效经验，不能提供科学、系统的管理。工作人员一般都是非专业出身，对残疾人事业不够了解，志愿服务缺乏一定的针对性。另一方面，目前我国全社会的助残意识有待加强，社会层面对残疾人现状和残疾人的真正需求了解较少，对残障人士抱有较重的偏见。为助残志愿服务提供专业化支持，首先需要加强对志愿服务机构管理者和工作人员的培训，对其开放残疾人事业专门管理、无障碍管理等相关课程。高校应大力建设残疾人事业管理、无障碍事业管理等相关专业，为服务机构输送能够提供专业支持的高级人才。同时，机构可充分利用互联网、人工智能等行业高速发展的有利环境，吸纳多学科交叉人才，通过建立互助平台、数据共享、信息共享等提升服务效率。

其次，社会助残意识的提升需要政府部门、企业机构等多种力量形成合力。政府部门应当充分发挥宣传作用，让每个社会成员，尤其是有能力的专业人士充分了解助残工作现状，最大限度地发挥其助残作用。企业应当勇于承担社会责任，设置助残岗位，积极为残障受雇人士提供支持，多措并举，从专业支持上提升助残服务的整体水平。

参考文献

任占斌、丛向群、段小蕾：《英法残疾人社会保障和服务工作考察》，《残疾人研究》2011 年第 1 期，第 58~61 页。

杨立雄：《美国、英国和日本残疾人福利制度比较研究》，《黑龙江社会科学》2014年第 3 期，第 82~87 页。

张恬、孙雷：《大学生助残志愿服务的问题及对策》，《法制博览》2015 年第 27 期，第 277~278 页。

胡贤翠：《人权视角下英国残疾人权益法律保障研究》，上海交通大学硕士学位论文，2016。

刘苏荣：《战后英国社会救助制度研究》，云南大学博士学位论文，2011。

岳晨：《英国残疾人社会福利制度研究》，中国人民大学硕士学位论文，2008。

张洋：《英国无障碍立法实施及启示研究》，山东师范大学硕士学位论文，2020。

冯英、穆风龙、聂文倩：《外国的慈善组织》，中国社会出版社，2007。

丰华琴：《从混合福利到公共治理：英国个人社会服务的源起与演变》，中国社会科学出版社，2010。

B.18
后 记

2022 年，中国助残志愿服务因北京冬奥会和冬残奥会的盛大召开呈现蓬勃发展的态势，同时，随着全国全力抗击新冠肺炎疫情防控攻坚战的广泛开展，助残志愿服务得到空前发展。新时代助残志愿者以自己的文明实践行动诠释了"奉献、友爱、互助、进步"的志愿服务精神，为营造理解、尊重、关心、帮助残疾人的良好社会氛围，不断增强残疾人的获得感、幸福感和安全感做出了卓越贡献。

自 1978 年改革开放以来，我国助残志愿服务先后经历了起步探索、快速发展、全面发展三个阶段。四十多年的实践与发展，使我国助残志愿服务在政策法规、组织体系、助残志愿服务品牌项目培育、助残志愿者队伍建设等方面取得了显著成效。截至"十三五"末，全国助残志愿服务队伍规模达到 274 万人，提供助残服务达 2943 万人次。随着决胜决战脱贫攻坚、全面建设小康顺利实施，助残志愿服务呈现全面发展的新常态。"十四五"时期，助残志愿服务将继续以弘扬志愿服务精神为行动准则，在新时代中国特色志愿助残服务理论研究和实践活动中，着力补齐短板，努力化解难题，积极应对急需，从加强顶层设计、完善体制机制、健全社会保障制度，加强助残志愿服务组织、助残志愿服务项目品牌化建设，推进数字化发展等方面，推动助残志愿服务事业高质量发展。

本书是我国助残志愿服务领域的首部蓝皮书，由中国助残志愿者协会发起并组织编写。中国助残志愿者协会吕世明会长高度重视本书的撰写工作，要求相关单位全力配合，并在调研和书稿校阅过程中，贡献了大量真知灼见。本书的编撰出版历时近一年，倾注了国内一大批专家学者的智慧和心血，是集体智慧的结晶。从蓝皮书的选题、论证、立项、大纲的研讨到项目的调研，从数据的搜集、整理、分析到报告的撰写、修改，每一个环节都凝聚着各位专家学者的辛勤付出和不懈努力。翟雁老师、韩润峰老师带病坚持工作，多位专家在疫情封控居家隔离期间仍坚持撰写完成报告。疫情没有阻挡我们前进的步伐，忙碌的日常工作没有消减我们对助残志愿服务研究的热情，各位专家学者的通力协作，为本书奠定了坚实基础。在此我谨代表本书编委会衷心感谢为此书付出努力的每一个人。

感谢谭建光、张祖平、白先春、李泽慧、孙友然等专家，他们对本书写作大纲、书稿内容提出了宝贵的建议。

感谢中国残疾人联合会对本书研创与出版的关注及大力支持！

感谢本书的责任编辑路红、张炜丽，她们认真、严谨的工作态度，才得以使本书以更高的质量与读者见面。

然而，由于可以借鉴的内容较少，且当前助残志愿服务相关数据的采集渠道有限，相关历史统计数据不尽完善，数据分析的完整性和准确性还有待提高，同时，鉴于作者本身水平的限制，本书还有很多不尽如人意之处，也期望更多的助残志愿服务领域的专家学者指正补充。

党的二十大报告提出，"完善志愿服务制度和工作体系"，"完善残疾人社会保障制度和关爱服务体系，促进残疾人事业全面发展"的新部署、新要求，这为新时代新征程发展助残志愿服务明确了目标，指明了方向。我们要把学习贯彻党的二十大精神与深入贯彻落实习近平总书记关于残疾人事业、关于志愿服务的重要论述和重要指示批示精神结合起来，坚持以推动残疾人事业高质量发展为主题，以促进残疾人全面发展和共同富裕为主线，在全社会广泛弘扬奉献、友爱、互助、进步的志愿精神，更好发挥助残志愿服务在提升残疾人社会保障和公共服务水平、促进社会文明进步等方面的积极作用，确保党的二十大精神在助残志愿服务工作中落实落地。当前，我国已进入全面建设社会主义现代化国家、向着第二个百年奋斗目标奋进的新阶段，党的二十大吹响了"在全社会弘扬奉献精神"的号角，我们要积极响应党的号召，主动顺应时代要求，努力推动助残志愿服务工作高质量发展！

　　谨以此书，献给所有平凡而伟大的助残志愿者！

2022 年 11 月

Abstract

As an important part of voluntary service, voluntary service for persons with disabilities (PWD for short) is an important means to promote the development of the cause of PWD. Carrying out voluntary services for PWD is beneficial for promoting the implementation of core socialist values in the field of disability assistance, making substantial progress in promoting the comprehensive development and common prosperity PWD and promoting substantial progress in common prosperity. With the achievement of poverty alleviation and well-off society building as scheduled, voluntary service for PWD has entered a stage of comprehensive development. At the new development stage, how to fully integrate and gather social forces and give full play to the important role of voluntary services for PWD in serving major national strategies, improving the level of public services, ensuring and improving people's livelihood, promoting common prosperity and spreading national image, actively explore new patterns, new methods and new paths of voluntary services for PWD and promote the high-quality development of voluntary services for PWD faces a series of new challenges. In order to comprehensively grasp the development status of voluntary service for PWD in China, systematically summarize the work experience, rationally analyze the problems, and fully promote the in-depth development of voluntary service for PWD, China Association of Volunteers for PWD has compiled *Report on the Development of Voluntary Services for PWD in China* (2022).

The book includes five parts: "general report", "topical report", "special topic", "case studies" and "experience and lessons". The "general report" system combed the development history of China's voluntary service for PWD, comprehensively summarized the main achievements of the development of voluntary service for PWD, pointed out the main problems at present, and put forward countermeasures and suggestions to promote the development of voluntary service for PWD in China. Starting from the core elements of voluntary service for PWD, the "topical report" carries out a comprehensive and in-depth analysis on the policy, organization, team development and project development of voluntary service for PWD. The "Special topic" focuses on the development of public interest litigation voluntary service for PWD in China, the development of community voluntary service for PWD, the development of medical rehabilitation voluntary service for PWD and the development of library voluntary service for PWD. "Case studies" respectively presented different facets of development and practice in volunteer training program of major sports events for PWD, Nanjing Normal University of Special Education youth volunteer service, Ganyu Public Welfare Service Station voluntary services for PWD, "volunteering at Kangyuan" in Guangzhou, enterprise volunteer service in Nanjing and Dalian. "Experience and lessons" introduces the development of voluntary service for PWD in the United States and the United Kingdom.

This book objectively describes volunteer service for PWD development present situation in China, showing that the volunteer service for PWD in our country has been integrated into the nation's overall development strategy, the national volunteer service and the new era of civilization construction practice center, remarkable achievement have been made in various aspects such as policy, laws and regulations, organization system, brand construction, volunteer team construction and so on. Though with the expanding of service areas and constantly innovating of service mode, there are still a series of problems, such as imperfect system and mechanism, unbalanced development, insufficient service force, low level of standardization, specialization and informatization, and insufficient promotion of excellent projects. Based on the new stage of development, facing the two centenary goals, in order to implement the instructions of General Secretary Xi Jinping on promoting the development of voluntary service and the cause of PWD, as well as the decision-making arrangements of the Party Central Committee and the State Council, it is necessary to thoroughly summarize the practical experience of voluntary service for PWD, actively respond to the needs of

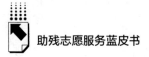

PWD, make full use of useful international experience, accelerate the development of voluntary service for PWD, and continuously promote the progress and development of social civilization.

Keywords: Volunteer Service for PWD; Volunteer Service Organization for PWD; Volunteer for PWD; the Cause of PWD

Contents

Ⅰ General Report

Abstract：As an important part of voluntary service, voluntary service for PWD is an important means to promote the development of the cause of PWD. Since reform and opening up, voluntary service for PWD has experienced three important stages: starting exploration, fast development, and all-round development. After forty years of development, our country's volunteer service for PWD has made significant achievements. Policies, regulations and standards are gradually perfected, organization system is basically established, brand services influence is growing up, services scope and field continue to expand, volunteer team keeps growing. Meanwhile, however, our voluntary service development still faces a series of problems. For example, the system is not robust, the system mechanism is not sound, the development is not balanced, the service supply is insufficient, the demonstration effect of excellent project is not obvious, the standardization and the specialization level is not high enough, the information platform construction lags behind, and datasharing and interoperability is poor. At the key period of one hundred era of change and a new bureau of times, in view of the existing problems in the current development, this report proposes a series of countermeasures and suggestions to promote the development of volunteer services including strengthening the top-level design, promoting the systematic construction, improving the institutional system and the standard level of voluntary service for PWD, strengthening the organization construction, building a networked development pattern of volunteer service for PWD, strengthening team construction, improving the supply capacity and professional level, strengthening the branding construction, enhancing the radiation effect of excellent project dissemination, vigorously promoting business collaboration, accelerating the development of digital services and improving the scientific level of decision making, establishing a modern view of PWD and the concept of volunteer services and increasing the social publicity effort and promoting broad social participation.

Keywords: Volunteer Service for PWD; Volunteer for PWD; the Cause of PWD

Ⅱ Topical Reports

B.2 Report on the Policy Development of Volunteer Services for the Disabled in China (2022)

Zhang Wangcheng, Zhou Liguo / 047

Abstract: The generalized policy of voluntary service for the disabled includes three types: core, middle and periphery. So far, the development of voluntary assistance policy in China has experienced three different stages: incubation period, gestation period and starting period. The existing policies of voluntary service for the disabled are characterized by overexpansion of registration function, overemphasis on self-established volunteering-platform, over-internalization of service entrusting, over-dependence on multi-departments joint action and lame walking on two legs, etc. The main problems of existing policies are such like incomplete structure, outdated design concept and lack of micro-action basis. The future policy design should be based on the principles of promoting the development of nongovernmental voluntary service organizations, focusing on constructing the micro-action system foundation of voluntary service and improving the policy system.

Keywords: Volunteer Service for PWD; Volunteer for PWD; Volunteer Service Orgonization for PWD; the Cause for PWD

B.3　Report on the Development of Voluntary Service Organizations for People with Disabilities in China (2022)

Wang Bin, Gu Shiyuan / 075

Abstract: Voluntary service organization for PWD is one of the important forces in the development of voluntary service for PWD, understanding the current situation and problems of the development of volunteer service organizations for the disabled in China is conducive to promoting the high-quality development of volunteer service for the disabled. This report adopts a combination of quantitative and qualitative methods, collects data on volunteer service organizations for the disabled from the China Disabled Persons' Career Statistical Yearbook, the Disabled Persons' Career Development Statistical Bulletin and other related development reports, and analyzes the development history, current situation and problems of volunteer service organizations for the disabled in China by combining the relevant policy documents of volunteer service for the disabled. The analysis finds that after the budding, starting and rapid development stages, China's voluntary service organizations for the disabled have entered the standardized and systematic development stage. At this stage, the number of volunteer service organizations for people with disabilities in China has increased steadily, their scale has been growing, their types of organizations have become more and more diversified, and their forms of activities have become richer and richer. At the same time, it is also found that there are still some problems in China's voluntary service organizations for people with disabilities: lack of awareness of voluntary service for people with disabilities, difficulties in registering

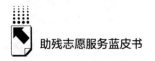

organizations, inadequate management of organizations and insufficient resources. The report suggests that in the future, we can promote the healthy development of volunteer service organizations for people with disabilities from three aspects: concept renewal, socialization and institutional supply, and promote the high-quality development of volunteer service for people with disabilities in China.

Keywords: Volunteer Service for PWD; Volunteer Service Organization for PWD; High-quality Development

B . 4　Report on the Development of Volunteer Team for the Disabled in China（2022）　　　　　*Yu Yiwei* / 096

Abstract: The team of volunteers for the disabled is the effective strength of the voluntary service for disabled people. To know the current situation and problems of the team of volunteers for the disabled in time is conducive to promoting the high－quality development of the service industry for disabled people. This report adopts the empirical analysis method combining quantitative and qualitative analysis, using the data in China's Statistical Yearbook for the Cause of the Disabled and related reports, combined with related policy documents on volunteer services for the disabled, to analyze the development history, current situation, and problems of volunteers for the disabled in China. It is found that after the stage of preliminary exploration and special mobilization, the team of volunteers for the disabled has entered the stage of normalization development. During more than 40 years of development, the number of volunteers for the disabled in China has expanded steadily, the composition of personnel has gradually diversified, the service benefits have been enhanced, and the construction of institutionalization has made progress. At present, however, the scale of registered volunteers is relatively small and decreasing. There is a demand gap between team member participation rate and service demand, mismatch between team members' capability and service demanded, as well as lack of institutionalization of local experience in team management and construction. The report suggests that in the future, the construction of the volunteer team for the disabled in China should clarify the goal in the new period, mobilize and activate the participation of volunteers from all regions, strengthen the informational construction and integration, increase the endogenous growth of the volunteer team, and achieve an organic match between the demand and supply of volunteer services.

Keywords: Volunteers for the Disabled; Volunteer Service; Personnel

B. 5 Report on the Development of Voluntary Service Projects for PWD in China (2022)

Zhai Yan, Li Wenyu and Chen Xueqi / 123

Abstract: Voluntary service projects for PWD are important boosters of voluntary work for PWD, and the development of project-based and brand-based voluntary services for PWD in China has been gradually accelerated. Since the launch of the "Volunteer Sunshine Action for PWD" in 2014, a total of more than 40 million volunteers have participated in 639,000 voluntary service projects for PWD, directly serving more than 50 million PWD. At present, the overall voluntary service projects for PWD are still at a low level of primary development, the system and institutionalization are lagging behind, there are barriers to public participation in voluntary service projects for PWD, the voluntary service industry and organizations for PWD lack technical standards and professional empowerment, and the number of voluntary service teams for PWD is relatively small and their professional innovation capacity is weak. The report recommends improving the system of voluntary services for PWD, strengthening project publicity, broadening participation channels, improving project development and management capabilities, promoting thematic project competitions and public welfare investment, and promoting innovation and development of voluntary services for PWD.

Keywords: Voluntary Service Project for PWD ; Volunteer Sunshine Action for PWD ; Professional aid for Disability

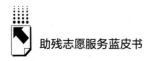

Ⅲ　Special Topic

B.6　Report on the Development of Volunteer Service for the
　　　Disabled in China's Procuratorial Public Interest
　　　Litigation（2022）　　　　　　　　　　*Qiu Jinghui* / 152

Abstract：The "Yixin for the Public" procuratorial cloud platform, jointly launched by the Supreme People's Procuratorate of the People's Republic of China, together with the Jiangxi Provincial Committee of the Communist Party of China and relevant responsible comrades of the central committees of the other political parties On July 19, 2022, which equipped with functions such as lead reporting, lead evaluation, professional consultation, participation in hearings, follow-up observation, public supervision, and promoting the rule of law, while providing legal services for disabled volunteers, it also innovates and optimizes procuratorial services to assist the disabled in a way that is based on the rule of law, leading and promoting the high-quality development of volunteer services for the disabled in the new era with more intelligent, standardized and accurate paths and methods. China's procuratorial public interest litigation volunteer service for the disabled will comprehensively strengthen the coordination with the China Association of Disabled Volunteers, and on the basis of supervising the unified and correct implementation of laws and regulations on the construction of barrier-free environments, jointly promote the revision and improvement of the Law on the Protection of Disabled Persons, and create a brand of procuratorial assistance for the disabled.

Keywords：Procuratorial Public Interest Litigation；Volunteer Service for the Disabled；"Yixin for the Public" Procuratorial Cloud Platform

B.7   Report on Development of China's Community Volunteer

Service for the Persons with Disabilities（2022）

Song Yu / 180

Abstract：The volunteer service for the Persons with Disabilities（PWD）has always been an important part of community volunteer service. With the holding of domestic large-scale sports events, especially the Paralympic Games, the research on the volunteer service for the PWD is relatively common, but the research focusing on the community is still less. From the actual situation of China, this report starts with the concept definition, and analyzes the development process, current situation, existing problems of the community volunteer service for the PWD in China, and puts forward targeted suggestions. It gives full play to the positive role of the community volunteer service in promoting the comprehensive and common development of the PWD, and enhances the level of the community governance system and capacity for the PWD.

Keywords：Community Service for the Persons with Disabilities; Community Volunteer Service; Integration of Persons with and without Disabilities; Community Governance

B.8   Report on the Development of Voluntary Services for Medical

Rehabilitation and Assistance for the Disabled in China（2022）

Wu Zonghui, Zheng Bing / 197

Abstract：Since the beginning of the 21th century, during natural disasters the whole nation has come together, the people have made great efforts to help the disasters areas, and medical rehabilitation volunteers have made corresponding contributions, and also promoted the development of rehabilitation. With the development of medical rehabilitation technology and the deepening of voluntary service spirit, the medical rehabilitation voluntary service for the disabled are showing a trend of high-quality development trend. Currently, the difficulties faced by voluntary services for medical rehabilitation and assistance for the disabled include shortcomings in service content and methods, the need for optimization of long-term effective mechanisms for service systems, and the need to strengthen the allocation of service resources, and so on. This report proposes the following policy suggestions: to promote and innovate rich voluntary service projects for medical rehabilitation and assistance for the disabled, and to establish a coordinated development mechanism among the government, medical institutions, and social organizations.

Keywords: Disabled Individuals; Medical Rehabilitation; Volunteer Service

B. 9　Report on the Development of Voluntary Services for the Disabled in Chinese Libraries (2022)

Chen Beiqin, Liu Yifan / 215

Abstract: Volunteer service for the disabled is an extension of the library service category in the new era, highlighting the social responsibility of library cultural service. This report collects the basic data of volunteer services for the disabled in public libraries and university libraries, summarizes and analyzes the development status and existing problems of volunteer services for the disabled in Chinese libraries, and puts forward corresponding development suggestions. The study found that the construction of the relevant legal system and online service platform of the disabled volunteer service in China's library is still in its infancy, and the development of the reading disabled volunteer service is fast, but there are also imperfect systems and regulations of the disabled volunteer service; The development of volunteer services for the disabled in libraries is uneven and uncoordinated; The passive service mode cannot meet the cultural needs of the disabled; The service content tends to be homogenous, and there is a lack of characteristic disability service brands; The recruitment and training methods of volunteers are single and lack of effective management mechanism. In view of the existing problems, the report proposes to improve the relevant laws and regulations and standardize the voluntary behavior of helping the disabled; Innovate the form and content of disability assistance services, and promote the normalization of volunteer activities for disability assistance; Perfect the volunteer management system and strengthen the construction of volunteer team; Strengthen the research on the information needs of disabled users and improve the user experience; Strengthen publicity and expand the influence of volunteer services for the disabled.

Keywords: Library; Disabled Individuals; Volunteer Service; Volunteer

Ⅳ Case Studies

B.10 Practice and Exploration of Volunteer Training Projects for Disabled Large-scale Sports Events

Han Runfeng, Li Zehui and Lin Da / 241

Abstract: The Olympic and Paralympic Games are the highest competitive level sports events with most extensive influence in the world, so that the organizer should conduct strict training for the volunteers of the games. The Beijing 2008 Olympic and Paralympic Games is the first time that a single organizing committee has been agreed to host two Olympic Games. Although many cities in China have held large-scale sports events for the disabled in the past, there is no systematic summary of experience and complete training system in the training of help-the-disabled volunteers, and there is no model for reference in the world. There is an urgent need for a systematic, complete, standardized and effective model for the volunteer training activities of the Beijing Olympic and Paralympic Games, which will not only ensure the complete success of the games, but also focus on the long-term development of the-help-disabled service and provide reference for the related work of large-scale disabled sports events in the future from an international

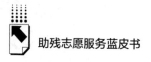

perspective. Therefore, Beijing Organizing Commmittee for the Olympic Games (BOCOG) in cooperation with the disabled persons federation, special education colleges and other departments organized a group of high level experts and scholars to establish a theoretical system, develop a set of training materials, determine a set of curriculum models and a set of evaluation mechanism for help-the-disabled volunteer service based on the related experience and theoretical results at home and abroad. The successful experience has been obtained in 2008 Beijing Olympic and Paralympic Games. Moreover, the experience was enriched and improved by volunteer training activities for the 2010 Asian Games and Para Games in Guangzhou and the 2022 Winter Olympic Games and Paralympic Games. And the formation of a training system with Chinese characteristics and international level for volunteers to assist the disabled has laid the theoretical and practical foundation for the specialization, standardization and systematization of help-the-disabled service.

Keywords: Large-sclae Sports Event of the Disabled; Training of Help-the-disabled Volunteers; Volunteer Service for PWD

B.11 Report on Youth Voluntary Service for the Disabled in Nanjing Normal University of Special Education

Tan Zhong, Xue Haojie and Wang Chao / 264

Abstract: College and university youth volunteer service is an important part of "practice education". Nanjing Normal University of Special Education is orientated toward the training of specialized talents in special education and the cause of the disabled, and thus, voluntary service for helping the disabled plays a particularly key role in the whole process of talent training, which has proved its role in supporting the development of young students and provided a path for reference and development in a wider range. This report sorts out the development history of the college's volunteer service for the disabled, specifically displays six types of characteristic volunteer service projects for the disabled, systematically summarizes the achievements of the college's volunteer service for the disabled. The valuable experience was gained in project's full participation, inheritance and innovation, content enrichment, and return to the original, etc., and the enlightenment and suggestions for the volunteer service of the youth in colleges and universities were obtained.

Keywords: Colleges and Universities of Higher Education; Youth; Volunteer Service for PWD

B. 12   Professional Service and Volunteer Spirit Contribute Warm Strength
      —*Report of the Practice of Wuxi "GanYu" Volunteer Service*
      Station for the Disabled   *Zhu Yimin* / 282

Abstract: In the new era, there is an urgent need to establish an effective working mechanism linking screening, diagnosis, rehabilitation and education for children with special needs, and further to provide professional services and resource support for these children and their families. Wuxi Early Intervention Center for Children with Special Needs, as a professional child rehabilitation institution independently established by the Disabled Persons' Federation, officially set up a "Volunteer Service Station" in 2017, which is a new exploration to provide volunteer services to the children newly identified with special needs and their families in the region. With the aim of "Professional Quality and Public Welfare", the work of volunteer service has developed from a single consulting business in the initial stage into a comprehensive service process integrating "early screening, professional consultation, policy publicity, skill training and psychological support". Furthermore, the service platform has attracted 23 social organizations to form a volunteer alliance, a "multi-dimensional cooperation" to help the disabled.

Keywords: Children with Special Needs; Field of Child Rehabilitation; Volunteer Service

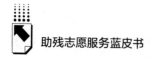
助残志愿服务蓝皮书

B . 13　Development Report of Volunteer in Kangyuan-Voluntary
Service for the Disabled in Guangzhou

Zhong Liang , Li Xiaona and Wu Donghua ∕ 294

Abstract: The development level of the cause of the disabled is an important symbol of the degree of urban civilization. By selecting Guangzhou Volunteer in Kangyuan program as the research object, this report analyzes the operation process and mechanism of voluntary service organizations participating in helping the disabled, summarizing that after 11 years of development, the Volunteer in Kangyuan program has achieved great success in professionalizing the team, diversifying projects, systematizing experience, and creating a volunteer service atmosphere which is called Volunteer for the disabled · Sunshine smile. All the achievements above have notably promoted employment, entrepreneurship, physical rehabilitation, and social integration of the disabled in the past 11 years. Nonetheless, the report also points out that there are still some issues need to be improved and resolved, such as the mismatch between supply and demand, the limited service coverage, and the weak resource services in the program. The report emphasizes that the Volunteer in Kangyuan program needs to pay more attention to and improve in areas like demand orientation, service accuracy, rational planning, service dimension, professional-oriented, the depth of service, resources integration, and the breadth of services.

Keywords: Volunteer service; Assisting PWD; Guang Zhou

B . 14　Report on the Development of Volunteer Service for the
Disabled in Nanjing Enterprises　*Zhou Haihua , Zhao Tong ∕ 310*

Abstract: Corporate volunteer service for helping the disabled is an important way for enterprises to fulfill their social responsibilities. This report systematically combs the development status quo of enterprise volunteer service for the disabled in Nanjing from the aspects of enterprise volunteer service system, platform, service content, model enterprise building, etc. At the same time, from the aspects of service level, service content, service form, professional level, evaluation mechanism, intelligent operation, etc., it deeply analyzes the problems faced by the development of enterprise volunteer service for the disabled, and finally from the aspects of standardization, specialization In terms of precision and diversification, the paper puts forward countermeasures and suggestions for Nanjing's enterprise volunteer service for the disabled, and introduces the development of enterprise volunteer service for the disabled with Focus Technology and other companies as examples. The research can provide reference for promoting the development of enterprises' volunteer service for the disabled in Nanjing and promoting the establishment of a civilized model city.

Keywords: Enterprises to Help the Disabled; Volunteer Service; Nanjing

B.15　Great Love from Heart to Heart Integration of the Disabled and the Healthy-40 year's volunteer services for the disabled in Dalian

Zhang Jiashu, Yan Wei, Wang Li and Yao Nan / 325

Abstract: Dalian is one of the earliest cities of carrying out the volunteer services to the disabled over the country. The volunteer services to the disabled in Dalian has experienced three stages of initial development, thriving development and flourishing development since the early '80s. The development history of 40 years on providing the volunteer services to the disabled in Dalian vividly shows the distinct characters on holding 'Great love from heart to heart, Integration of the disabled and the healthy'. Under the efforts of perseverance, Dalian volunteer services for helping the disabled has achieved remarkable results. The voluntary organizations and volunteers are still growing and the range of services are expanding. Besides, the brand items for providing the service to the disabled are

403

continually weeding through the old to bring forth the new. The cohesion of volunteer service activities and the brand perception have been increasingly strengthened. The volunteer service system for helping the disabled has been established with participants in wide fields, service in variety and the activities in regularity. In the future, the volunteer services for helping the disabled in Dalian will be further improved on its policy and strengthening management. The volunteer service for helping the disabled will be promoted in sound development by top-level policy design. It is important to analyze data, meet the needs of the disabled and promote scientific development of volunteer services for helping the disabled on the basis of big data and intelligence. It is also necessary to integrate the resources, build the platforms and promote the integrated development of volunteer services for helping the disabled by both online and offline interactions, which will finally promote the civilized practice activities in new era to settle down in Dalian and yield positive results.

Keywords: Volunteer Service for PWD; Integration of the Disabled and the Healthy; Helping the Disabled Culturally; Dalian

V Experience and Lessons

B.16 Report on the Development of Voluntary Service for

the Disabled in the United States *Hua Juan* / 345

Abstract: Due to the promotion of the disability rights movement, the United States has made great achievements in voluntary service for people with disabilities. This report clarifies the theoretical background and the stages of development of the voluntary service for the disabled in the United States, analyzes the the U. S. federal voluntary legislation and typical cases of the voluntary service for the handicapped in the United States, comes to a conclusion that the federal government has played a leading role in the voluntary service which is commonly operated in the forms of projects, social groups have also take an active part in it.

As the main fields of voluntary service activities, the community provides multi-field and personalized services for the disabled. The government guarantees the rights of both sides of the voluntary service activities through legislation, and together with various sectors of the society , provides funds and other support for the voluntary service for the disabled . Motivated by the idea of lifelong volunteer service, the elderly and the disabled have also become an important group of volunteers. The voluntary service for the disabled in the United States is employment-orientated and advocates the disabled to live independently. The highly informative service platforms and systematic theoretical research results have also promoted the the quality of voluntary service for the disabled to a certain extent.

Keywords: Volunteer Service for PWD; Volunteer Service Orgcnization for PWD; USA

B. 17   The Report of Voluntary Service for Disabled in UK

Liu Jie , Li Xiaojing ∕ 371

Abstract: After the former welfare state and welfare state period, the disabled volunteer service in Britain has gradually improved, the service level has been specialized, and the service content has been diversified. Even voluntary organizations have begun to provide advice to the government to protect the rights and interests of the disabled. Government finance has become an important source of funding for the disabled volunteer organizations, which effectively ensures that the disabled can obtain high-quality disabled volunteer services. The content of disability assistance voluntary service in Britain includes employment voluntary service, health and wealth voluntary service, education voluntary service and sports voluntary service. This paper analyzes the situation of the volunteer service for the disabled in Britain, hoping to get some inspiration from it. Improve the regulations and policies , expand the types and scope, increase the financial support , and enhance the professional support of voluntary services for the disabled in China.

Keywords: Volunteer Service for PWD; Volunteer Organization; UK

社会科学文献出版社

皮 书

智库成果出版与传播平台

❖ 皮书定义 ❖

皮书是对中国与世界发展状况和热点问题进行年度监测，以专业的角度、专家的视野和实证研究方法，针对某一领域或区域现状与发展态势展开分析和预测，具备前沿性、原创性、实证性、连续性、时效性等特点的公开出版物，由一系列权威研究报告组成。

❖ 皮书作者 ❖

皮书系列报告作者以国内外一流研究机构、知名高校等重点智库的研究人员为主，多为相关领域一流专家学者，他们的观点代表了当下学界对中国与世界的现实和未来最高水平的解读与分析。截至2022年底，皮书研创机构逾千家，报告作者累计超过10万人。

❖ 皮书荣誉 ❖

皮书作为中国社会科学院基础理论研究与应用对策研究融合发展的代表性成果，不仅是哲学社会科学工作者服务中国特色社会主义现代化建设的重要成果，更是助力中国特色新型智库建设、构建中国特色哲学社会科学"三大体系"的重要平台。皮书系列先后被列入"十二五""十三五""十四五"时期国家重点出版物出版专项规划项目；2013~2023年，重点皮书列入中国社会科学院国家哲学社会科学创新工程项目。

皮书网

（网址：www.pishu.cn）

发布皮书研创资讯，传播皮书精彩内容
引领皮书出版潮流，打造皮书服务平台

栏目设置

◆ **关于皮书**
何谓皮书、皮书分类、皮书大事记、
皮书荣誉、皮书出版第一人、皮书编辑部

◆ **最新资讯**
通知公告、新闻动态、媒体聚焦、
网站专题、视频直播、下载专区

◆ **皮书研创**
皮书规范、皮书选题、皮书出版、
皮书研究、研创团队

◆ **皮书评奖评价**
指标体系、皮书评价、皮书评奖

◆ **皮书研究院理事会**
理事会章程、理事单位、个人理事、高级
研究员、理事会秘书处、入会指南

所获荣誉

◆ 2008 年、2011 年、2014 年，皮书网均
在全国新闻出版业网站荣誉评选中获得
"最具商业价值网站"称号；
◆ 2012 年,获得"出版业网站百强"称号。

网库合一

2014年，皮书网与皮书数据库端口合
一，实现资源共享，搭建智库成果融合创
新平台。

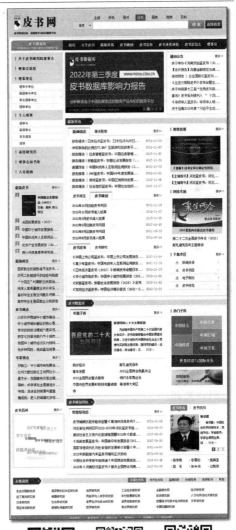

皮书网

"皮书说"
微信公众号

皮书微博

权威报告·连续出版·独家资源

皮书数据库
ANNUAL REPORT(YEARBOOK)
DATABASE

分析解读当下中国发展变迁的高端智库平台

所获荣誉

- 2020年，入选全国新闻出版深度融合发展创新案例
- 2019年，入选国家新闻出版署数字出版精品遴选推荐计划
- 2016年，入选"十三五"国家重点电子出版物出版规划骨干工程
- 2013年，荣获"中国出版政府奖·网络出版物奖"提名奖
- 连续多年荣获中国数字出版博览会"数字出版·优秀品牌"奖

皮书数据库　　　"社科数托邦"
　　　　　　　　微信公众号

成为用户

登录网址www.pishu.com.cn访问皮书数据库网站或下载皮书数据库APP，通过手机号码验证或邮箱验证即可成为皮书数据库用户。

用户福利

- 已注册用户购书后可免费获赠100元皮书数据库充值卡。刮开充值卡涂层获取充值密码，登录并进入"会员中心"—"在线充值"—"充值卡充值"，充值成功即可购买和查看数据库内容。
- 用户福利最终解释权归社会科学文献出版社所有。

社会科学文献出版社 皮书系列
SOCIAL SCIENCES ACADEMIC PRESS (CHINA)

卡号：365965576961
密码：

数据库服务热线：400-008-6695
数据库服务QQ：2475522410
数据库服务邮箱：database@ssap.cn
图书销售热线：010-59367070/7028
图书服务QQ：1265056568
图书服务邮箱：duzhe@ssap.cn

基本子库 SUB DATABASE

中国社会发展数据库（下设 12 个专题子库）

紧扣人口、政治、外交、法律、教育、医疗卫生、资源环境等 12 个社会发展领域的前沿和热点，全面整合专业著作、智库报告、学术资讯、调研数据等类型资源，帮助用户追踪中国社会发展动态、研究社会发展战略与政策、了解社会热点问题、分析社会发展趋势。

中国经济发展数据库（下设 12 专题子库）

内容涵盖宏观经济、产业经济、工业经济、农业经济、财政金融、房地产经济、城市经济、商业贸易等 12 个重点经济领域，为把握经济运行态势、洞察经济发展规律、研判经济发展趋势、进行经济调控决策提供参考和依据。

中国行业发展数据库（下设 17 个专题子库）

以中国国民经济行业分类为依据，覆盖金融业、旅游业、交通运输业、能源矿产业、制造业等 100 多个行业，跟踪分析国民经济相关行业市场运行状况和政策导向，汇集行业发展前沿资讯，为投资、从业及各种经济决策提供理论支撑和实践指导。

中国区域发展数据库（下设 4 个专题子库）

对中国特定区域内的经济、社会、文化等领域现状与发展情况进行深度分析和预测，涉及省级行政区、城市群、城市、农村等不同维度，研究层级至县及县以下行政区，为学者研究地方经济社会宏观态势、经验模式、发展案例提供支撑，为地方政府决策提供参考。

中国文化传媒数据库（下设 18 个专题子库）

内容覆盖文化产业、新闻传播、电影娱乐、文学艺术、群众文化、图书情报等 18 个重点研究领域，聚焦文化传媒领域发展前沿、热点话题、行业实践，服务用户的教学科研、文化投资、企业规划等需要。

世界经济与国际关系数据库（下设 6 个专题子库）

整合世界经济、国际政治、世界文化与科技、全球性问题、国际组织与国际法、区域研究 6 大领域研究成果，对世界经济形势、国际形势进行连续性深度分析，对年度热点问题进行专题解读，为研判全球发展趋势提供事实和数据支持。

法律声明

"皮书系列"（含蓝皮书、绿皮书、黄皮书）之品牌由社会科学文献出版社最早使用并持续至今，现已被中国图书行业所熟知。"皮书系列"的相关商标已在国家商标管理部门商标局注册，包括但不限于LOGO（ ）、皮书、Pishu、经济蓝皮书、社会蓝皮书等。"皮书系列"图书的注册商标专用权及封面设计、版式设计的著作权均为社会科学文献出版社所有。未经社会科学文献出版社书面授权许可，任何使用与"皮书系列"图书注册商标、封面设计、版式设计相同或者近似的文字、图形或其组合的行为均系侵权行为。

经作者授权，本书的专有出版权及信息网络传播权等为社会科学文献出版社享有。未经社会科学文献出版社书面授权许可，任何就本书内容的复制、发行或以数字形式进行网络传播的行为均系侵权行为。

社会科学文献出版社将通过法律途径追究上述侵权行为的法律责任，维护自身合法权益。

欢迎社会各界人士对侵犯社会科学文献出版社上述权利的侵权行为进行举报。电话：010-59367121，电子邮箱：fawubu@ssap.cn。

社会科学文献出版社